《獸譜》滿文圖說校注

上　冊

莊吉發校注

滿　語　叢　刊
文史哲出版社印行

國家圖書館出版品預行編目資料

《獸譜》滿文圖說校注 / 莊吉發編譯. -- 初版.-- 臺北市：文史哲, 民 107.12
面； 公分.（滿語叢刊；33）
ISBN 978-986-317-449-6 (平裝：二冊)

1.滿語 2.中國畫

802.91　　107023031

滿 語 叢 刊　33

《獸譜》滿文圖說校注（上下冊）

校 注 者：莊 吉 發
出 版 者：文 史 哲 出 版 社
http:// www.lapen.com.tw
e-mail:lapen@ms74.hinet.net
登記證字號：行政院新聞局版臺業字五三三七號
發 行 人：彭 正 雄
發 行 所：文 史 哲 出 版 社
印 刷 者：文 史 哲 出 版 社
臺北市羅斯福路一段七十二巷四號
郵政劃撥帳號：一六一八〇一七五
電話886-2-23511028・傳真886-2-23965656

上下冊定價新臺幣一二六〇元

民國一〇七年（2018）十二月初版
民國一〇八年（2019）三月初版三刷

ISBN 978-986-317-449-6　　65133

《獸譜》滿文圖說校注

上 冊

目　　次

《獸譜》滿文圖說校注

導 讀

異曲同工——《獸譜》的繪製經過

傅恒等在《獸譜》跋中云：「《獸譜》仿《鳥譜》為之，名目形相，蓋本諸《古今圖書集成》，而設色則余省、張為邦奉勅摹寫者也。圖左方清漢說文，臣等承旨繕譯，及始工蕆事月日，並與《鳥譜》同其數，自麟以下凡一百有八十」等語。引文中已指出，先有《鳥譜》，其後《獸譜》仿《鳥譜》為之。

《鳥譜》第十二冊後幅詳載傅恒等題跋，原跋云：「右《鳥譜》十二冊，為圖三百有六十，內府舊藏故大學士蔣廷錫設色本，乾隆庚午春，敕畫院供奉余省、張為邦摹繪，並命臣等以國書譯圖說，系於各幀之左，迄辛巳冬竣事，裝潢上呈乙覽。凡名之訛者，音之舛者，悉於幾餘，披閱舉示。復詳勘釐正，並識其始末。臣等竊惟《爾雅・釋鳥》一篇，列叙綦詳，注疏家據引紛如，往往闕疑莫考。他若陸璣之廣《詩疏》、張華之注《禽經》，傅會滋繁，折衷鮮要，蓋泥於古，則無以證今，拘於方，則不能通俗。且肖形未備，斯格致無徵焉。茲譜所錄，凡雲飛水宿之屬各以類聚。辨毛羽，誌鳴聲，考飲啄之宜，紀職方之產，雌雄雛鷇， 稽述靡遺，洵足為對時育物之資，博考洽聞之助矣。矧夫亭育所周，遠逮絕域，若鸑鷟爾之羽，至自伊犂，大雀之卵，來於安息，竝獲紀自宸章，另圖誌實，故當以西鶼北隼，同載幅員盛事云爾。臣傅恒、臣劉統勳、臣兆惠、臣阿里袞、臣劉綸、臣舒赫德、臣阿桂、臣于敏中恭跋。」引文中「乾隆庚午春」，相當於乾隆十五年（1750）春。是年春，畫院供奉余省、張為邦奉命將內府舊藏大學士蔣廷錫設色《鳥譜》十二冊合摹一份，並以滿文繙譯圖說。乾隆二十六年辛巳（1761）冬竣事，裝潢呈覽，前後歷時十一年。

余省，江蘇常熟人。其父余珣潛心於畫作，余省及其弟余穉自幼在余珣的教誨下，俱工於花鳥寫生，余省且曾受業於蔣廷錫。張為邦，江蘇廣陵人。其父張震，以畫藝稱旨供職於內廷。張為邦自幼受張震的薰陶，亦工於繪畫，尤擅畫人物、花卉。余省、張為邦俱供奉於內廷畫院，畫風工麗，其摹繪蔣廷錫《鳥譜》，確實頗能得其風貌。

《鳥譜》、《獸譜》先後成書，有其異曲同工之妙。查閱《內務府造辦處各作成做活計清檔》、《上諭檔》等資料，有助於了解《獸譜》的繪製經過。乾隆二十二年（1757）十月十八日，太監胡世傑交余省絹畫《獸譜》一百八十張，傳旨：「配襻白絹一百八十塊，着翰林們寫對題，得時交啟祥宮裱冊頁六冊。」乾隆二十六年（1761）九月十四日，軍機處交下如意館絹畫《獸譜》一百八十張，絹字圖說一百八十張。傳旨：「着將《獸譜》裱冊頁六冊。」乾隆二十七年（1762）閏五月十八日，太監胡世傑傳旨，以《鳥譜》、《獸譜》等冊頁既多，「着用外僱匠人成做。」查閱檔案，可知乾隆中葉在繪製《鳥譜》的同時，余省、張為邦也奉旨繪製《獸譜》。

《獸譜》繪製完成後，即與《鳥譜》陳設於重華宮。《撫辰殿建福宮惠風亭陳設檔》記載，「咸豐四年三月二十一日，小太監平順傳旨：重華宮交來《鳥譜》四匣，計十二冊；《獸譜》二匣，計六冊，移安漱芳齋。齋宮位於東一長街南首仁祥、陽曜兩門之中，凡南郊、祈穀、常雩、大祀、皇帝俱致齋於此。《點查報告》第二編第一冊「齋宮」條記錄，《獸譜》三十開，第一、二、三、四、五、六，計六冊。現刊《清宮獸譜》，計六冊，共一百八十幅，與內務府造辦處如意館、重華宮、點查報告的紀錄相合。

名副其實——《獸譜》名稱的由來

為了便於說明，可將《古今圖書集》、《石渠寶笈續編》、《獸譜》名目列出簡表如後。

《獸譜》名稱對照表

順序	古今圖書集成	石渠寶笈續編	獸譜				
			冊別	幅次	漢文	滿文	羅馬拼音
1	麒麟	麒麟	1	1	麒麟	ᠰᠠᠪᡳᡨᡠᠨ ᠰᠠᠪᡳᠨᡨᡠ	sabitun sabintu
2	騶虞	騶虞		2	騶虞	ᠵᡠᡵᡤᠠᠨᡨᡠ	jurgantu

3	酋耳	酋耳	1	3	酋耳	ᡨᠠᠩᠰᡳᡴᠠ	tangsika
4	獬豸	獬豸		4	獬豸	ᡨᠣᠨᡨᡠ	tontu
5	白澤	白澤		5	白澤	ᡧᡝᠩᡤᡝᡨᡠ	šenggetu
6	桃拔	桃拔		6	桃拔	ᠪᡠᠴᡳᠨ	bucin
7	角端	角端		7	角端	ᠸᡝᡳᡥᡝᡨᠣᠨ	weiheton
8	狻麑	狻猊		8	狻麑	ᡝᡵᠰᡠᠯᡝᠨ	ersulen

9	象	象	1	9	象	ᠰᡠᡶᠠᠨ	sufan
10	虎	虎		10	羆	ᠰᡠᠸᠠ ᠨᠠᠰᡳᠨ	suwa nasin
11	豹	豹		11	虎	ᡨᠠᠰᡥᠠ	tasha
12	赤豹	赤豹		12	豹	ᠶᠠᡵᡥᠠ	yarha
13	貘	貘		13	赤豹	ᡶᡠᠯᡤᡳᠶᠠᠨ ᠶᠠᡵᡥᠠ	fulgiyan yarha
14	貔	貔		14	貘	ᠰᡝᠯᡝᡴᠵᡝ	selekje

15	熊	熊		15	貔	ᠮᠣᠵᡳᡥᡳᠶᠠᠨ	mojihiyan
16	青熊	青熊		16	熊	ᠯᡝᡫᡠ	lefu
17	羆	羆	1	17	青熊	ᠪᠣᠷᠣ ᠯᡝᡫᡠ	boro lefu
18	羆	羆		18	羆	ᠰᡠᠸᠠ ᠨᠠᠰᡳᠨ	suwa nasin
19	犀	犀		19	犀	ᡳᡥᠠᠰᡳ	ihasi
20	兕	兕		20	兕	ᠪᡠᡥᠠ ᡤᡠᡵᡤᡠ	buha gurgu

21	豺	豺	1	21	豺	ᠵᠠᡵᡥᡡ	jarhū
22	狼	狼		22	狼	ᠨᡳᠣᡥᡝ	niohe
23	狐	狐		23	狐	ᡩᠣᠪᡳ	dobi
24	黑狐	黑狐		24	黑狐	ᠶᠠᠴᡳᠨ ᡩᠣᠪᡳ	yacin dobi
25	九尾狐	九尾狐		25	九尾狐	ᡠᠶᡠᠨ ᡠᠨᠴᡝᡥᡝᠩᡤᡝ ᡩᠣᠪᡳ	uyun uncehengge dobi
26	鹿	鹿		26	鹿	ᠪᡠᡥᡡ	buhū

27	麋	麋	1	27	麋	ᠰᡠᠸᠠ	suwa
28	麈	麈		28	麈	ᡠᠨᠴᡝᡥᡝᠨ ᡤᠣᠯᠮᡳᠨ ᠪᡠᡥᡡ	uncehen golmin buhū
29	麢	麢		29	麢	ᠰᡳᡵᡤᠠᡨᡠ	sirgatu
30	麂	麂		30	麂	ᡤᡳ ᠪᡠᡥᡡ	gi buhū
31	麝	麝	2	1	麝	ᠮᡳᠶᠠᡥᡡ	miyahū
32	狗貛	貆		2	貆	ᡩᠣᡵᡤᠣᠨ	dorgon

33	猪貛	貒	2	3	貒	ᠮᠠᠩᡤᡳᠰᡠ	manggisu
34	兔	兔		4	兔	ᡤᡡᠯᠮᠠᡥᡡᠨ	gūlmahūn
35	駮	駮		5	駮	ᠸᡝᡳᡶᡠᡨᡠ	weifutu
36	貉	貉		6	貉	ᡝᠯᠪᡳᡥᡝ	elbihe
37	獺	獺		7	獺	ᡥᠠᡳᠯᡠᠨ	hailun
38	蜎	蜎		8	蜎	ᠰᡝᠩᡤᡝ	sengge

39	貓	貓	2	9	貓	ᡴᡝᠰᡳᡴᡝ	kesike
40	貍	貍		10	貍	ᡠᠵᡳᡵᡥᡳ	ujirhi
41	赤貍	赤貍		11	赤貍	ᡶᡠᠯᡤᡳᠶᠠᠨ ᡠᠵᡳᡵᡥᡳ	fulgiyan ujirhi
42	鼠	鼠		12	鼠	ᠰᡳᠩᡤᡝᡵᡳ	singgeri
43	鼢鼠	鼢鼠		13	鼢鼠	ᠮᡠᡴᡨᡠᠨ	muktun
44	鼬鼠	鼬鼠		14	鼬鼠	ᠰᠣᠯᠣᡥᡳ	solohi

45	飛鼠	飛鼠		15	飛鼠	ᠣᠮᡴᡳᠶᠠ	omkiya
46	鼰鼠	鼰鼠		16	鼰鼠	ᡶᠠᡥᠠᠩᡤᠠ ᠰᡳᠩᡤᡝᡵᡳ	fahangga singgeri
47	鼯鼠	鼯鼠	2	17	鼯鼠	ᡩᡝᠶᡝᡵᡝ ᡩᠣᠪᡳ	deyere dobi
48	貂	貂		18	貂	ᠰᡝᡴᡝ	seke
49	猴	猴		19	猴	ᠮᠣᠨᡳᠣ	monio
50	猿	猿		20	猿	ᠪᠣᠨᡳᠣ	bonio

51	蜼	蜼	2	21	蜼	ᠯᠠᡴᡳᠶᠠᡵᡳ ᠮᠣᠨᡳᠣ	lakiyari monio
52	猓然	-		22	果然	ᠰᠠᡥᠠᠯᡩᠠᡳ ᠪᠣᠨᡳᠣ	sahaldai bonio
53	狨	狨		23	狨	ᠰᠣᠪᠣᠨᡳᠣ	sobonio
54	玃	玃		24	玃	ᡝᠯᡳᠨᡨᡠ	elintu
55	彭侯	彭侯		25	彭侯	ᡠᡴᡝᠴᡳ	ukeci
56	猩猩	猩猩		26	猩猩	ᠰᡳᡵᠰᡳᠩ	sirsing

57	狒狒	狒狒	2	27	狒狒	ᡶᡠᡵᡶᡠ	furfu
58	乘黃	乘黃		28	乘黃	ᡩᡝᡤᡝᡨᡠ ᡴᠣᠩᡤᠣᡵᠣ	degetu konggoro
59	龍馬	-		29	龍馬	ᠮᡠᡩᡠᡵᡳ ᠮᠣᡵᡳᠨ	muduri morin
60	良馬	-		30	良馬	ᠰᠠᡳᠨ ᠮᠣᡵᡳᠨ	sain morin
61	旋毛馬	旋毛馬	3	1	旋毛馬	ᡥᠣᠰᡥᠣᡵᡳ ᠮᠣᡵᡳᠨ	hoshori morin
62	駱駝	駝		2	駝	ᡨᡝᠮᡝᠨ	temen

63	騾	騾	3	3	騾	ᠯᠣᡵᡳᠨ	lorin
64	驢	驢		4	驢	ᡝᡳᡥᡝᠨ	eihen
65	牛	牛		5	牛	ᡳᡥᠠᠨ	ihan
66	犎	犎牛		6	犎牛	ᠪᡠᡥᠠᡨᡠ	buhatu
67	旄牛	旄牛		7	旄牛	ᠮᠣᠣ ᡳᡥᠠᠨ	moo ihan
68	羊	羊		8	羊	ᡥᠣᠨᡳᠨ	honin

69	羬羊	羬羊	3	9	羬羊	ᠨᡳᠮᠠᡨᡠᠨ	nimatun
70	麢羊	麢羊		10	麢羊	ᠪᡠᡴᡡᠨ	bukūn
71	犬	犬		11	犬	ᡳᠨᡩᠠᡥᡡᠨ	indahūn
72	豕	豕		12	豕	ᡠᠯᡤᡳᠶᠠᠨ	ulgiyan
73	豪彘	豪彘		13	豪彘	ᡴᡳᡨᠠᡵᡳ	kitari
74	鹿蜀	鹿蜀		14	鹿蜀	ᠮᡠᠰᡥᠠ	musha

75	類	類	3	15	類	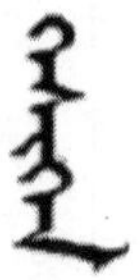	kesiken
76	猬裹	猬裹		16	猬裹	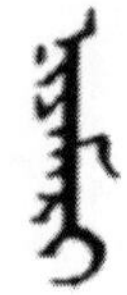	niyamari
77	獏䜠	獏䜠		17	獏䜠	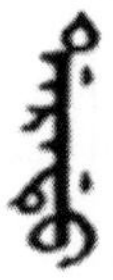	daradu
78	狸力	狸力		18	狸力	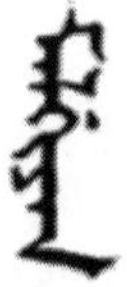	malgiyan
79	長右	長右		19	長右	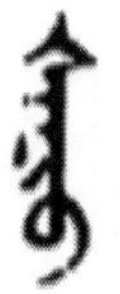	šanio
80	㲋	㲋		20	㲋	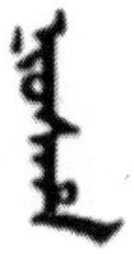	niosha

81	䍺	䍺		21	䍺	ᠠᠩᡤᠠᡴᡡ	anggakū
82	蠱雕	蠱雕		22	蠱雕	ᠶᠣᠯᠣᠵᡠ	yoloju
83	葱聾	葱聾		23	葱聾	ᠴᠠᠪᡩᠠᡵᠠ	cabdara
84	犳	犳	3	24	犳	ᠶᠠᡵᡩᠠᡥᡡᠨ	yardahūn
85	囂	囂		25	囂	ᠰᠣᡶᡳᠨᡨᡠ	sofintu
86	谿邊	谿邊		26	谿邊	ᠮᠣᠣᡩᠠᡥᡡᠨ	moodahūn

87	玃如	玃如	3	27	玃如	ᡥᠠᠯᠠᡳᡨᡠ	halaitu
88	朱厭	朱厭		28	朱厭	ᡧᠠᠪᠵᡠᠨᡳᠣ	šabjunio
89	舉父	舉父		29	舉父	ᡶᠠᡥᠠᡵᡨᡠ	fahartu
90	土螻	土螻		30	土螻	ᠪᡠᡴᠠᡵᡳ	bukari
91	狡	狡	4	1	狡	ᠶᠠᡵᡥᠠᠴᠠᠨ	yarhacan
92	猙	猙		2	猙	ᠰᡠᠨᠴᡝᡥᡝᠨ	suncehen

93	天狗	天狗	4	3	天狗	ᠠᠪᡴᠠᡳ ᡳᠨᡩᠠᡥᡡᠨ	abkai indahūn
94	獥狃	獥狃		4	獥狃	ᡳᠮᡝᡵᡥᡝᠨ	imerhen
95	讙	讙		5	讙	ᡳᠵᡳᡵᡥᡳ	ijirhi
96	蠻蠻	蠻蠻		6	蠻蠻	ᠮᠠᡵᠮᠠᠨ	marman
97	窮奇	窮奇		7	窮奇	ᠪᡠᠯᠠᡥᠠᠨ	bulahan
98	孰湖	孰湖		8	孰湖	ᠮᡠᠰᡥᠠᡵᡳ	mushari

99	騰踈	騰踈	4	9	騰踈	ᡨᠠᡴᡳᠨᡨᡠ	takintu
100	孟槐	孟槐		10	孟槐	ᡶᡠᠯᡴᡳᡨᠠ	fulkita
101	孟極	孟極		11	孟極	ᠮᡝᠩᡤᡳᡨᡠ	menggitu
102	幽頞	幽頞		12	幽頞	ᠣᠯᡳᡥᠠᡵᡳ	olihari
103	足訾	足訾		13	足訾	ᡯᡠᠰᡝᠨ	dzusen
104	諸犍	諸犍		14	諸犍	ᠵᡝᠴᡝᡥᡝᠨ	jecehen

105	那父	那父		15	那父	ᡥᠣᡥᠣᠨᡨᡠ	hohontu
106	竂窳	竂窳		16	竂窳	ᡳᠮᡵᡳᠨ	imrin
107	諸懷	諸懷	4	17	諸懷	ᠨᡳᠶᠠᠮᠵᡠ	niyamju
108	狕	狕		18	狕	ᠶᠠᡵᠵᡠ	yarju
109	閭	閭		19	閭	ᠸᡝᡳᡥᡝᠨ	weihen
110	騂馬	騂馬		20	騂馬	ᡠᡳᠰᡠᡵᡠ	uisuru

<table>
<tr><td>111</td><td>狍鴞</td><td>狍鴞</td><td rowspan="6">4</td><td>21</td><td>狍鴞</td><td>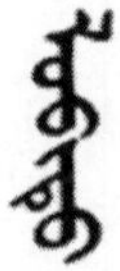</td><td>lobitu</td></tr>
<tr><td>112</td><td>獨狢</td><td>猲狢</td><td>22</td><td>獨狢</td><td>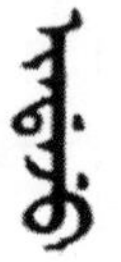</td><td>indaju</td></tr>
<tr><td>113</td><td>居暨</td><td>居暨</td><td>23</td><td>居暨</td><td>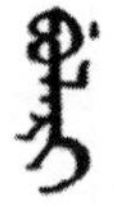</td><td>bulari</td></tr>
<tr><td>114</td><td>驒</td><td>驒</td><td>24</td><td>驒</td><td>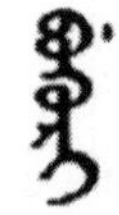</td><td>bukuri</td></tr>
<tr><td>115</td><td>天馬</td><td>天馬</td><td>25</td><td>天馬</td><td>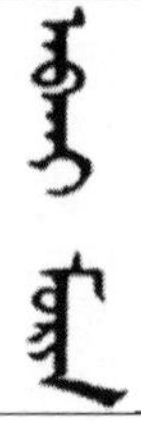</td><td>abkai morin</td></tr>
<tr><td>116</td><td>領胡</td><td>領胡</td><td>26</td><td>領胡</td><td>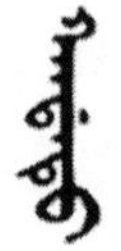</td><td>kandatu</td></tr>
</table>

117	辣辣	辣辣	4	27	辣辣	ᡩᡠᡵᡩᡠᠩ	durdung
118	獂	獂		28	獂	ᡤᡡᠸᠠᡥᡳᠶᠠᡨᡠ	gūwahiyatu
119	羆	-		29	雙雙	ᡧᡠᠸᠠᡵᡧᡠᠸᠠᠨ	šuwaršuwan
120	從從	從從		30	從從	ᡮᡠᡵᡮᡠᠩ	ts'urt'sung
121	狪狪	狪狪	5	1	狪狪	ᡨᡠᡵᡨᡠᠩ	turtung
122	軨軨	軨軨		2	軨軨	ᠯᡳᡵᠯᡳᠩ	lirling

<table>
<tr><td>123</td><td>犰狳</td><td>犰狳</td><td rowspan="6">5</td><td>3</td><td>犰狳</td><td>ᠴᠠᠯᠮᠠᡥᡡᠨ</td><td>calmahūn</td></tr>
<tr><td>124</td><td>朱獳</td><td>朱儒</td><td>4</td><td>朱獳</td><td>ᡩᠣᠪᡳᡥᠠ</td><td>dobiha</td></tr>
<tr><td>125</td><td>獙獙</td><td>獙獙</td><td>5</td><td>獙獙</td><td>ᠪᡳᡵᠪᡳᠨ</td><td>birbin</td></tr>
<tr><td>126</td><td>蠪姪</td><td>蠪姪</td><td>6</td><td>蠪姪</td><td>ᡠᠶᡠᠯᡨᡠ</td><td>uyultu</td></tr>
<tr><td>127</td><td>峳峳</td><td>峳峳</td><td>7</td><td>峳峳</td><td>ᠶᡠᡵᠶᡠ</td><td>yuryu</td></tr>
<tr><td>128</td><td>獓胡</td><td>獓胡</td><td>8</td><td>獓胡</td><td>ᠴᡳᡴᡳᡵᡥᡡ</td><td>cikirhū</td></tr>
</table>

129	精精	精精	5	9	精精	ᠵᡳᡵᠵᡳᠩ	jirjing
130	猲狚	猲狚		10	猲狚	ᡶᡠᠯᠨᡳᡥᡝ	fulnihe
131	當康	當康		aa	當康	ᠰᠠᡳᡩᠠᡥᠠᠨ	saidahan
132	合窳	合窳		12	合窳	ᠪᡳᠰᠠᠨᡨᡠ	bisantu
133	蜚	蜚		13	蜚	ᡤᡝᡵᡳᡨᡠ	geritu
134	𪊨	𪊨		14	𪊨	ᡴᡠᡵᡳᠮᠠ	kurima

135	朏朏	朏朏	5	15	朏朏	ᡦᡠᡵᡦᡠᡳ	purpui
136	蠥蚳	蠥蚳		16	蠥蚳	ᠸᡝᠯᡤᡳᠶᠠᠨ	welgiyan
137	馬腹	馬腹		17	馬腹	ᠨᡳᠶᠠᠰᡥᠠ	niyasha
138	夫諸	夫諸		18	夫諸	ᡧᠠᡩᡠᡥᡡ	šaduhū
139	麢	麢		19	麢	ᡝᠯᠪᡳᡨᡠᠨ	elbitun
140	犀渠	犀渠		20	犀渠	ᡴᡠᡵᡳᠰᡳ	kurisi

141	獙	獙	5	21	獙	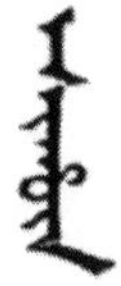	esihūn
142	山膏	山膏		22	山膏	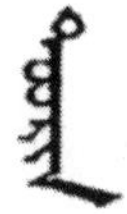	toorin
143	文文	文文		23	文文	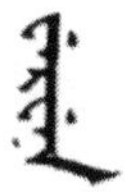	werwen
144	神鼉圍	鼉圍		24	鼉圍	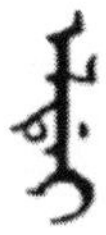	eldei
145	狏狼	狏狼		25	狏狼	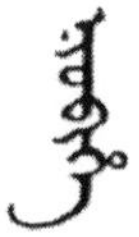	niobihe
146	雍和	雍和		26	雍和	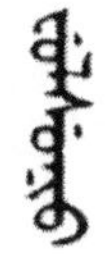	fulsunio

147	獜	獜	5	27	獜	ᡨᠠᠰᡳᡥᡡᠨ	tasihūn
148	猴	狙如		28	狙如	ᠰᡳᠩᡤᡝᡨᡠ	singgetu
149	狙如	猴		29	猴	ᠰᡝᠩᡤᡝᡨᡠ	senggetu
150	㺊即	㺊即		30	㺊即	ᠶᠠᡥᠠᡵᡳ	yahari
151	梁渠	梁渠	6	1	梁渠	ᠮᠠᠯᠵᡠᡥᠠ	maljuha
152	聞獜	聞獜		2	聞獜	ᡝᡩᡠᠨᡨᡠ	eduntu

153	蚔	蚔		3	蚔	ᡝᡳᡥᡠᡵᡳ	eihuri
154	并封	并封		4	并封	ᠵᡠᡵᡠᠵᡠ	juruju
155	羅羅	羅羅		5	羅羅	ᠯᡠᡵᠯᡠᠨ	lurlun
156	開明獸	開明獸	6	6	開明獸	ᠠᠪᡴᠠᡳ ᡤᡠᡵᡤᡠ	abkai gurgu
157	夔	夔		7	夔	ᡩᠣᡴᡩᠣᡵᡥᠠᠨ	dokdorhan
158	跊踼	跊踼		8	跊踼	ᡴᠠᠯᡶᡳᠨᡨᡠ	kalfintu

159	雙雙	雙雙	6	9	利未亞師子	ᠯᡳᡳ ᠸᡝᡳ ᠶᠠ ᠵᡝᠣ ᡳ ᠠᡵᠰᠠᠯᠠᠨ	lii wei ya jeo i arsalan
160	蟲	蟲		10	蟲	ᠪᠣᠨᡳᡨᡠᠨ	bonitun
161	戎宣王尸	戎宣王尸		11	戎宣王尸	ᡠᠵᡠᡴᡡ	ujukū
162	猎猎	猎猎		12	猎猎	ᠰᡳᡵᠰᡳ	sirsi
163	㣇狗	㣇狗		13	㣇狗	ᠮᠠᠮᡠᡨᡠᠨ	mamutun

164	檮杌	檮杌	6	14	檮杌	ᠪᡝᠴᡠᠨᡨᡠ	becuntu
165	旱獸	旱獸		15	旱獸	ᡥᡳᠶᠠᡨᡠᠨ	hiyatun
166	屏翳	屏翳		16	屏翳	ᠠᡤᠠᡩᠠ	agada
167	厭火獸	厭火獸		17	厭火獸	ᡤᡡᡵᡤᡳᠨᡨᡠ	gūrgintu
168	三角獸	三角獸		18	三角獸	ᡳᠯᠸᡝᡵᡳ	ilweri
169	獿	蝬		19	蝬	ᡤᠣᠯᠮᡳᡨᡠ	golmitu

170	獨角獸	果然	6	20	獨角獸	ᠸᡝᡳᡥᡝᡵᡳᠨ	weiherin
171	鼻角獸	獨角獸		21	鼻角獸	ᠰᡠᡶᡝᠨ	sufen
172	加默良獸	鼻角獸		22	加默良	ᡬᠠᠮᡠᠯᡳᠶᠠᠩ	g’amuliyang
173	山羊	加默良		23	亞細亞州山羊	ᠶᠠ ᠰᡳ ᠶᠠ ᠵᡝᠣ ᡳ ᠠᠯᡳᠨ ᡳ ᡥᠣᠨᡳᠨ	ya si ya jeo i alin i honin
174	般第狗	亞細亞州山羊		24	般第狗	ᠪᠠᠨᡩᡳ ᡳᠨᡩᠠᡥᡡᠨ	bandi indahūn

175	獲落	般第狗		25	獲落	ᡥᠣᠯᠣ	holo
176	撒粹漫大粹	獲落		26	撒粹漫大粹	ᠰᠠᠯᠮᠠᠨᡩᠠᡵᠠ	salmandara
177	狸猴獸	撒粹漫大粹	6	27	狸猴	ᠰᡠᠮᠠᠯᡨᡠ	sumaltu
178	意夜納獸	狸猴		28	意夜納	ᡳᠶᡝᠨᠠ	iyena
179	惡那西約獸	利未亞師子		29	惡那西約	ᠣᠨᠠᠰᡳᠶᠣ	onasiyo
180	蘇獸	意夜納		30	蘇獸	ᡠᠨᡠᡵᡨᡠ	unurtu

181	-	惡那西約	-	-	-	-	-
182	-	蘇獸	-	-	-	-	-

資料來源：陳夢雷編《古今圖書集成》，臺北，鼎文書局，1976 年 2 月；《石渠寶笈續編》，臺北，國立故宮博物院，1971 年 10 月；《清宮獸譜》，北京，故宮博物院，2014 年 9 月。

傅恒等在《獸譜》跋中指出，「《獸譜》仿《鳥譜》為之，名目形相，蓋本諸《古今圖書集成》，而設色則余省、張為邦奉勅摹寫者也。圖左方清漢說文，臣等承旨繕譯，及始工蕆事月日，並與《鳥譜》同其數目，自麟以下凡一百有八十，其序自瑞獸至異國獸，各以類次。其屬若鹿、若狐、若鼠、若牛羊等，亦以其物相附。至於毛群之牝牡，非若羽族雌雄之別翼殊色，故不另繪。其或以角辨，或以名判者，則於說文詳識之，以及鳴聲食嗜之異，走伏馴猛之性，林坰山澤之產，咸並疏焉。」由引文內容可知《獸譜》是仿照《鳥譜》的形式繪製，其名目形相則取材於《古今圖書集成》。《獸譜》計六冊，每冊各三十幅。《古今圖書集成》「禽蟲典」，包含：走獸、麒麟、騶虞、獬豸、白澤、桃拔、角端、獅、象、虎、豹、貘、貔貅、熊羆、犀兕、豺狼，狐狸、麋鹿、麞、麂、麝、貛、兔、跳兔、駮、貉、獺、蝟、貓、鼠、鼴鼠、鼯鼠、貂、猿猴、蜼、蒙頌、猓然、狨、玃、魍魎、彭侯、猩猩、狒狒、馬、駱駝、騾、驢、牛、羊、犬、豕、黃腰獸、獍、猶、猾、異獸、龍、蛟、鼉等部。獅部包含狻麑、利未亞州獅子；豹部包含赤豹、土豹、金錢豹、艾葉豹、金線豹、水豹、海豹；豸部包含白豹、貊；熊羆部包含黃羆、赤羆、白羆、黃熊、赤熊；犀兕部包含犀、兕；豺狼部包含豺、狼、白狼、獥、豺狗；狐狸部包含黑狐、黃狐、白狐、九尾狐；麋鹿部包含鹿、麋、麞、麀鹿、麛、麖、白鹿、馬鹿、馴鹿；麞部包含麠、牙獐；麂部包含銀麂、紅麂；麝部包含麝父、香麞；貛部包含狗貛、猪貛；兔部包含兔、白兔；貉部包含貆；獺部包含山獺、水獺、海獺；貓部包含貓、貍、赤貍、風貍、牛尾貍、香貍、火貍、靈貓；鼠部包含鼠、鼢鼠、鼬鼠、飛鼠、碩鼠、田鼠、鼷鼠、竹鼠、雀鼠、石鼠、香鼠、家鹿、黃鼠、水鼠、土撥鼠、銀鼠、青鼠；猿猴部分包含猴、猿、獼猴、白猿、元猿、白猴、猱、蝯；馬部包含乘黃、龍馬、飛兔、良馬、旋毛馬、白馬、龍駒；驢部包含黑驢、白驢、野驢、山驢、海驢；牛部包含牛、犛、旄牛、夔牛、水牛、青牛、黃牛、海牛、山牛；羊部包含羊、羬羊、麢羊、羝、羔、羱、羒、夏羊、羯、蛟羊、野青羊、龍羊、羚羊、花羊、乳羊、綿羊、山羊、烏羊、無角羊、黃羊、胡羊、九尾羊、秋羊；犬部包含獫、狗、田犬、獒、黃犬、黑犬、白犬、木狗、獵犬；豕部包含豕、豪彘、豝、豵、豚、猪、彘、豨、野猪；異獸部包含鹿蜀、類、猾褢、猼訑、狸力、長右、彘、羬、蠱雕、蒸聾、犳、嚚、谿邊、玃如、朱厭、舉父、土螻、狡、猙、天狗、獓㺯、讙、蠻蠻、窮奇、孰湖、臛疎、孟槐、孟極、幽頞、足訾、諸犍、那父、窫窳、諸懷、狕、閭、駮馬、狍

鴞、獨狢、居暨、驒、天馬、領胡、㺊㺊、豲、羆、從從、狪狪、
軨軨、犰狳、朱獳、獙獙、蠪姪、㹫㹫、獂胡、精精、猲狙、當康、
合窳、蜚、難、朏朏、蠪蚳、馬腹、夫諸、麢、犀渠、獺、山膏、
文文、神䰠圍、狏狼、𤝞和、獜、猨；狙如、豥即、梁渠、聞獜、
蛫、并封、羅羅、開明獸、夔、跊踢、雙雙、蟲、戎宣王尸、猎猎、
菌狗、檮杌、旱獸、屏翳、厭火獸、三角獸、猥、獨角獸、鼻角獸、
加默良獸、山羊、般第狗、獲落、撒辞漫大辞、狸猴獸、意夜納獸、
惡那西約獸、蘇獸。

前列簡表，將《古今圖書集成》、《石渠寶笈續編》、《獸譜》名稱並列，以供對照。查閱《古今圖書集成》可知《獸譜》取材於《古今圖書集成》，其名目及順序，基本一致。據《石渠寶笈續編》記載，余省、張為邦合畫《獸譜》絹本，六冊，縱一尺二寸五分，橫一尺三寸。設色畫獸屬一百八十三種，右圖左說，兼清漢書，第一冊，三十三幅；第二冊，二十九幅；第三冊，三十幅；第四冊，二十九幅；第五冊，三十幅；第六冊，三十二幅。查閱前列簡表可知《石渠寶笈續編》所載《獸譜》第一冊共三十幅，並非三十三幅。其中第十幅虎、第十一幅豹、第十二幅赤豹、第十三幅貘、第十四幅貔、第十五幅熊、第十六幅青熊、第十七幅羆、第十八幅羆，《古今圖書集成》、《石渠寶笈續編》所載名目及順序，俱一致，《獸譜》依次作「羆、虎、豹、赤豹、貘、貔、熊、青熊、羆」，順序稍有出入。第二冊第二幅，《獸譜》、《石渠寶笈續編》俱作「貆」，第三幅俱作「貒」，《古今圖書集成》依次作「狗獾」、「猪貛」。第二十二幅，《古今圖書集成》作「猓然」，《獸譜》作「果然」，《石渠寶笈續編》缺名稱，其餘各幅名目及順序俱一致。第三冊，共三十幅，

其名目及順序，各書所載俱一致。第四冊，第二十二幅，《古今圖書集成》、《獸譜》俱作「獨狢」，《石渠寶笈續編》作「猲狢」；第二十九幅《古今圖書集成》作「羆」，《獸譜》作「雙雙」，《石渠寶笈續編》缺名稱。第五冊第四幅，《古今圖書集成》、《獸譜》俱作「朱獳」，《石渠寶笈續編》作「朱儒」；第二十四幅，《石渠寶笈續編》、《獸譜》俱作「矗凰」，《古今圖書集成》作「神矗凰」；第二十八幅，《石渠寶笈續編》、《獸譜》俱作「狙如」，《古今圖書集成》作「猴」；第二十九幅，《石渠寶笈續編》、《獸譜》俱作「猴」，《古今圖書集成》作「狙如」，順序稍有出入。第六冊第九幅，《古今圖書集成》、《石渠寶笈續編》俱作「雙雙」，《獸譜》作「利未亞師子」；第十九幅，《石渠寶笈續編》、《獸譜》俱作「蝯」，《古今圖書集成》作「猨」；第二十幅，《古今圖書集成》、《獸譜》俱作「獨角獸」，《石渠寶笈續編》作「果然」；第二十一幅，《古今圖書集成》、《獸譜》俱作「鼻角獸」，《石渠寶笈續編》作「獨角獸」、第二十二幅，《古今圖書集成》、《獸譜》俱作「加默良」，《石渠寶笈續編》作「鼻角獸」；第二十三幅，《古今圖書集成》作「山羊」，《獸譜》作「亞細亞州山羊」，《石渠寶笈續編》作「加默良」；第二十四幅，《古今圖書集成》、《獸譜》俱作「般第狗」，《石渠寶笈續編》作「亞細亞州山羊」；第二十五幅《古今圖書集成》、《獸譜》俱作「獲落」，《石渠寶笈續編》作「般第狗」；第二十六幅，《古今圖書集成》、《獸譜》俱作「撒辞漫大辞」，《石渠寶笈續編》作「獲落」；第二十七幅，《古今圖書集成》作「狸猴獸」，《獸譜》作「狸猴」，《石渠寶笈續編》作「撒辞漫大辞」；第二十八幅，《古今圖書集成》作「意夜納獸」，《獸譜》作「意夜納」，「石渠寶笈續編」作「狸猴」；第二十九幅，

《古今圖書集成》作「惡那西約獸」,《獸譜》作「惡那西約」,《石渠寶笈續編》作「利未亞師子」;第三十幅,《古今圖書集成》、《獸譜》俱作「蘇獸」,《石渠寶笈續編》作「意夜納」。大致而言,《獸譜》的獸名及其順序,多與《古今圖書集成》相近。《石渠寶笈續編》第六冊,共三十二幅,其中「雙雙」,《獸譜》編在第四冊,第二十九幅,《石渠寶笈續編》改置第六冊第九幅;「果然」,《獸譜》編在第二冊,第二十二幅,《石渠寶笈續編》改置第六冊,第二十幅,以致其幅數及順序與《獸譜》、《古今圖書集成》頗不一致。

形聲相益——《獸譜》名稱的滿文繙譯

《獸譜》中獸類名稱的滿文繙譯,也值得重視。《獸譜》第一冊,共計三十幅,麒麟,《獸譜》記載,牡曰麒,牝曰麟,是一種仁獸。滿文讀作"sabitun sabintu",意即「祥瑞之獸」,不僅是仁厚之徵,而且也是太平之符。《獸譜》引《詩序》謂「仁如騶虞,則王道成。」句中「騶虞」,滿文讀作"jurgantu",意即「義獸」。酋耳,滿文讀作"tangsika",意即「毛粗堅硬野獸」,《獸譜》記載,王者威及四夷則至。獬豸,滿文讀作"tontu",性忠直,亦名任法獸。白澤,是傳說中的神獸,滿文讀作"šenggetu",意即「預知事物之獸」。鹿,滿文讀作"buhū",桃拔似鹿長尾,滿文讀作"bucin"。角端,其角在鼻端,滿文讀作"weiheton"。狻麑,是一種獅子,食虎、豹,性兇猛。獅子,滿文讀作"arsalan",狻麑,滿文讀作"ersulen"。象因合於天象而得名,象,滿文讀作"sufan"。有象的,滿文讀作"sufangga"。羆,類熊,黑而微黃,滿文讀作"suwa nasin",意即「微黃的大熊」。虎，力猛鉤爪，嘯則風生，滿文讀作“tasha”。豹，形小於虎，其斑如錢而黑，滿文讀作“yarha”。赤豹，毛色黃赤，滿文讀作“fulgiyan yarha”，意即「紅豹」。

貘，似熊而小。劉向《新論》謂「走貘美鐵，嗜好不同。」句中「走貘美鐵」，滿文讀作“selekje gurgu, sele jetere de amuran”，意即「貘獸，喜食鐵。」貘，滿文讀作“selekje”，意即「食鐵獸」。民間相傳貘糞為刀，能切玉，其膽可以鑄劍。貔，滿文讀作“mojihiyan”，一名白狐，滿文讀作“dojihiyan”。熊，滿文讀作“lefu”，猪形人足。青熊，是一種山獸，滿文讀作“boro lefu”，意即「青毛的熊」。羆，大於熊，其色黃白，力大能拔巨木，滿文讀作“suwa nasin”，意即「略黃的大熊」。牛，滿文讀作“ihan”，犀，滿文讀作“ihasi”，似乳牛而猪頭，“ihasingga kiru”, 意即「犀牛旗」。兕，一角青色，狀類犀，滿文讀作“buha gurgu”，意即「野牛獸」。豺，滿文讀作“jarhū”，因形似狗，習稱豺狗，又稱豺狼。其實，豺，滿文讀作“jarhū”，豺狗，滿文讀作“jarhūn”，豺狼的「狼」，滿文讀作“niohe”，不可混為一談。狼大如狗，狐亦似犬。狐，滿文讀作“dobi”。黑狐，滿文讀作“yacin dobi”，相傳周成王時，治致太平而黑狐見。九尾狐，滿文讀作 uyun uncehengge dobi”。

鹿，性好群而相比，食則相呼，居則環角外向以相衛，滿文讀作“buhū”。麋，似鹿而色青黑，規範滿文讀作“suwa buhū，意即「梅花鹿」，《獸譜》作“suwa”，異。鹿處山林，麋愛水澤。麈，是一種大鹿，滿文讀作“uncehen golmin buhū”，意即「長尾鹿」。《獸譜》描述麈之所在，群鹿從之，恒視其尾所嚮為準，故稱麈。麕，似鹿而小，字从囷，意即「善聚善散」，滿文讀作“sirgatu”。因麕性喜文章采色，故亦名麐，滿文讀作“sirga”。麂，似麐而小，是麐的一種，好鬥善跳，穿行草莽中時，但循一徑，其聲几几然，滿文讀作“gi buhū”，意即「麂鹿」。

《獸譜》第二冊，共計三十幅。其中麝，似麐而小，臍有麝香。麝，滿文讀作“miyahū”，意即「麝香鹿」，又稱香麐。貆，滿文讀作“dorgon”。因其形似狗而小，俗名「狗貛」，滿文讀作“indahūn manggisu”。貒，滿文讀作“manggisu”。因其形似豕而肥，俗名「豬貛」，滿文讀作“ulgiyan manggisu”。在時令中，二月，俗稱如月，滿文讀作“gūlmahūn biya”。相傳兔應月而生，句中「兔」，滿文讀作“gūlmahūn”。駮，滿文讀作“weifutu”，其形如馬，白身黑尾，俗名「玆白」，滿文讀作“šanyan weifutu”，意即「白駮」。貉，滿文讀作 elbihe，其形如貍，毛黃褐色，與貛同穴，貛出必以貉為導引。獺，滿文讀作“hailun”，似狐而小，毛軟如緞，一名「水狗」，滿文讀作“haihūn”。蝟，滿文讀作“sengge”，耳小如鼠，毛刺如豪豬。貓，滿文讀作“kesike” 。鼠害苗，而貓捕鼠，故「貓」字从「苗」。貍，滿文讀作“ujirhi”，屬狐類。赤貍，狀似貍而豹文赤色，滿文讀作“fulgiyan ujirhi”，意即「紅貍」。

鼠，滿文讀作“singgeri”。鼢鼠，滿文讀作“muktun”，是一種「地行鼠」，滿文讀作“gūldurara singgeri” 簡稱「地鼠」，一名「犁鼠」，滿文讀作“šositun”，又名「偃鼠」，滿文讀作“ohotono”。鼬鼠，滿文讀作“solohi”，似貂而色異，一名「鼪」，滿文讀作“silihi”。因健於捕鼠，故又名「鼠狼」，滿文讀作“suwayan solohi”，意即「黃鼠狼」。飛鼠，滿文讀作“omkiya”，或以背毛飛，或以尾翔，或以髯凌。鼰鼠，滿文讀作“fahangga singgeri”。鼯鼠，狀似小狐而有翼，滿文讀作"deyere dobi"，意即「飛狐」，一名「夷由」，滿文讀作"omkiya"，意即「飛鼠」。

貂，屬於鼠類，毛豐縟而華美，製以為裘，輕煖勝於狐貉，滿文讀作"seke"。猴，滿文讀作"monio"，其別名或稱「猱」（falintu monio），或稱「狙」（hoilantu），或稱「沐猴」（nungneri monio），或稱「獼猴」（jalgari monio），滿文又讀作"jalhari monio"。猿，一作「猨」，滿文讀作"bonio"，長臂，善換氣。蜼，似猴而大，長尾岐鼻，遇雨即自懸於樹以尾塞鼻，見人倒擲，或墮地奔走，滿文讀作"lakiyari monio"，意即「倒掛猴」。果然，滿文讀作"sahaldai bonio"，一名「猓」，滿文讀作"sahaldai"，屬於猿類，形如狗頭，似虎，白面黑身。相傳獲其一，則群聚而至，因其必來，故名「果然」，是一種黑身猿。狨，屬於猿類，滿文讀作"sobonio"。因其毛黃赤柔長如絨，故名「狨」。玃，滿文讀作"elintu"，一名「馬化」（mahūntu），是一種大猴，好顧盼，因其純牡而無牝，故謂之玃父（hoilantu）。彭侯，狀似黑狗而無尾，滿文讀作"ukeci"。猩猩，似猴而人行，滿文據漢字音譯作"sirsing"。狒狒，其狀如人，身黑有毛，滿文據漢字音譯作"furfu"，一名「䰤䰤」，滿文讀作"forfoi"，或名「梟羊」，滿文讀作"hūrfu"。乘黃，狀如狐，背有角，滿文讀作"degetu konggoro"，句中"konggoro"，意即「淡黃毛的」。乘黃，一作「飛黃」（nishu konggoro），又作「訾黃」（gaihahū konggoro），「騰黃」（dekjiltu konggoro）、「神黃」（gaihamsitu konggoro），名雖不同，而皆以「黃」色命名。龍馬，滿文讀作"muduri morin"，瑞應之徵，相傳龍馬為河水之精，頸有翼。良馬，滿文讀作"sain morin"，意即「好馬」。騂騮（gilbari keire）、綠耳（kucikeri fulan），都是良馬。句中“gilbari”、“kucikeri”，規範滿文依次讀作“gilbar”、“kuciker”。

《獸譜》第三冊，共計三十幅，其中「旋毛馬」，滿文讀作“hoshori morin”，句中“hoshori”，意即「捲毛」，旋毛，又作「回毛」，滿文俱讀作“hoshori funiyehe”。伯樂《相馬法》云：「旋毛在腹下者千里」。駝，今稱駱駝，滿文讀作“temen”，以其能馱負橐橐，故稱「橐駝」，滿文讀作“acin temen”。句中“acin”，漢字作「橐」，即「馱」，其動詞原形作“acimbi”，意即「馱負」。橐陀，俗稱「封牛」，滿文讀作“temen gurgu”，意即「野駱駝」。騾，健於馬，滿文讀作“lorin”。其類共有五種：馬生者稱為「騾」(lorin)、「駏驉」(gihintu lorin)，驢生者稱為「駃騠」(kutitu lorin)、「騎驝」(jemetu lorin)；牛生者稱為「馲駋」(tomotu lorin)、「鷩」(terme lorin)。

驢，滿文讀作“eihen”，「衛」(weihen)是驢的別名。又名「蹇」(larin)。驢善長鳴，每當夜中及五更初輒應更長鳴。牛，滿文讀作“ihan”。有「水牛」(mukei ihan)和「犪牛」(an i ihan)二種，其中「犪牛」，就是平常的牛。犛牛，滿文讀作“buhatu”，是“buha”結合“tu 而成的詞彙，“buha gurgu”，意即「兕」。犛牛的角近似犀，亦名毛犀。旄牛，滿文讀作“moo ihan”，句中“moo”，是漢字「旄」的音譯。旄與犛相似，犛大而旄小，其得名則旄以毛，犛以尾。旄牛的髀、膝、尾、項下都有毛；犛牛的尾，長而強勁，可為旌旄冠纓的裝飾。

羊，本義祥，所謂吉事有祥，滿文讀作“honin”。羬羊，是一種山羊，狀如驢而馬尾。山羊，滿文讀作“niman”，羬羊，滿文讀作“nimatun”，詞幹相近。麢羊，一作羚羊，似羊而大，滿文讀作

“bukūn”。犬，滿文讀作“indahūn” 。古時，犬分為守犬、田犬、食犬三種。守犬，滿文讀作“tuwakiyara indahūn”，意即「看守的犬」；田犬，滿文讀作“abalara indahūn”，意即「獵犬」；食犬，滿文讀作“jetere indahūn”，意即「食用的犬」。

豕，滿文讀作“ulgiyan”。其別名包括：豶，滿文讀作“taman”，意即「去勢的公豬」；彘，滿文讀作“mehen”，意即「母豬」；豨，滿文讀作“yelu”，意即「野公豬」；豬，滿文讀作“alda”，意即「半大豬」；豭，滿文讀作“buldu”，意即「小公豬」；豝，滿文讀作“nuhen”，意即「一歲野豬」；豵，滿文讀作“mehejen”，意即「老母豬」。豪彘，滿文讀作“kitari”，是一種山豬。其別名有：貆豬（dorgori）、帚貑（sikari）、蒿豬（hamgiyari）、貑貐（dokita）等，其形如豕，行輒成群，見人則激毫以射。

鹿蜀，滿文讀作“musha”，意即「戲貓」，狀如馬，紋如虎，白首赤尾。類，滿文讀作“kesiken”，其狀如貍。貓，滿文讀作“kesike”。類與貓，其滿文相近似。猾褢，其狀如人而彘鬣，穴居冬蟄，滿文讀作“niyamari”。猼訑，滿文讀作“daradu”，一名猼，滿文讀作“darasa”。其狀如羊，四耳，九尾，四目附於背。狸力，形如豚而有距，音如狗吠，滿文讀作“malgiyan”。長右，狀如猴而四耳，其音如吟，滿文讀作“šanio”。彘，狀似猴，四耳，虎身，牛尾，聲如犬嗥，食人，滿文讀作“niosha”。

䍺，狀如羊而無口，黑色，滿文讀作“anggakū”，由“angga”結合“akū”而成。“angga akū”，意即「無口」。䍺的特徵無口，因此，滿文讀作“anggakū”。蠱雕，狀如雕，而有角，音如嬰兒，食人，滿文讀作“yoloju”。滿文“yolo” ，意即「狗頭雕」，又名「藏狗」，蠱雕即因「狗頭雕」而得名。葱聾，狀如羊，黑首赤鬣，滿文讀作“cabdara”。

犳，似狗，頭有花紋，其皮有豹斑。豹，滿文讀作“yarha”，犳，滿文讀作“yardahūn”。嚻，狀似猴而長臂，滿文讀作“sofintu”。谿邊，狀如豹，鋪墊其皮，不生腹脹病，滿文讀作“moodahūn”。 玃如，似鹿而四角，白尾，其前足如人手，後足似馬蹄，滿文讀作“halaitu”。朱厭，狀類猿而白首，赤足，滿文讀作“šabjunio”。舉父，狀如猴而善投擲。善投擲，滿文讀作“fahara mangga”。舉父，滿文讀作“fahartu”，因善投擲而得名。土螻，狀如羊而四角，是一種食人異獸，滿文讀作“bukari”。

《獸譜》第四冊，共計三十幅，其中「狡」，形與聲，皆如犬而有豹的斑紋。「豹」，滿文讀作“yarha”，「狡」，滿文讀作“yarhacan”，因豹紋而得名。猙，似赤豹，五尾，一角。五尾，滿文讀作“sunja uncehen”。猙，滿文讀作“suncehen”，因「五尾」，而得名。天狗，狀如狸而白首，滿文讀作“abkai indahūn”。獓狠，狀如白牛，四角，其毫如披簑衣。「簑衣」，滿文讀作“nemerhen”，獓狠，滿文讀作“imerhen”，因簑衣而得名。讙，狀如貍而三尾，一目在額，滿文讀作“ijirhi”。蠻蠻，鼠身而鼈首，滿文讀作“marman”。窮奇，狀如牛，蝟毛長尾，滿文讀作“bulahan”。刺，滿文讀作“bula”，窮奇，滿文讀作“bulahan”，因蝟毛如刺而得名。孰湖，馬身鳥翼，人面蛇尾，滿文讀作“mushari”。 矔疏，狀如馬，一角，是一種避火獸，滿文讀作“takintu”。孟槐，狀如貆而赤毫，滿文讀作“fulkita”。赤，滿文讀作“fulgiyan”，孟槐因赤毫而得名。孟極，狀如豹而花額，滿文讀作“menggitu”。

幽頞，似猴而花身，因其膽小畏怯，見人則佯睡，滿文讀作“olihari”。畏怯，滿文讀作“oliha”，幽頞，因其膽小畏怯而得名。足訾，狀如猴而有鬣，馬蹄，牛尾，滿文讀作“dzusen”，詞中“dzu”，是漢字「足」的音寫。諸犍，狀似豹而長尾，人首而牛耳、一目，滿文讀作“jecehen”。那父，狀如牛而白尾，滿文讀作“hohontu”。窫窳，狀如牛而赤，人面馬足，滿文讀作“imrin”。諸懷，狀如牛，目如人，耳如彘，滿文讀作“niyamju”。㹨，狀如豹而頭有斑紋，滿文讀作“yarju”。豹，滿文讀作“yarha”，㹨，因「豹」而得名。閭，似驢而歧蹄，角如羚羊，滿文讀作“weihen”。角，滿文讀作“weihe”，閭因角如羚羊而得名。驛馬，狀如馬而牛尾，一角，滿文讀作“uisuru”。角，滿文又讀作“uihe”；白馬，滿文讀作“suru”。“uisuru”，是“uihe”與“suru”的複合詞彙。

狍鴞，羊身人面，目在腋下，虎齒，人手，貪饞，滿文讀作“lobitu”。詞中“lobi”，意即「貪饞」，狍鴞，因其貪饞而得名。獨狢，狀如虎而白身，馬尾彘鬣，滿文讀作“indaju”。居暨，似蝟而赤尾，滿文讀作“bulari”。棘刺，滿文讀作“bula”，居暨因似蝟有刺而得名。驒，狀如麢羊而四角，馬尾，足有距，滿文讀作“bukuri”。麢羊，滿文讀作“bukūn”，驒因狀如麢羊而得名。天馬，狀如白犬而黑頭，有肉翅，見人則飛，滿文讀作“abkai morin”。天馬因見人則飛而得名。領胡，似牛而赤尾，滿文讀作“kandatu”。辣辣，狀如羊，一角，一目，在耳後，滿文讀作“durdung”，是漢字「辣辣」的音寫。獂，狀如牛，是一種三足獸，滿文讀作“gūwahiyatu”。雙雙，是一種合體獸，三青獸合為一體，滿文讀作“šuwaršuwan”，是漢字「雙雙」的音寫。從從，形如犬而長尾，六足，滿文讀作“ts'urts'ung”，是漢字「從從」的音寫。

《獸譜》第五冊，共計三十幅，其中「狪狪」，狀似豚而生珠，滿文讀作"turtung"，是漢字「狪狪」的音寫。軨軨，狀如牛而虎斑紋，滿文讀作"lirling"，是漢字「軨軨」的音寫。犰狳，狀如兔而鳥喙，鴟目蛇尾，滿文讀作"calmahūn"。朱獳，狀如狐而魚鬛，滿文讀作"dobiha"。狐，滿文讀作"dobin"，朱獳因其狀如狐而得名。獙獙，狐而有翼者，滿文讀作"birbin"，是漢字「獙獙」字的音寫。蠪姪，九首，九尾，虎爪，滿文讀作"uyultu"。九，滿文讀作"uyun"。蠪姪，因九首、九尾而得名。峳峳，狀如馬而四角，羊目，牛尾，滿文讀作"yuryu"，是漢字「峳峳」的音寫。妴胡，狀如麋而魚目，滿文讀作"cikirhū"。精精，狀如牛而馬尾，因其鳴聲而命名，滿文讀作"jirjing"，是漢字「精精」的音寫。猲狚，狀如狼，赤首，鼠目，滿文讀作"fulnihe"。赤，滿文讀作"fulgiyan"；狼，滿文讀作"niohe"，"fulnihe"，是"fulgiyan"與"niohe"的複合詞彙。

當康，因其名聲而得名，狀如豚而有牙，滿文讀作"saidahan"。合窳，狀如彘，人面黃身，滿文讀作"bisantu"，又名人面獸。合窳出現，則有水澇。水澇，或洪水，滿文讀作"bisan"，合窳因水澇而得名。蜚，狀如牛而白首，一目，蛇尾，滿文讀作"geritu"。𪕰，狀似鼣鼠而花額，滿文讀作"kurima"。朏朏，狀如貍而白尾，有鬛，滿文讀作"purpui"。蠪蚳，似彘而有角，滿文讀作"welgiyan"。馬腹，人面虎身，滿文讀作"niyasha"。夫諸，形如白鹿而四角，滿文讀作"šaduhū"。麢，狀似貉而人目，滿文讀作"elbitu"。貉，滿文讀作"elbihe"， 麢，因狀似貉而得名。犀渠，狀如牛，蒼身，滿文讀作"kurisi"。獺，狀如獳犬而有鱗，其毛如彘鬛，滿文讀作"esihūn"。

山膏，狀如豚而赤色，善罵，滿文讀作“toorin”。罵，滿文讀作“toombi”。善詈，滿文讀作“toore mangga”，山膏因善詈而得名。

文文，細腰如大蜴蜂枝尾，滿文讀作“werwen”，是漢字「文文」的音寫。矗圍，人面羊角，虎爪，滿文讀作“eldei”。狏狼，狐屬，白尾，長耳，滿文讀作“niobihe”。狼，滿文讀作“niohe”，狐，滿文讀作“dobi”， 狏狼，似因狐屬之狼而得名。雍和，狀如猿，赤目，赤喙，黃身，滿文讀作“fulsunio”。赤，滿文讀作“fulgiyan”；黃，滿文讀作“suwayan”；猿，滿文讀作“bonio”，雍和，似因赤目，黃身，狀如猿而得名。獜，狀如犬而有鱗，虎爪，滿文讀作“tasihūn”。虎，滿文讀作“tasha”；犬，滿文讀作“indahūn”，獜似因虎爪，狀如犬而得名。狙如，狀如䶂鼠，白耳，白喙，滿文讀作“singgetu”。鼠，滿文讀作“singgeri”，狙如因似鼠而得名。猴，狀如蝟，赤色似丹火，滿文讀作“senggetu”。蝟，滿文讀作“sengge”，猴因狀如蝟而得名。狢即，狀如貘，色蒼白，赤喙，赤目，白尾，滿文讀作“yahari”。

第六冊，共計三十幅，其中「梁渠」，狀如貍而虎爪，白首，滿文讀作“maljuha”。貍，滿文讀作“malahi”；虎，滿文讀作“tasha”，梁渠因兼貍虎之形而得名。聞獜，彘形而黃頭，白尾，滿文讀作“eduntu”。聞獜，是一種風獸，風，滿文讀作“edun”，聞獜因風獸而得名。蛫，狀如龜，赤首，白身，滿文讀作“eihuri”。龜，滿文讀作“eihume”，蛫因狀如龜而得名。并封，狀如彘，前後兩首，或名雙頭鹿，滿文讀作“juruju”。雙，滿文讀作“juru”，并封因雙頭鹿而得名。羅羅，狀如虎，滿文讀作“lurlun”。開明獸，身類虎而九首，皆人面，又名天獸，滿文讀作“abkai gurgu”，因天獸而得名。夔，一足，似牛而無角，滿文讀作“dokdorhan”，又讀作“dokdorgan”。

䟣踢，左右有首，滿文讀作“kalfintu”。利未亞師子，滿文讀作“lii wei ya jeo i arsalan”，意即「利未亞洲獅子」，句中「利未亞洲」，即「非洲」。蠱，狀如猿而色青，滿文讀作“bonitun”。猿，滿文讀作“bonio”，蠱，因狀如猿而得名。戎宣王尸，如馬而無首，滿文讀作“ujukū”。無首，滿文讀作“uju akū”，戎宣王尸因無首而得名。猎猎，狀如熊而色黑，滿文讀作“sirsi”，是漢字「昔昔」的音寫。𪕮狗，狀如兎，是一種青獸，滿文讀作“mamutun”。檮杌，狀如虎而犬毛，人面，猪喙，性黠而好鬥，滿文讀作“becuntu”。鬥，滿文讀作“becun”，檮杌因好鬥而得名。旱獸，狀如狐，虎身而有翼，滿文讀作“hiyatun”。詞中“hiya”，意即「旱」。屏翳，形黑，是雨師，滿文讀作“agada”，意即「雨神」。厭火獸，狀如猴而似人行走，身純黑色，口常吐火，滿文讀作“gūrgintu”。火燄，滿文讀作“gūrgin”，厭火獸因口常吐火而得名。三角獸，三角九尾，滿文讀作“ilweri”。蟃，形似貍，長八尺，以其長，故字从「曼」、从「延」，滿文讀作“golmitu”。長，滿文讀作“golmin”，蟃因其長而得名。獨角獸，形如馬，色黃，一角長四、五尺，滿文讀作“weiherin”。獸角，滿文讀作“weihe”，獨角獸因角而得名。鼻角獸，狀如象而足短，身有斑紋，鱗介，一角，出鼻端，滿文讀作“sufen”。象，滿文讀作“sufan”， 鼻角獸因狀如象而得名。加默良，狀似魚而有耳，滿文讀作“g’amuliyang”，是漢字「加默良」的音寫。亞細亞州山羊，體肥。山羊，規範滿文讀作“niman”，此作“alin i honin”，異。般第狗，鋸牙齧樹，其利如刀，滿文讀作“bandi indahūn”。句中“bandi”，意即「沙彌」。獲落，大如狼，貪食無厭，滿文讀作“holo”，是漢字「獲落」的音寫。

撒辢漫大辢，短足長身，色黃黑錯雜，滿文讀作"salmandara"，是漢字「撒辢漫大辢」的音寫。狸猴，其體前半似狸，後半似猴，故名狸猴，滿文讀作"sumaltu"。意夜納，狀似狼而大，滿文讀作"iyena"，是漢字「意夜納」的音寫。惡那西約，具馬形而長頸，前足極高，後足不及其半，滿文讀作"onasiyo"，是漢字「惡那西約」的音寫。蘇獸，茸毛尾，與身等，遇人追逐，則負其子於背，以尾蔽之，滿文讀作"unurtu"。背負，滿文讀作"unumbi"，蘇獸因背負其子於背而得名。

形容盡致——《獸譜》的形象藝術

《獸譜》共六冊，每冊各三十幅，其名目形相，俱本諸《古今圖書集成》。其中第一冊計三十幅，其名目依次為：麒麟、騶虞、酋耳、獬豸、白澤、桃拔、角端、狻麑、象、羆、虎、豹、赤豹、貘、貔、熊、青熊、羆、犀、兕、豺、狼、狐、黑狐、九尾狐、鹿、麋、麈、麢、麂。為了便於比較其形相，可將《古今圖書集成》圖像與《獸譜》所摹寫圖像逐幅影印並列於後。

《古今圖書集成》與《獸譜》圖像對照表（一）

	古今圖書集成		獸譜第一冊	
第一幅	麒麟	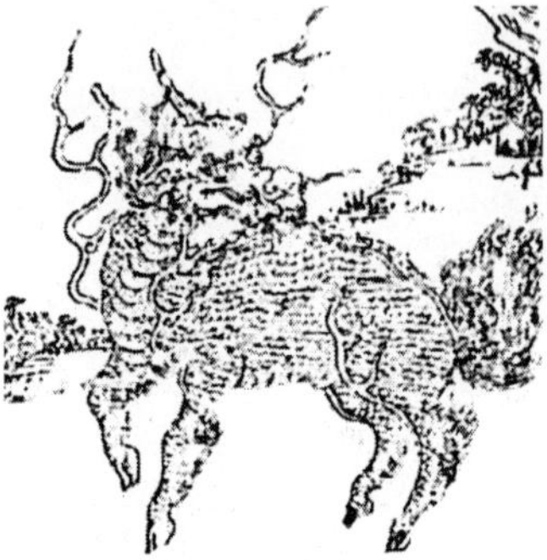	麒麟	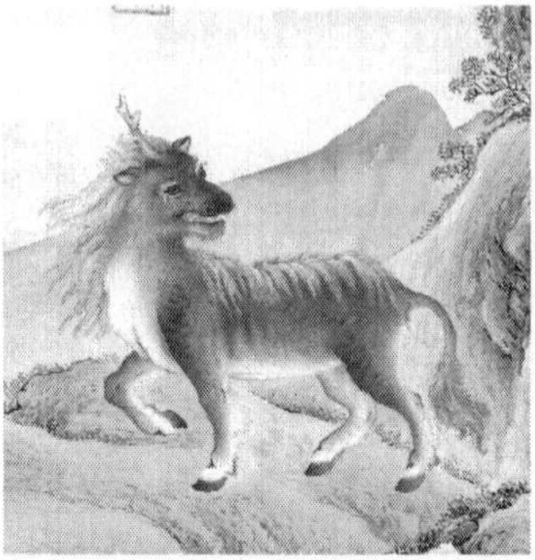
第二幅	騶虞	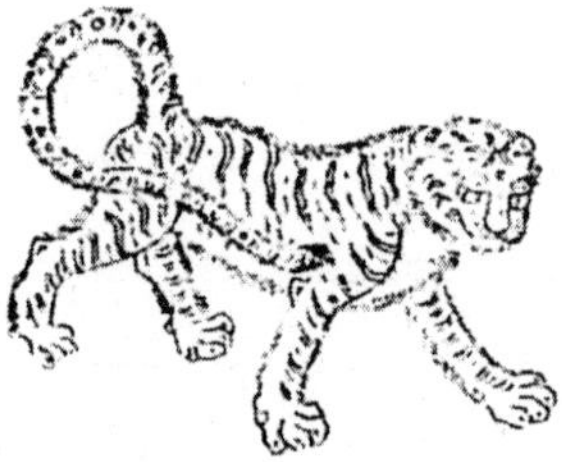	騶虞	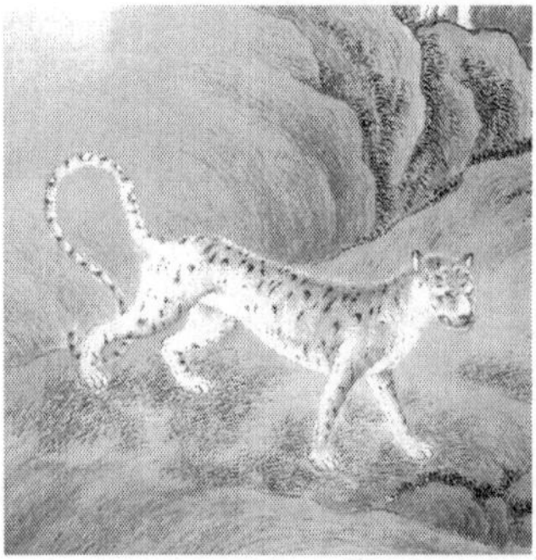
第三幅	酋耳	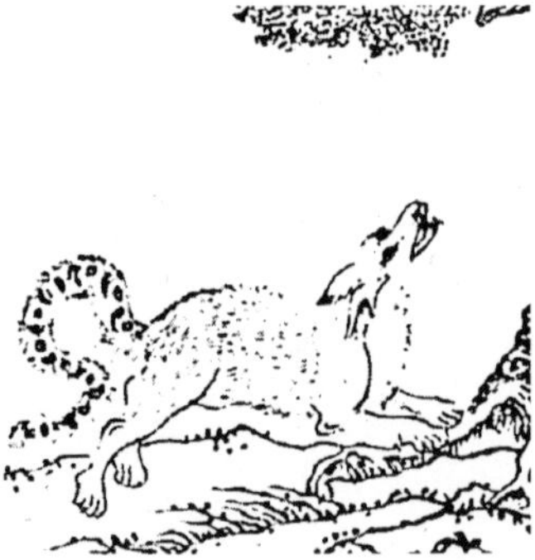	酋耳	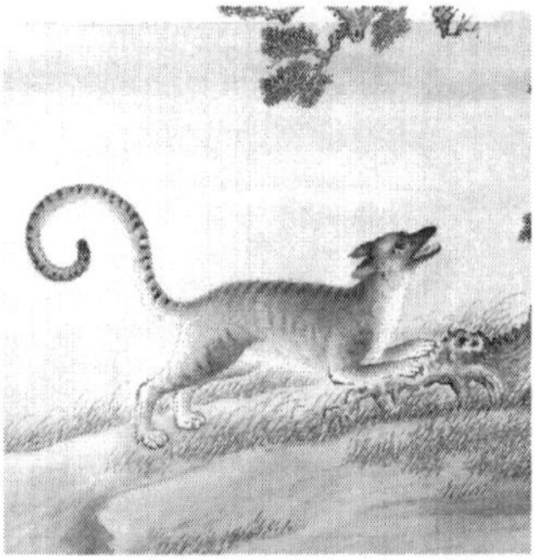

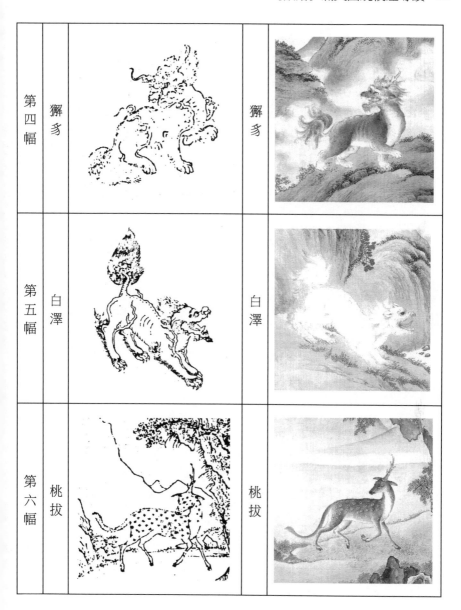

第四幅	獬豸	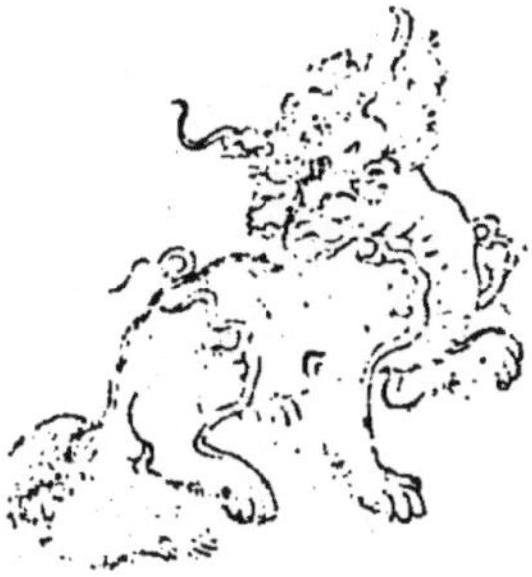	獬豸	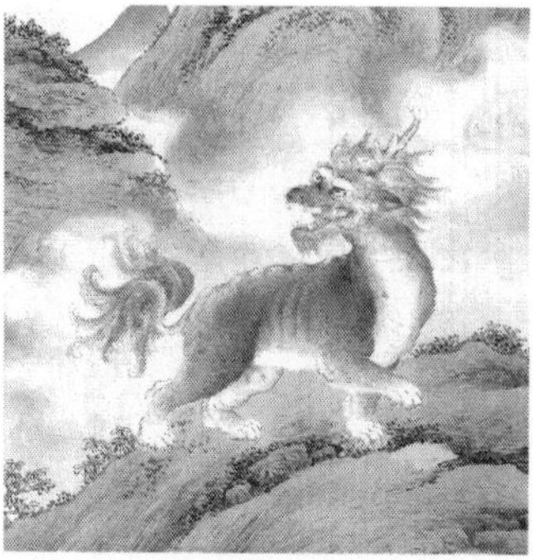
第五幅	白澤	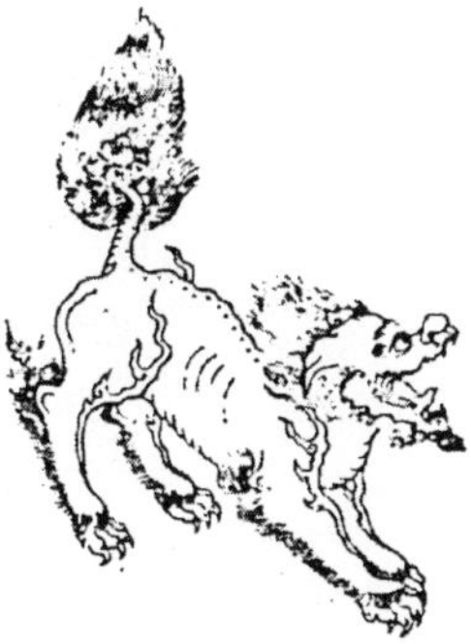	白澤	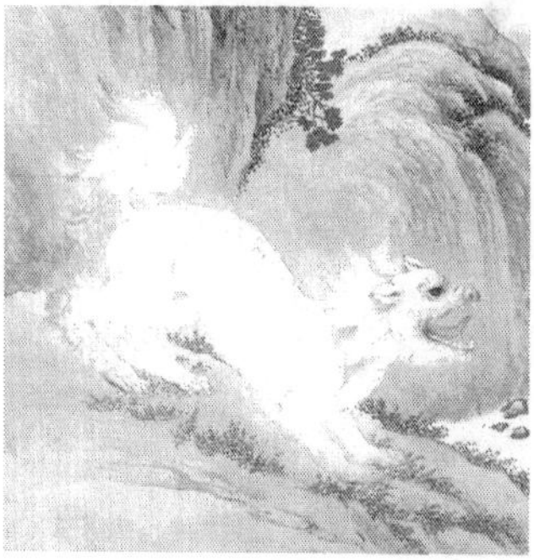
第六幅	桃拔	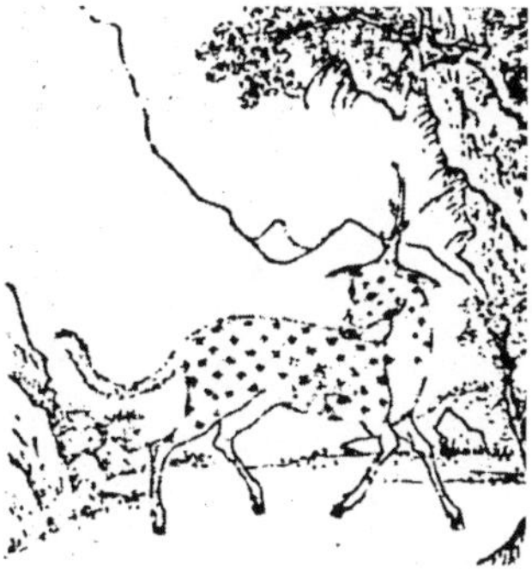	桃拔	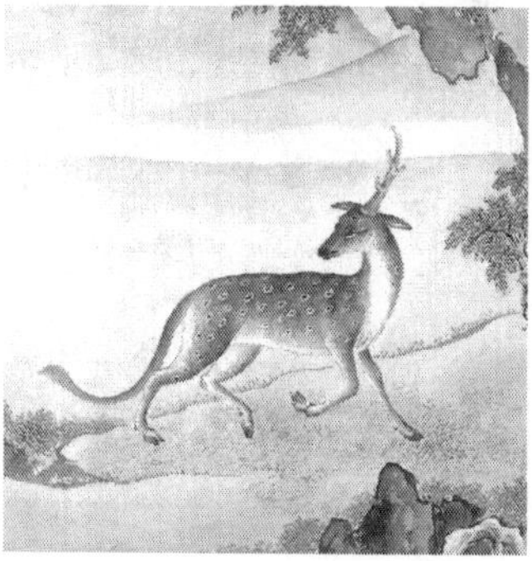

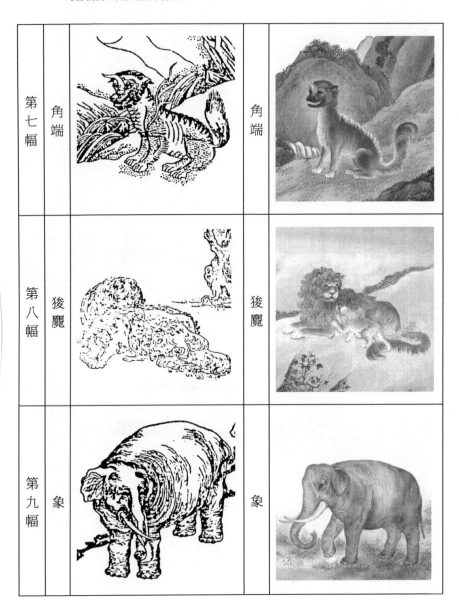

第七幅	角端	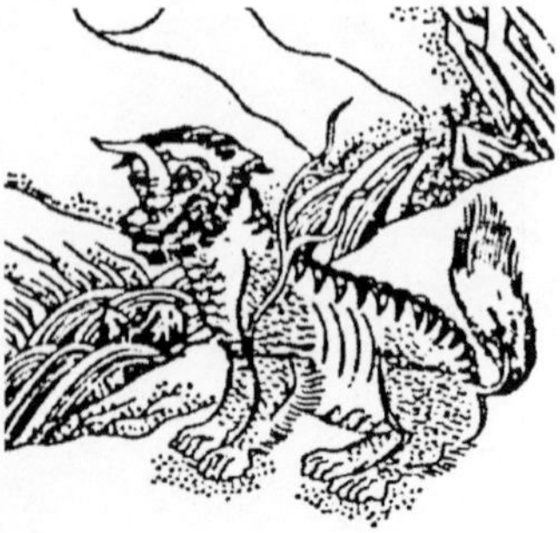	角端	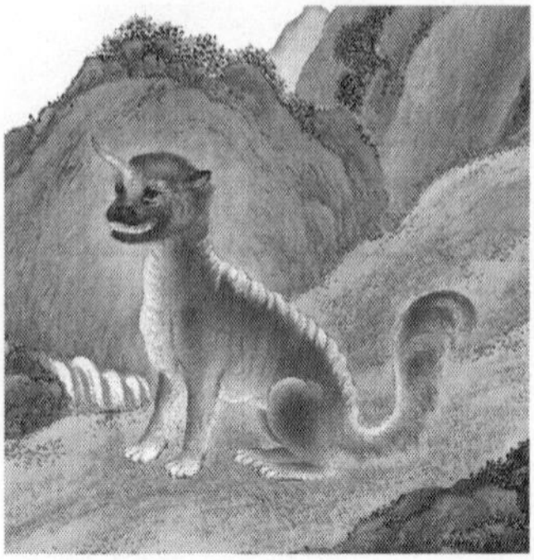
第八幅	狻麑	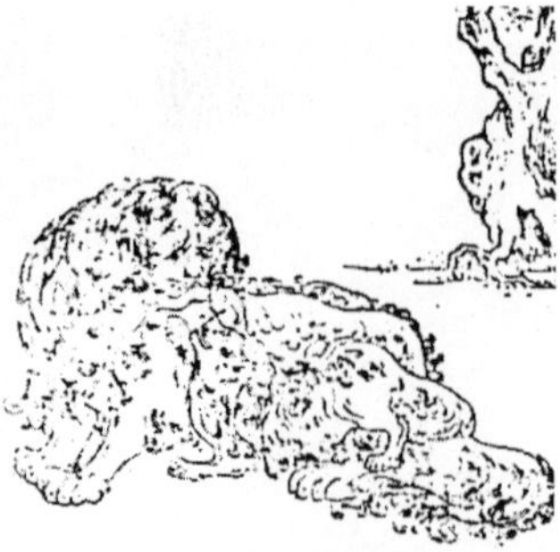	狻麑	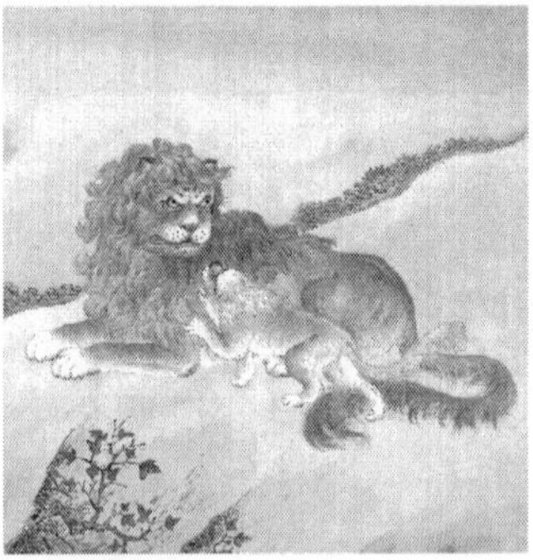
第九幅	象	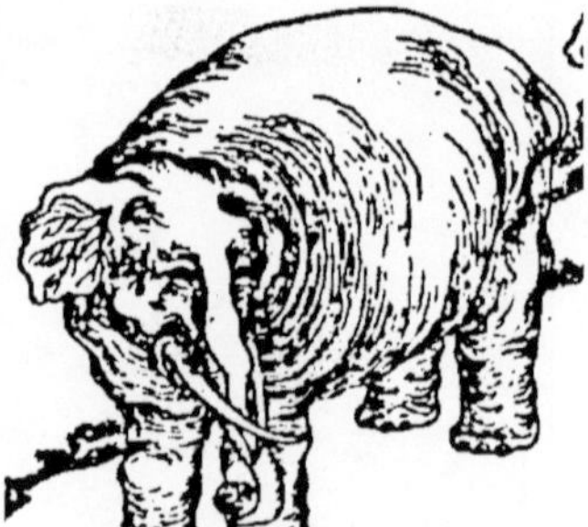	象	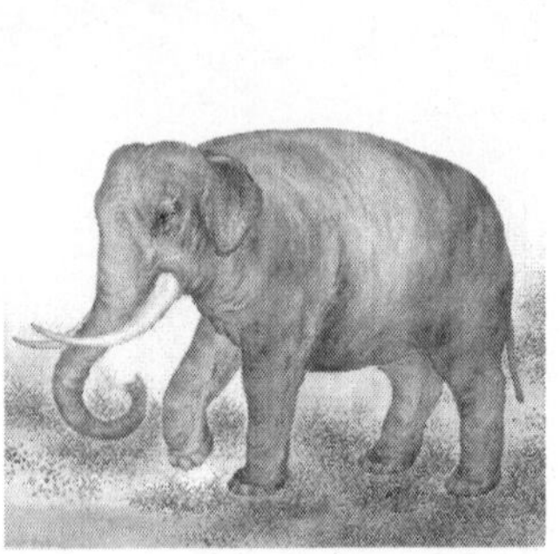

第十幅	羆	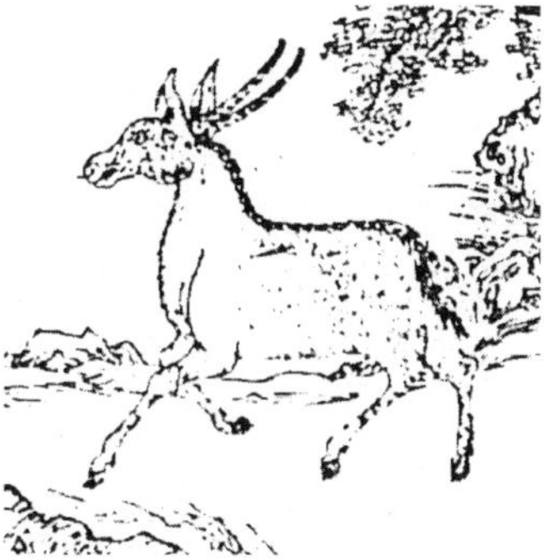	羆	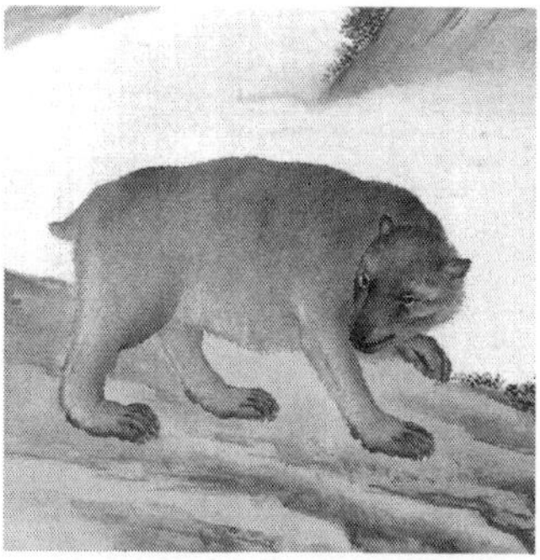
第十一幅	虎	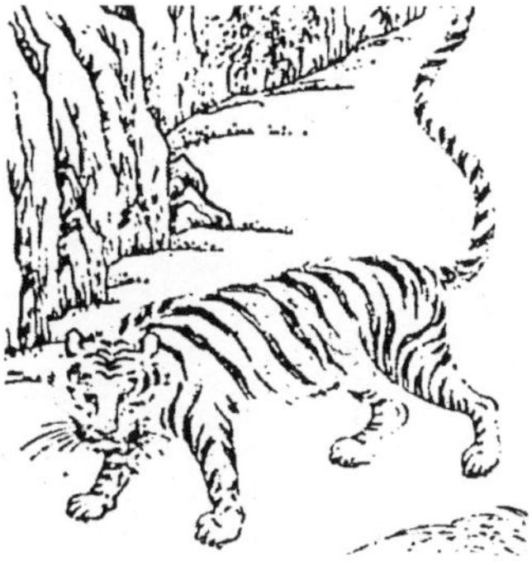	虎	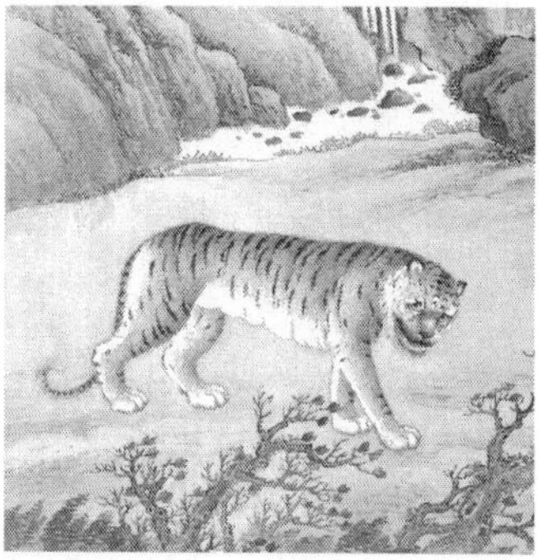
第十二幅	豹	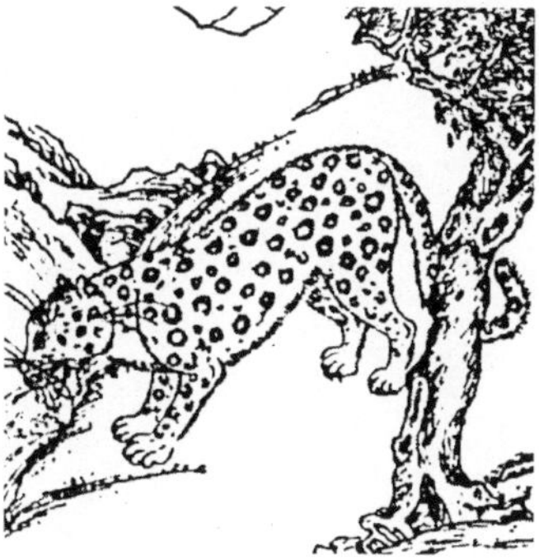	豹	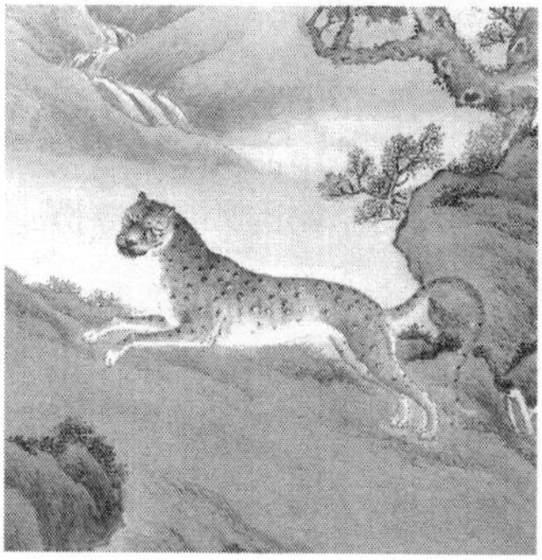

第十三幅	赤豹	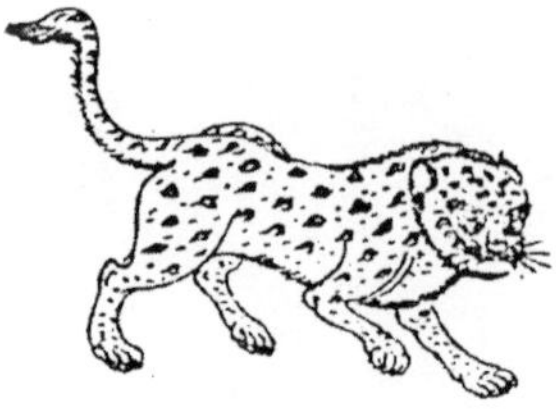	赤豹	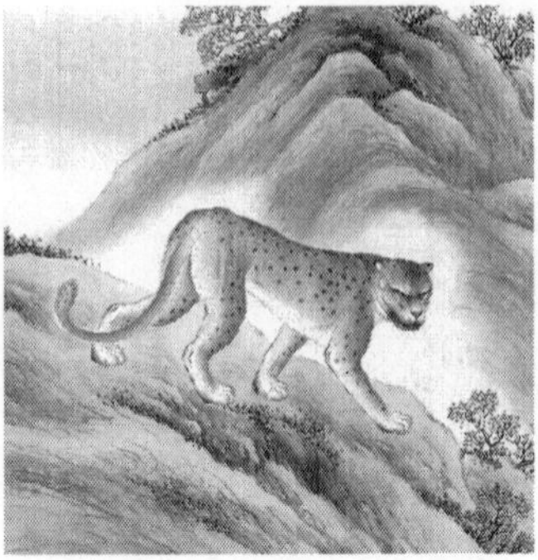
第十四幅	貘	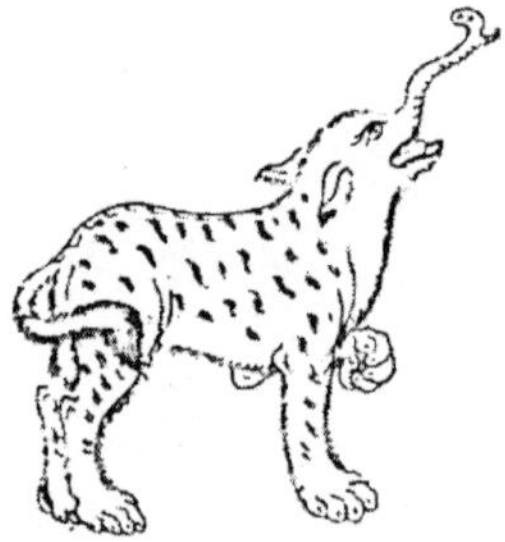	貘	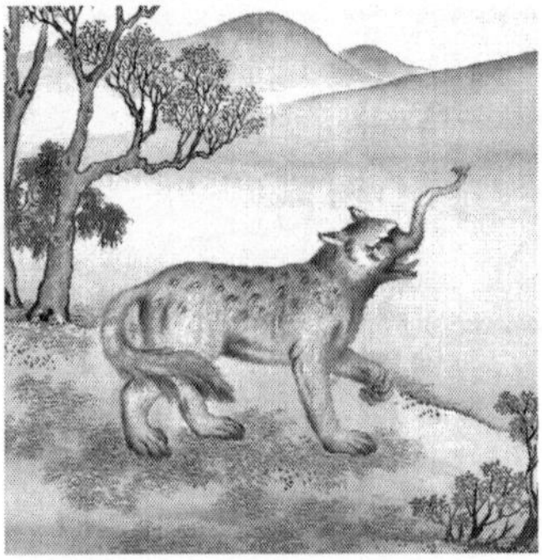
第十五幅	貔	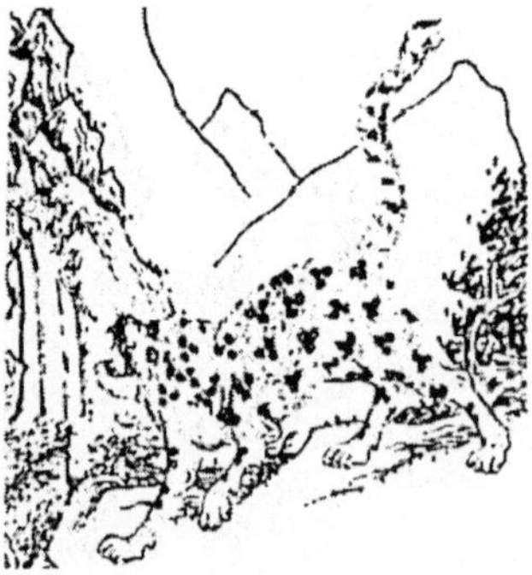	貔	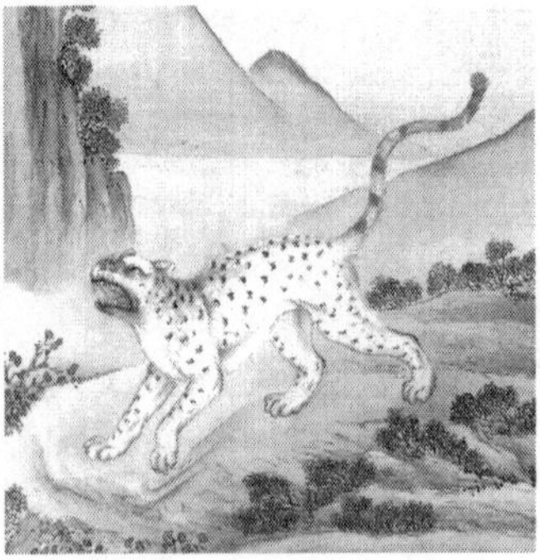

第十六幅	熊	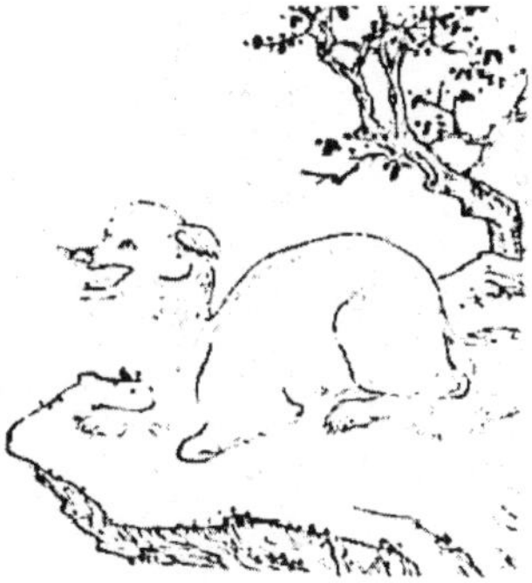	熊	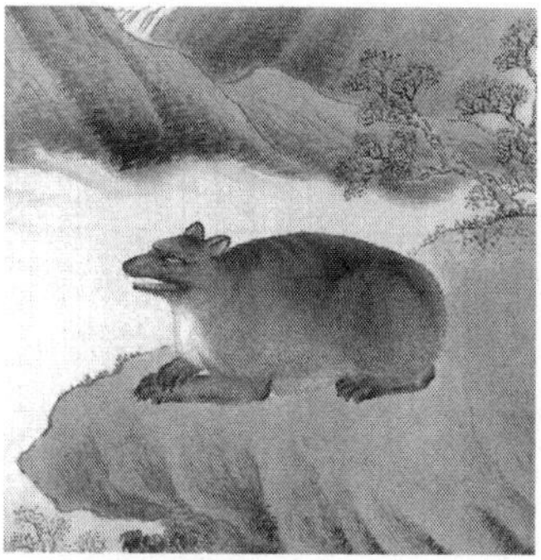
第十七幅	青熊	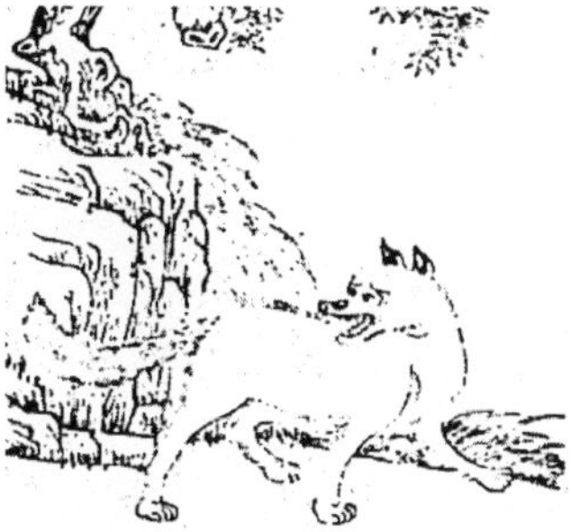	青熊	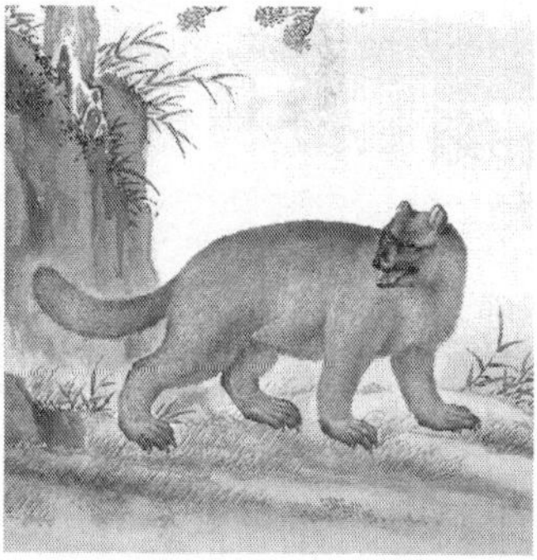
第十八幅	羆	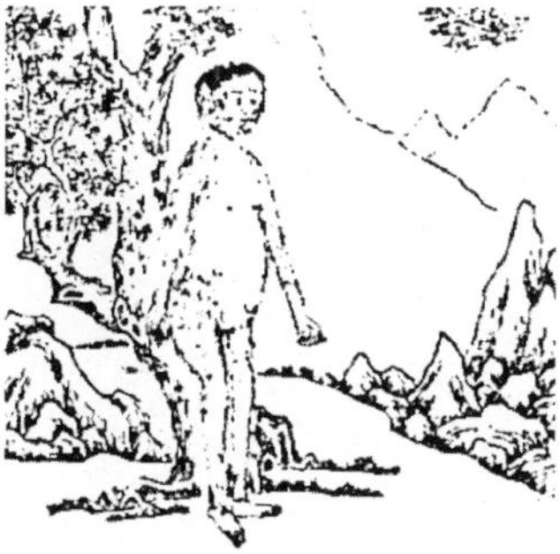	羆	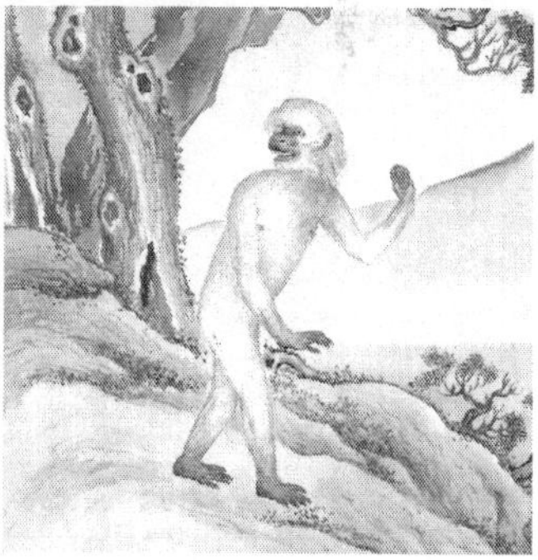

第十九幅	犀	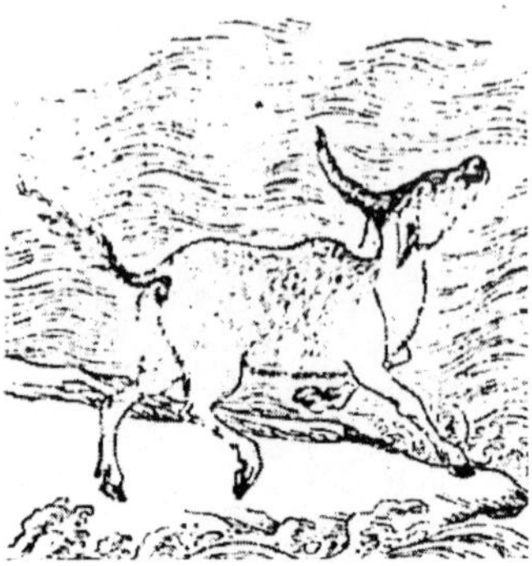	犀	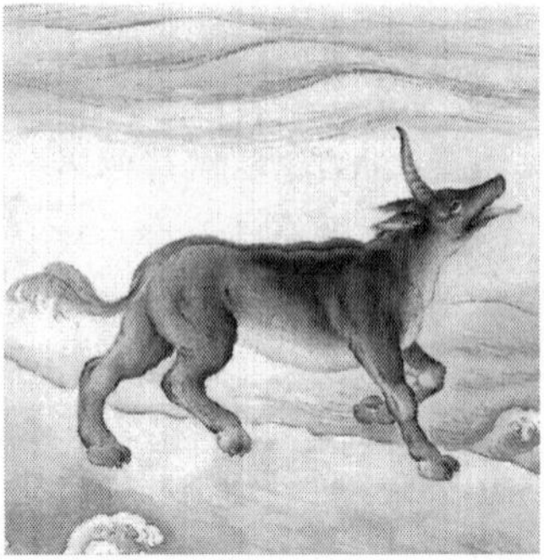
第二十幅	兕	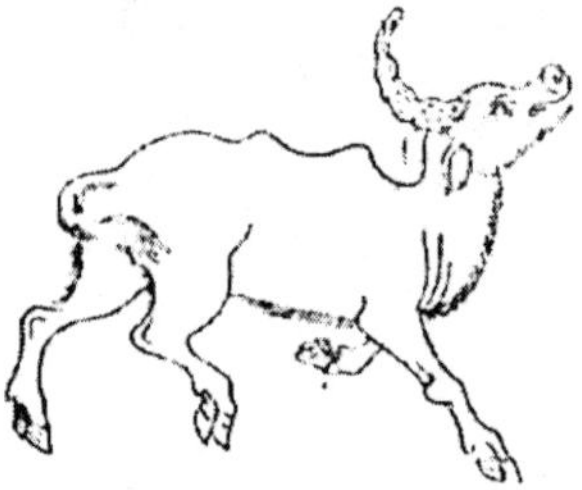	兕	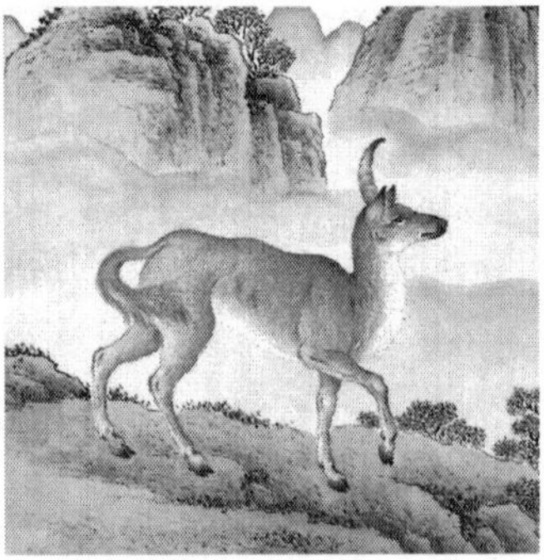
第二十一幅	豺	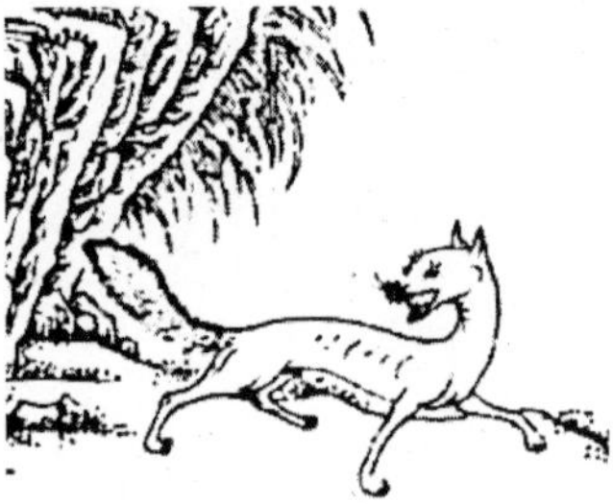	豺	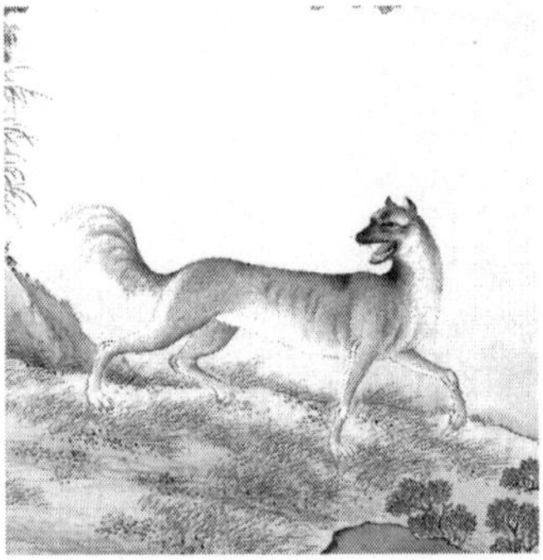

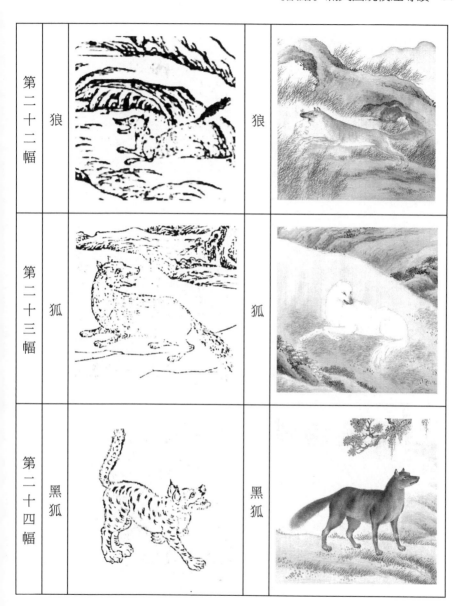

第二十二幅	狼	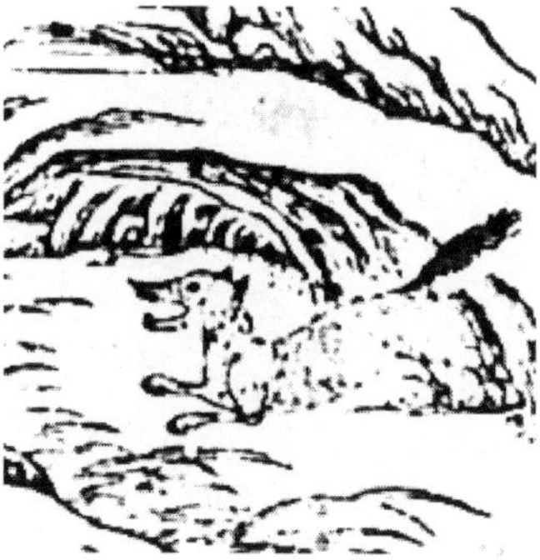	狼	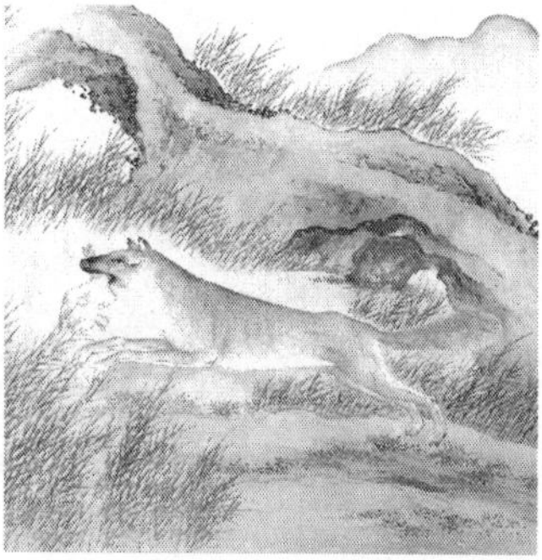
第二十三幅	狐	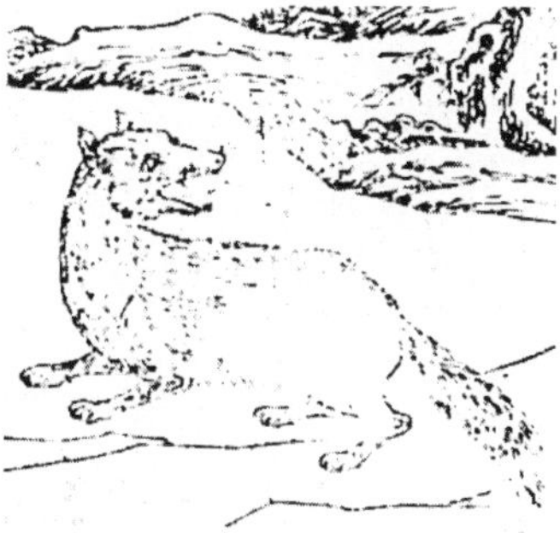	狐	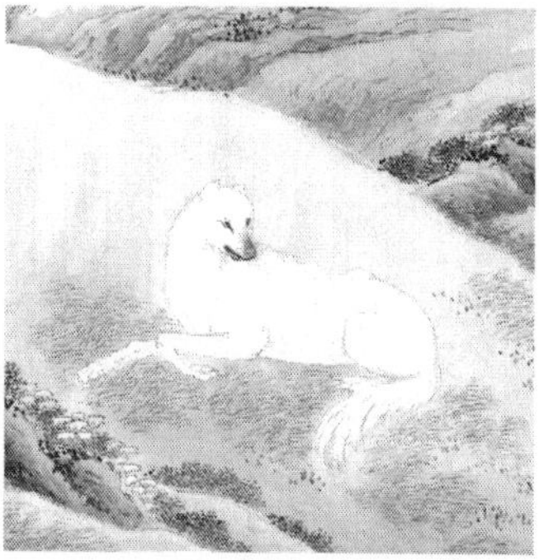
第二十四幅	黑狐	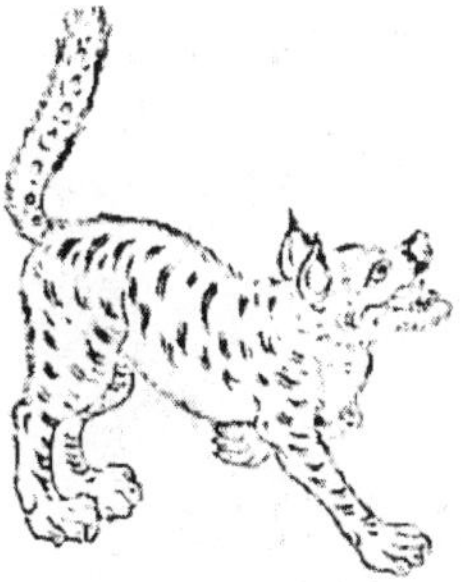	黑狐	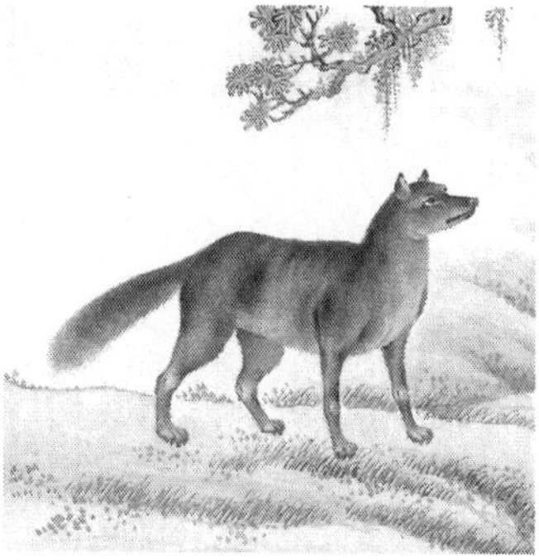

第二十五幅	九尾狐	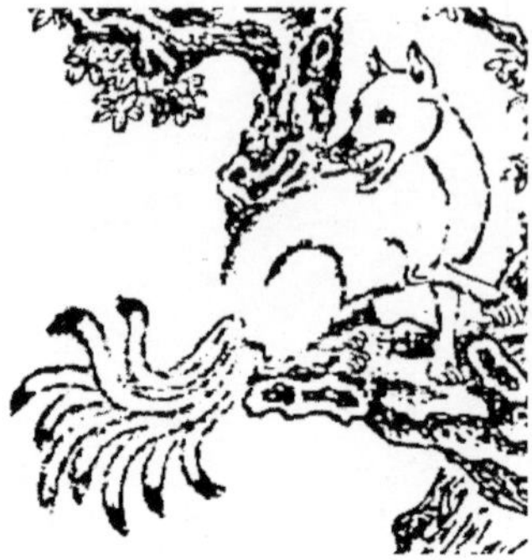	九尾狐	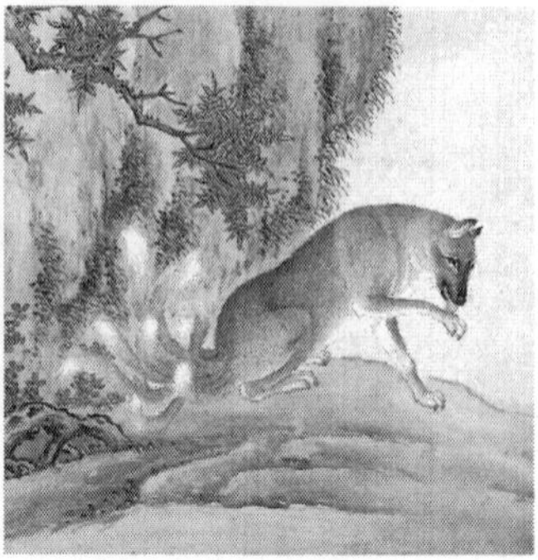
第二十六幅	鹿	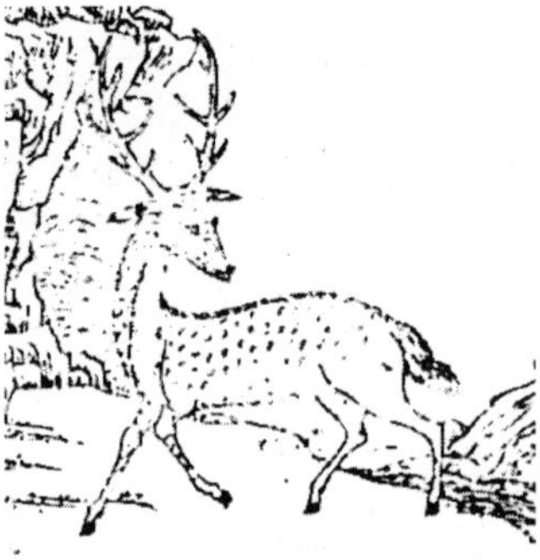	鹿	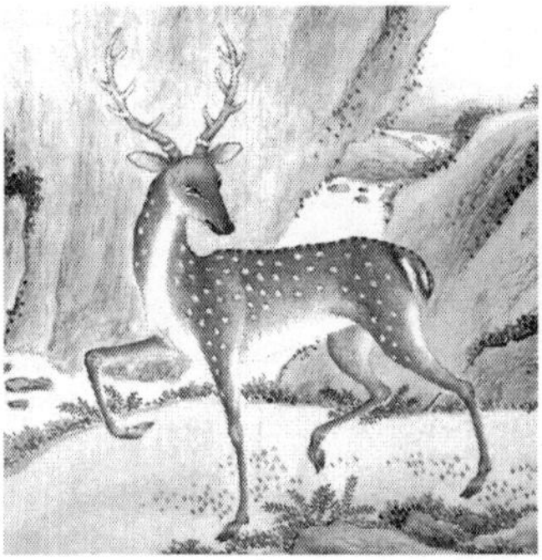
第二十七幅	麋	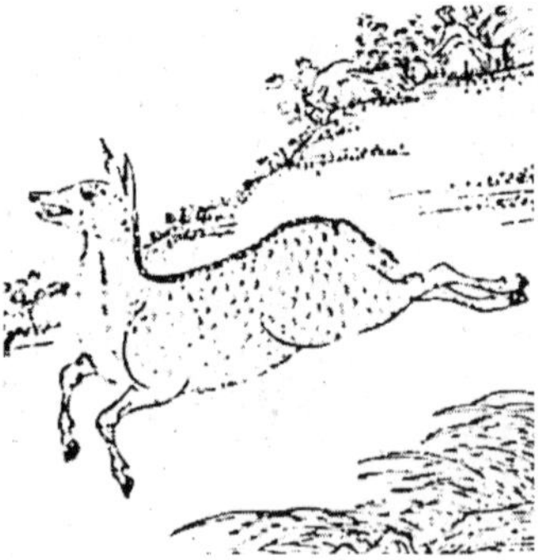	麋	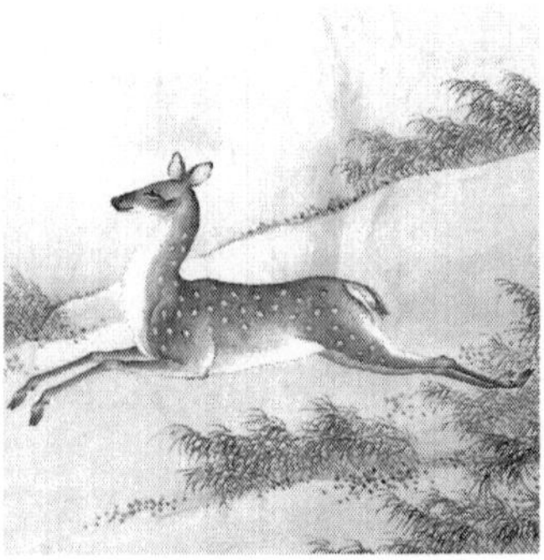

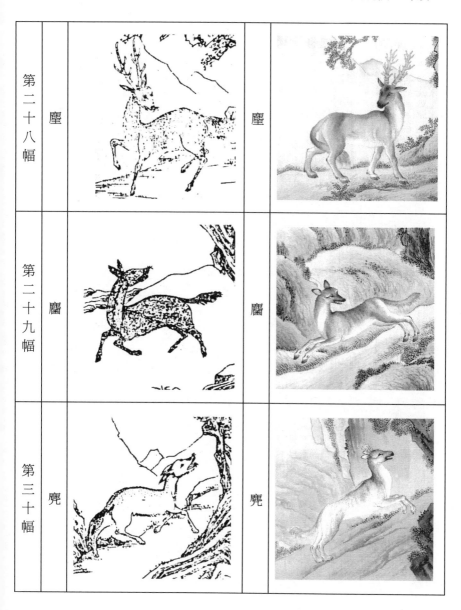

第二十八幅	麈	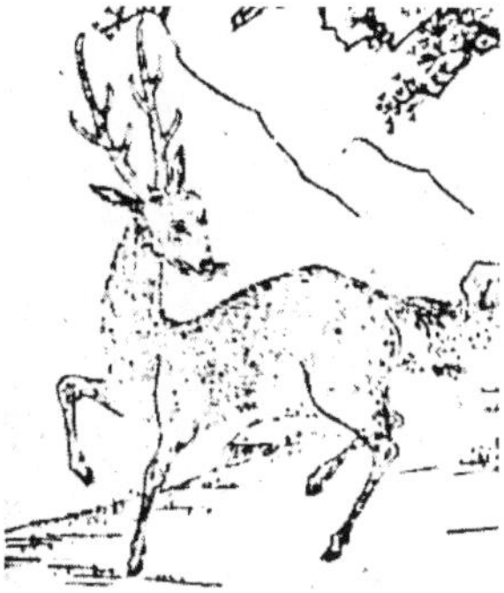	麈	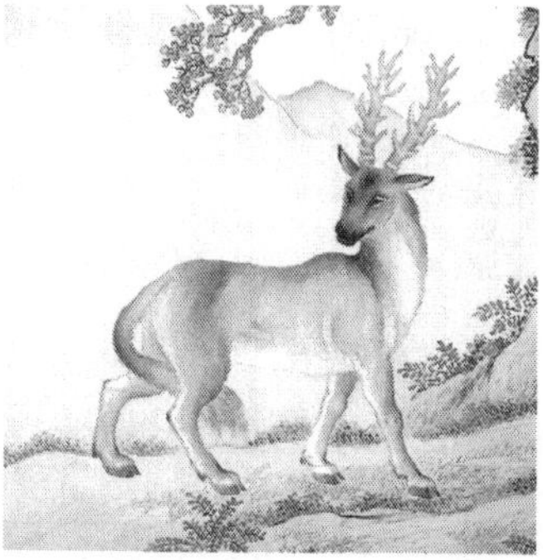
第二十九幅	麢	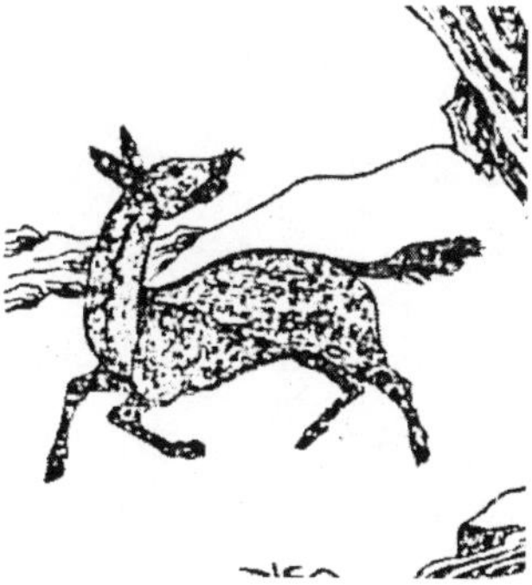	麢	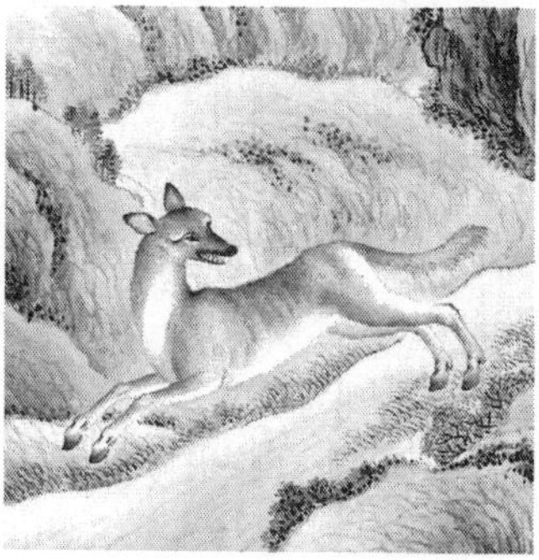
第三十幅	麂	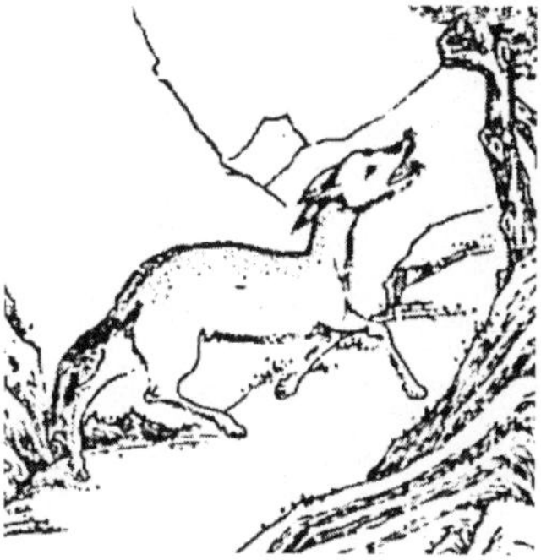	麂	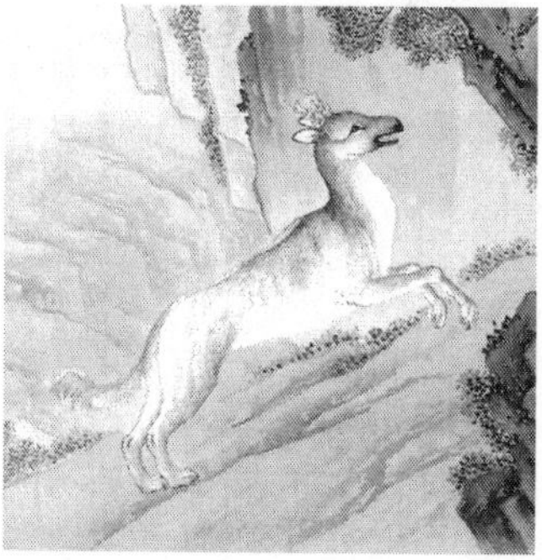

前列對照表中第一幅「麒麟」，牡為麒，牝為麟。麒麟形相，麕身牛尾，馬蹄，一角。《獸譜》摹繪的麒麟，與《古今圖書集成》原圖相近似而更生動。第二幅「騶虞」，狀如白虎而黑紋，其尾高出於身。《獸譜》中的騶虞與《古今圖書集成》原圖一致。第三幅「酋耳」，形相類似虎而尾長於身。《獸譜》「酋耳」，與《古今圖書集成》原圖形相近似。第四幅「獬豸」，身似山羊，首一角。摹繪形相，較原圖更生動。第五幅「白澤」，是一種神獸，具靈性，身白，尾高出於身。摹寫圖像逼真。第六幅「桃拔」，似鹿，長尾，或無角，或一角，或兩角，《獸譜》摹繪圖像一角，與《古今圖書集成》原圖相合。第七幅「角端」，似豬，一說似牛，其特徵為角在鼻上，所繪形相，與《古今圖書集成》原圖相同。第八幅「狻麑」，鋸牙，鉤爪，弭耳，昂鼻，是一種獅子。獅子，滿文讀作"arsalan"，狻麑，滿文讀作"ersulen"，有陽性與陰性的差異。《獸譜》摹寫狻麑母子形相，與《古今圖書集成》原圖一致。第九幅「象」，四足如柱，無趾而有爪，鼻長下垂，能捲舒致用，牙出兩吻間。所繪形相，與《古今圖書集成》原圖相似。第十幅「羆」，與熊相類似，黑而微黃，與《古今圖書集成》原圖差異較大，或因羆有黃、白之分所致。

《獸譜》第一冊，第十一幅「虎」，黃身，黑斑，尾長，所繪形相，與《古今圖書集成》近似。第十二幅「豹」，小於虎，斑如錢而黑，所繪形相，與《古今圖書集成》相似。第十三幅「赤豹」，身上斑紋，與諸豹相同，毛色黃赤。所繪形相，與《古今圖書集成》原圖近似。第十四幅「貘」，似熊而小，象鼻，犀目，獅首，牛尾，虎足。摹繪形相，與《古今圖書集成》原圖逼真。第十五幅「貔」，屬於虎豹類，一名白狐，又名白羆。所繪形相，與《古今圖書集成》原圖近似。第十六幅「熊」，豕形而人足，其目上豎，色黑，其形相，與《古今圖書集成》原圖近似。第十七幅「青熊」，淡青黑色毛，其形相，與《古今圖書集成》原圖近似。第十八幅「羆」，大於熊，黃白色，頭髮下垂，如人站立，其形相近似《古今圖書集成》原圖。第十九幅「犀」，似乳牛而豕首。犀有三角、二角、一角的區別，其中一角犀較罕見。《獸譜》所繪一角犀，與《古今圖書集成》原圖形相逼真。第二十幅「兕」，一角，青色，狀類犀。《獸譜》摹寫兕尾，與《古今圖書集成》原圖相似。惟其首部有差異。《古今圖書集成》原圖為豕首，狀類犀。

《獸譜》第一冊，第二十一幅「豺」，形似狗而長尾，與《古今圖書集成》原圖近似。第二十二幅「狼」，大如狗，頭尖，前高後寬，其形相，與《古今圖書集成》原圖近似。第二十三幅「狐」，亦似犬，其形相，與《古今圖書集成》原圖近似。第二十四幅「黑狐」，黑色，蓬尾，其形相，與《古今圖書集成》原圖稍異。第二十五幅「九尾狐」，是一種瑞獸，九尾。其形相，與《古今圖書集成》原圖近似。第二十六幅「鹿」，是一種陽獸，牡鹿大而有角。《獸譜》所繪者為牡鹿，其形相，與《古今圖書集成》原圖近似。第二十七圖「麋」，屬於陰獸，似鹿而色青黑。其形相姿態，與《古今圖書集成》原圖近似。第二十八幅「麈」，是一種長尾大鹿，尾可避塵。其形相，與《古今圖書集成》原圖近似，其中麈角，最為相似。第二十九幅「麖」，狀似鹿而小，色黃黑而無角，牡麖有牙。《獸譜》所繪為牡麖，其形相，與《古今圖書集成》原圖近似。第三十幅「麂」，似麞而小，黧色，豹角而短。其形相，與《古今圖書集成》原圖近似。

《獸譜》第二冊，計三十幅，其名目依次為：麝、貆、貒、兔、駮、貉、獺、蝟、貓、貍、赤貍、鼠、鼢鼠、鼬鼠、飛鼠、鼰鼠、鼪鼠、貂、猴、猿、蜼、果然、狨、玃、彭侯、猩猩、狒狒、乘黃龍馬、良馬。為了便於比較其形相，可將《古今圖書集成》圖像與《獸譜》所摹寫圖像，逐幅影印並列於後。

《古今圖書集成》與《獸譜》圖像對照表（二）

	古今圖書集成		獸譜第二冊	
第一幅	麢	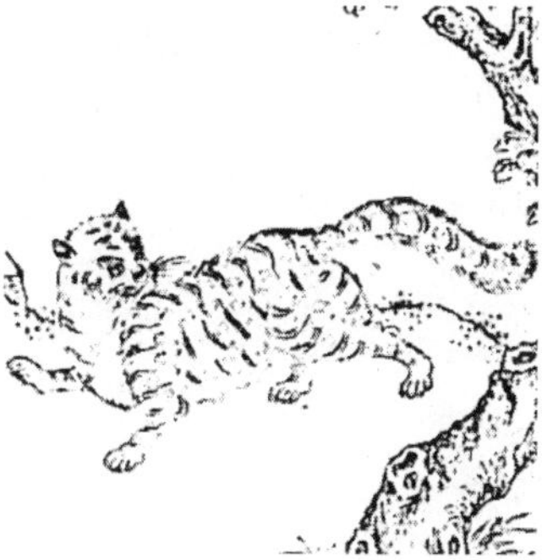	麢	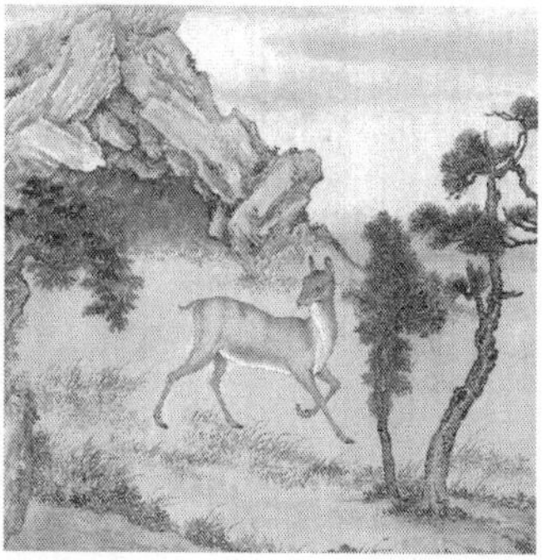
第二幅	狗獾	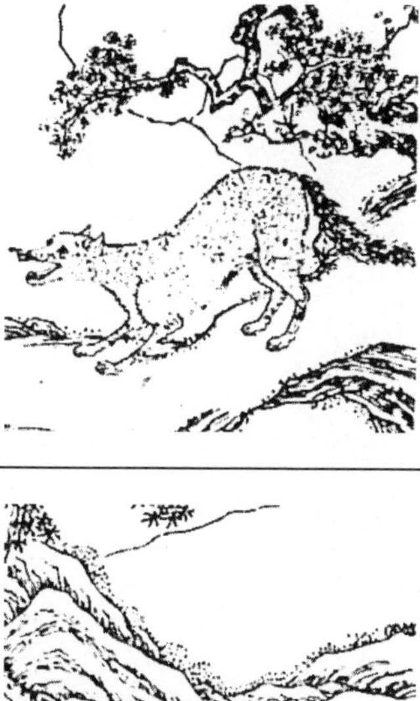	貆	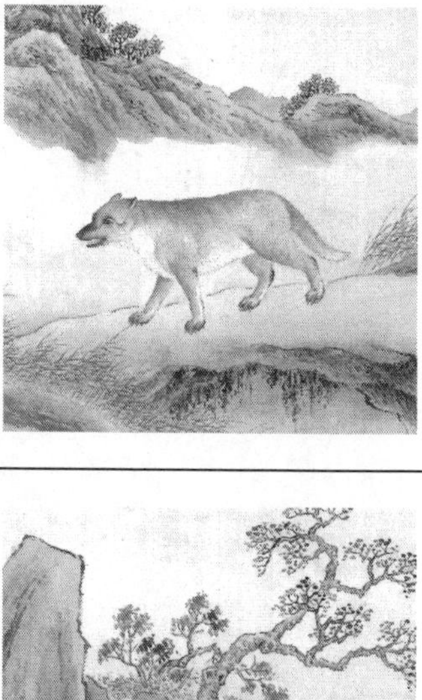
第三幅	猪獾	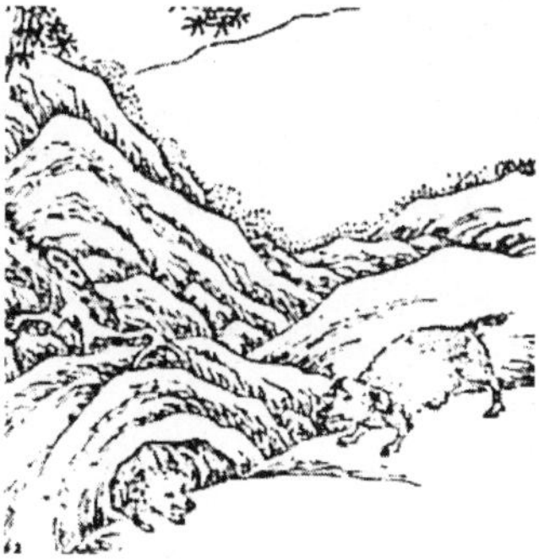	貒	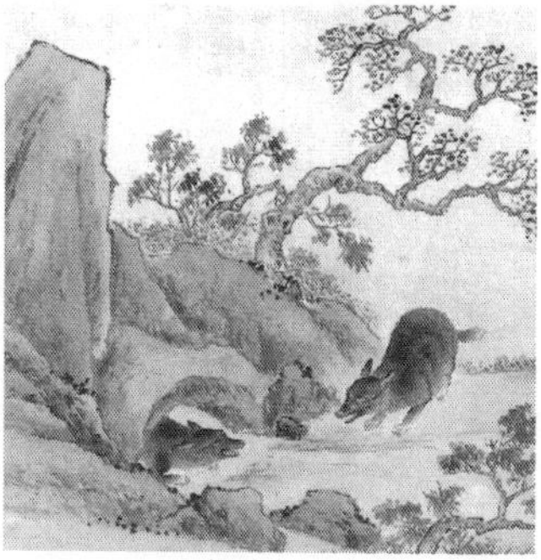

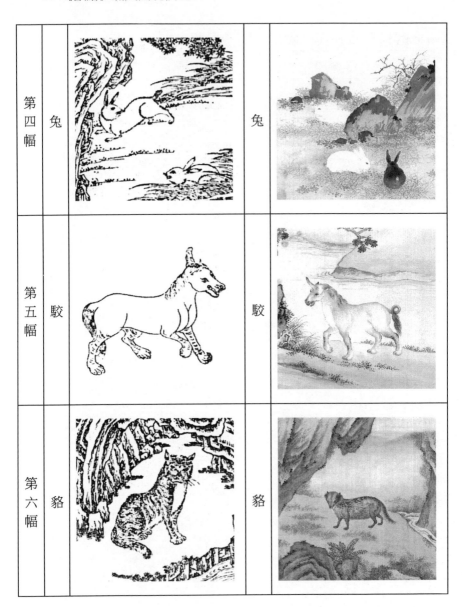

第四幅	兔	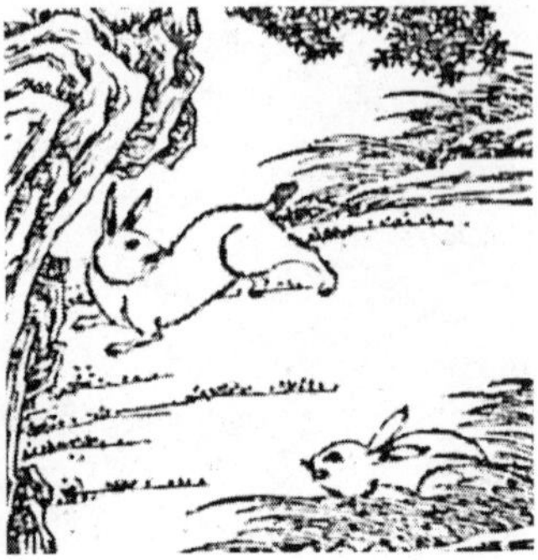	兔	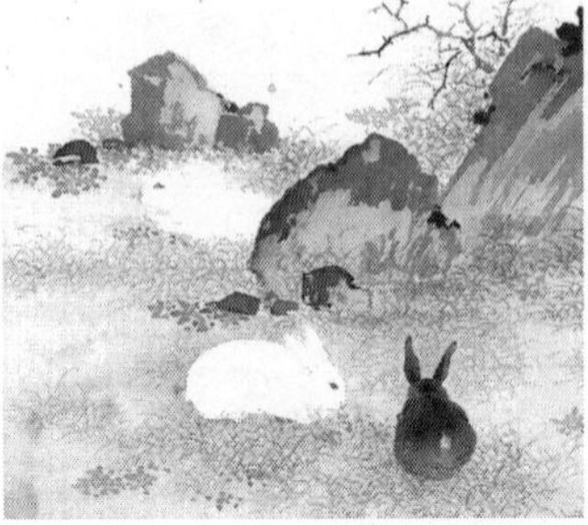
第五幅	駮	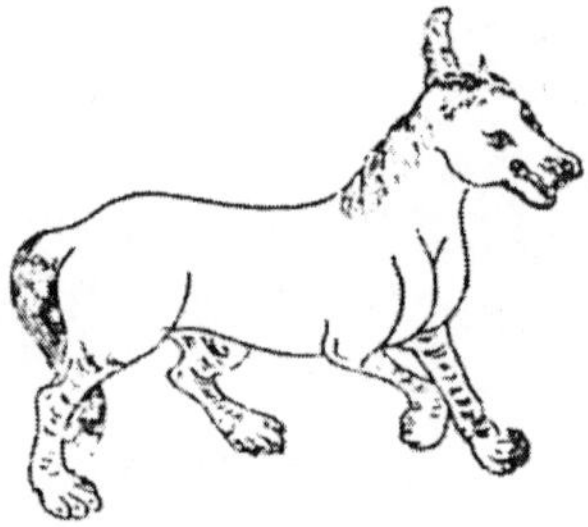	駮	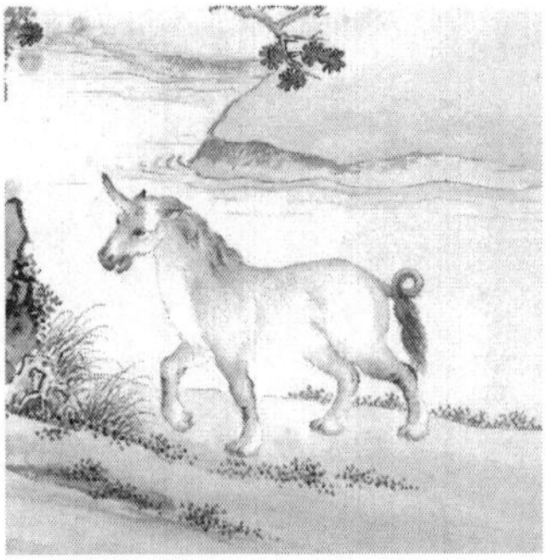
第六幅	貉	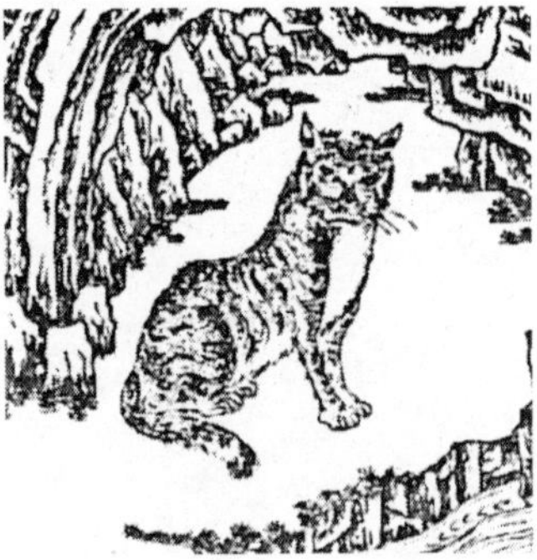	貉	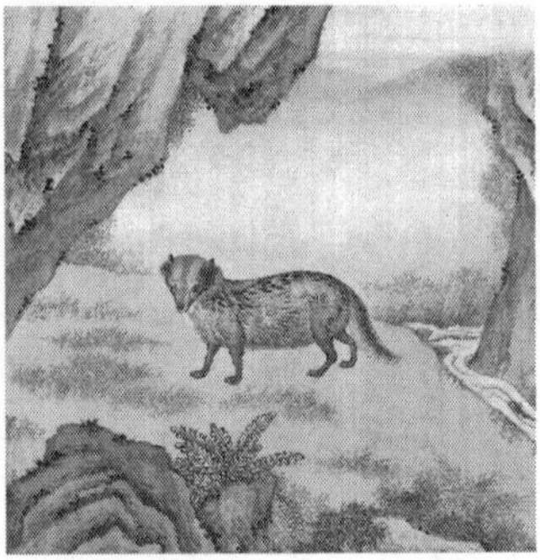

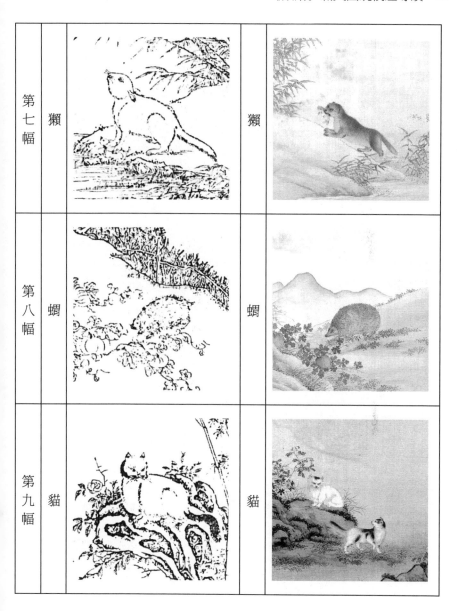

第七幅	獺	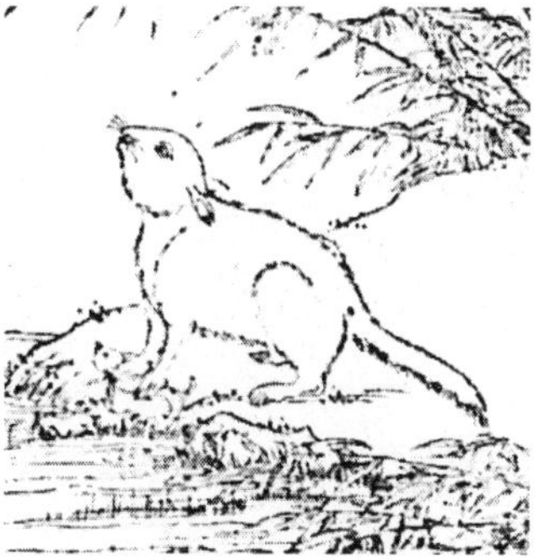	獺	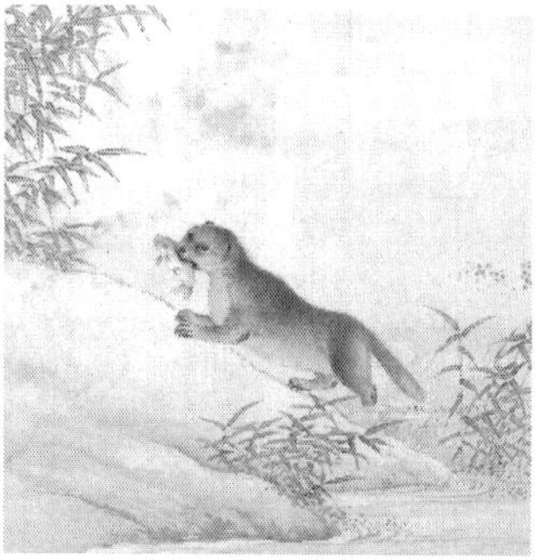
第八幅	蝟	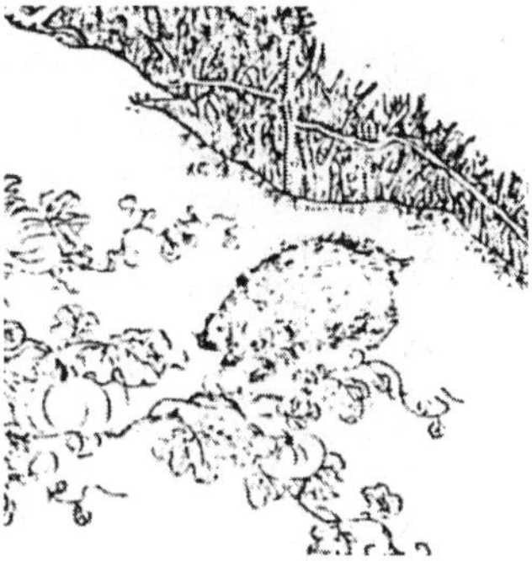	蝟	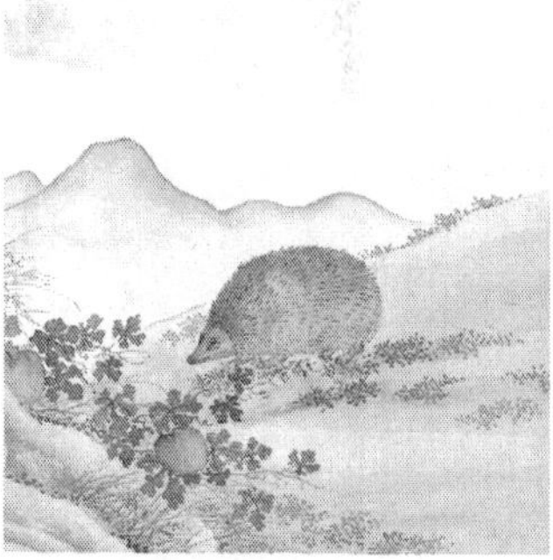
第九幅	貓	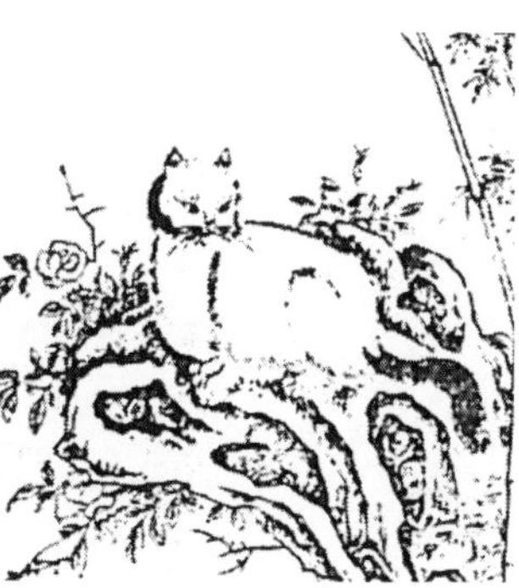	貓	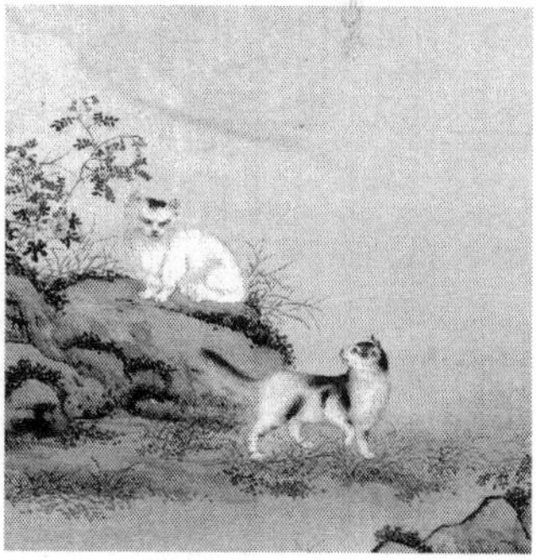

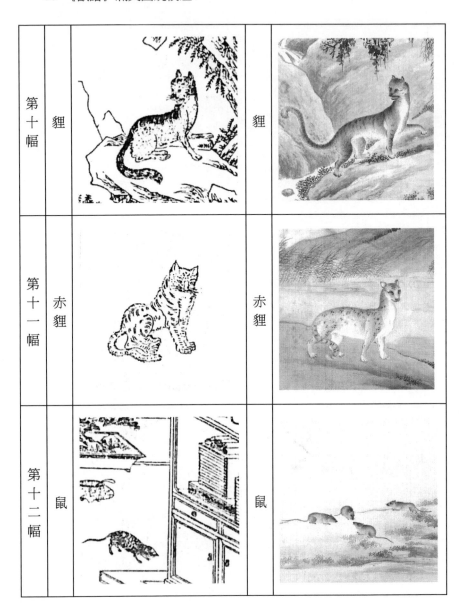

第十幅	貍	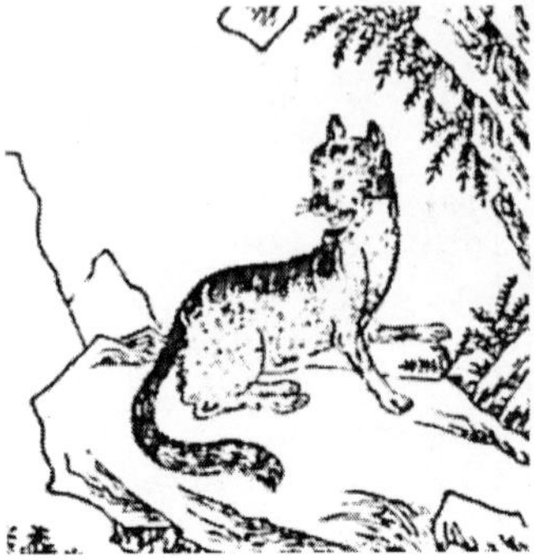	貍	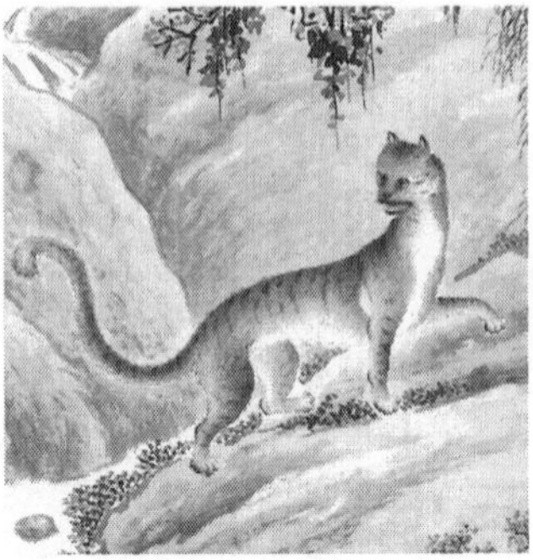
第十一幅	赤貍	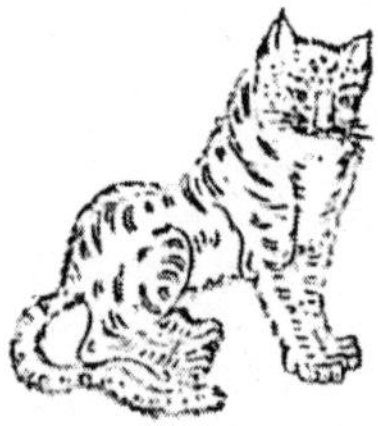	赤貍	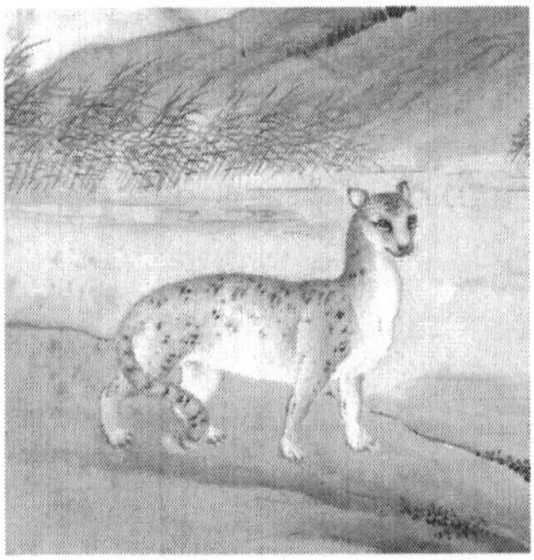
第十二幅	鼠	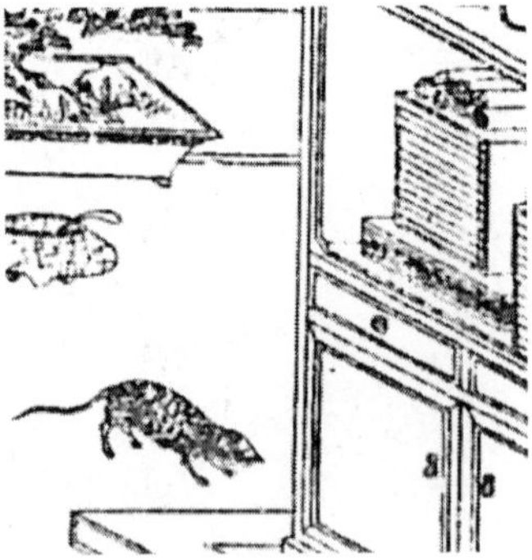	鼠	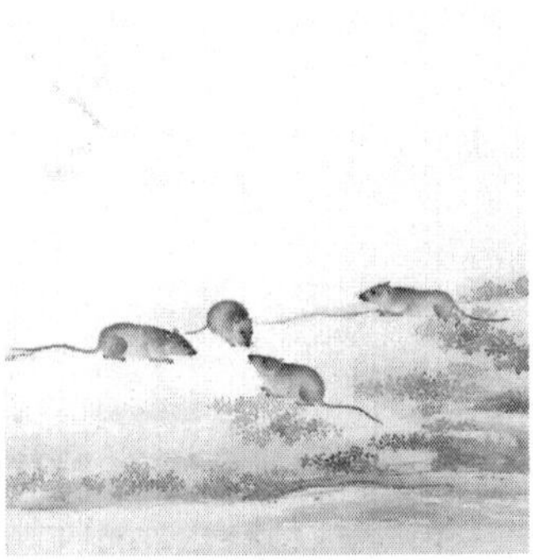

第十三幅	鼢鼠	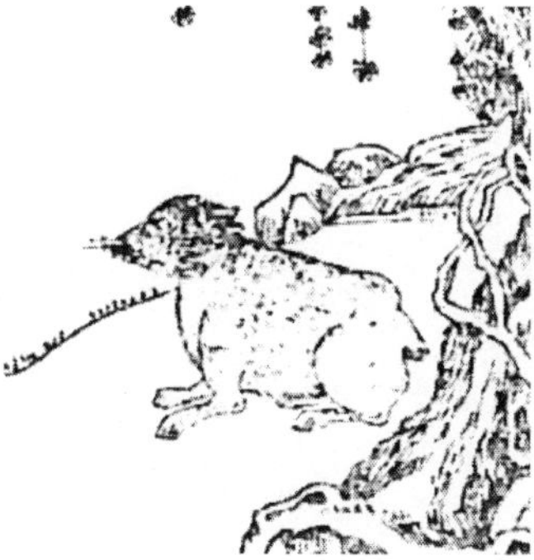	鼢鼠	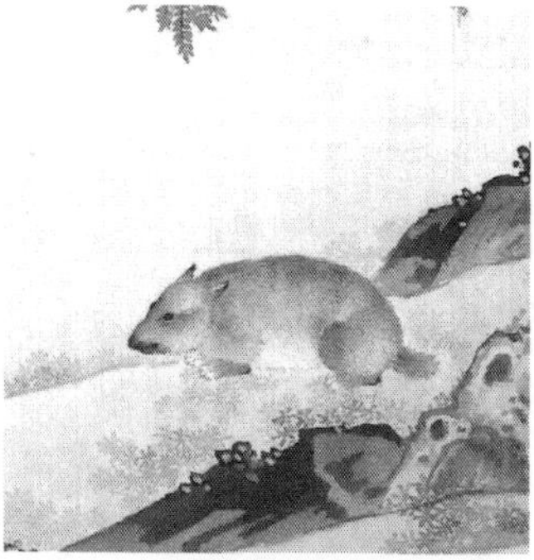
第十四幅	鼬鼠	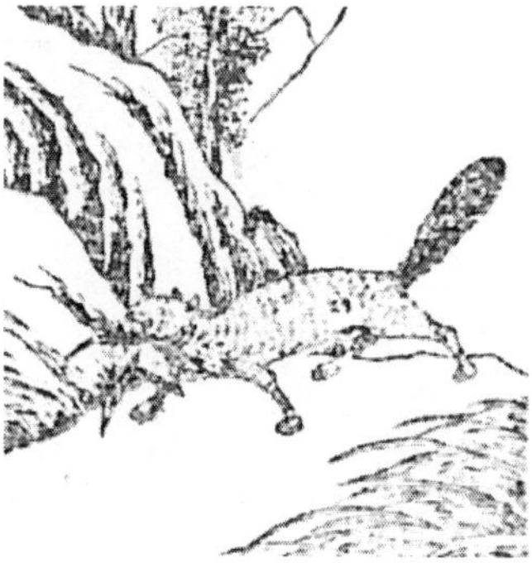	鼬鼠	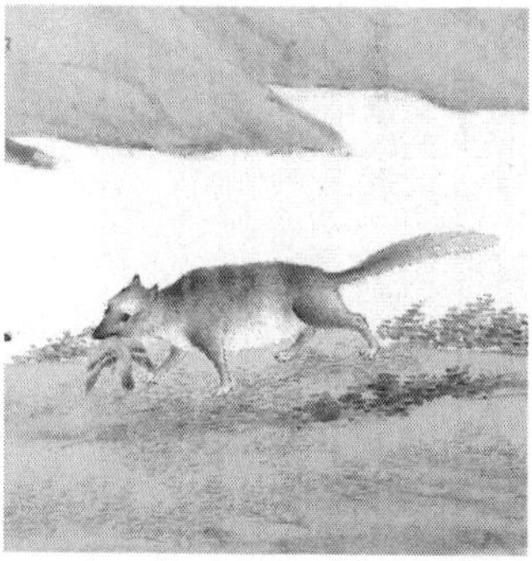
第十五幅	飛鼠	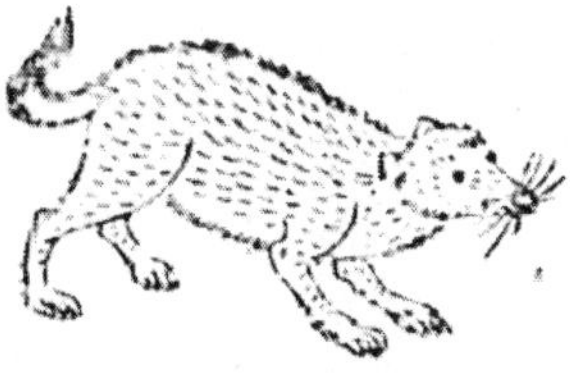	飛鼠	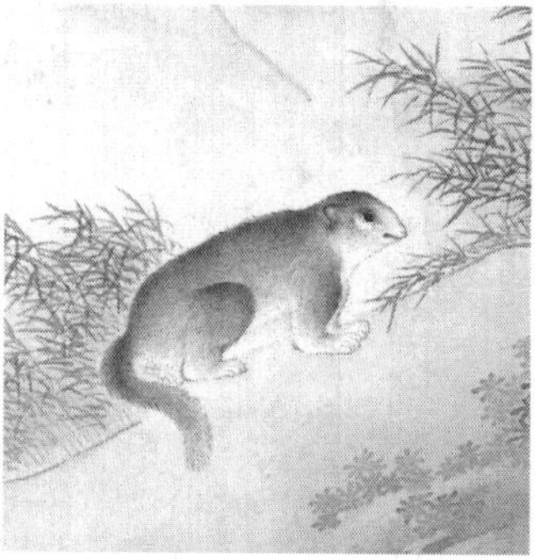

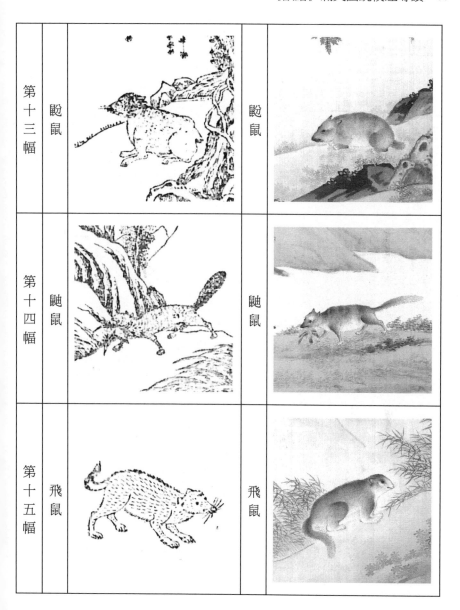

第十六幅	𪕬鼠	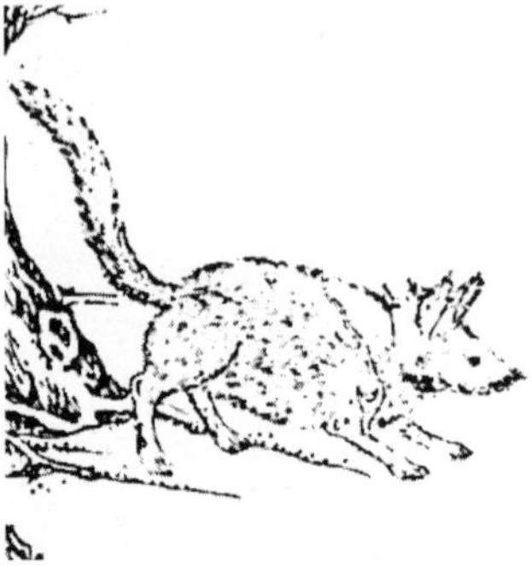	𪕬鼠	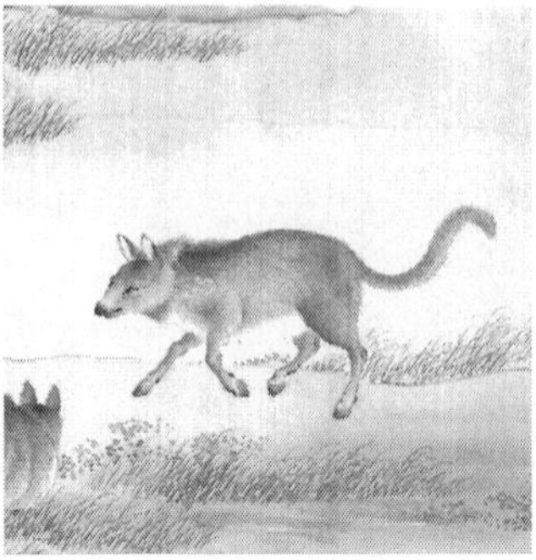
第十七幅	鼯鼠	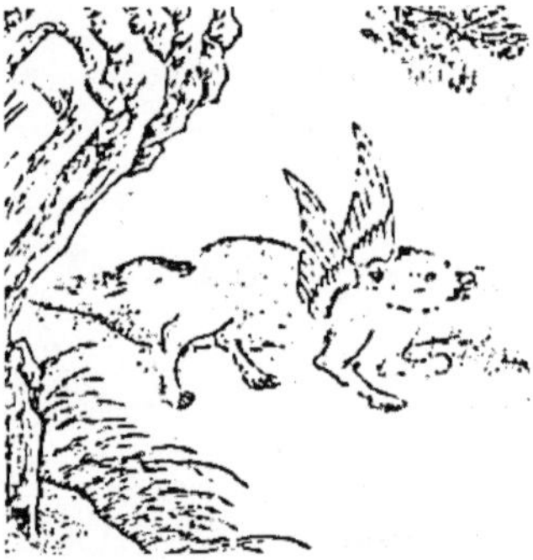	鼯鼠	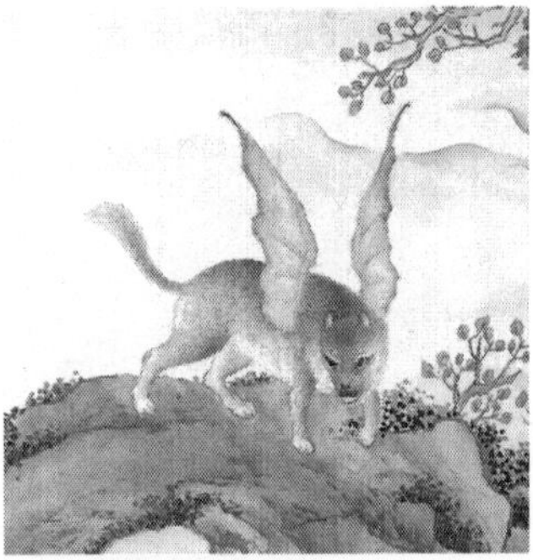
第十八幅	貂	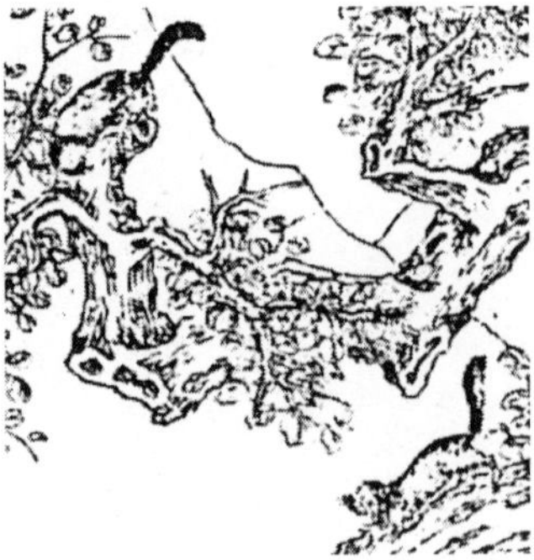	貂	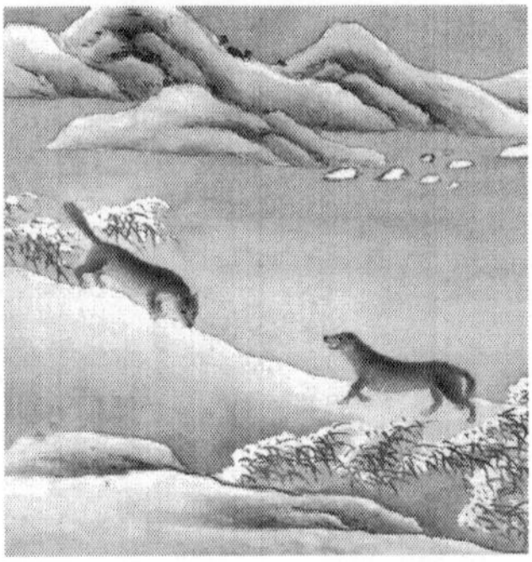

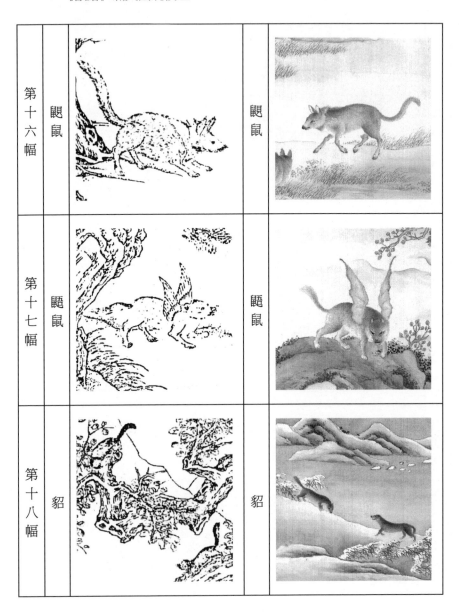

第十九幅	猴	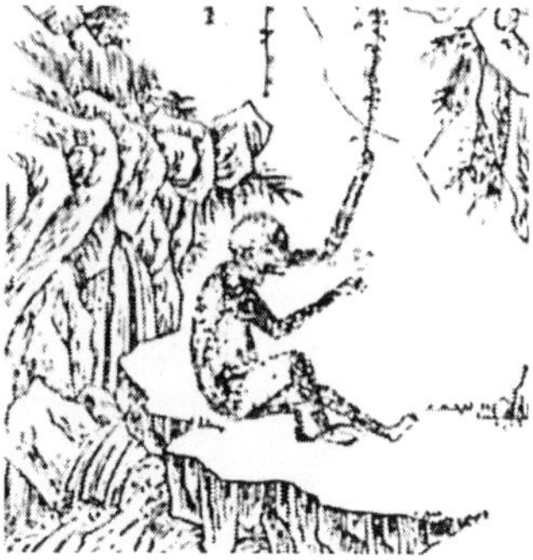	猴	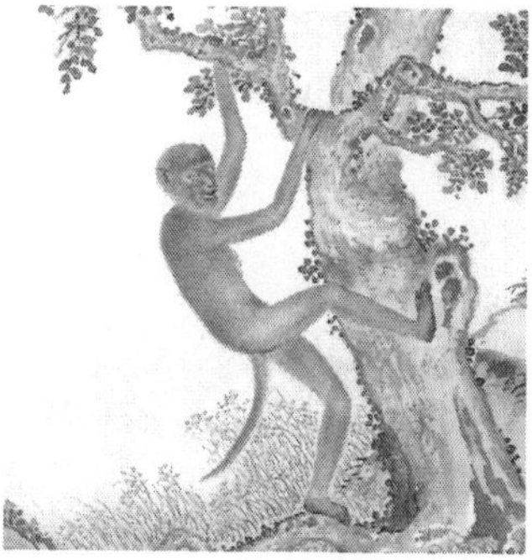
第二十幅	猿	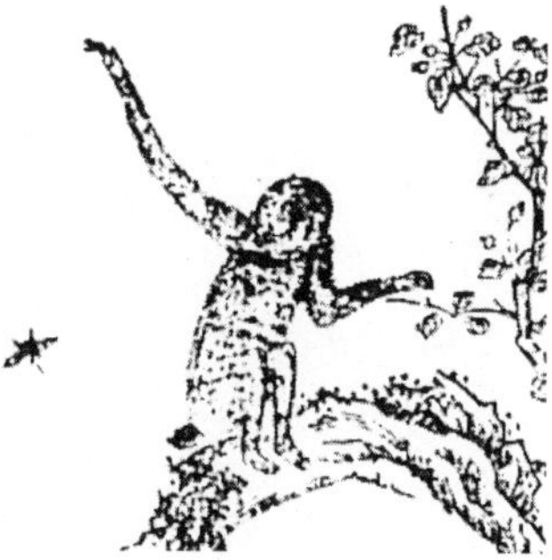	猿	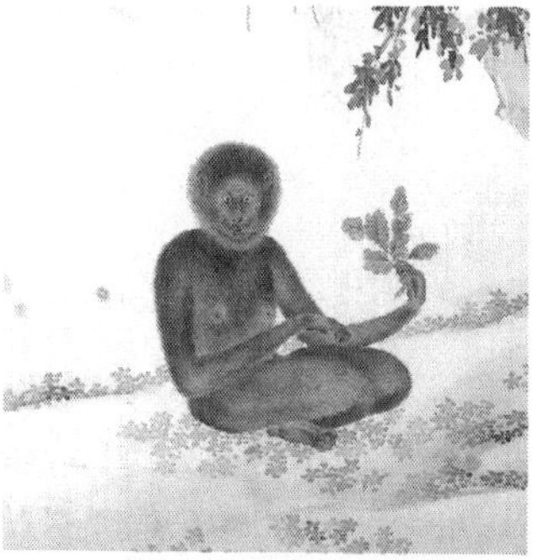
第二十一幅	蜼	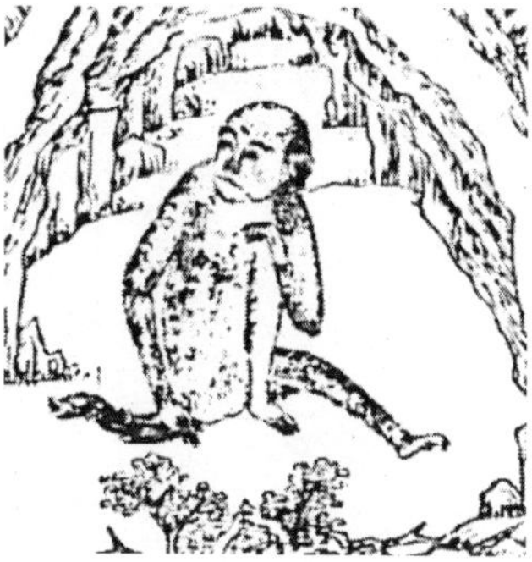	蜼	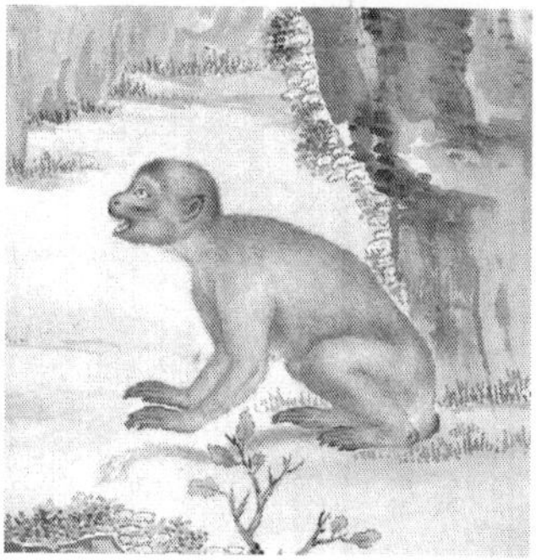

第二十二幅	猓⿰犭然	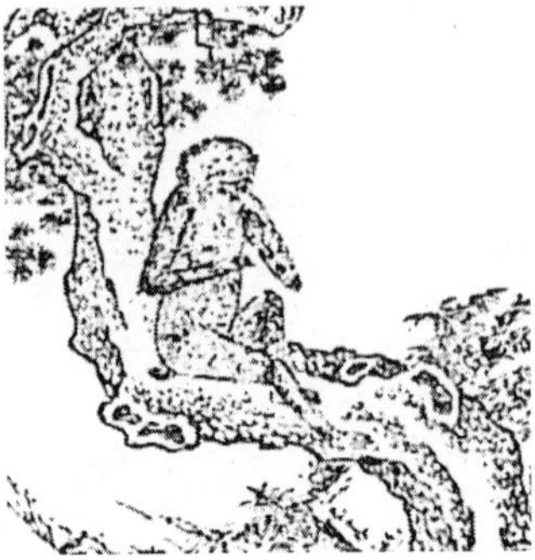	果然	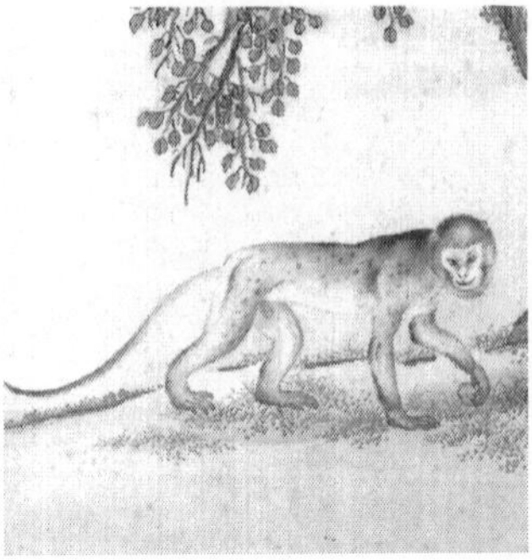
第二十三幅	狨	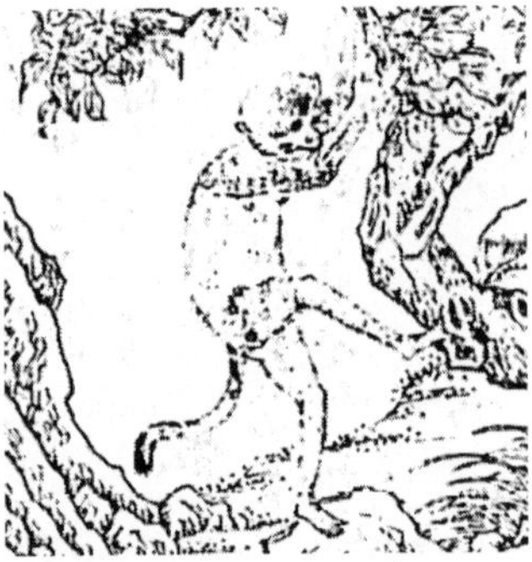	狨	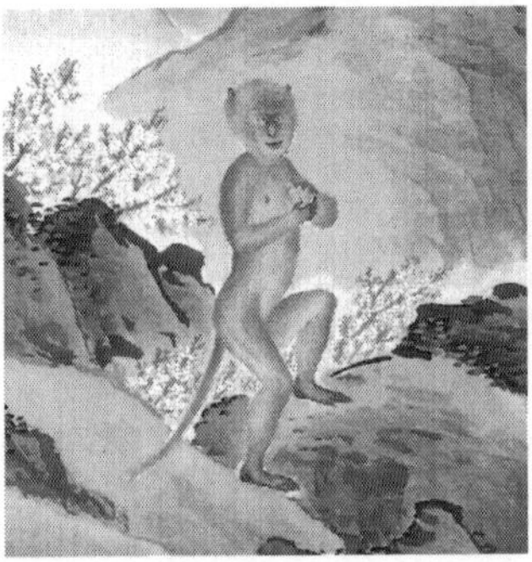
第二十四幅	玃	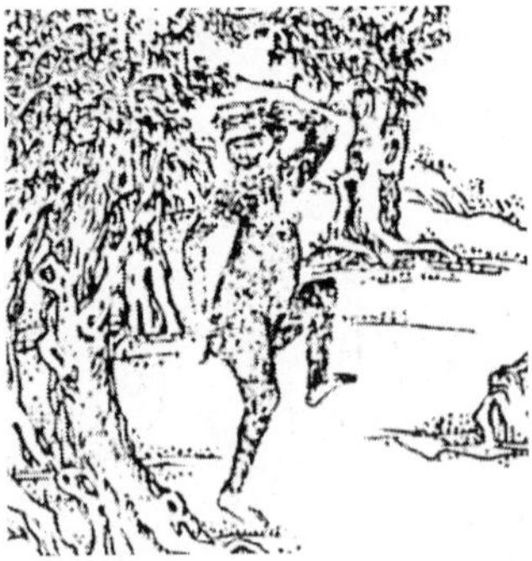	玃	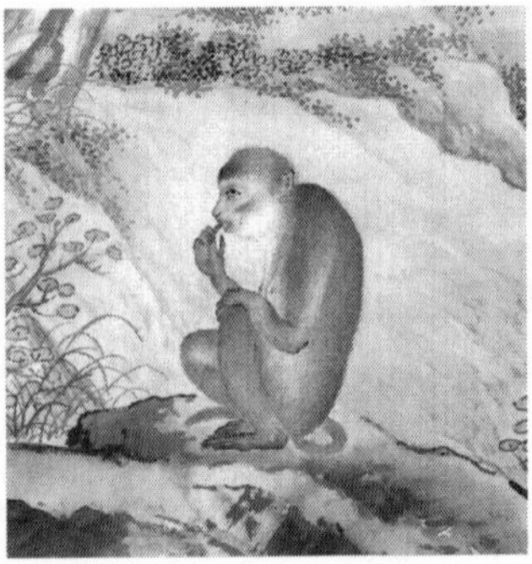

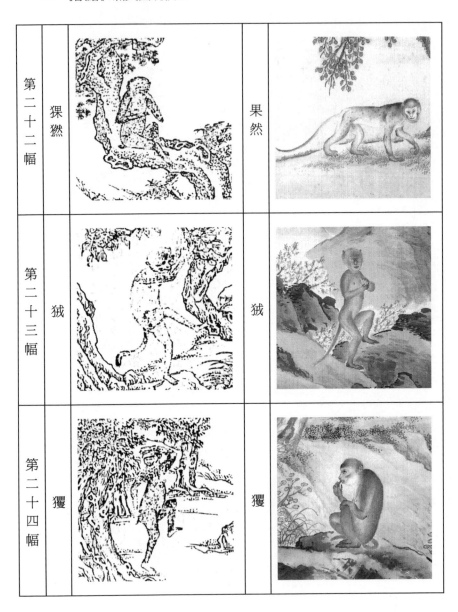

第二十五幅	彭侯	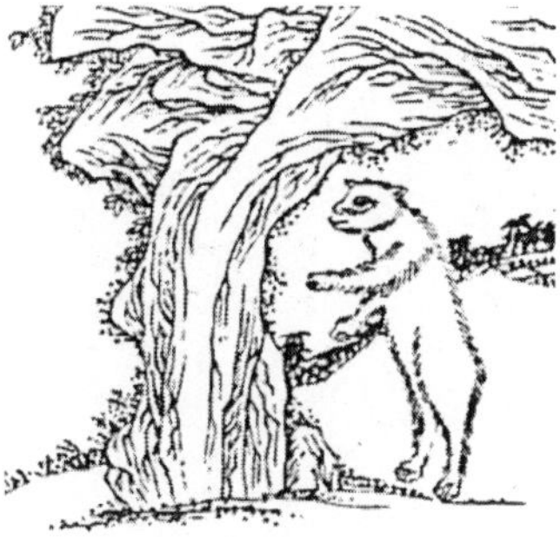	彭侯	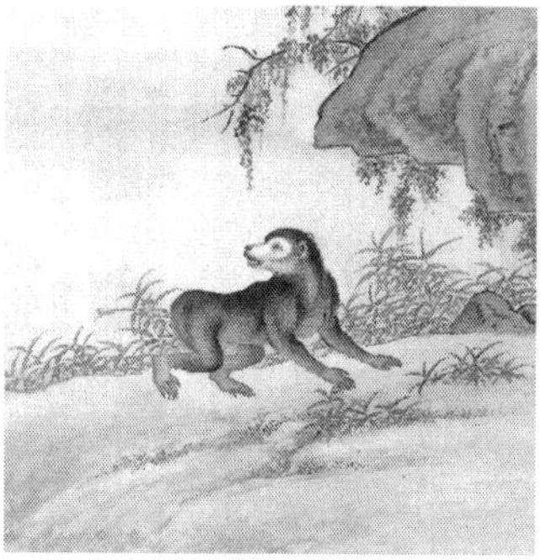
第二十六幅	猩猩	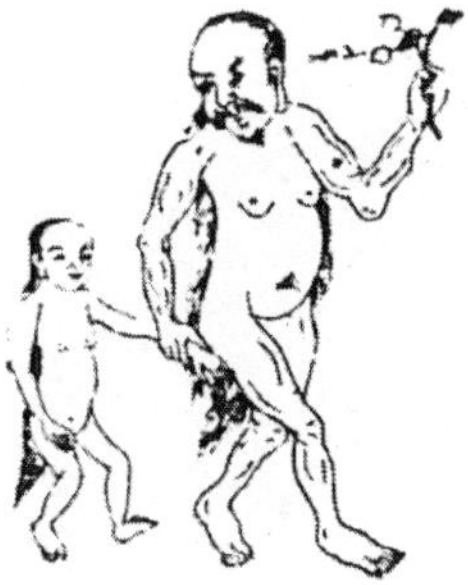	猩猩	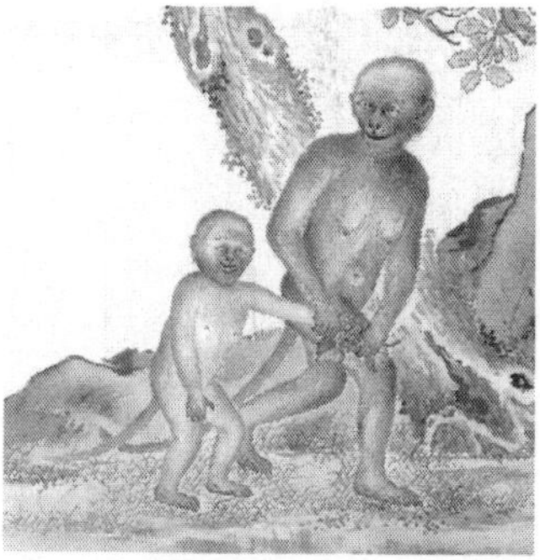
第二十七幅	狒狒	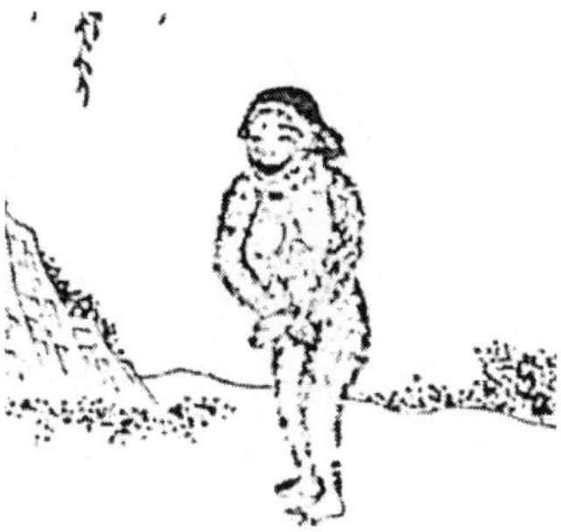	狒狒	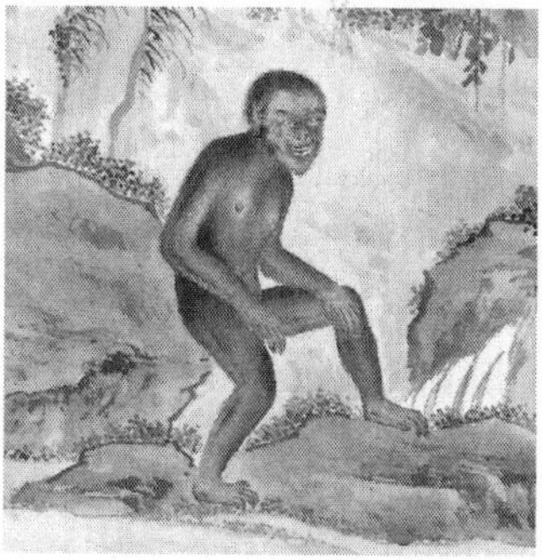

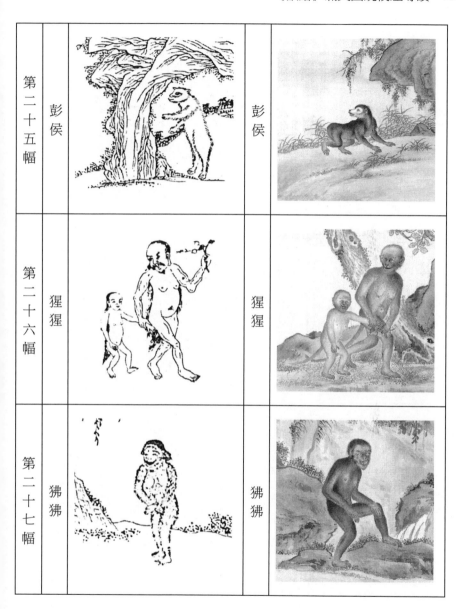

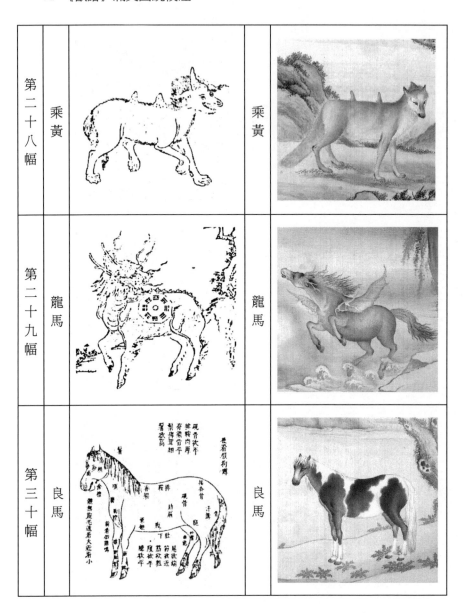

第二十八幅	乘黃	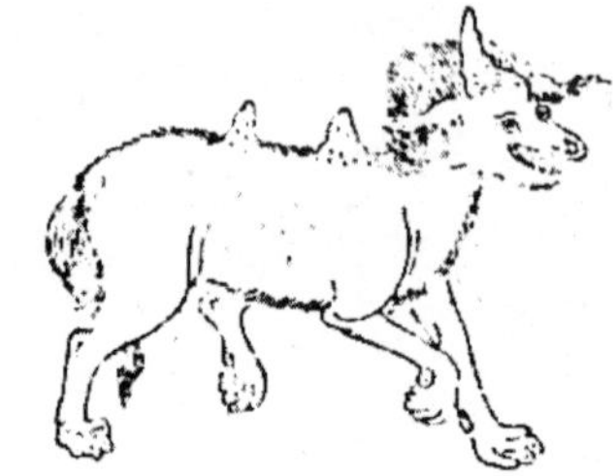	乘黃	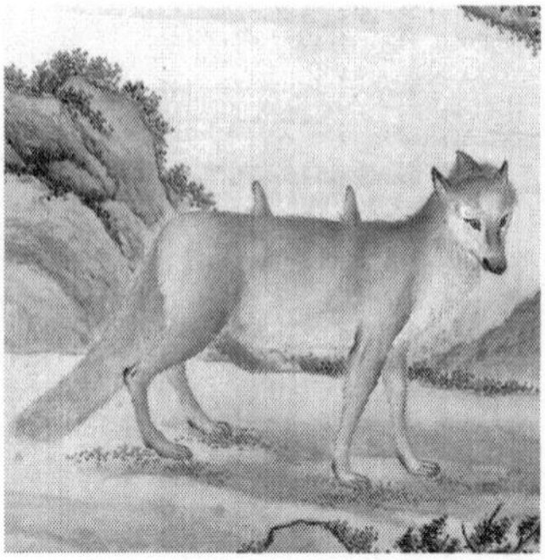
第二十九幅	龍馬	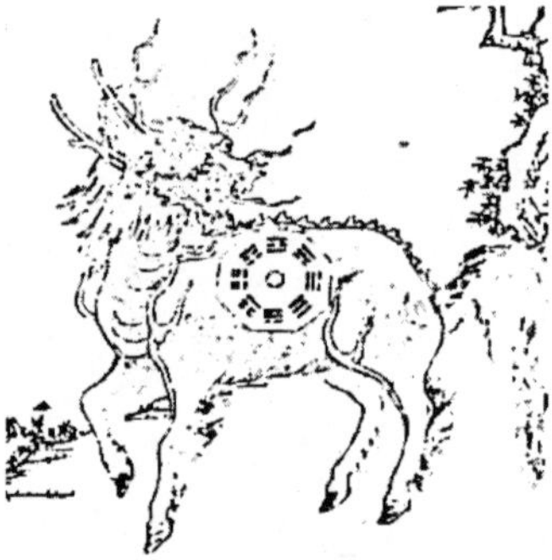	龍馬	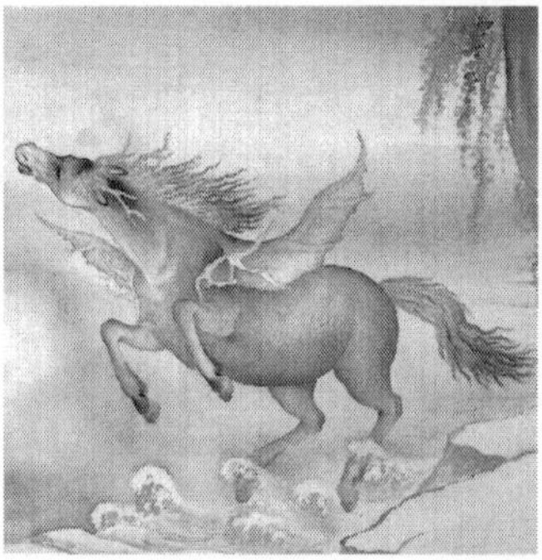
第三十幅	良馬	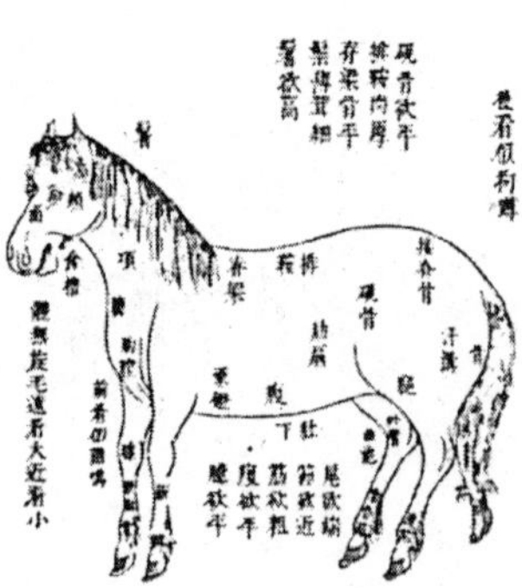	良馬	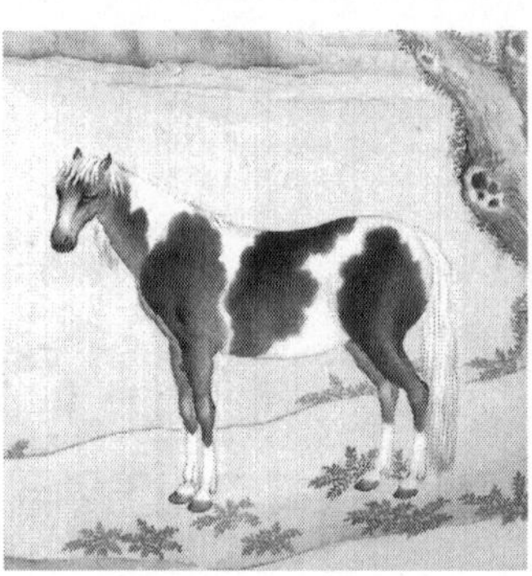

前列對照表中第一幅「麝」，似麞而小，黑色，臍有香遠射。其形相，與《古今圖書集成》原圖，頗有差異。第二幅「貆」，形似狗而小，尖喙，短足，俗名狗貛。《古今圖書集成》原圖作「狗貛」，名目不同，形相却近似。第三幅「貒」，似豕而肥，俗名豬貛。《古今圖書集成》原圖作「豬貛」，名目不同，形相却相似。第四幅「兔」，所繪包括：蒼褐、黑、白三種與《古今圖書集成》原圖差異頗大。第五幅「駮」，狀如馬，白身，黑尾，一角，鋸牙，虎爪。其形相，與《古今圖書集成》原圖相似。第六幅「貉」，狀如貍，毛黃褐色，黑色斑紋。其形相，與《古今圖書集成》近似。第七幅「獺」，似狐而小，毛色如故紫帛，膚如伏翼，食魚，較《古今圖書集成》原圖生動。第八幅「蝟」，耳小似鼠，毛刺如豪豬，前足短，尾長寸餘。其形相，與《古今圖書集成》相似。第九幅「貓」，鼠害苗，而貓捕鼠，故貓字從「苗」。貓眼睛一日三變，可定時候早晚。《獸譜》摹繪貓圖二隻，《古今圖書集成》貓圖一隻，形相近似。第十幅「貍」，屬於狐類，其形相，與《古今圖書集成》原圖近似。

《獸譜》第二冊，第十一幅「赤貍」，狀似貍而豹紋，赤色。摹繪圖像，較《古今圖書集成》原圖生動。第十二幅「鼠」，《獸譜》摹寫鼠圖，與《古今圖書集成》原圖稍異。第十三幅「鼢鼠」，是一種地行鼠，其形相，與《古今圖書集成》原圖近似。第十四幅「鼬鼠」，似貂而色異，健於捕鼠，其毫及尾可作筆材，摹繪鼬鼠圖像二隻。《古今圖書集成》原圖一隻，形相相近。第十五幅「飛鼠」，種類不一，或以尾翔，或以背上毛而飛。其形相，與《古今圖書集成》原圖相似。第十六幅「鼳鼠」，似鼠而馬蹄。其形相，與《古今圖書集成》原圖近似。第十七幅「鼯鼠」，狀似小狐而有翼如蝠。

其形相，與《古今圖書集成》原圖相似。第十八幅「貂」，屬於鼠類而毛豐。其形相，與《古今圖書集成》原圖近似。第十九幅「猴」，與猿相類。第二十幅「猿」，長臂。《獸譜》摹寫《古今圖書集成》圖像，近似原圖。

《獸譜》第二冊，其中第二十一幅「蜼」，似猴而大，黃黑色，長尾，尾末有岐，鼻上仰。其形相，與《古今圖書集成》原圖近似。第二十二幅「果然」，屬於猨類，形如狗，頭似虎，白面，黑身，尾長而柔滑。《古今圖書集成》原圖作「猓猀」，其形相，彼此近似。第二十三幅「狨」，屬於猿類，毛長如絨，尾長作金色。其形相，與《古今圖書集成》原圖相似。第二十四幅「玃」，是一種大猴，色蒼黑，好顧盼。其形相，與《古今圖書集成》原圖近似。第二十五幅「彭侯」，狀似黑狗而無尾。其形相，與《古今圖書集成》原圖近似。第二十六幅「猩猩」，似猴而人行。其圖像，與《古今圖書集成》原圖相似。第二十七幅「狒狒」，狀如人，身黑有毛，被髮。其形相，與《古今圖書集成》原圖近似。第二十八幅「乘黃」，狀如狐，背有角。其形相，與《古今圖書集成》原圖相似。第二十九幅「龍馬」，頸有翼。其形相，與《古今圖書集成》原圖相近。第三十幅「良馬」，即好馬，自古以來，其形相未聞，因此不可以形容。《古今圖書集成》原圖為良馬三十二相圖，《獸譜》中的良馬，身赤，鬃及尾白，是一種驊騮駿馬。

《獸譜》第三冊，計三十幅，其名目依次為：旋毛馬、駝、騾、驢、牛、犛牛、旄牛、羊、羬羊、麢羊、犬、豕、豪彘、鹿蜀、類、猾褢、猼訑、狸力、長右、彘、䍺、蠱雕、菍聾、犳、嚚、谿邊、玃如、朱厭、舉父、土螻。為了便於比較其形相，可將《古今圖書集成》圖像與《獸譜》所摹寫圖像，逐幅影印並列於後。

《古今圖書集成》與《獸譜》圖像對照表（三）

	古今圖書集成		獸譜第三冊	
第一幅	旋毛馬	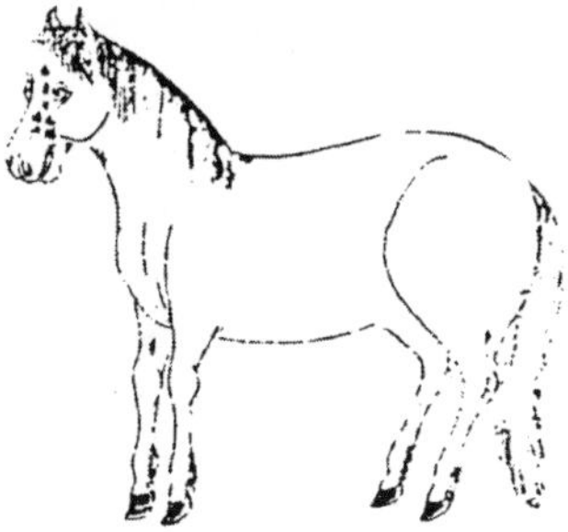	旋毛馬	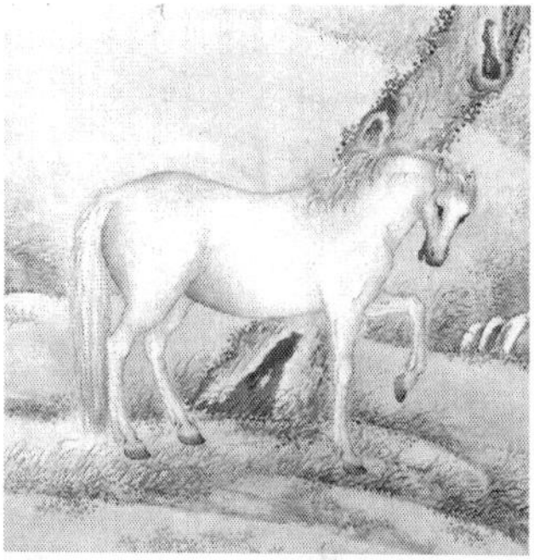
第二幅	駱駝	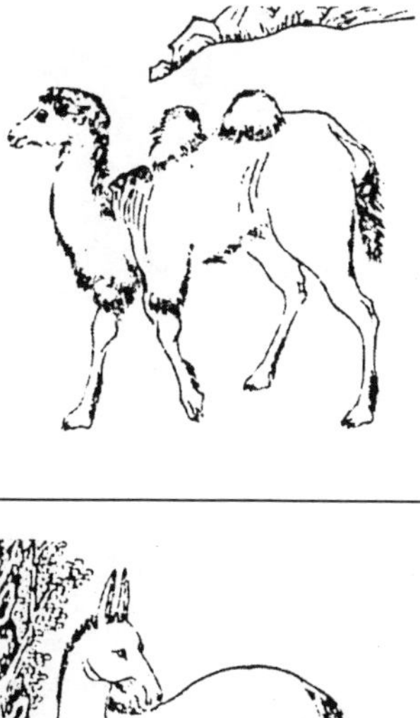	駝	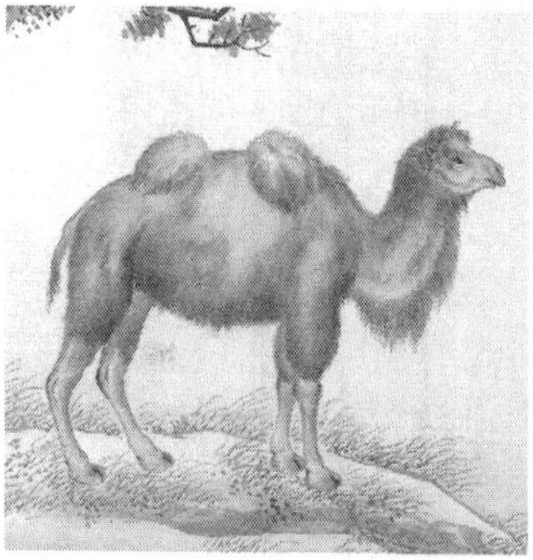
第三幅	騾	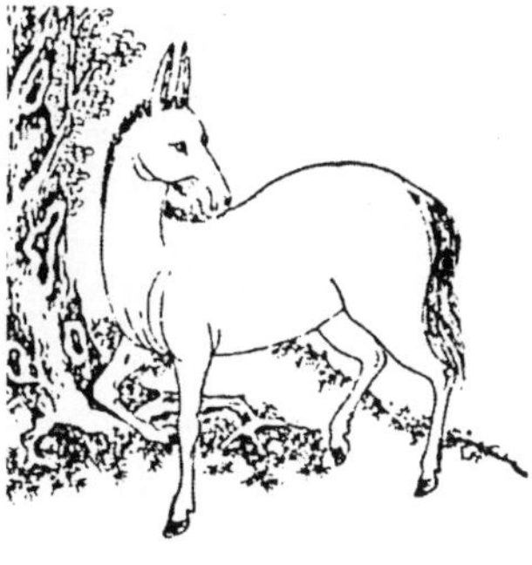	騾	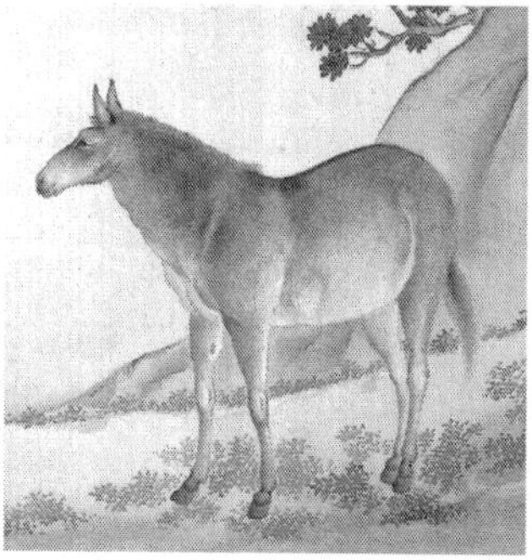

第四幅	驢	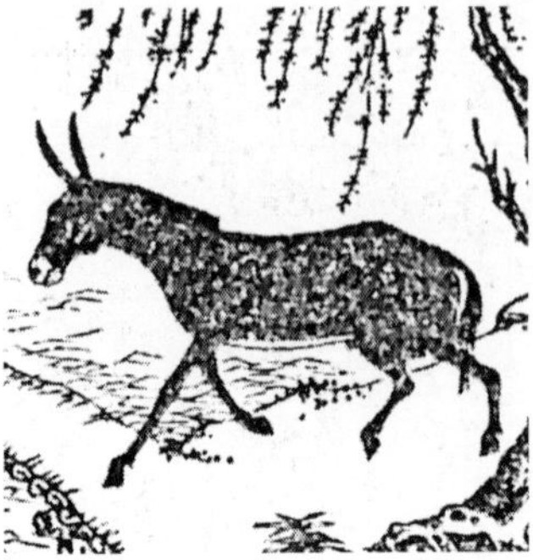	驢	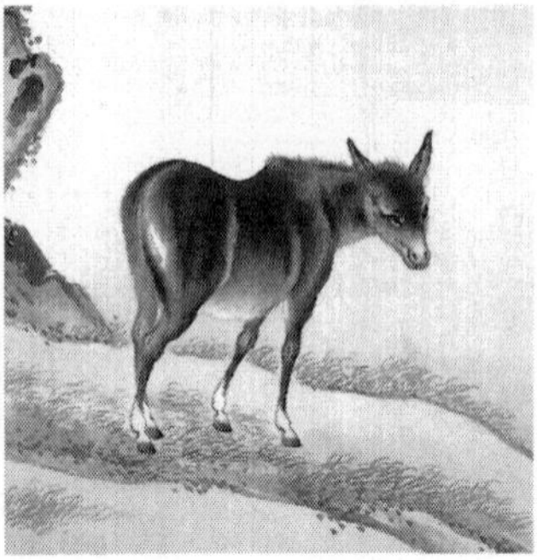
第五幅	牛	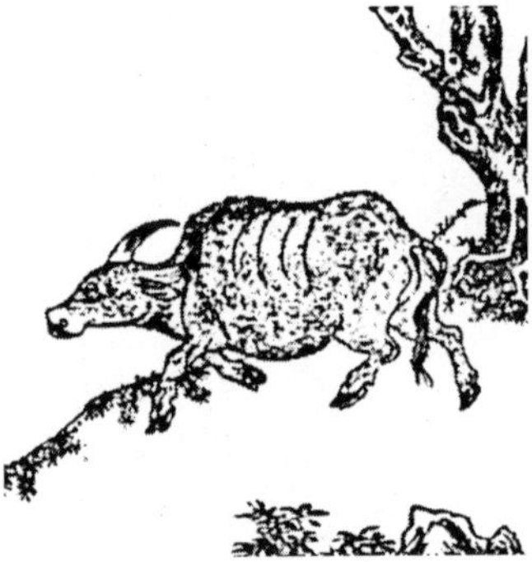	牛	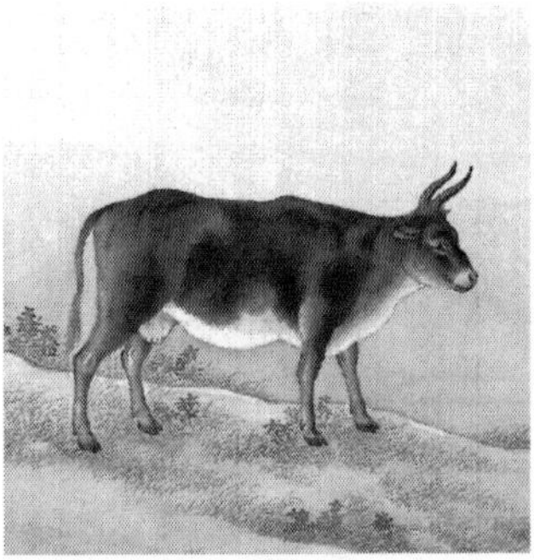
第六幅	犛牛	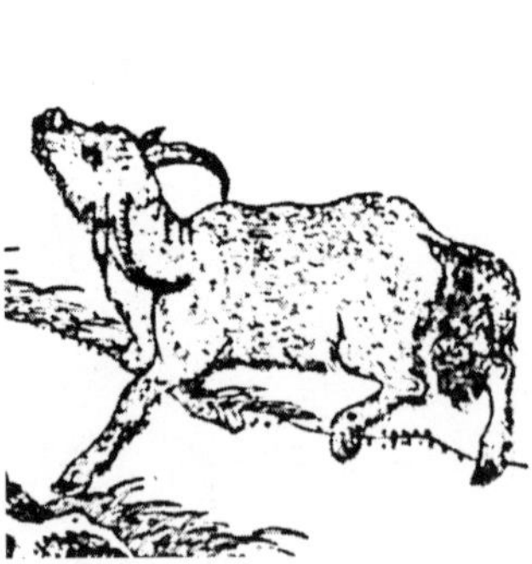	犛牛	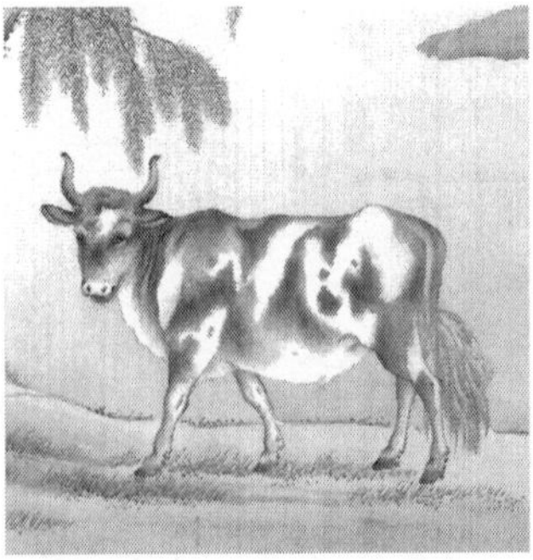

第七幅	旄牛	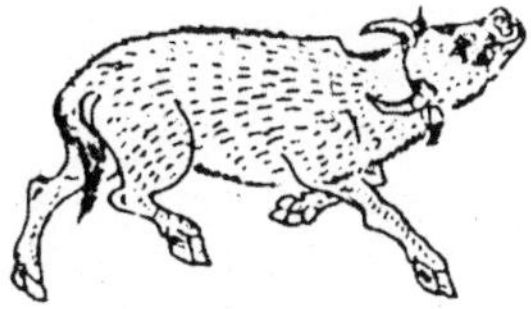	旄牛	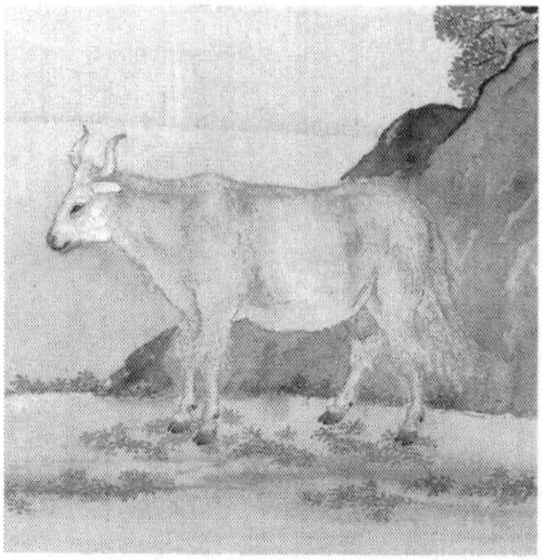
第八幅	羊	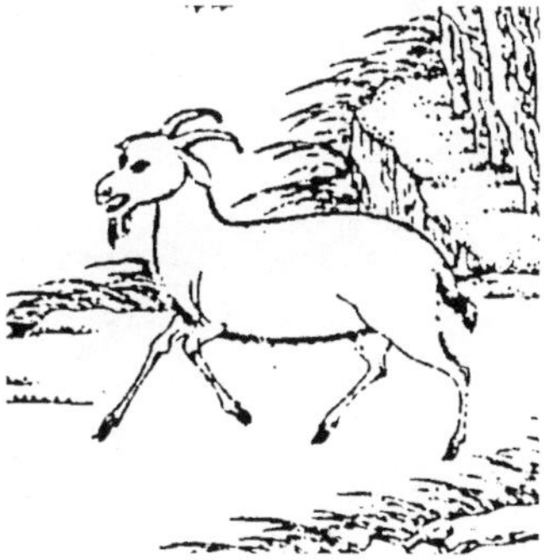	羊	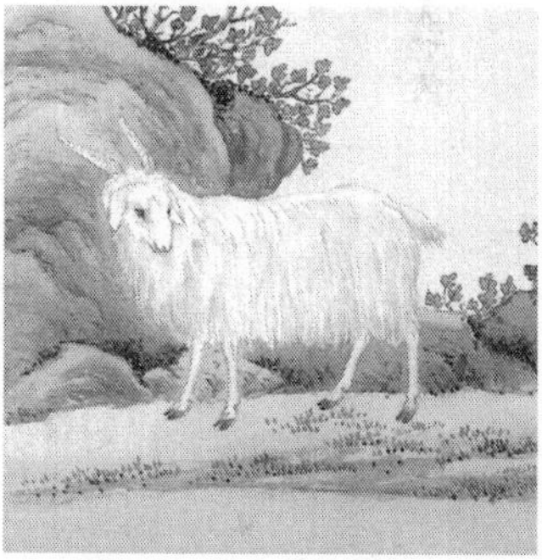
第九幅	羬羊	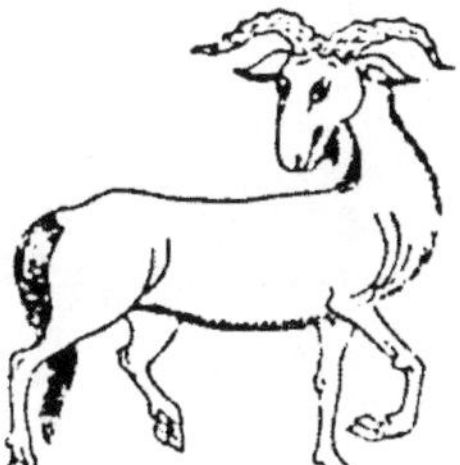	羬羊	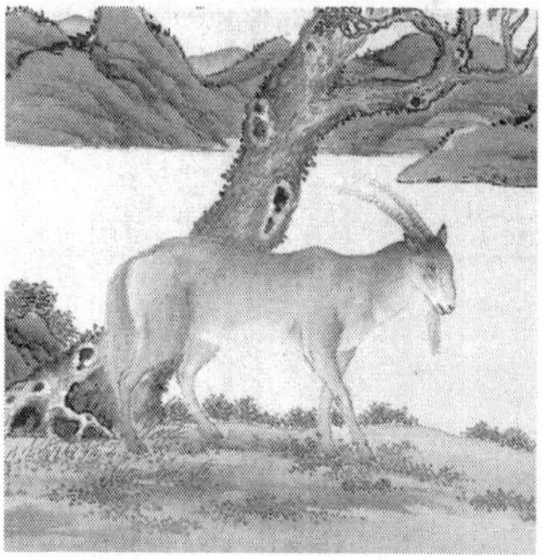

第十幅	麢羊	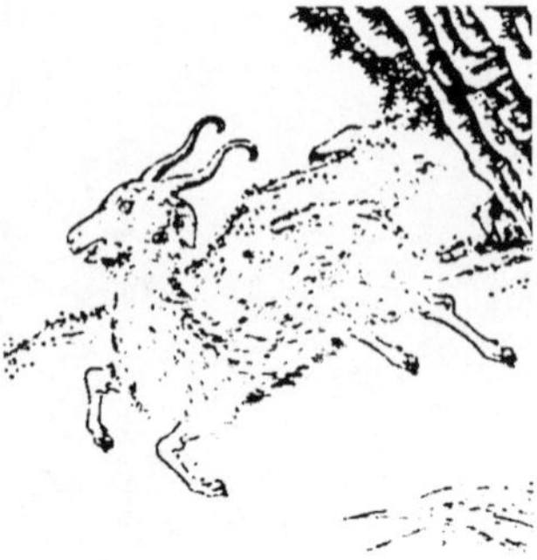	麢羊	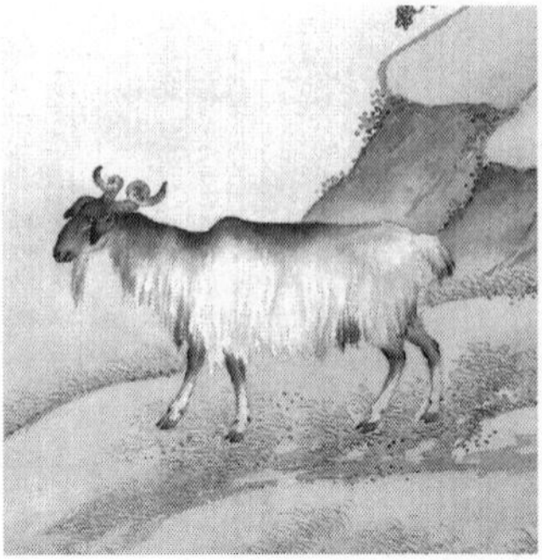
第十一幅	犬	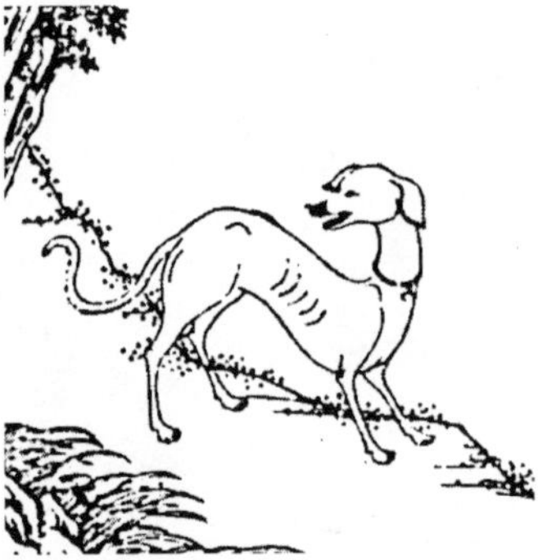	犬	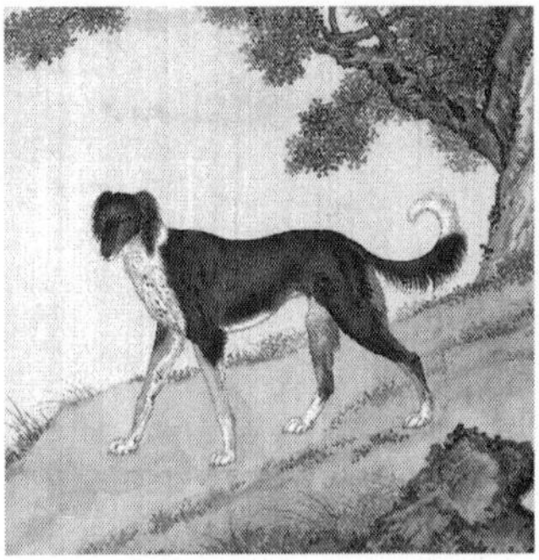
第十二幅	豕	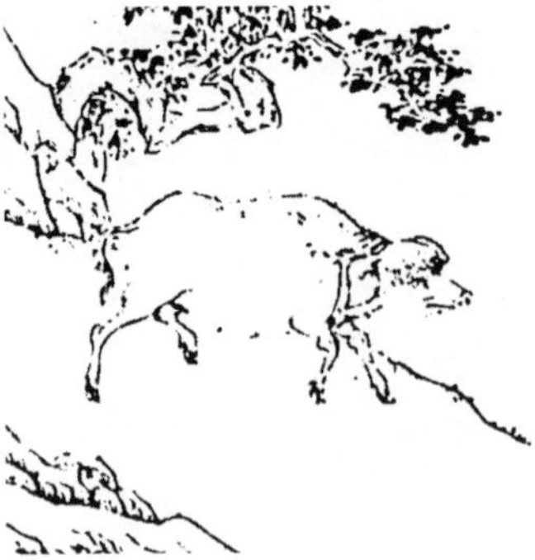	豕	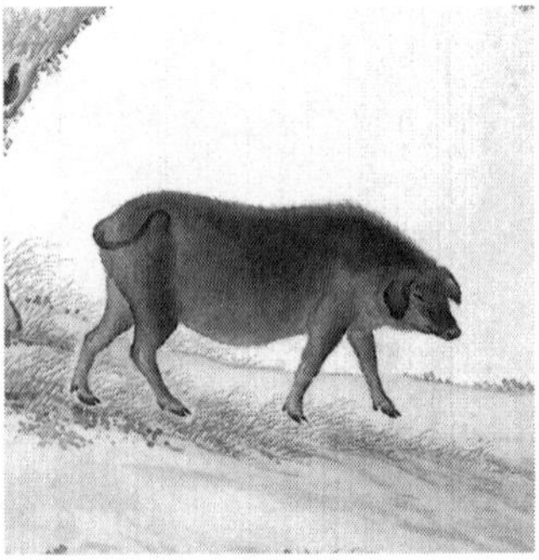

第十三幅	豪彘	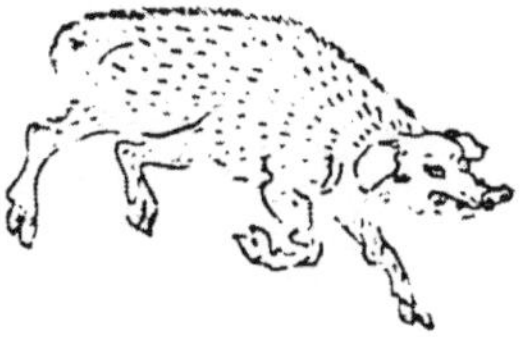	豪彘	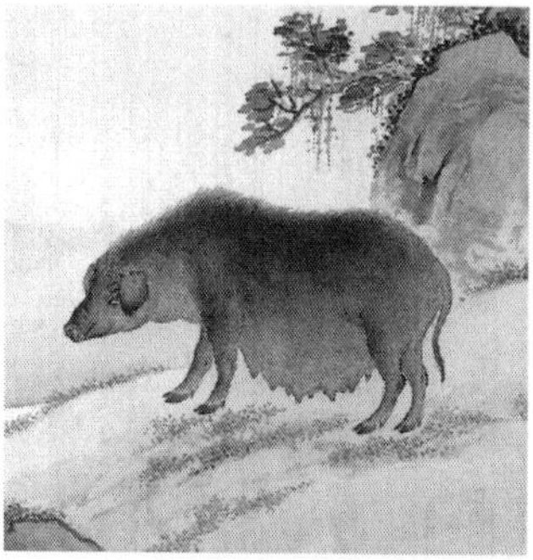
第十四幅	鹿蜀	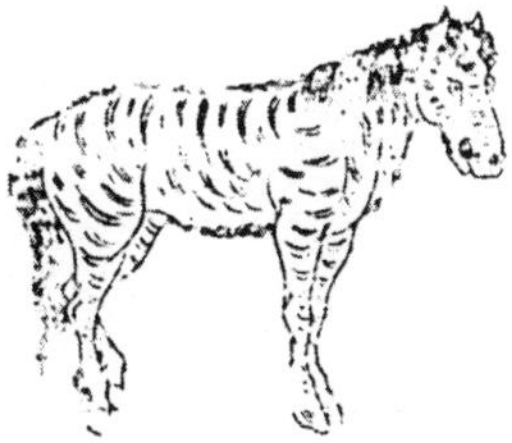	鹿蜀	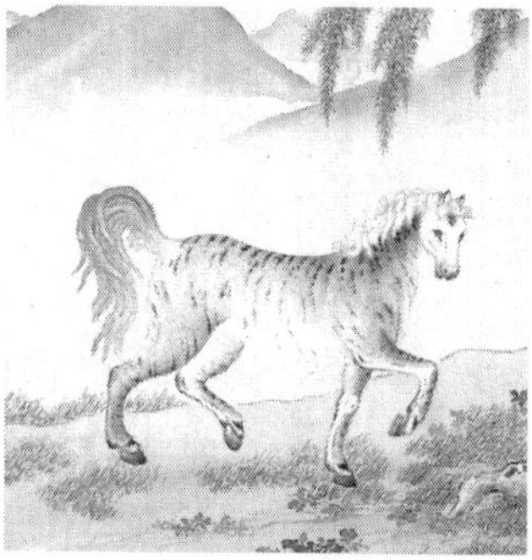
第十五幅	類	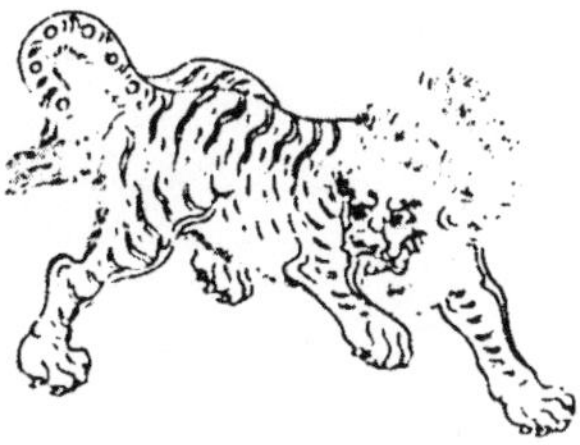	類	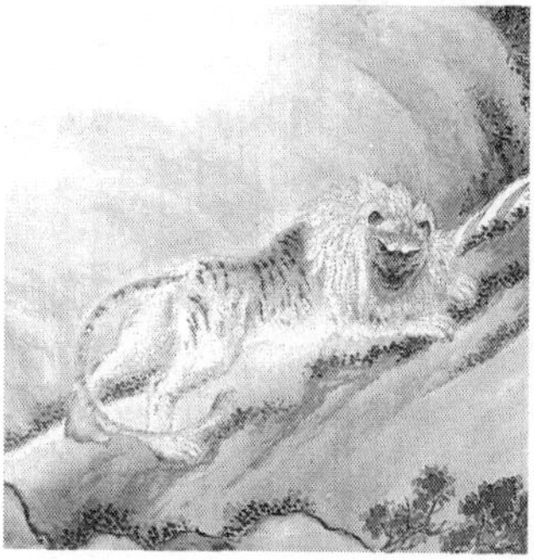

第十六幅	猾褢	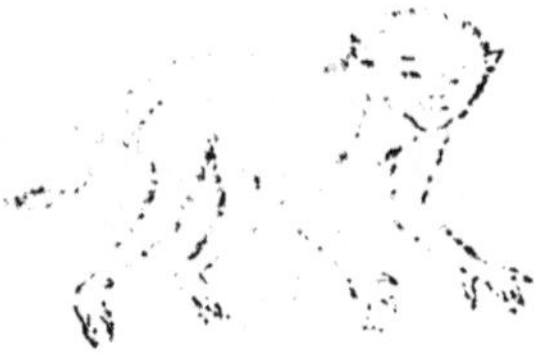	猾褢	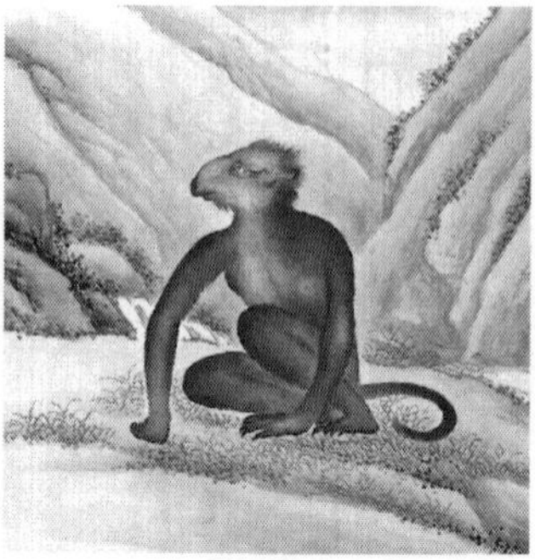
第十七幅	猼訑	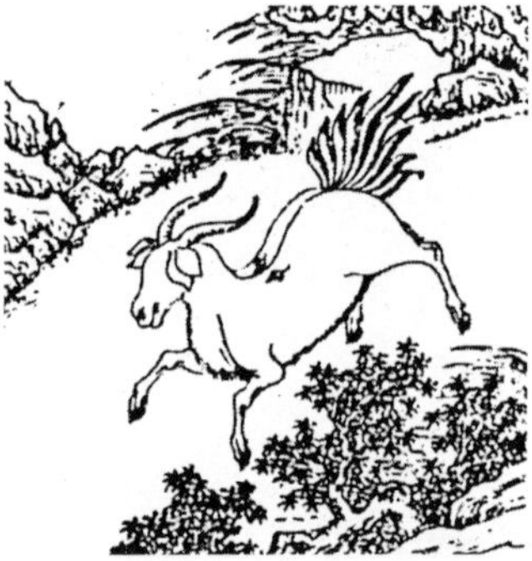	猼訑	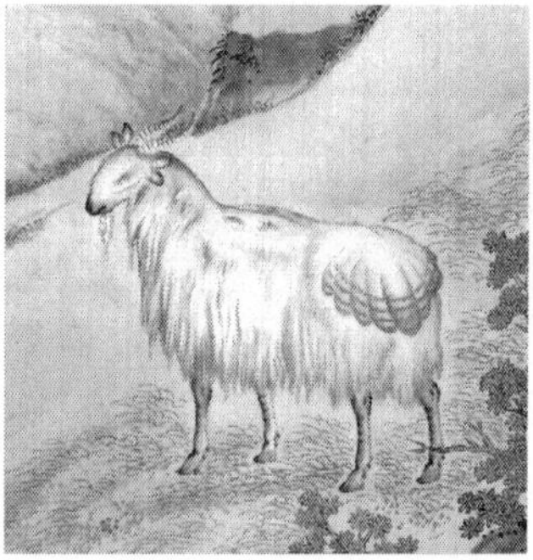
第十八幅	狸力	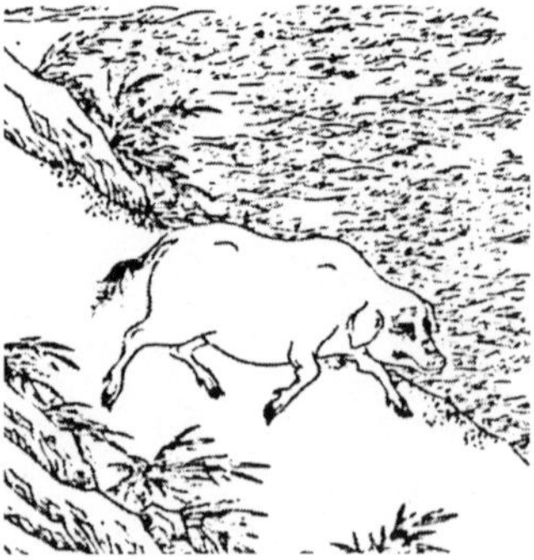	狸力	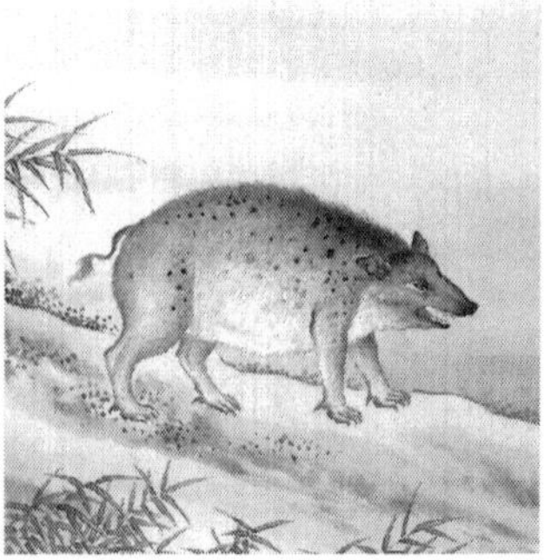

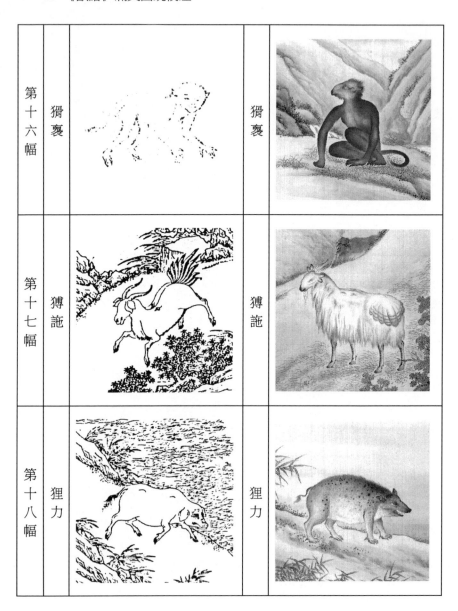

第十九幅	長右	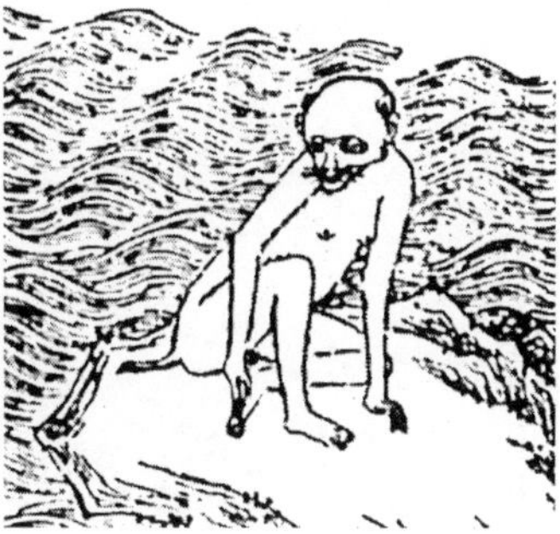	長右	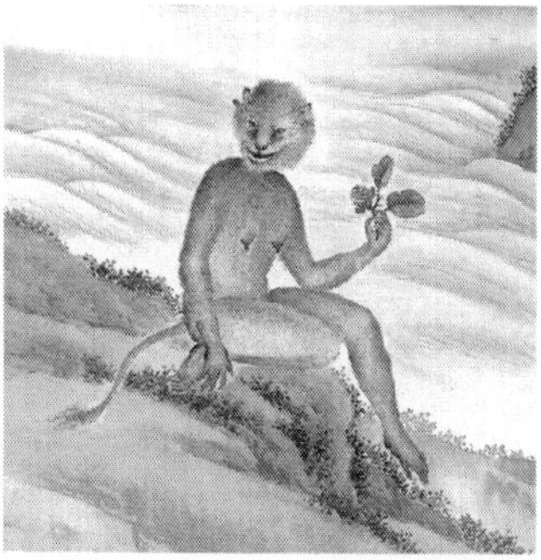
第二十幅	㲋	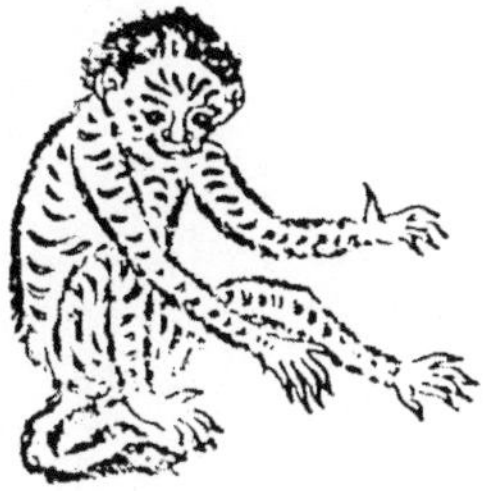	㲋	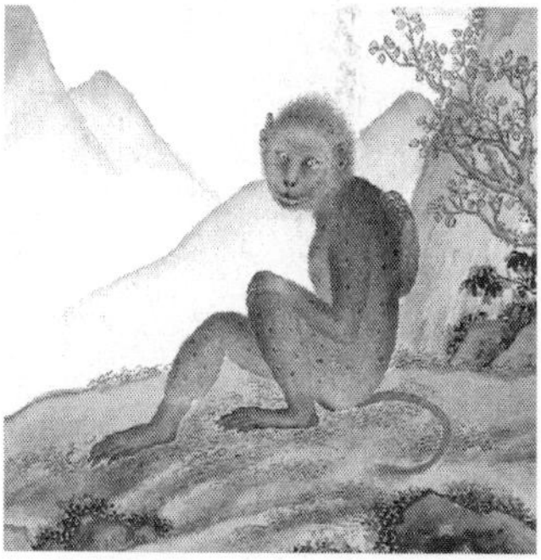
第二十一幅	䍶	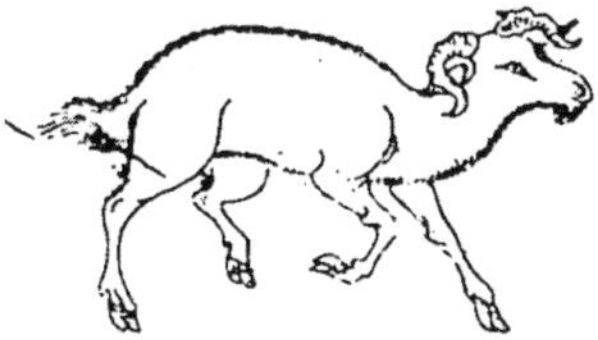	䍶	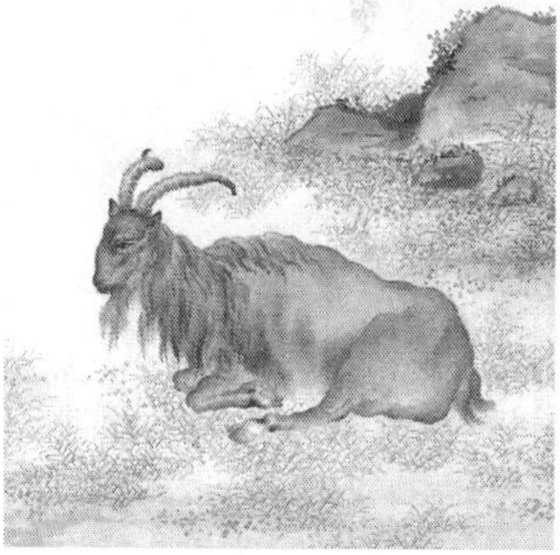

第二十二幅	蠱雕	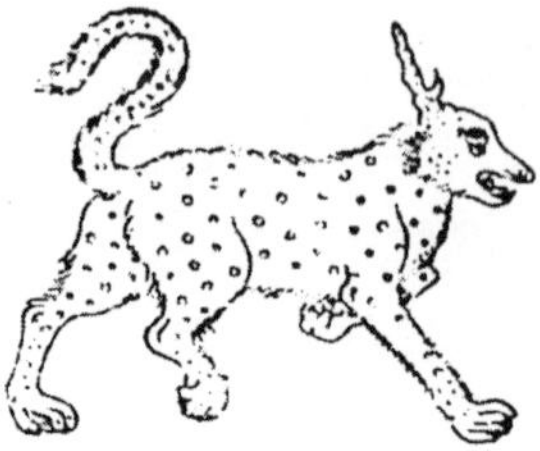	蠱雕	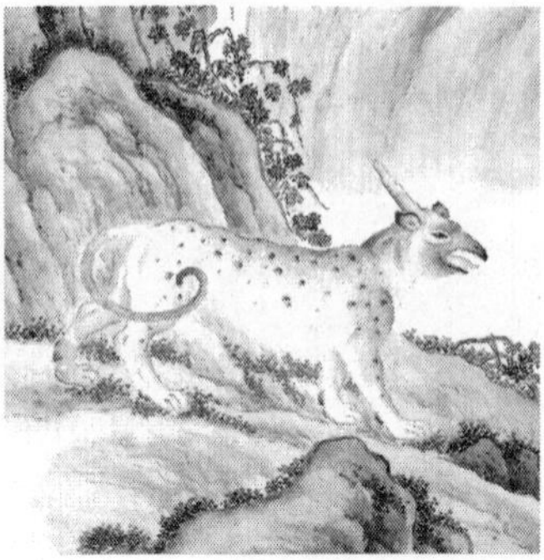
第二十三幅	葱聾	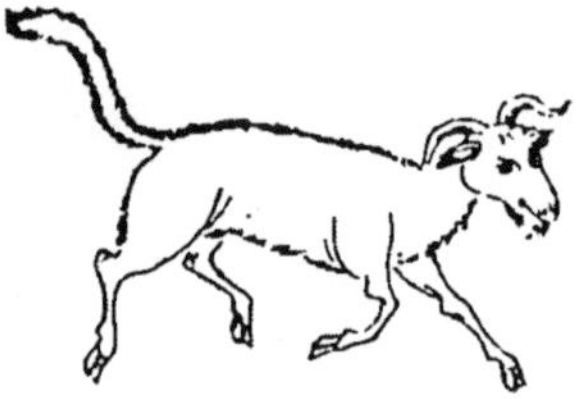	葱聾	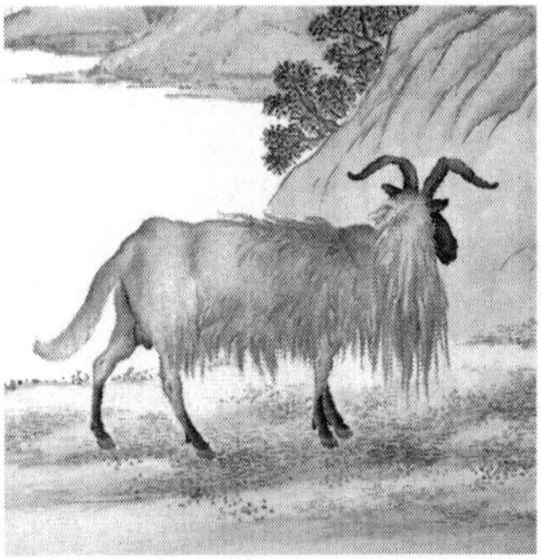
第二十四幅	犳	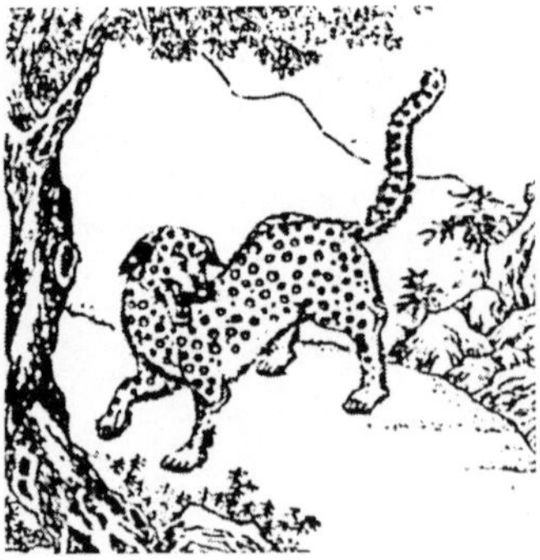	犳	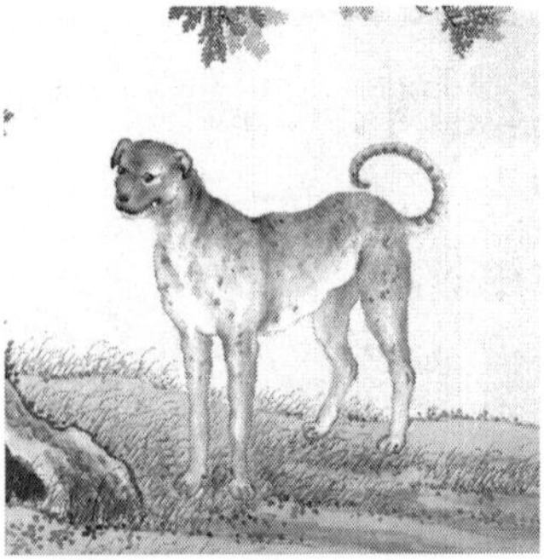

第二十五幅	囂	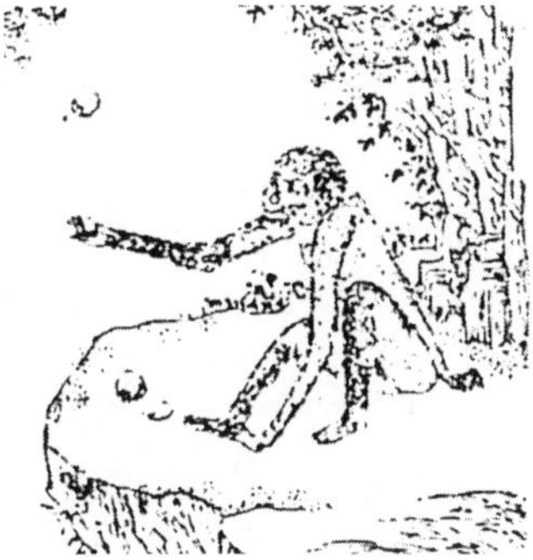	囂	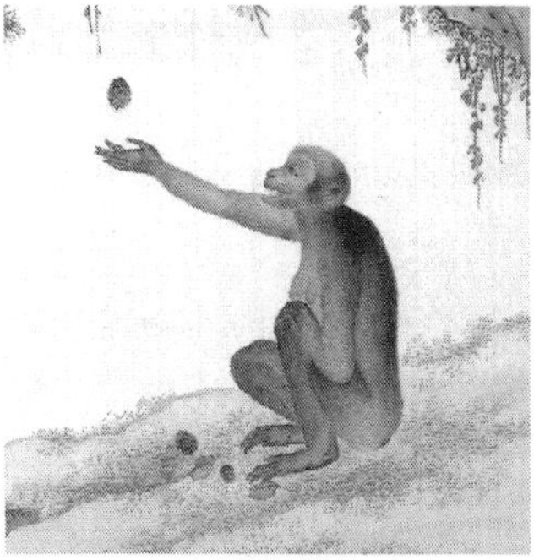
第二十六幅	谿邊	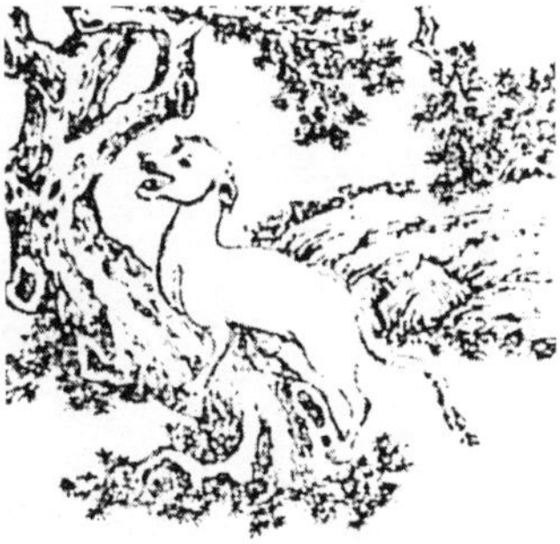	谿邊	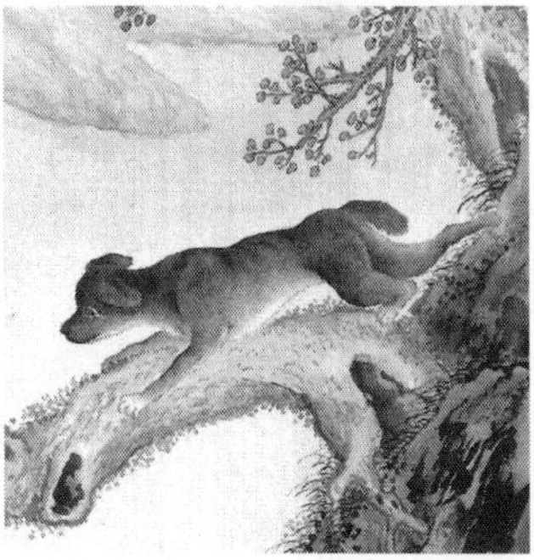
第二十七幅	玃如	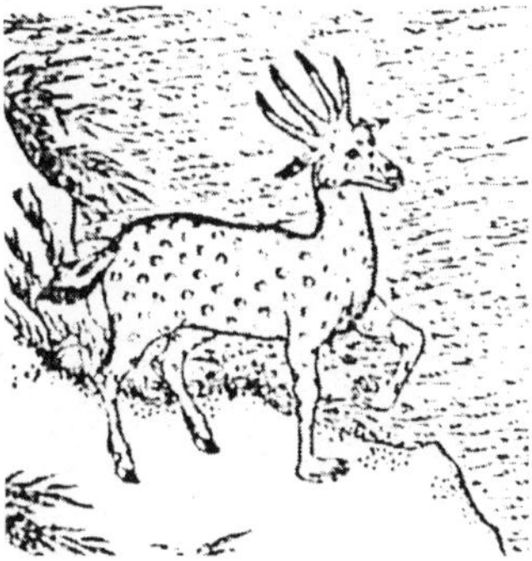	玃如	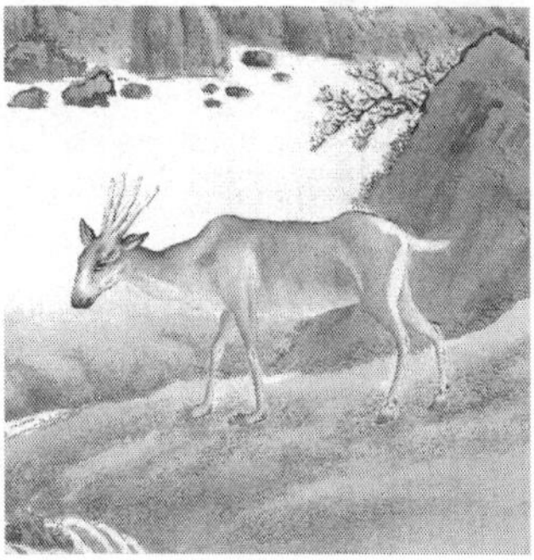

第二十八幅	朱厭	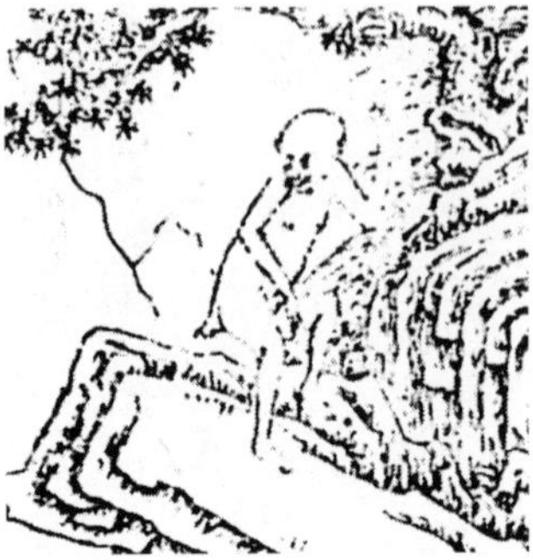	朱厭	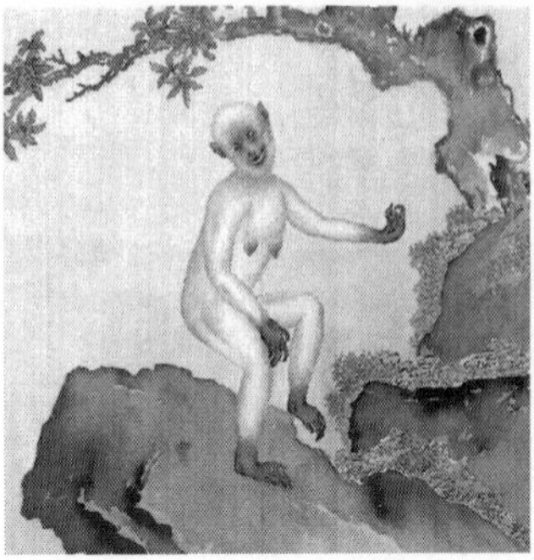
第二十九幅	舉父	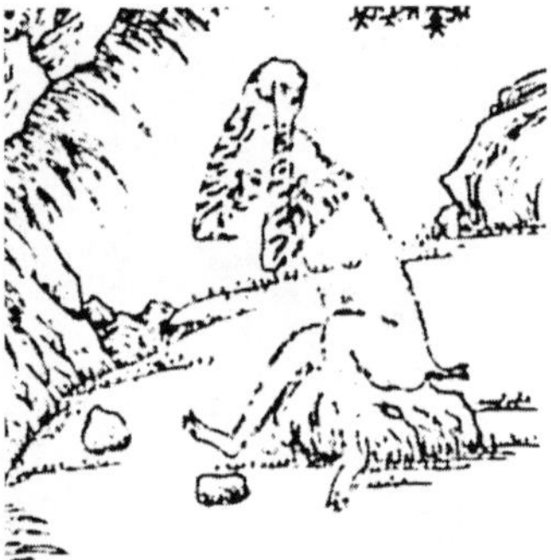	舉父	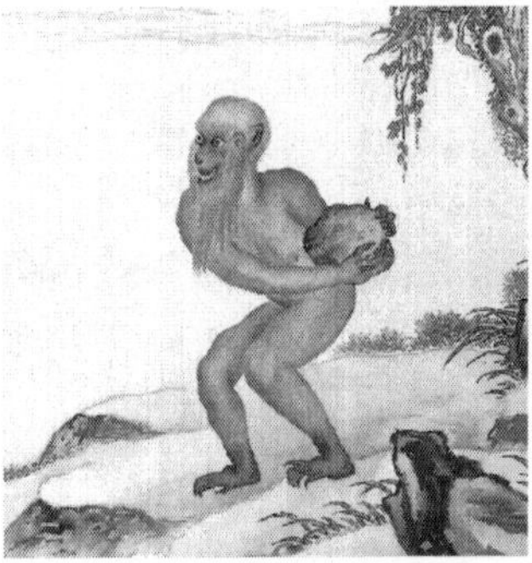
第三十幅	土螻	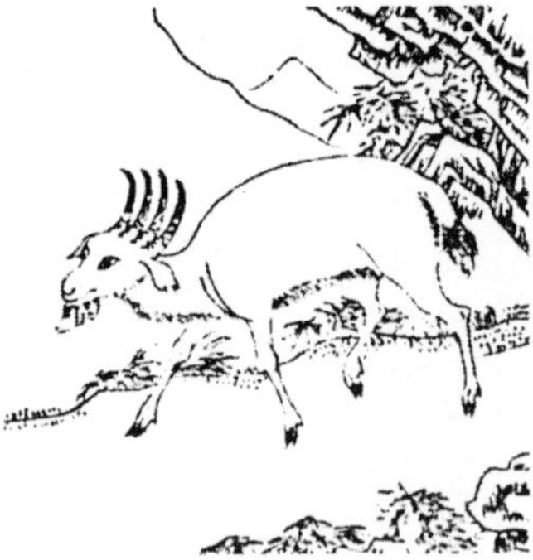	土螻	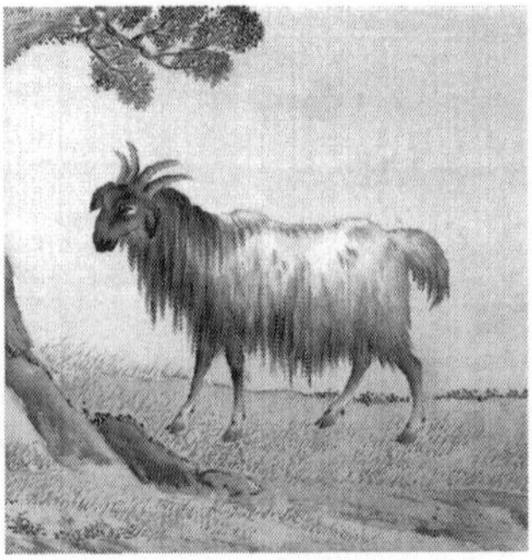

前列對照表中，《獸譜》第三冊，第一幅「旋毛馬」，旋毛，又作回毛，其所在位置不同，或在胸前，或在腹下。其形相，與《古今圖書集成》原圖近似。第二幅「駝」，背上駝峯，兩峯如鞍，與《古今圖書集成》原圖近似。第三幅「騾」，其形相，與《古今圖書集成》原圖近似。第四幅「驢」，其足駑鈍蹇劣，與《古今圖書集成》原圖形相稍異。第五幅「牛」，牛有犦牛和水牛之別，前者為一般之牛。《獸譜》所摹繪者為水牛，與《古今圖書集成》原圖近似。第六幅「犛牛」，尾長而勁，角如犀，亦名毛犀，其形相，與《古今圖書集成》原圖近似。第七幅「旄牛」，體長多力，尾大如斗，髀、膝、尾、項下皆有長毛，所繪旄牛形相，與《古今圖書集成》原圖頗有差異。第八幅「羊」，毛長，有角，其形相，與《古今圖書集成》原圖頗有差別。第九幅「羬羊」，即山羊，狀如驢而馬尾，其角形狀，與《古今圖書集成》原圖頗有差異。原圖所繪羊角向前彎。《獸譜》圖說，滿文讀作"uihe gahūngga"，意即「角向前彎」，原圖羊角形狀，與《獸譜》滿文圖說相合。第十幅「麢羊」，似羊而大，角多節，蹙蹙圓繞，其形狀，與《古今圖書集成》原圖頗有差異。

《獸譜》第三冊，第十一幅「犬」。古犬有三種，即：守犬、田犬、食犬。田犬佐三驅而逐猛獸。《獸譜》所繪者，當即田犬，其形相，與《古今圖書集成》原圖近似。第十二幅「豕」，各地的豕，其形與名，多不同。《獸譜》豕圖，與《古今圖書集成》原圖近似。第十三幅「豪彘」，是一種山豬，形如豕，與《古今圖書集成》原圖形相頗有差異。第十四幅「鹿蜀」，狀如馬，斑紋如虎，白首赤尾。與《古今圖書集成》原圖形相近似。第十五幅「類」，狀如貍而有髦，與《古今圖書集成》原圖形相近似。第十六幅「猾褱」，狀如人而彘鬣，與《古今圖書集成》原圖形相略異。第十七幅「猼訑」，狀如羊，四耳，九尾，四目附於背，與《古今圖書集成》原圖形相稍異。第十八幅「狸力」，形如豚而有距，與《古今圖書集成》原圖形相近似。第十九幅「長右」，狀如猴兒四耳，與《古今圖書集成》原圖形相近似。第二十幅「彘」，狀似猴，四耳，虎身，牛尾，與《古今圖書集成》原圖形相近似。

《獸譜》第三冊，第二十一幅「䍶」，狀如羊而無口，黑色。其形相，與《古今圖書集成》原圖稍異。第二十二幅「蠱雕」狀如豹而鳥喙，有角，與《古今圖書集成》原圖形相近似。第二十三幅「葱聾」，狀如羊，黑首，赤鬣，與《古今圖書集成》原圖形相近似。第二十四幅「狗」，狀如狗而頭有花紋，皮有豹紋，與《古今圖書集成》原圖形相近似。第二十五幅「囂」，狀似猴而長臂，善投擲，與《古今圖書集成》原圖形相近似。第二十六幅「谿邊」，狀如豹，或謂形如黑狗，能登木。其形相，與《古今圖書集成》原圖近似。第二十七幅「玃如」，似鹿而有四角，白尾，其前足如人手，後足若馬蹄，與《古今圖書集成》原圖形相近似。第二十八幅「朱厭」，狀類猿而白首，赤足，赤手，與《古今圖書集成》原圖形相近似。第二十九幅「舉父」，狀如猴，多髯鬣，善投擲，與《古今圖書集成》原圖形相近似。第三十幅「土螻」，狀如羊而四角，與《古今圖書集成》原圖形相近似。

《獸譜》第四冊，計三十幅，其名目依次為：狡、猙、天狗、獓狠、讙、蠻蠻、窮奇、孰湖、矔疏、孟槐、孟極、幽頞、足訾、諸犍、那父、窫窳、諸懷、狕、閭、駮馬、狍鴞、獨裕、居暨、驒、天馬、領胡、辣辣、獂、雙雙、從從。為了便於比較其形相，可將《古今圖書集成》圖像與《獸譜》所摹寫圖像，逐幅影印並列於後。

《古今圖書集成》與《獸譜》圖像對照表（四）

	古今圖書集成		獸譜第四冊	
第一幅	狡	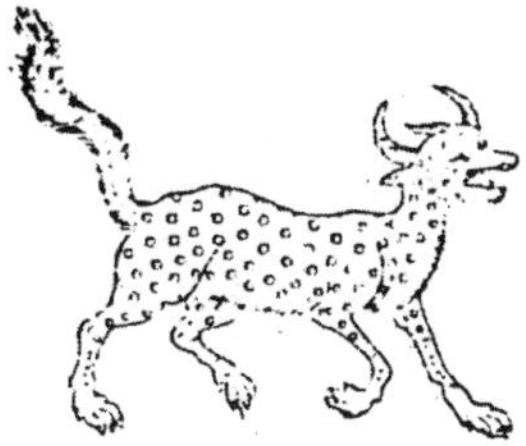	狡	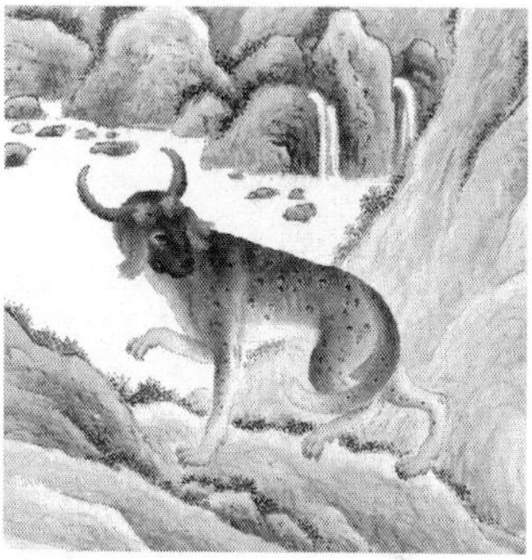
第二幅	狰	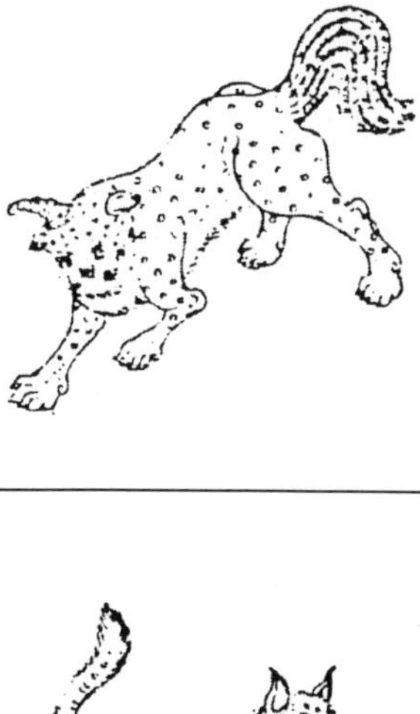	狰	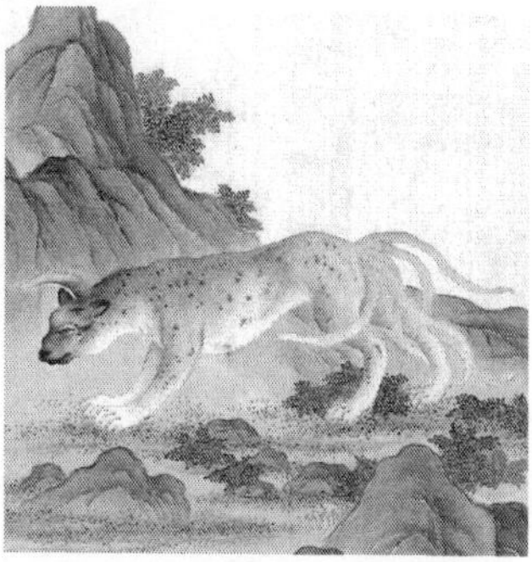
第三幅	天狗	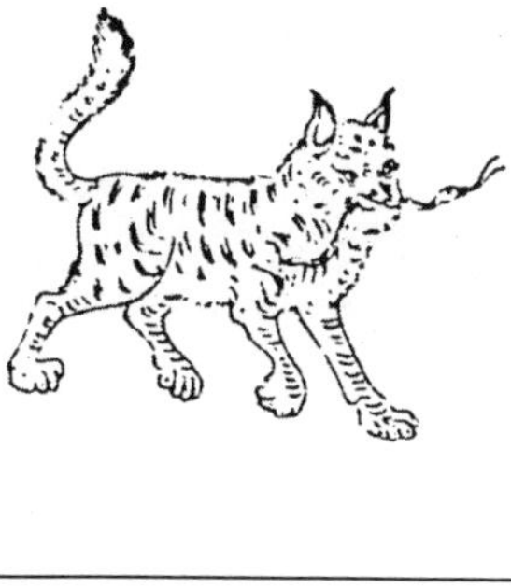	天狗	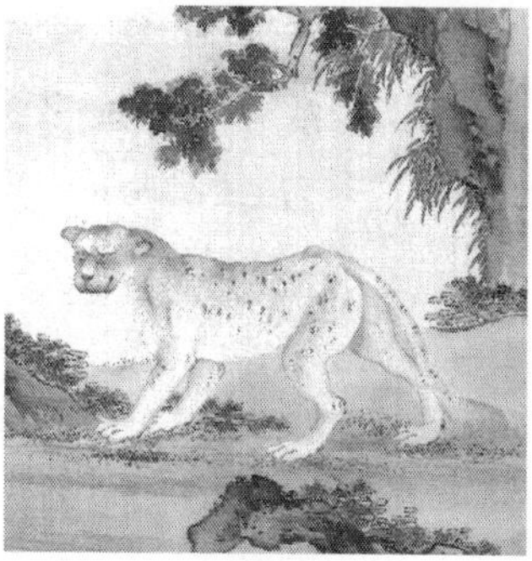

第四幅	獥狪	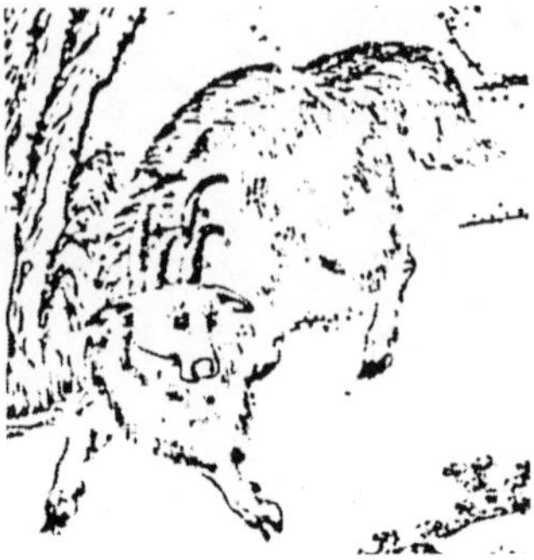	獥狪	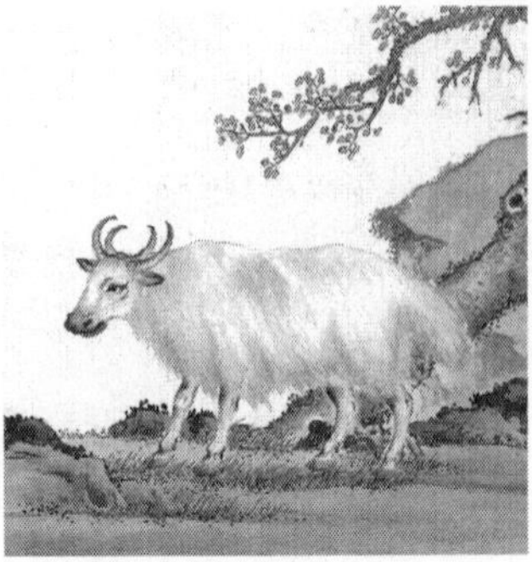
第五幅	讙	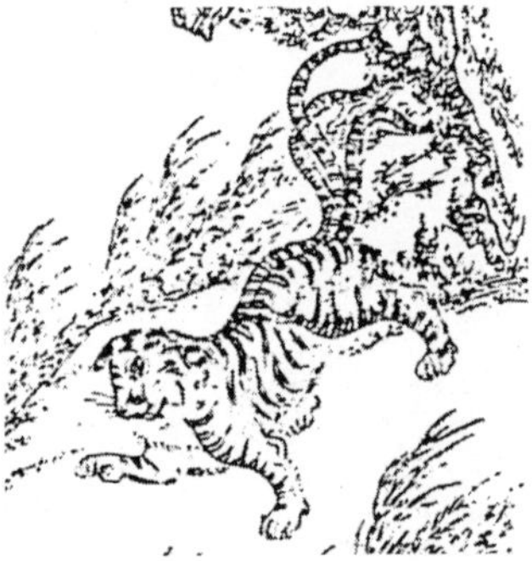	讙	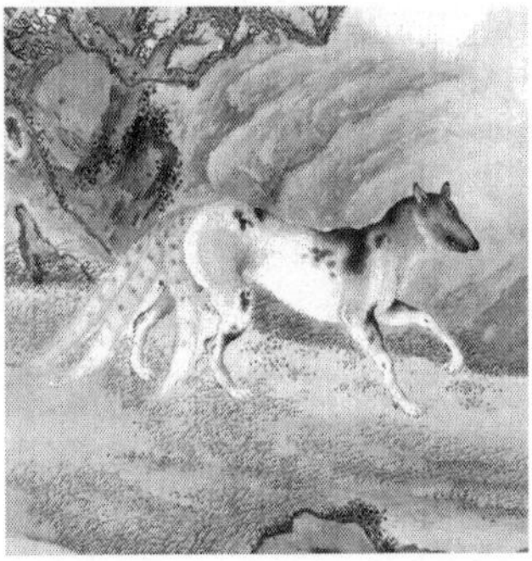
第六幅	蠻蠻	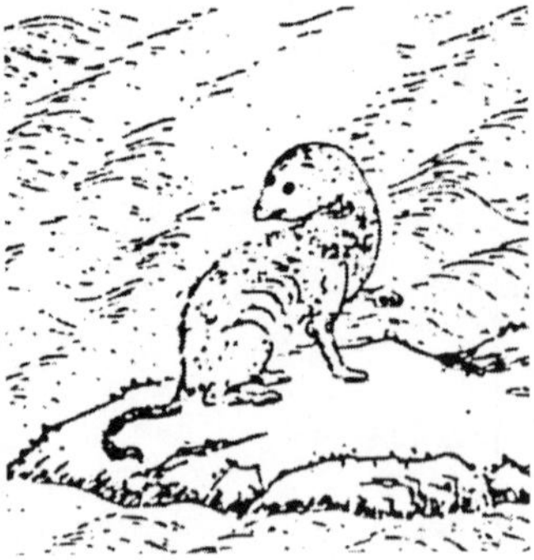	蠻蠻	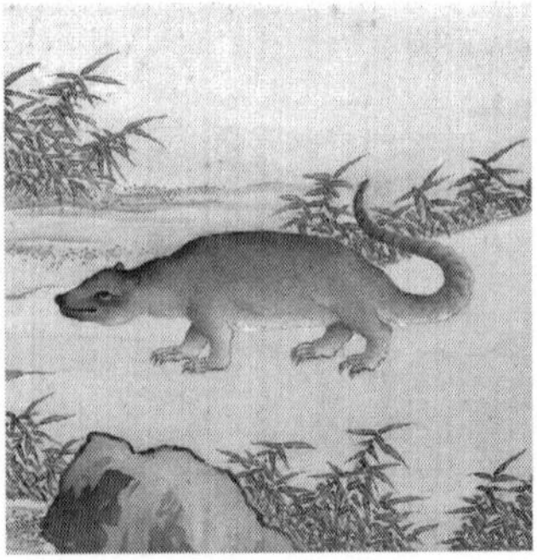

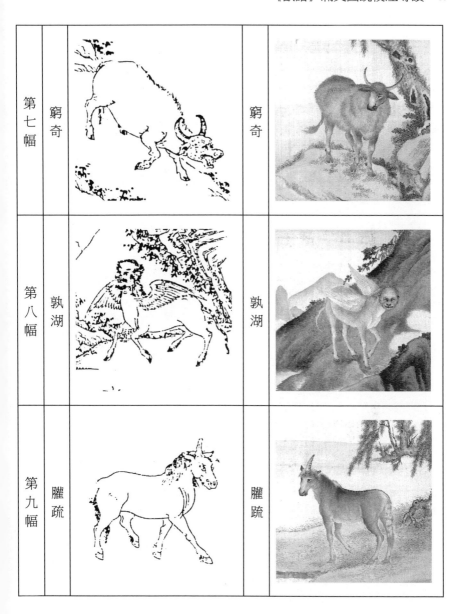

第七幅	窮奇	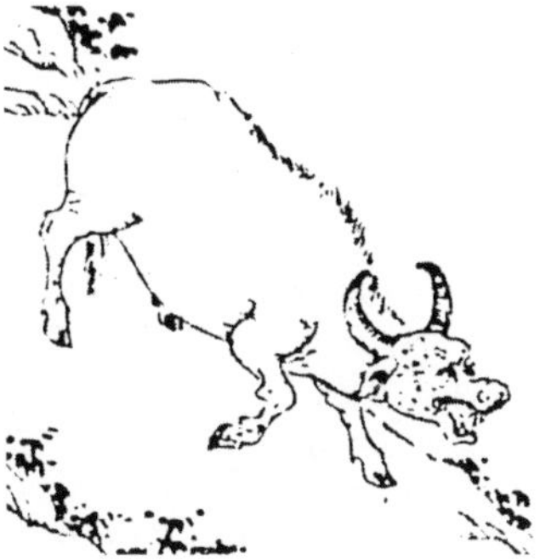	窮奇	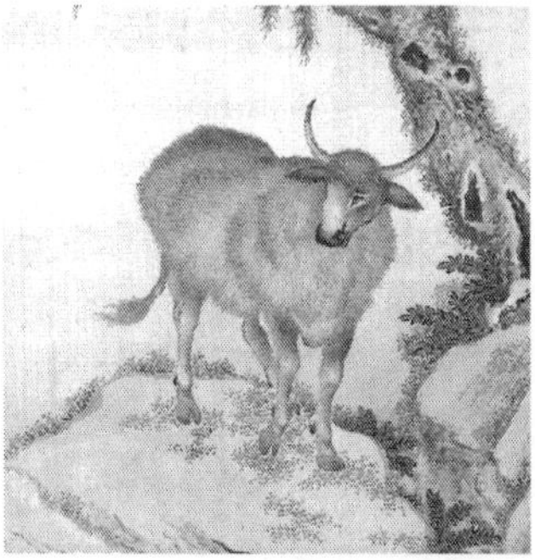
第八幅	孰湖	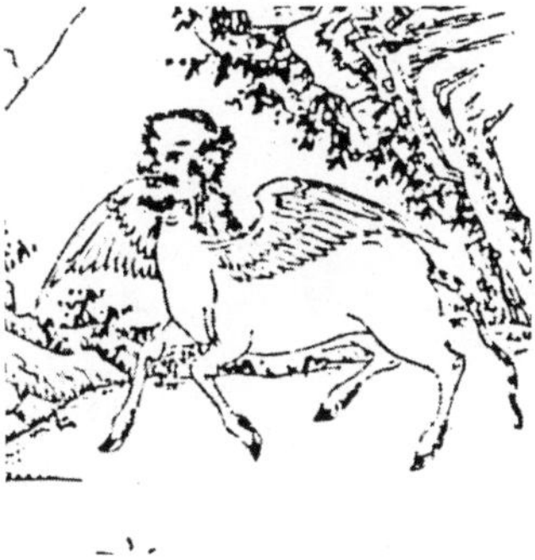	孰湖	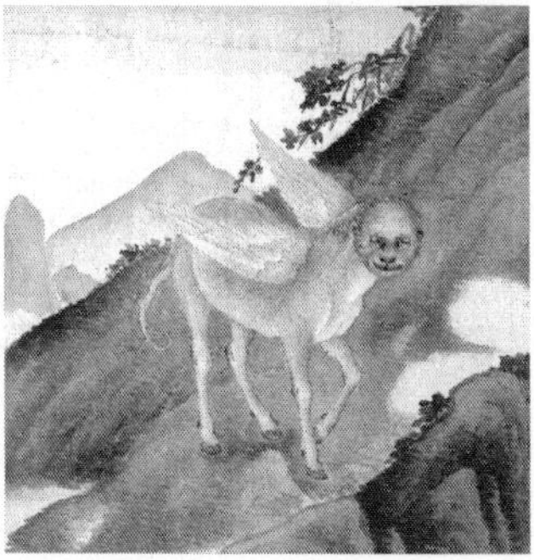
第九幅	臛疏	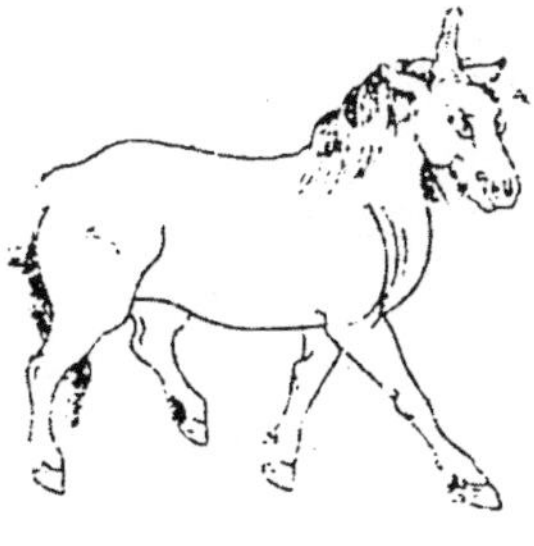	臛疏	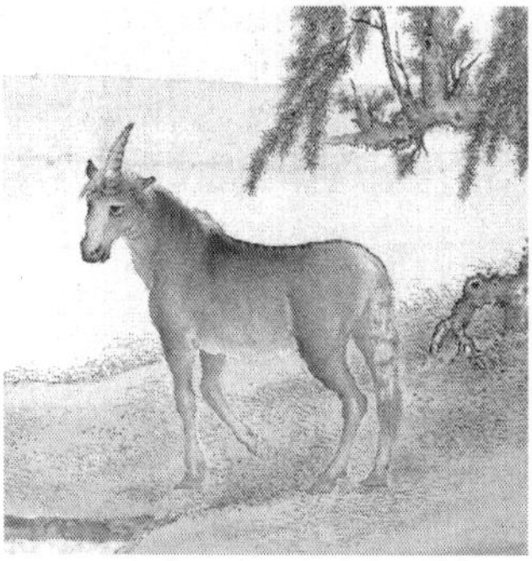

第十幅	孟槐	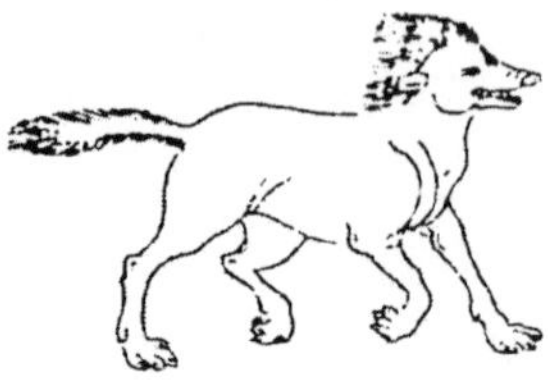	孟槐	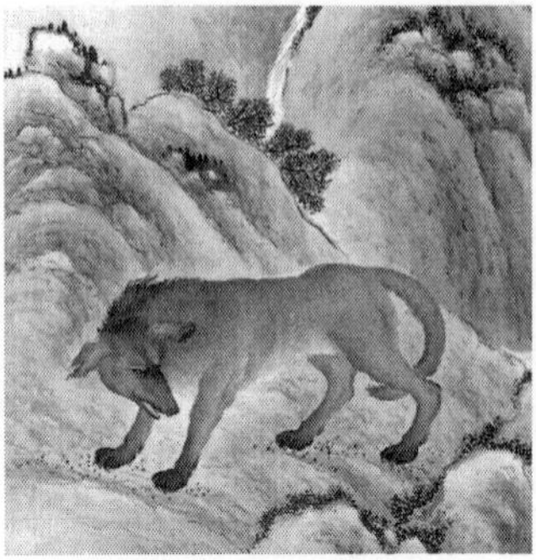
第十一幅	孟極	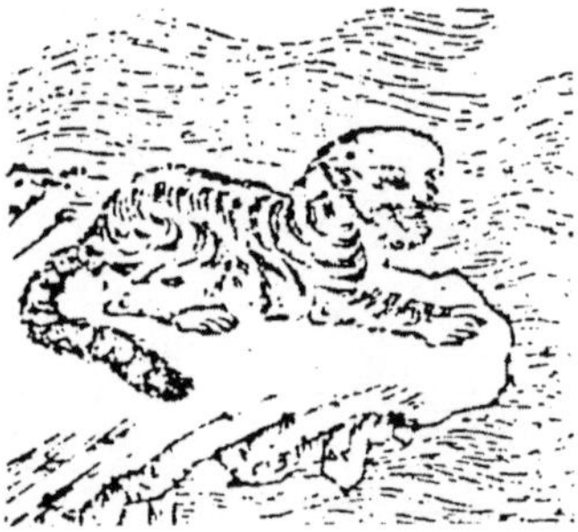	孟極	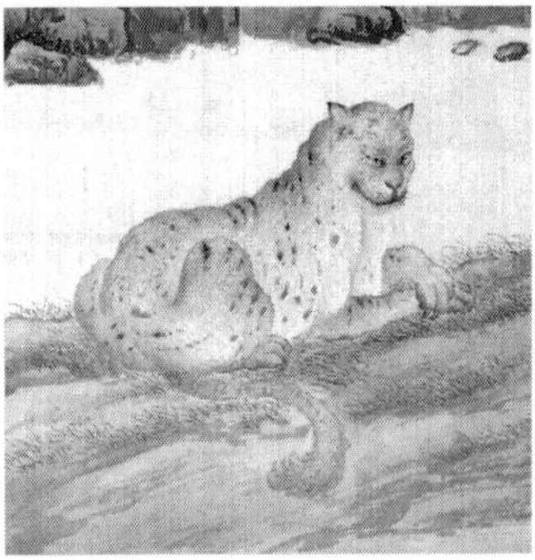
第十二幅	幽頞	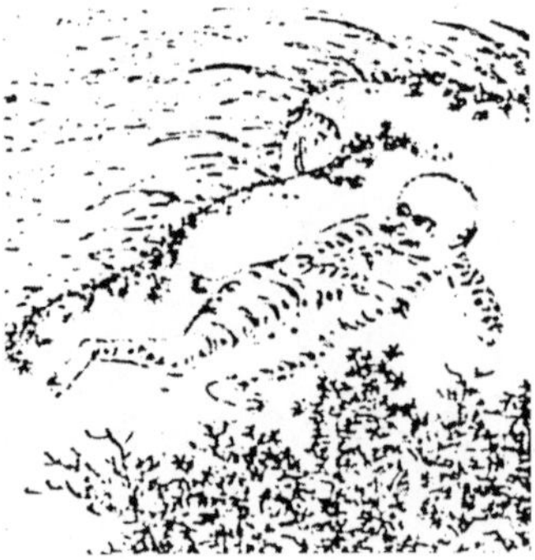	幽頞	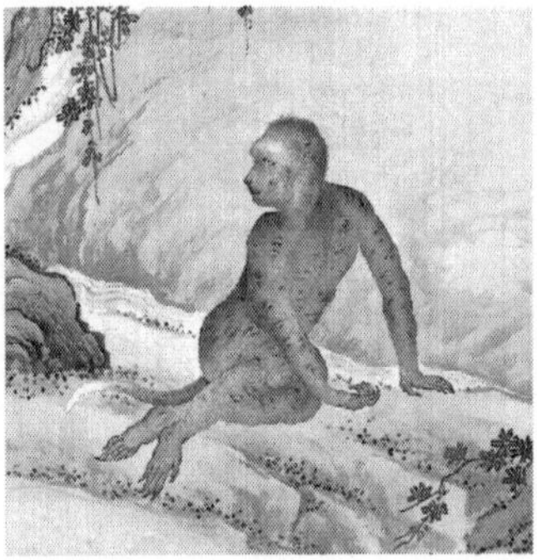

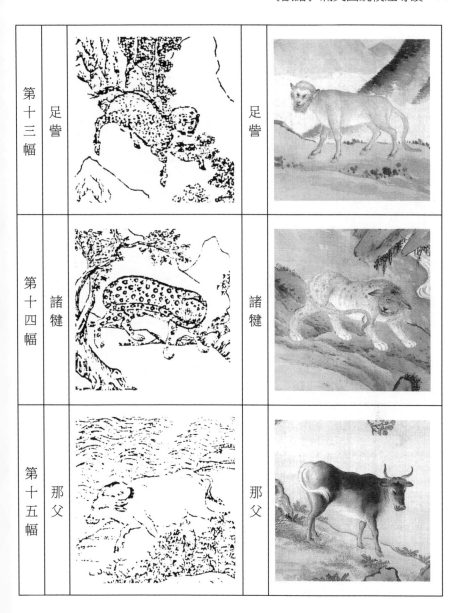

第十三幅	足訾	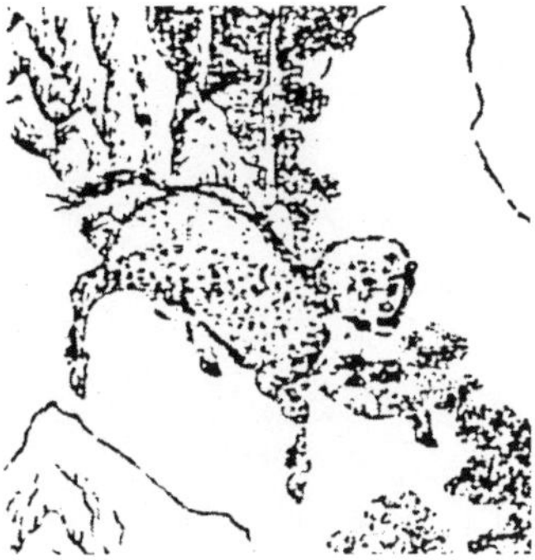	足訾	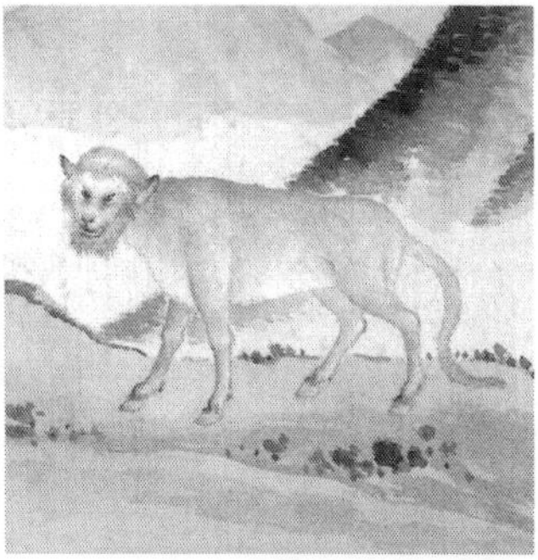
第十四幅	諸犍	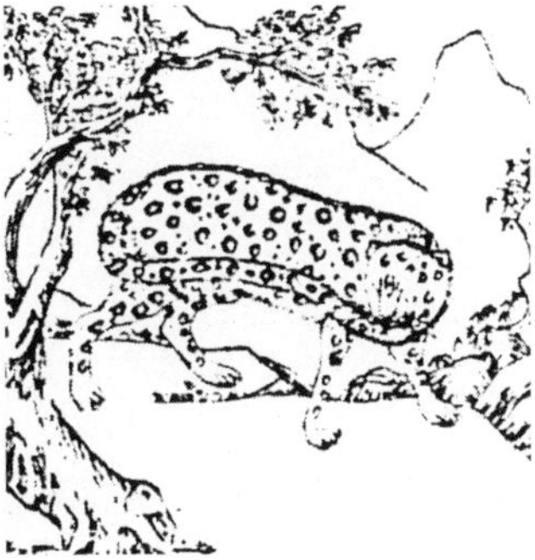	諸犍	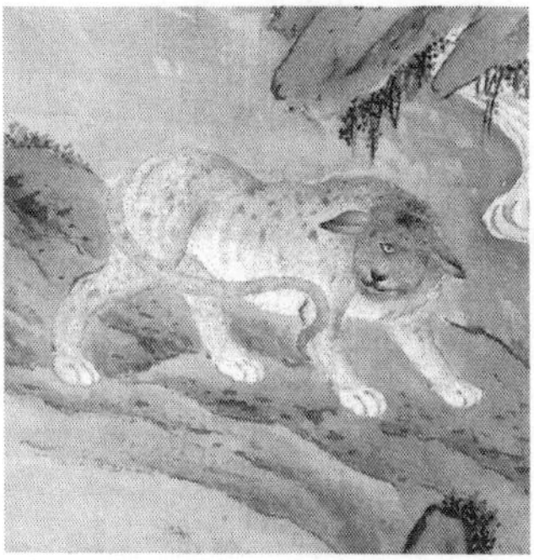
第十五幅	那父	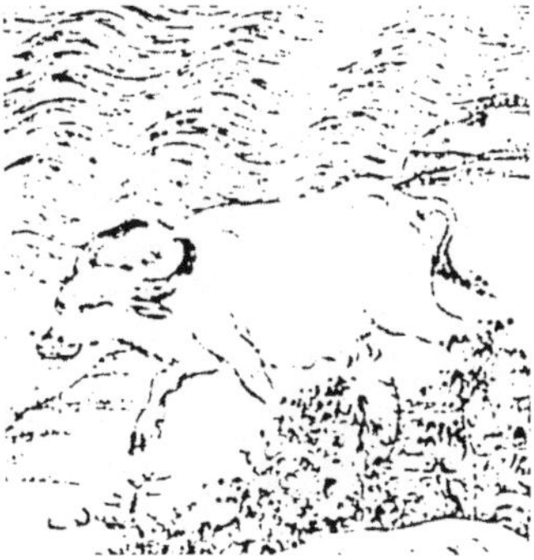	那父	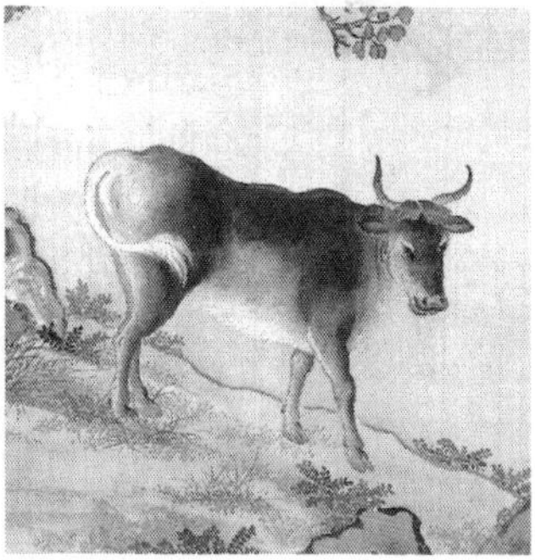

第十六幅	窫窳	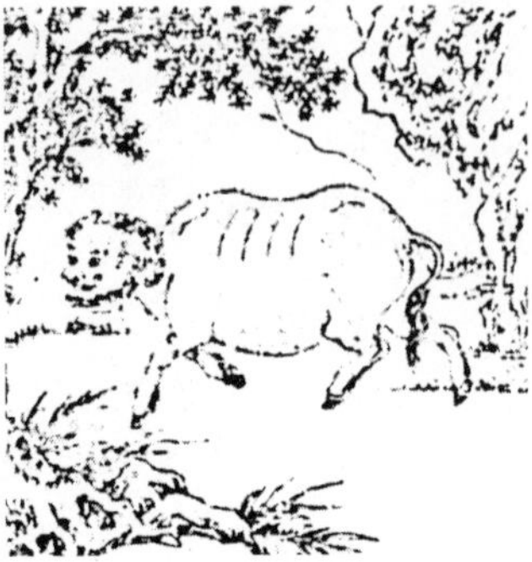	窫窳	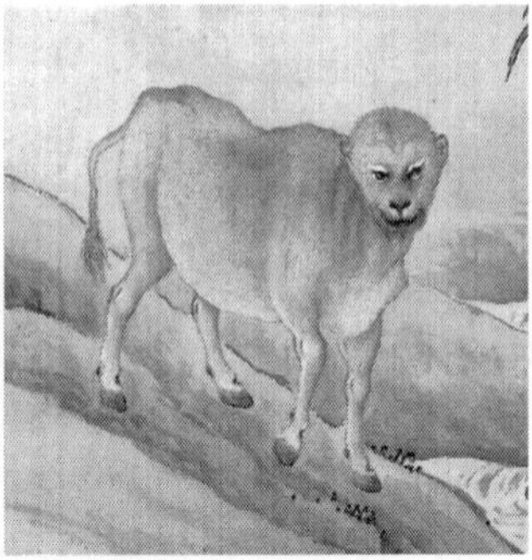
第十七幅	諸懷	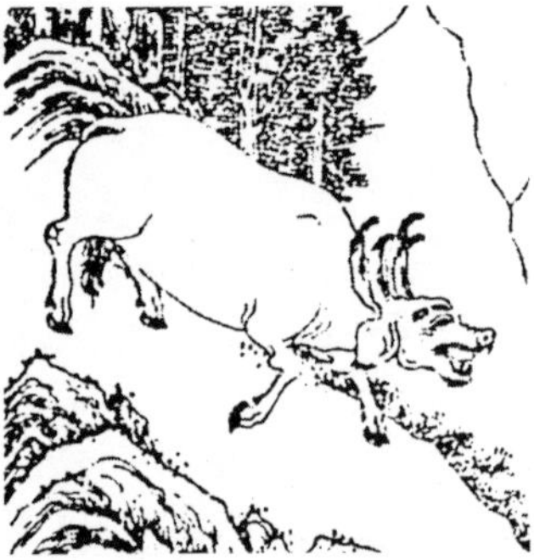	諸懷	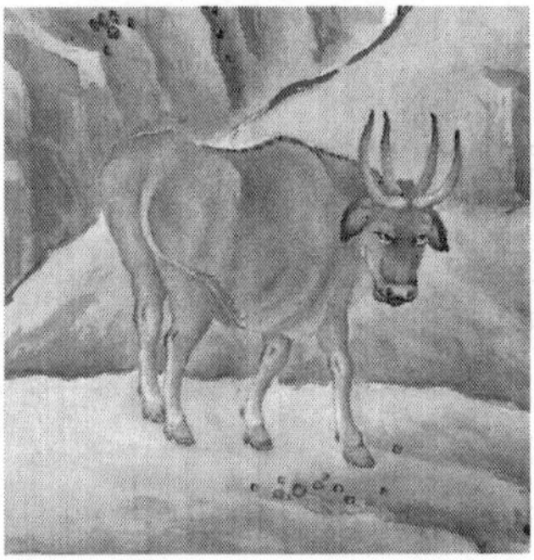
第十八幅	狕	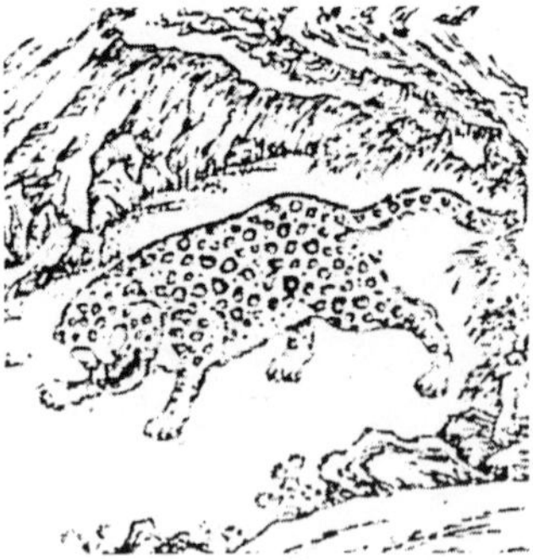	狕	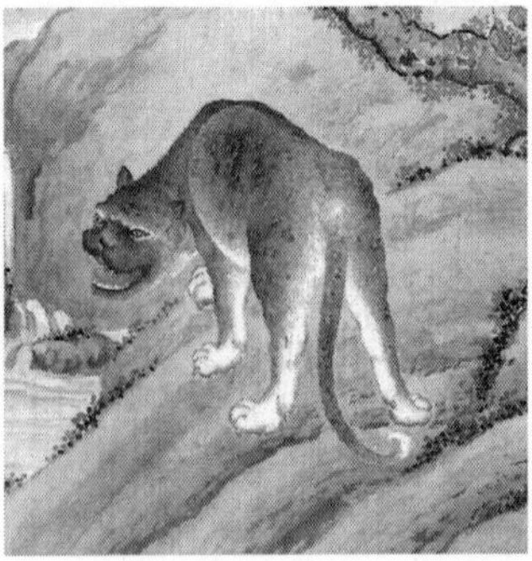

第十九幅	閭	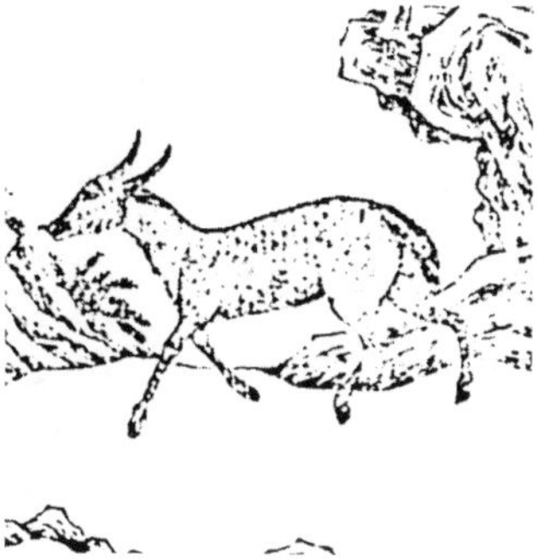	閭	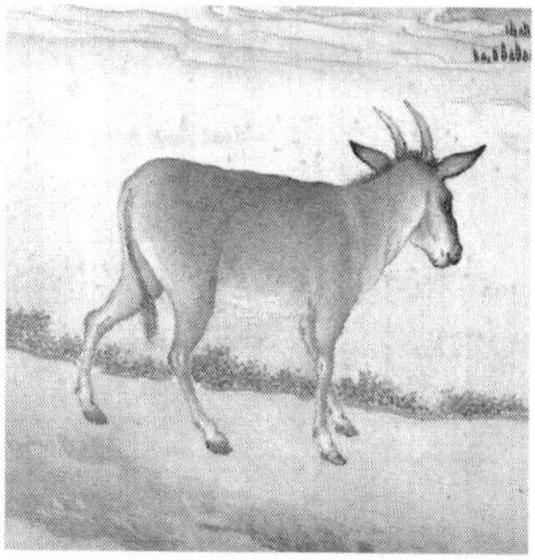
第二十幅	騂馬	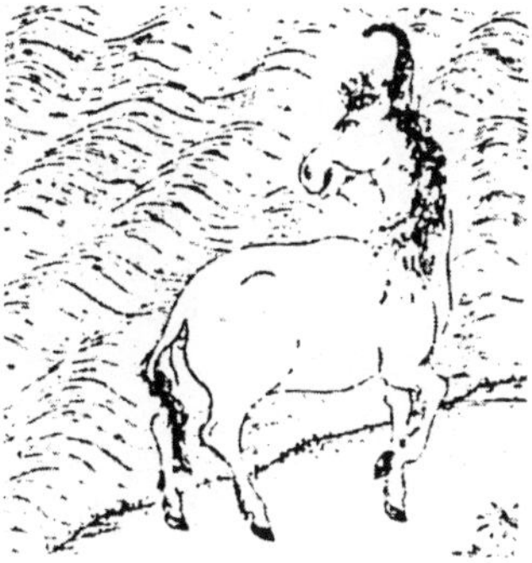	騂馬	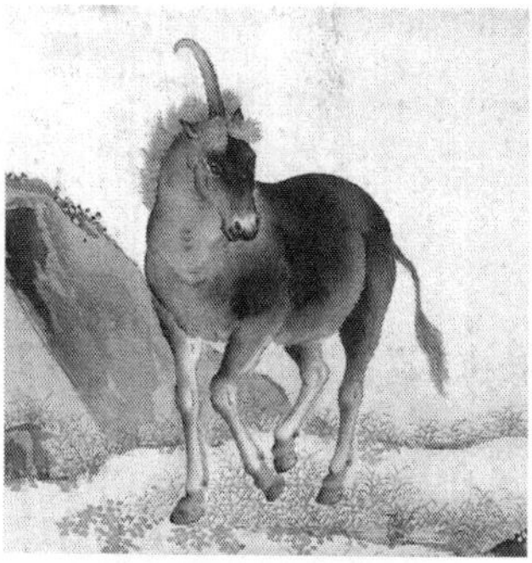
第二十一幅	狍鴞	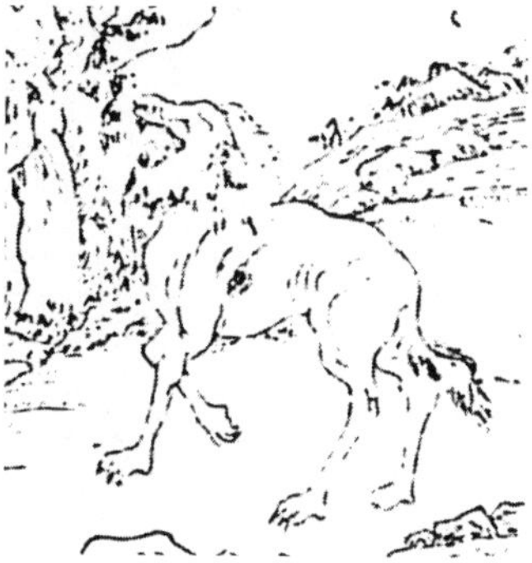	狍鴞	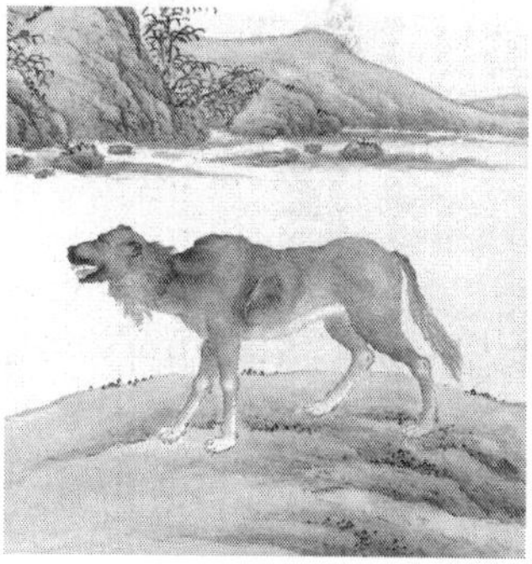

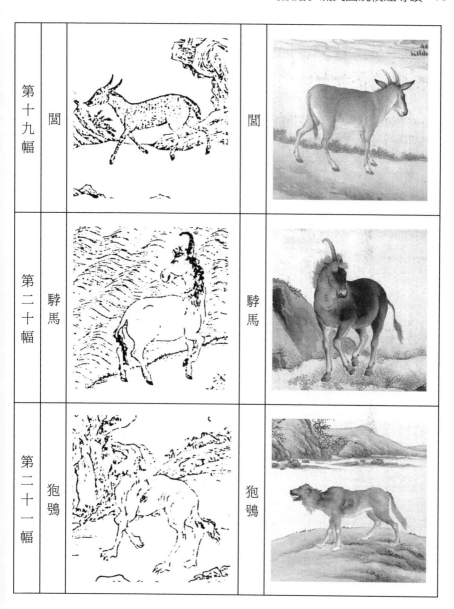

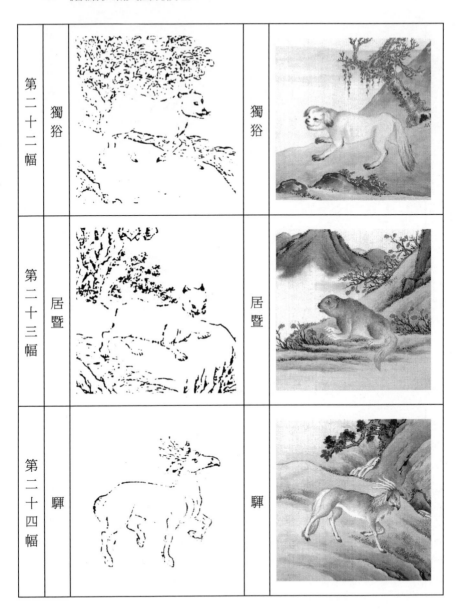

第二十二幅	獨狢	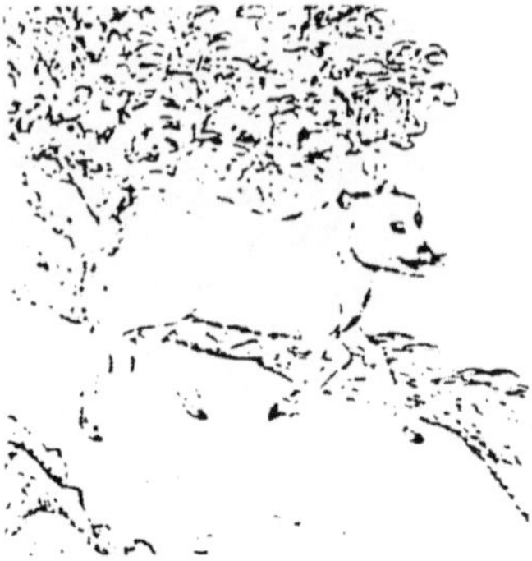	獨狢	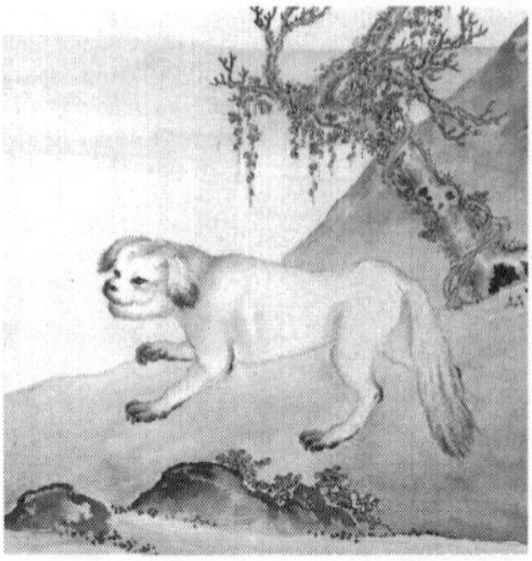
第二十三幅	居暨	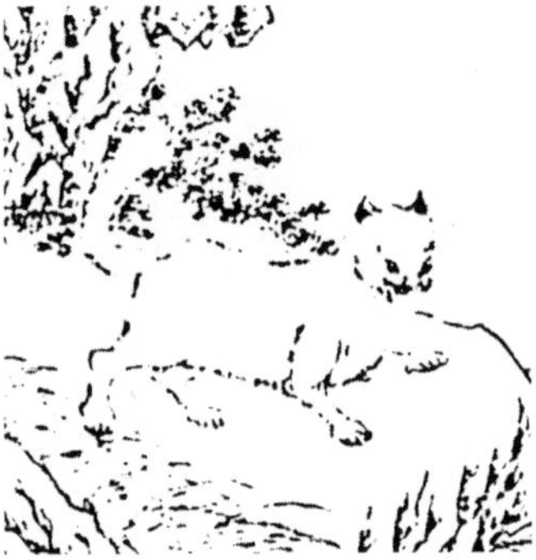	居暨	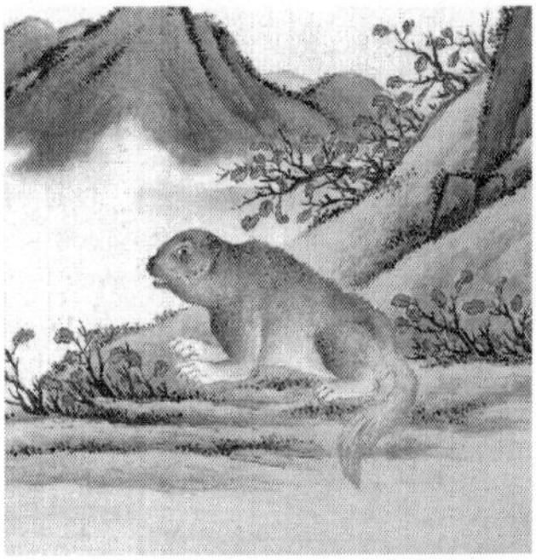
第二十四幅	驔	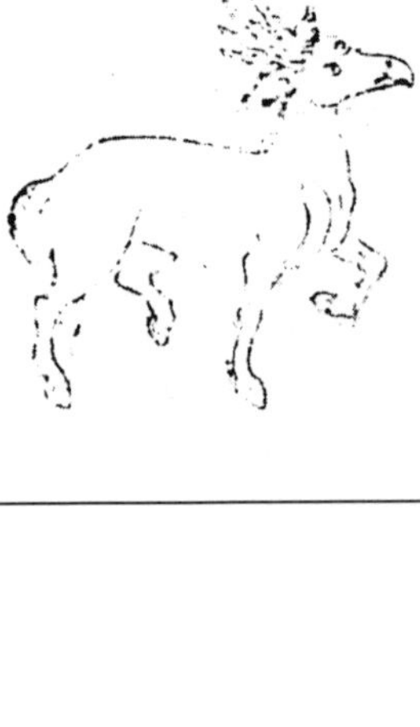	驔	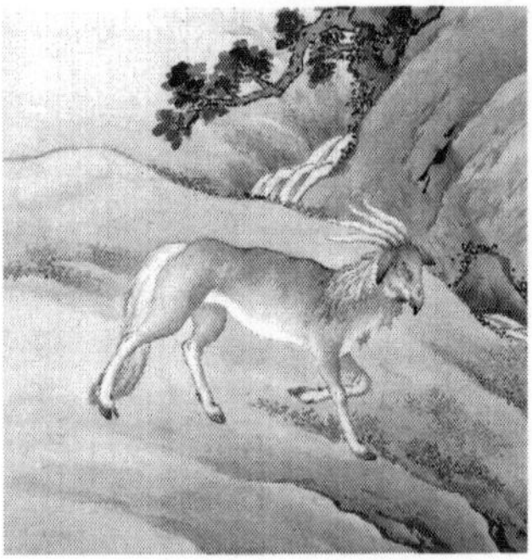

第二十五幅	天馬	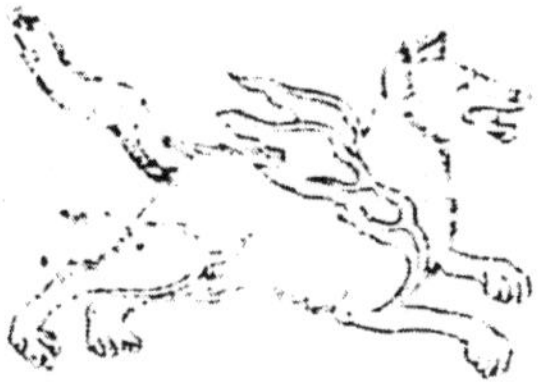	天馬	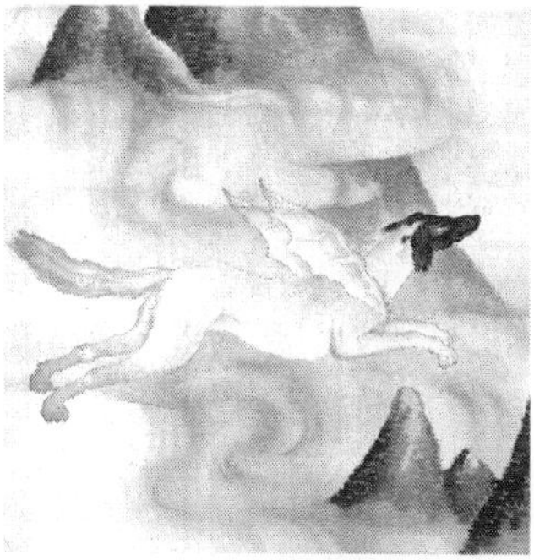
第二十六幅	領胡	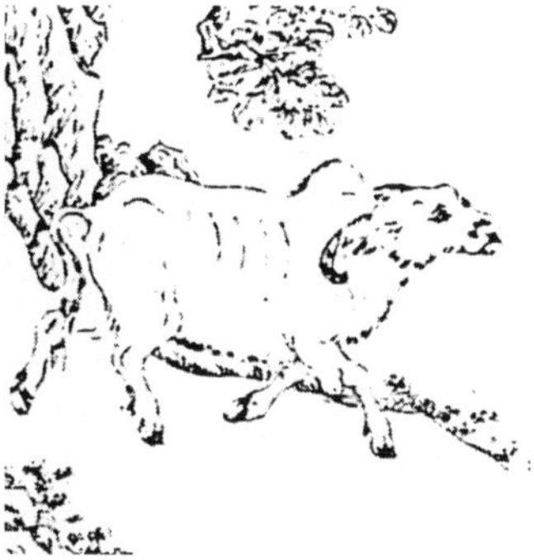	領胡	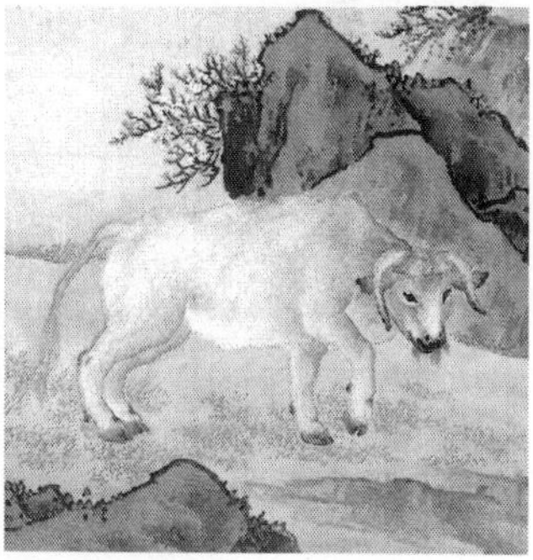
第二十七幅	辣辣	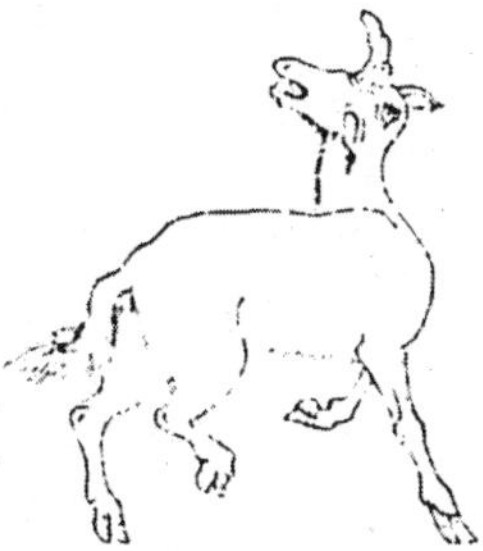	辣辣	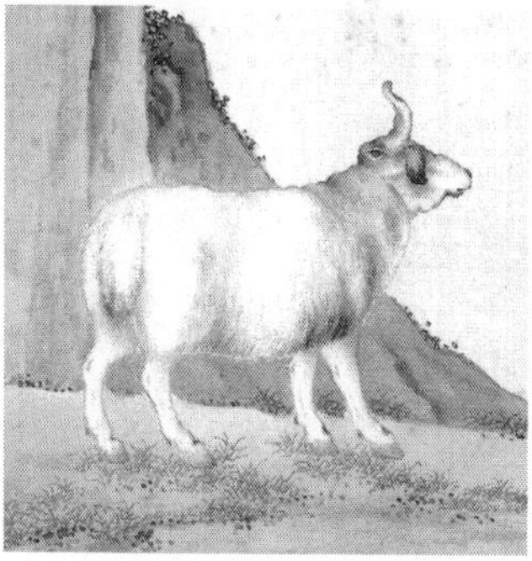

第二十八幅	獂	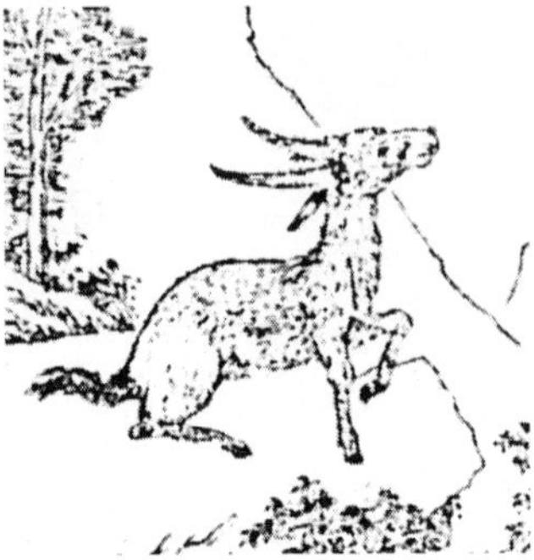	獂	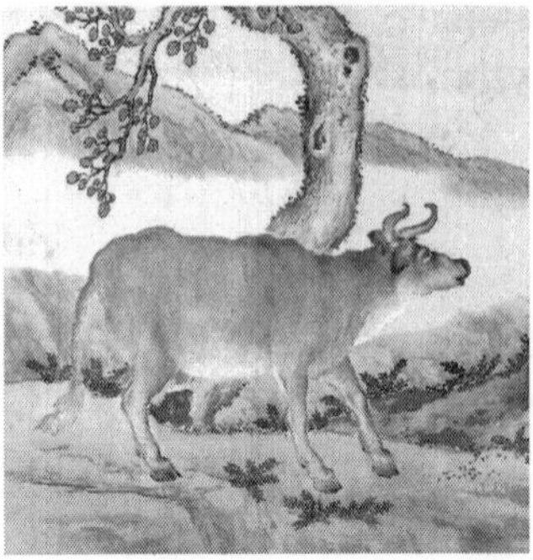
第二十九幅	雙雙	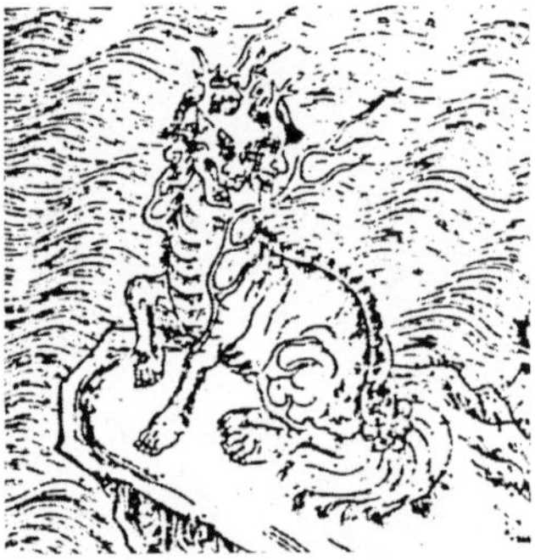	雙雙	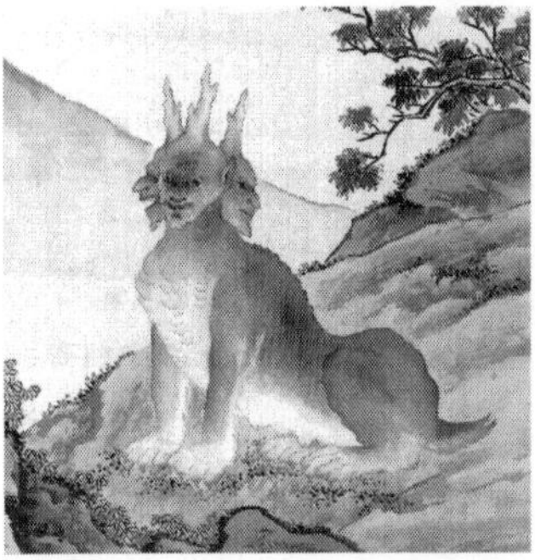
第三十幅	從從	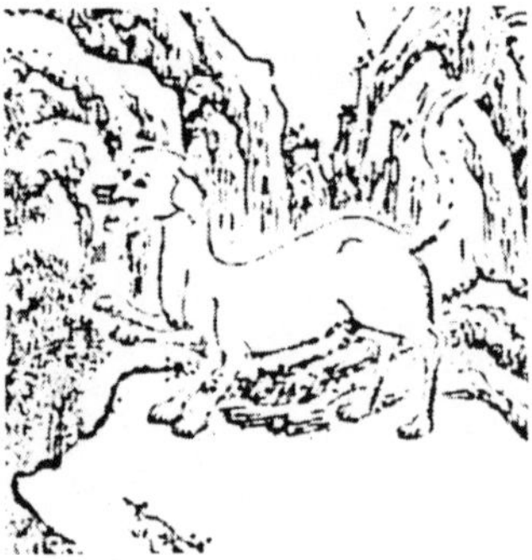	從從	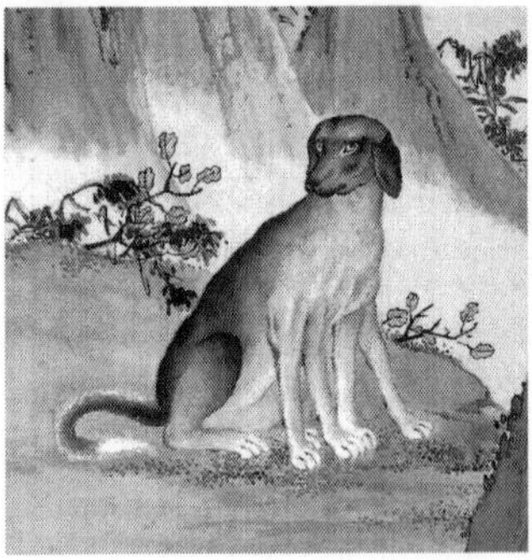

前列對照表中，《獸譜》第四冊，第一幅「狡」，其形與聲，皆如犬而豹紋，角如牛，與《古今圖書集成》原圖形相近似。第二幅「猙」，似赤豹，五尾，一角，與《古今圖書集成》原圖形相近似。第三幅「天狗」，狀如狸而白首，與《古今圖書集成》原圖形相稍異。第四幅「獓㹙」，狀如白牛，四角，其毫如披蓑，與《古今圖書集成》原圖形相近似。第五幅「讙」，狀如貍而三尾，一目在額。其形相，與《古今圖書集成》原圖略有差異。第六幅「蠻蠻」，鼠身而鼈首，與《古今圖書集成》原圖形相近似。第七幅「窮奇」，狀如牛，蝟毛，長尾，與《古今圖書集成》原圖形相近似。第八幅「孰湖」，馬身，鳥翼，人面，蛇尾，與《古今圖書集成》原圖形相近似。第九幅「臛疏」，狀如馬，一角，與《古今圖書集成》原圖形相近似。第十幅「孟槐」，如貆而赤毫，與《古今圖書集成》原圖形相近似。

《獸譜》第四冊，第十一幅「孟極」，狀如豹而花額，白身，與《古今圖書集成》原圖形相近似。第十二幅「幽頞」，似猴而花身，與《古今圖書集成》原圖形相近似。第十三幅「足訾」，狀如猴而有鬃，馬蹄，牛尾，與《古今圖書集成》原圖形相近似。第十四幅「諸犍」，狀似豹，長尾人首而牛耳，一目，與《古今圖書集成》原圖形相近似。第十五幅「那父」，狀如牛而白尾，與《古今圖書集成》原圖形相近似。第十六幅「窫窳」，狀如牛而赤，人面，馬足，與《古今圖書集成》原圖形相近似。第十七幅「諸懷」，狀如牛，四角，目如人，耳如彘，與《古今圖書集成》原圖形相近似。第十八幅「狕」，狀如豹，頭有斑紋，與《古今圖書集成》原圖形相近似。第十九幅「閭」，形如驢而歧蹄，角如羚羊，與《古今圖書集成》原圖形相近似。第二十幅「騂馬」，狀如馬而牛尾，與《古今圖書集成》原圖形相近似。

《獸譜》第四冊，第二十一幅「狍鴞」，羊身人面，虎齒人爪，目在腋下，與《古今圖書集成》原圖形相近似。第二十二幅「獨狢」，狀如虎而白身，馬尾彘鬣，與《古今圖書集成》原圖形相近似。第二十三幅「居暨」，似蝟而赤尾，與《古今圖集成》原圖形相稍異。第二十四幅「驒」，狀如羬羊而四角，馬尾，足有距，與《古今圖書集成》原圖形相近似。第二十五幅「天馬」，狀如白犬而黑頭，有肉翅，與《古今圖書集成》原圖形相近似。第二十六幅「領胡」，狀如牛而赤尾，其頸有駝峯，與《古今圖書集成》原圖形相近似。第二十七幅「辣辣」，狀如羊，一角，一目在耳後，與《古今圖書集成》原圖形相近似。第二十八幅「豲」，狀如牛，三足，與《古今圖書集成》原圖形相稍異。第二十九幅「雙雙」，三隻青獸合為一體，與《古今圖書集成》原圖形相近似。第三十幅「從從」，是一種六足獸，形如犬而長尾，其形相，與《古今圖書集成》原圖形相近似。

前列對照表中，《獸譜》第五冊，計三十幅，其名目依次為：狪狪、軨軨，犰狳、朱獳、獙獙、蠪姪、筱筱、嬰胡、精精、猲狙、當康、合窳、蜚、難、朏朏、蠪蚳、馬腹、夫諸、麐、犀渠、獅、山膏、文文、鼉圍、狏狼、獾和、獜、狙如、猴、豸即。為了便於比較其形相，可將《古今圖書集成》圖像與《獸譜》所摹寫圖像，逐幅影印並列於後。

《古今圖書集成》與《獸譜》圖像對照表（五）

	古今圖書集成		獸譜第五冊	
第一幅	狪狪	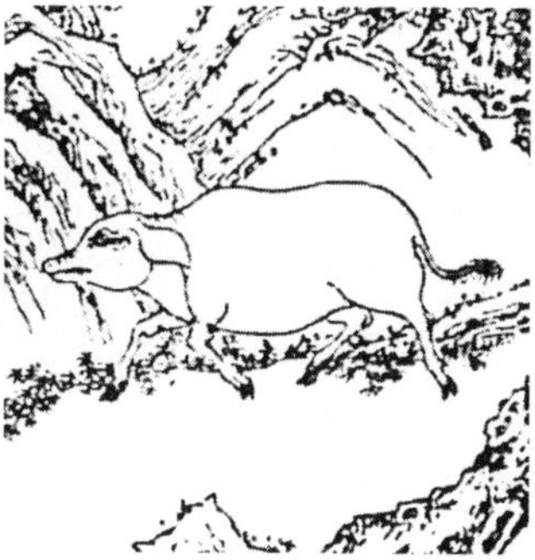	狪狪	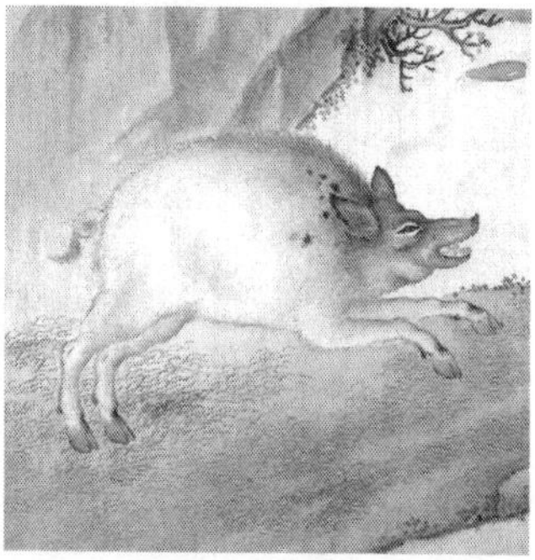
第二幅	軨軨	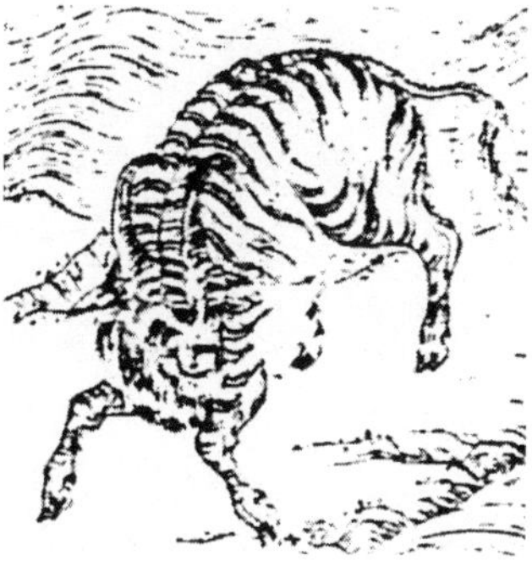	軨軨	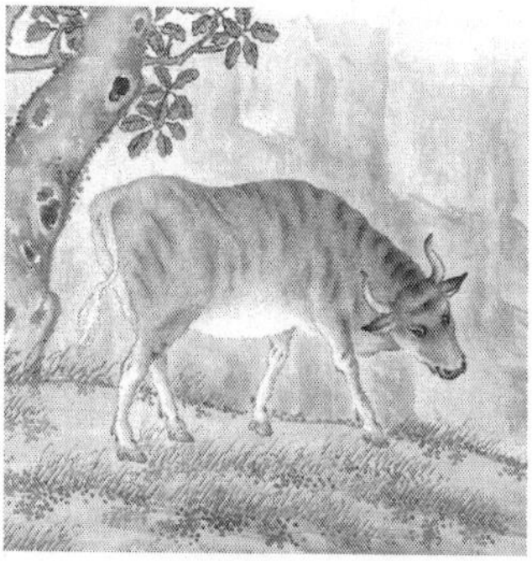
第三幅	犰狳	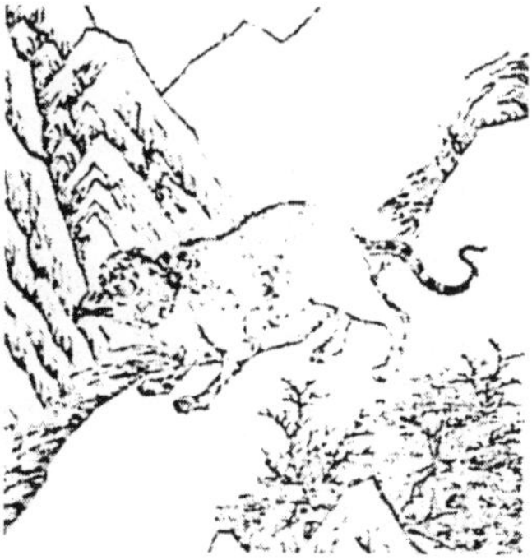	犰狳	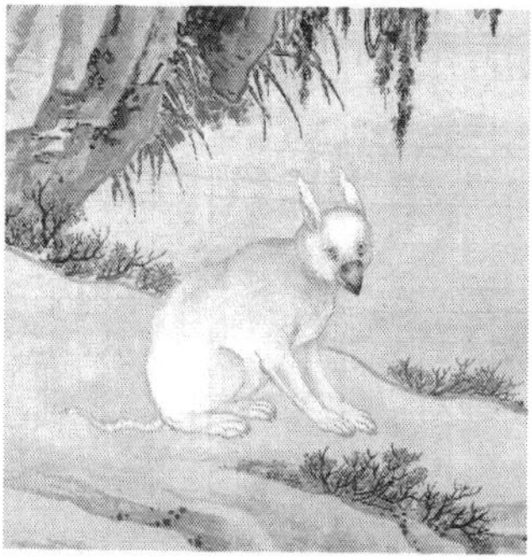

第四幅	朱獳	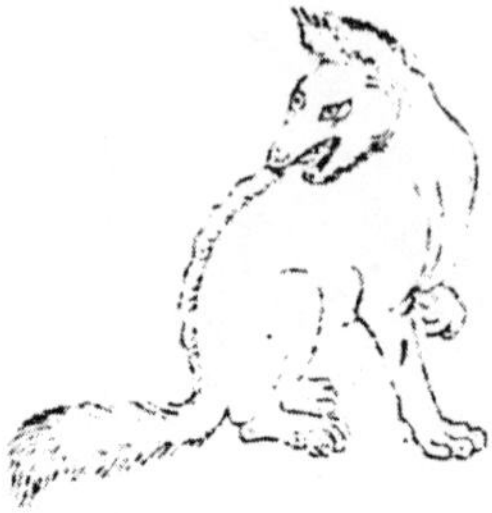	朱獳	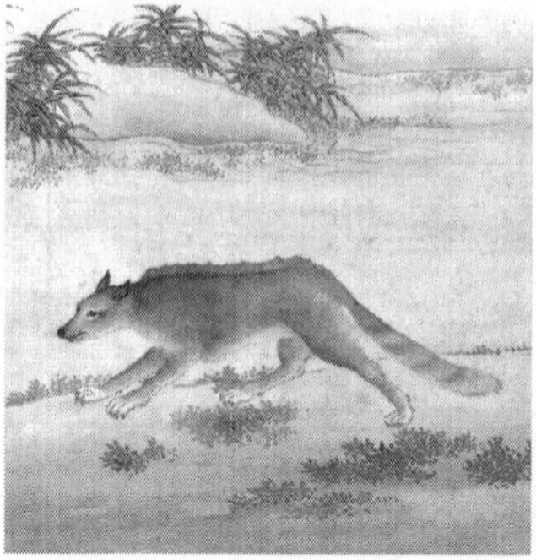
第五幅	獙獙	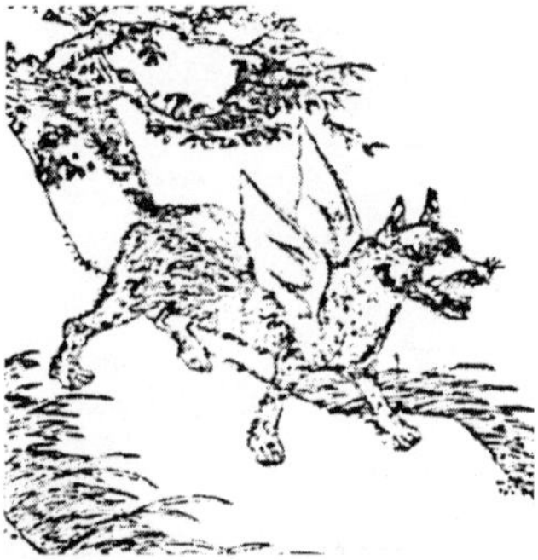	獙獙	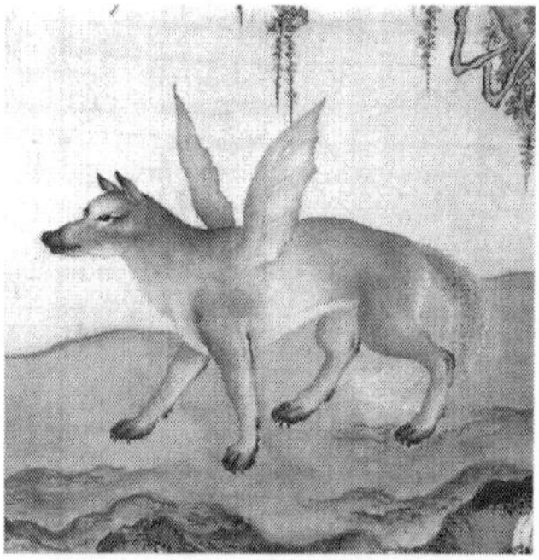
第六幅	蠪姪	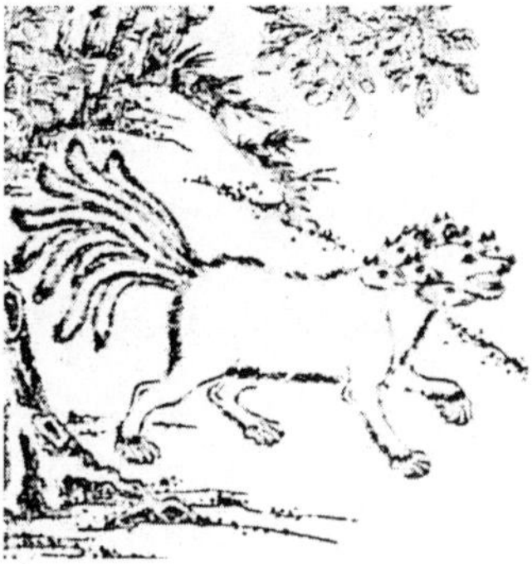	蠪姪	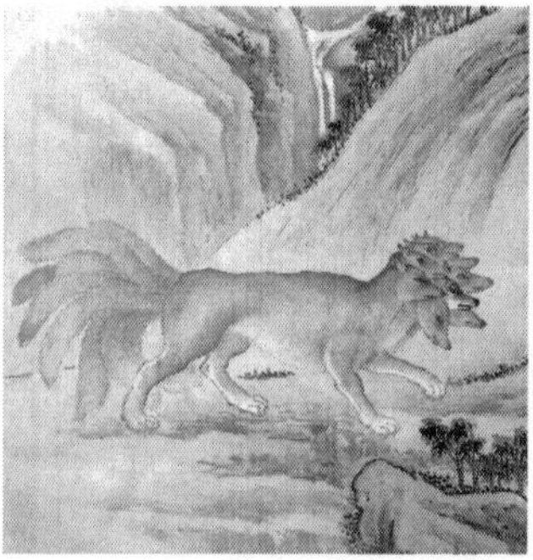

第七幅	袚袚	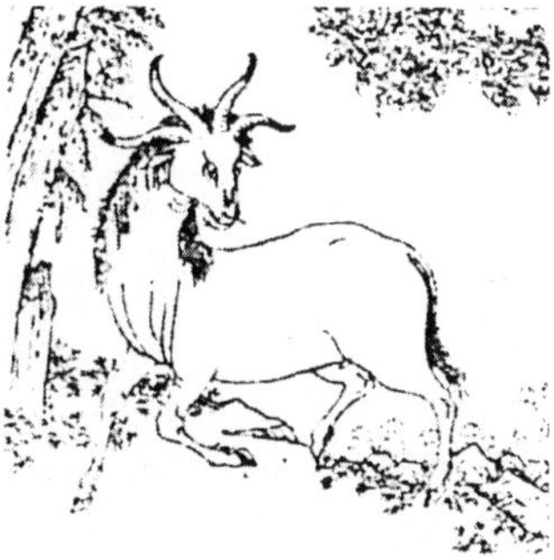	袚袚	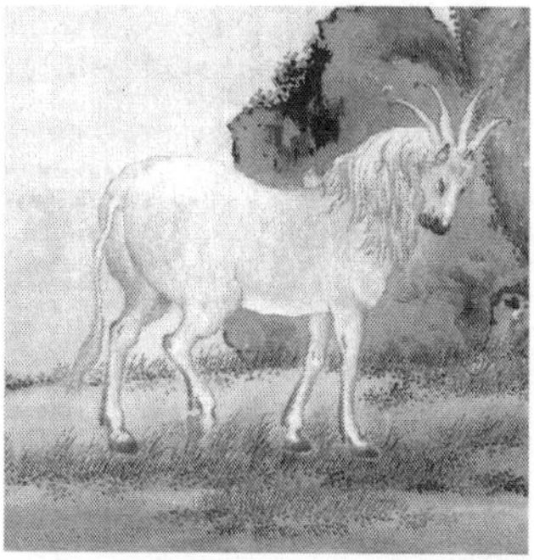
第八幅	婴胡	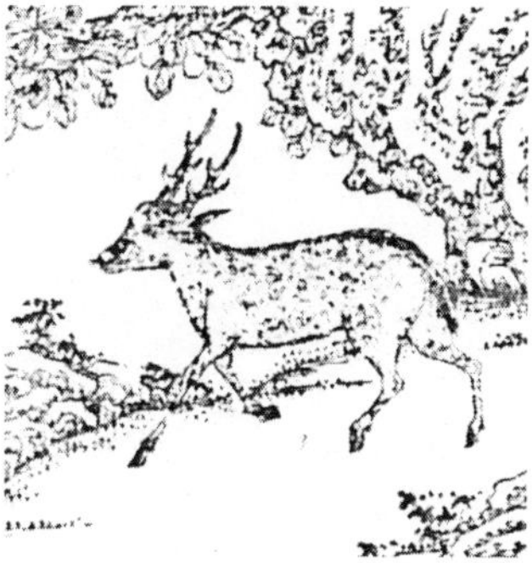	婴胡	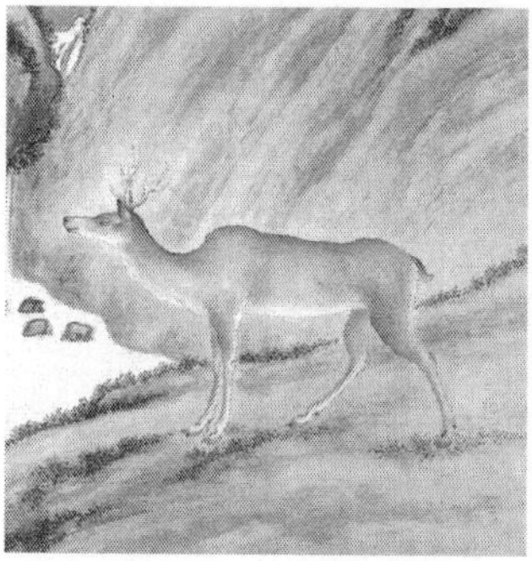
第九幅	精精	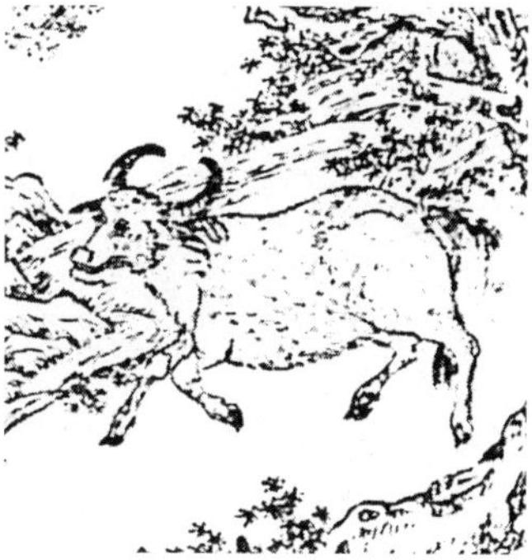	精精	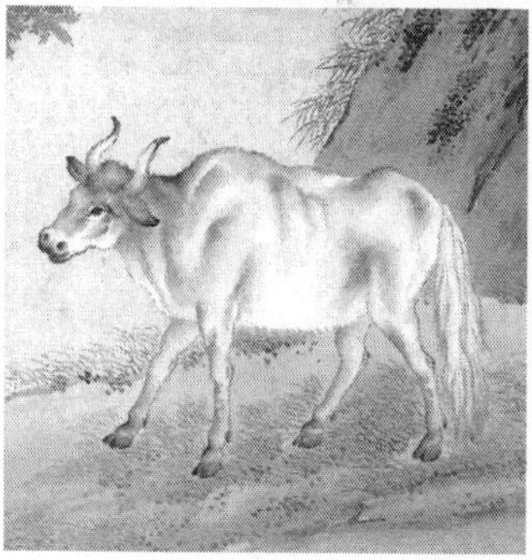

第十幅	猲狙	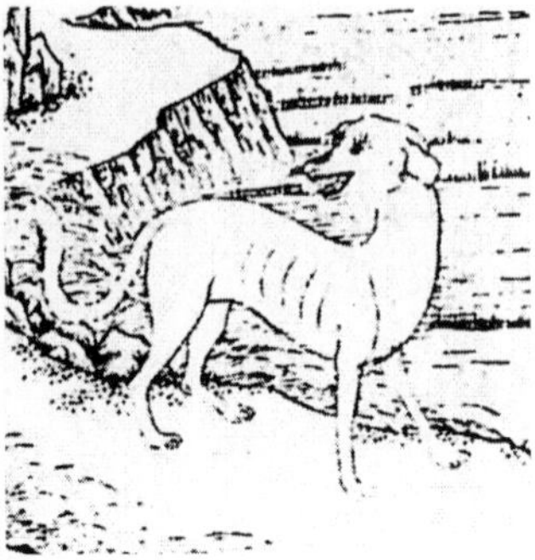	猲狙	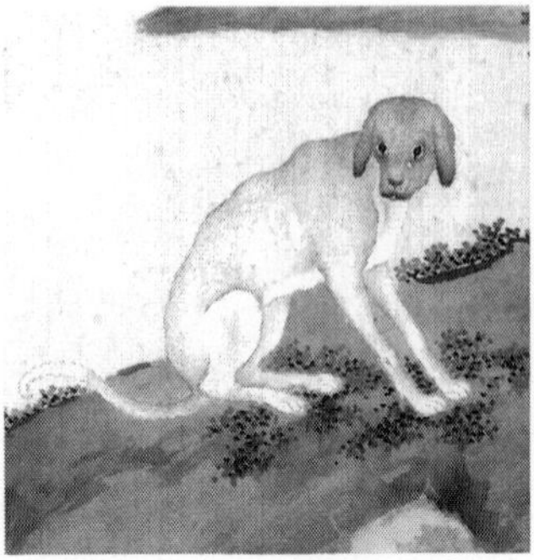
第十一幅	當康	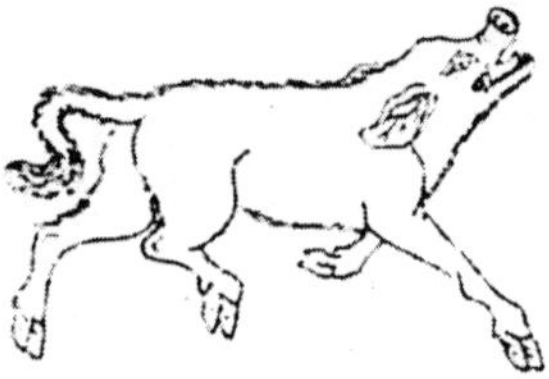	當康	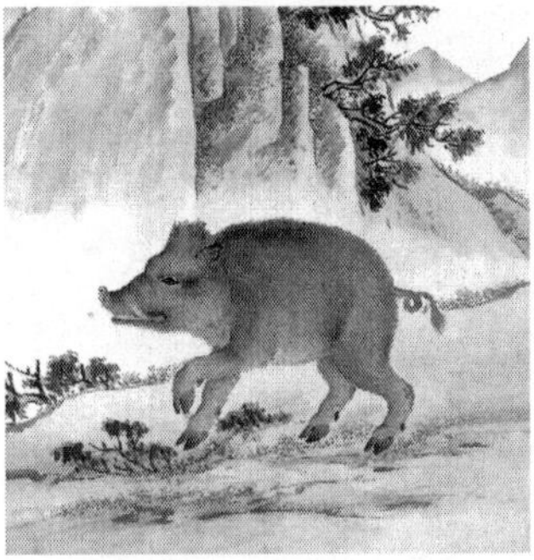
第十二幅	合窳	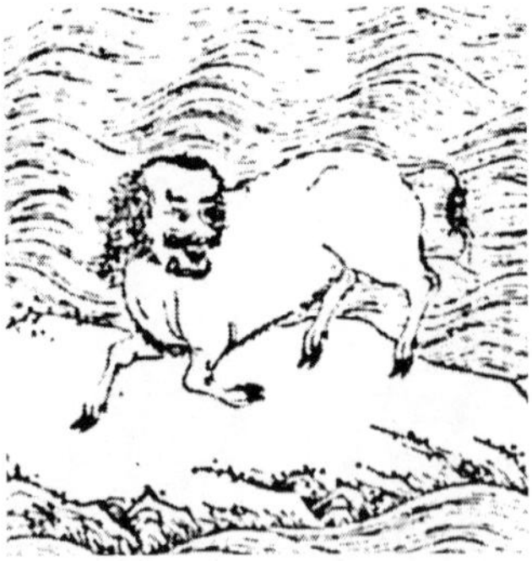	合窳	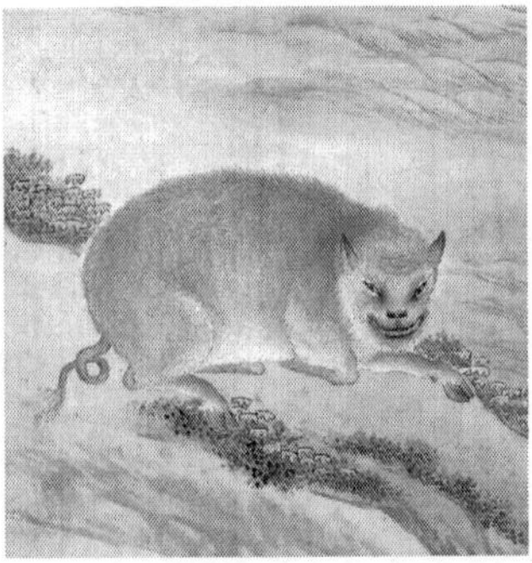

第十三幅	蜚	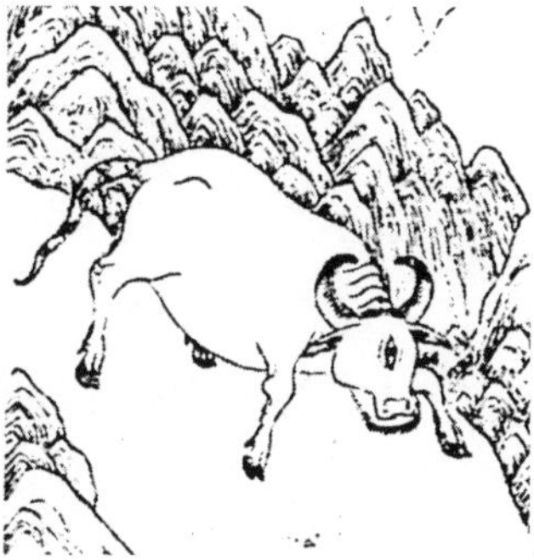	蜚	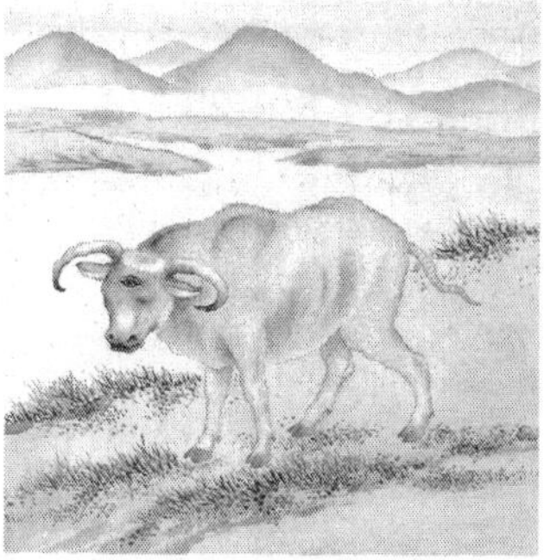
第十四幅	𪊨	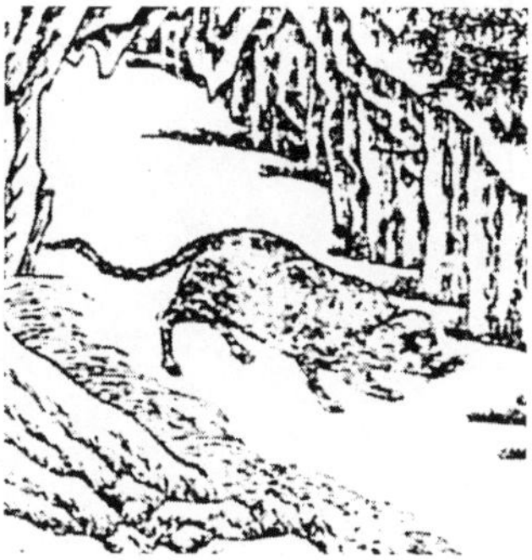	𪊨	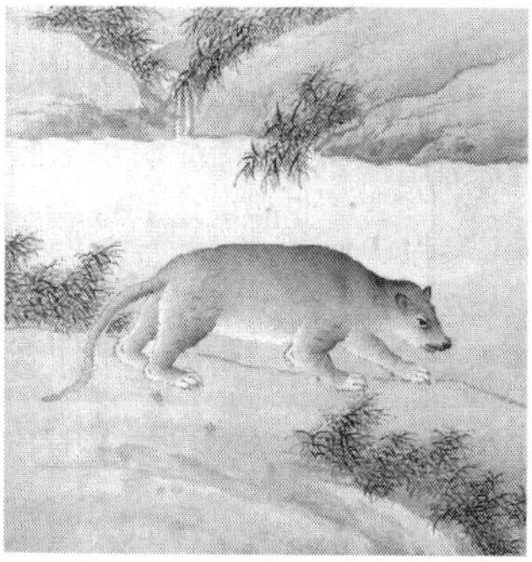
第十五幅	朏朏	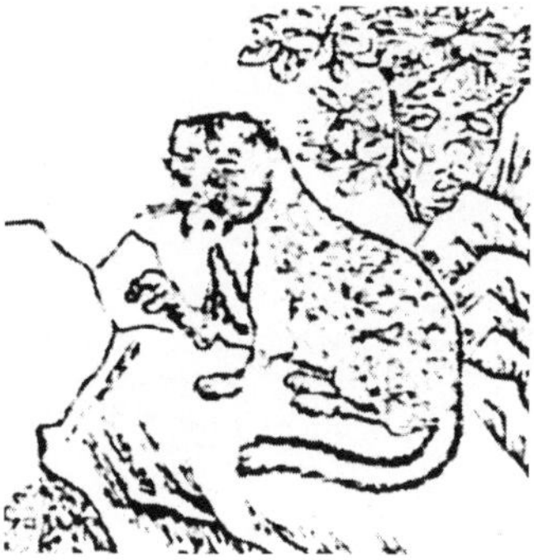	朏朏	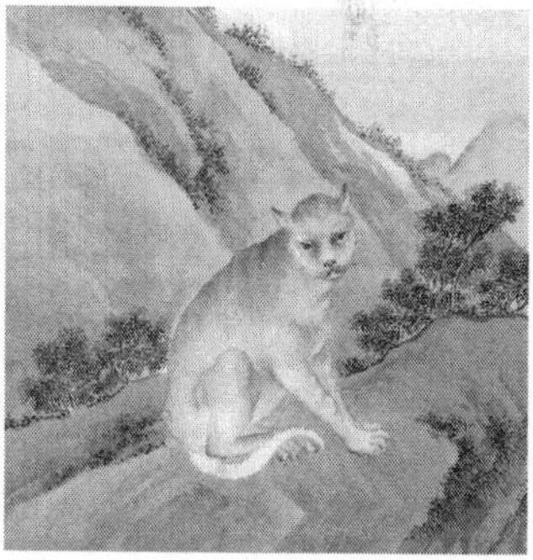

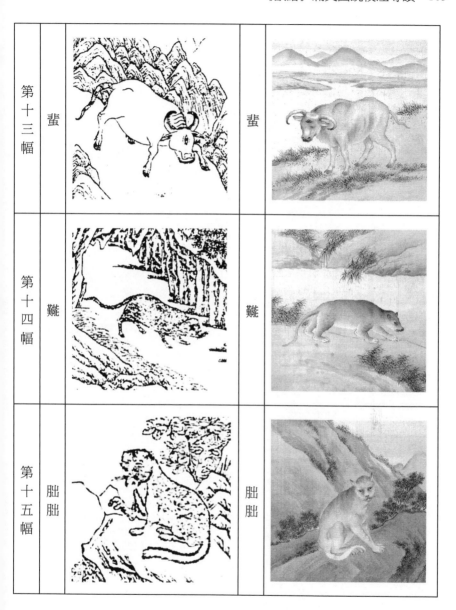

第十六幅	蠪蚳	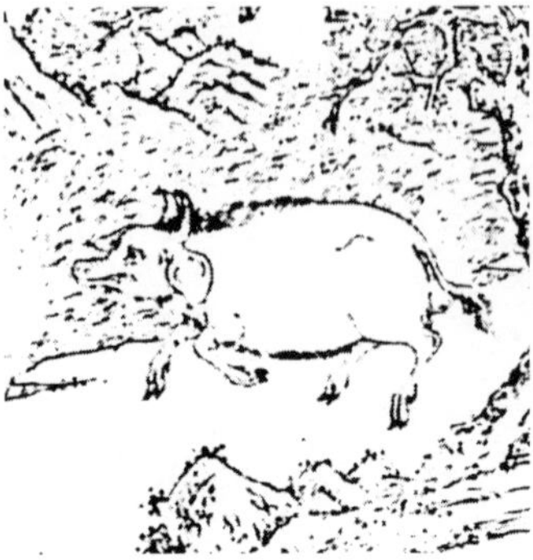	蠪蚳	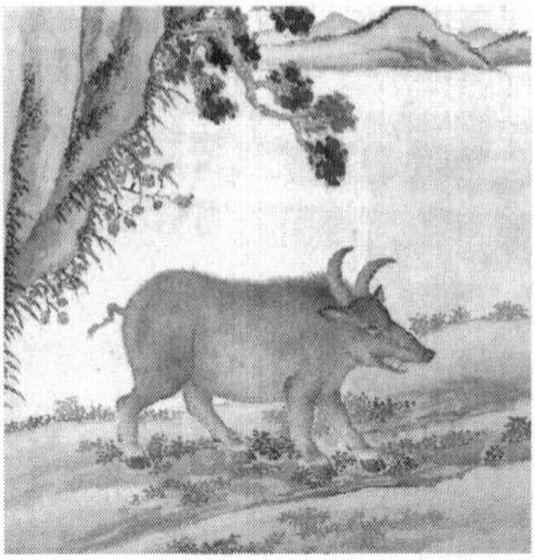
第十七幅	馬腹	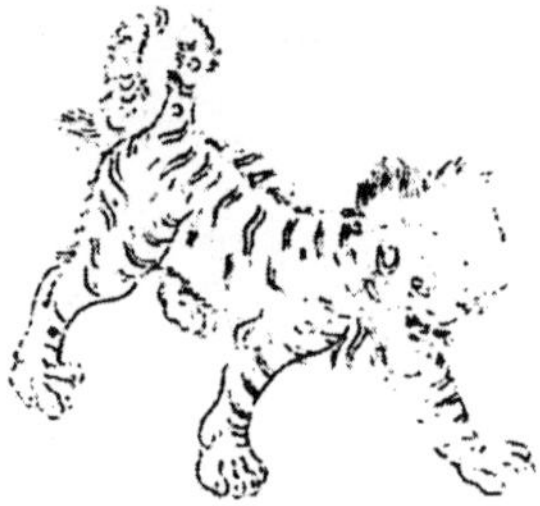	馬腹	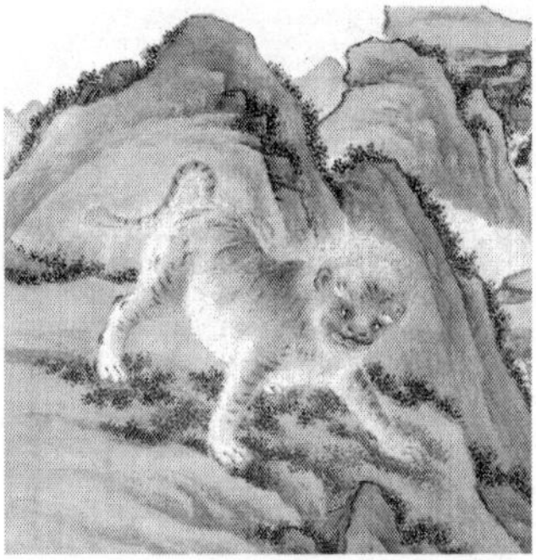
第十八幅	夫諸	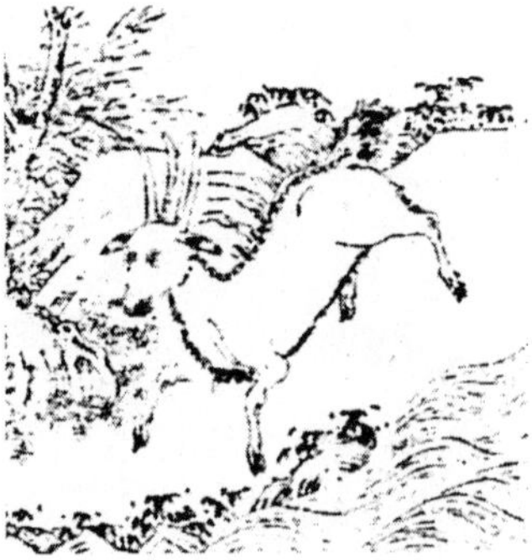	夫諸	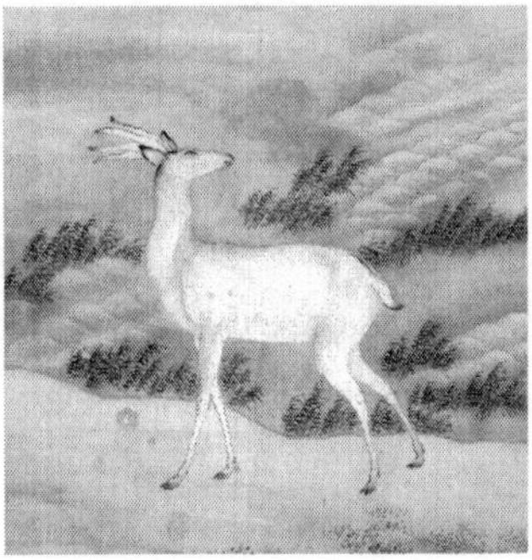

第十九幅	麐	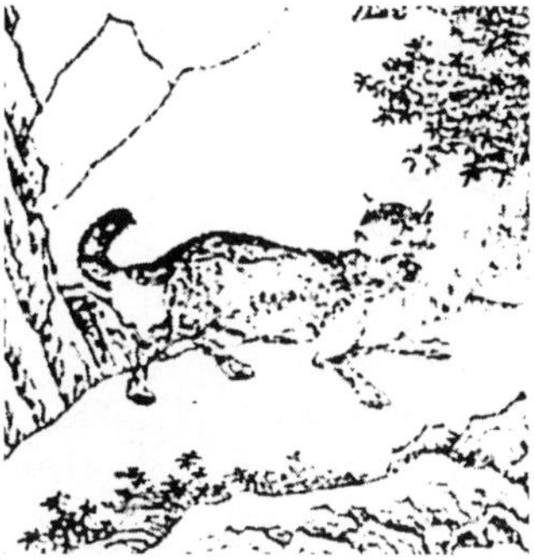	麐	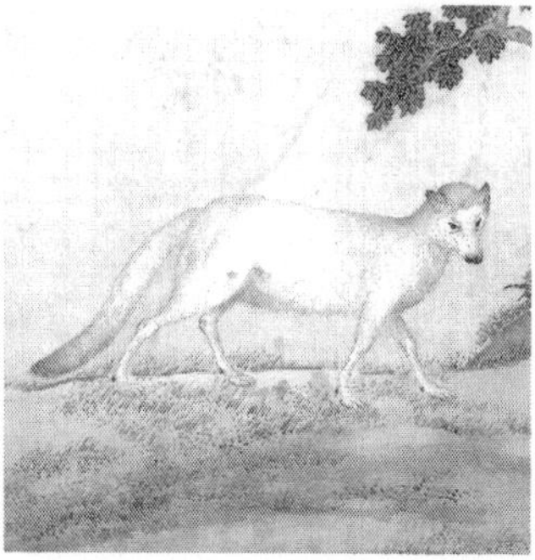
第二十幅	犀渠	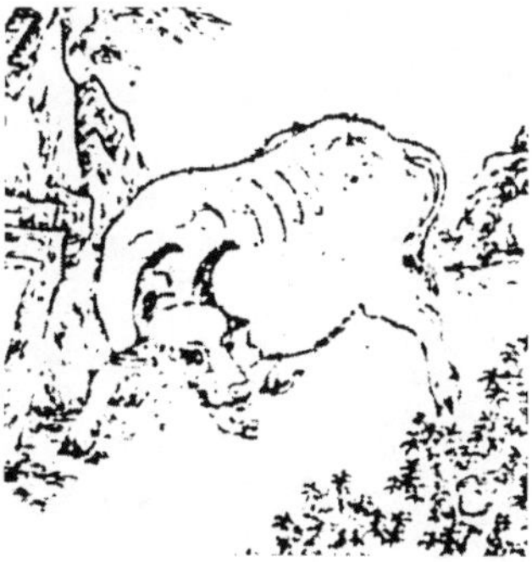	犀渠	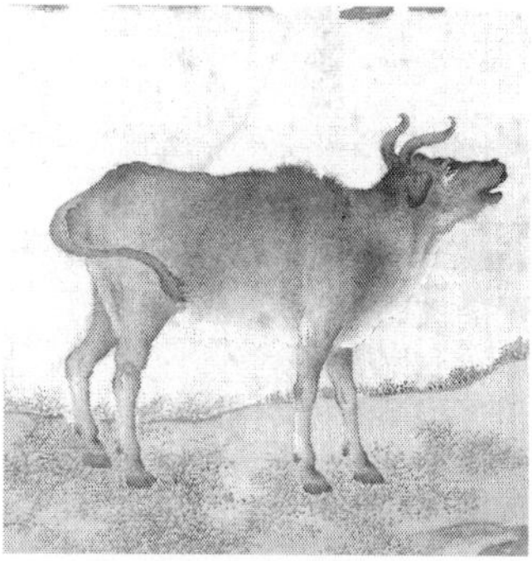
第二十一幅	獙	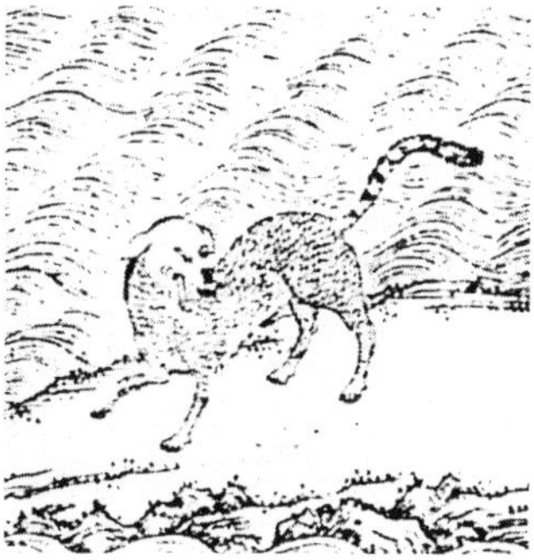	獙	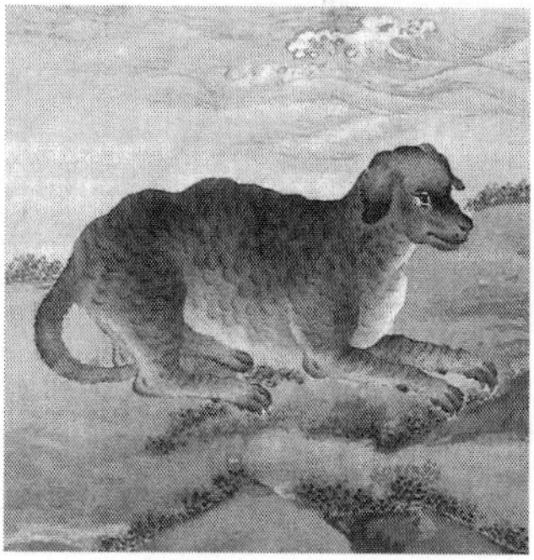

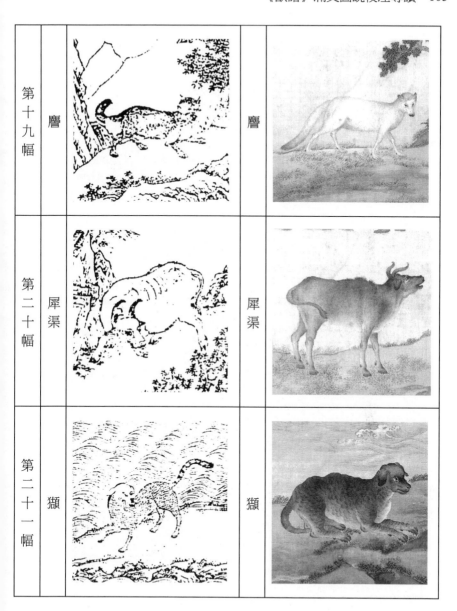

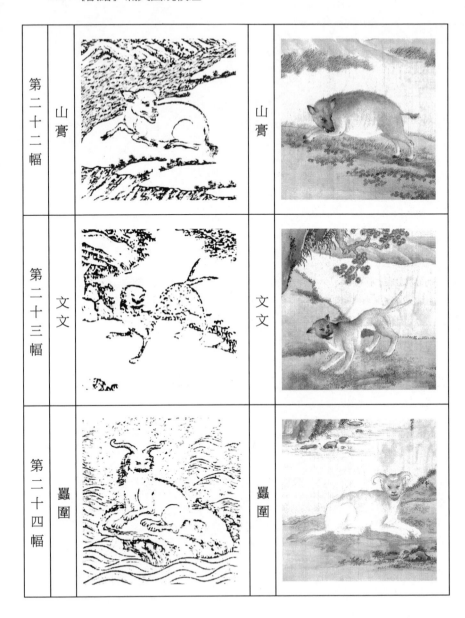

第二十二幅	山膏	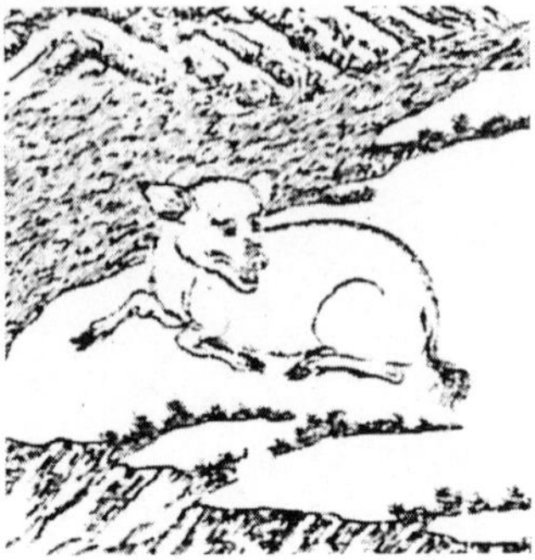	山膏	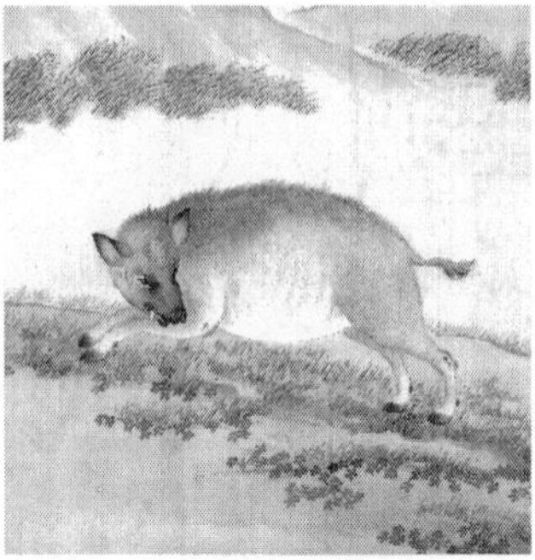
第二十三幅	文文	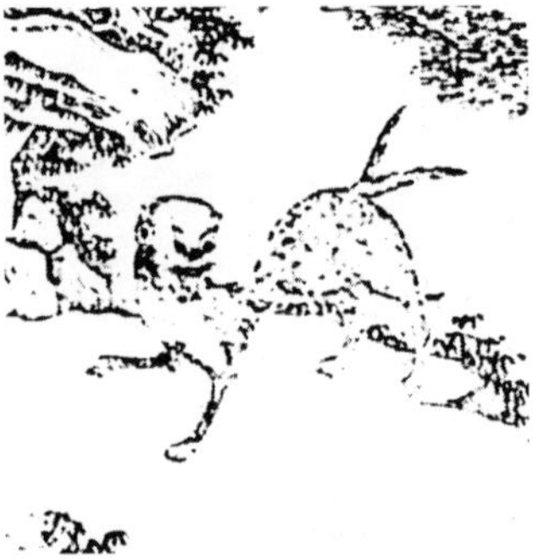	文文	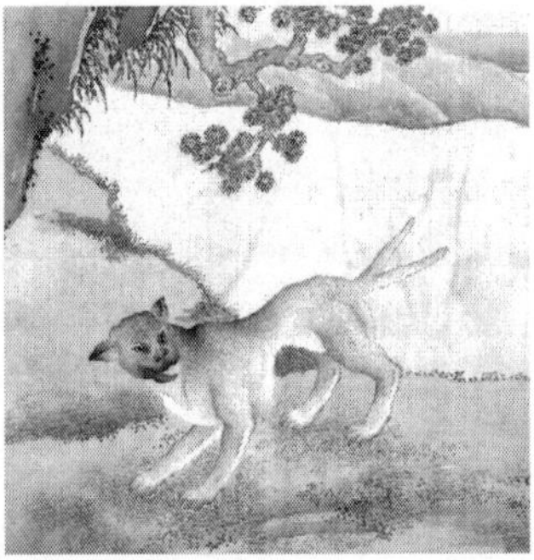
第二十四幅	鼉圍	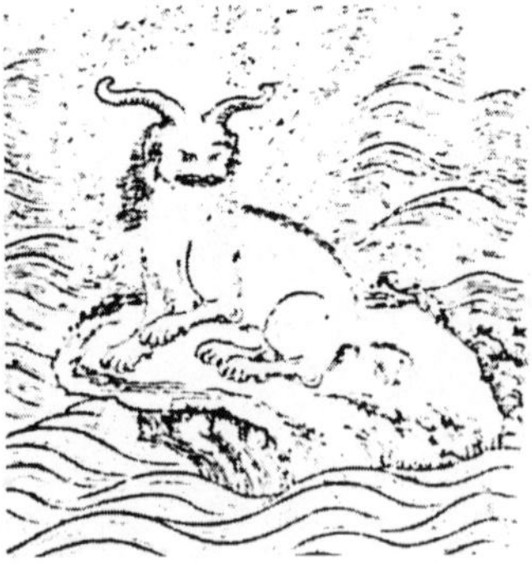	鼉圍	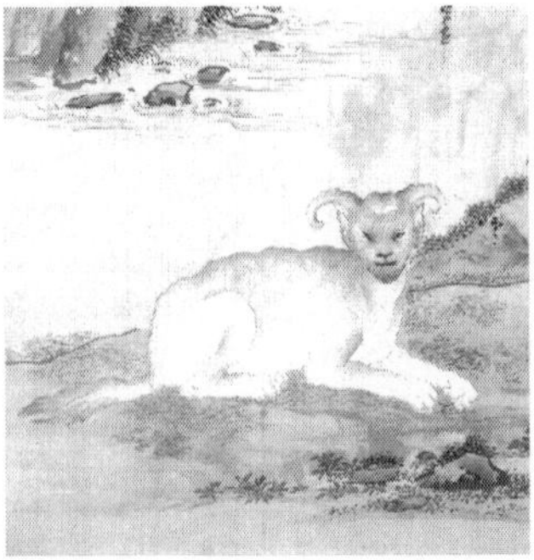

第二十五幅	狏狼	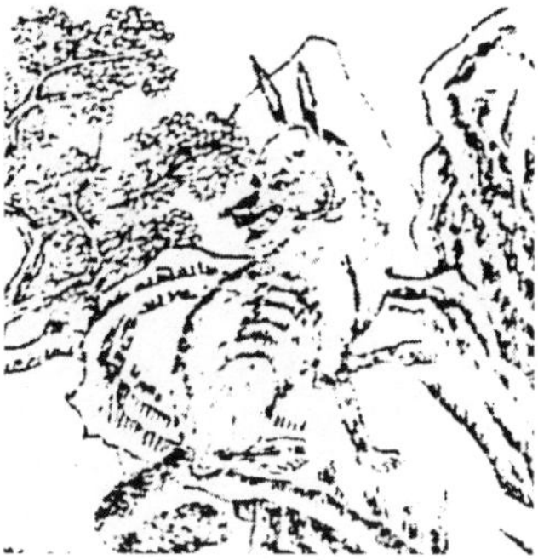	狏狼	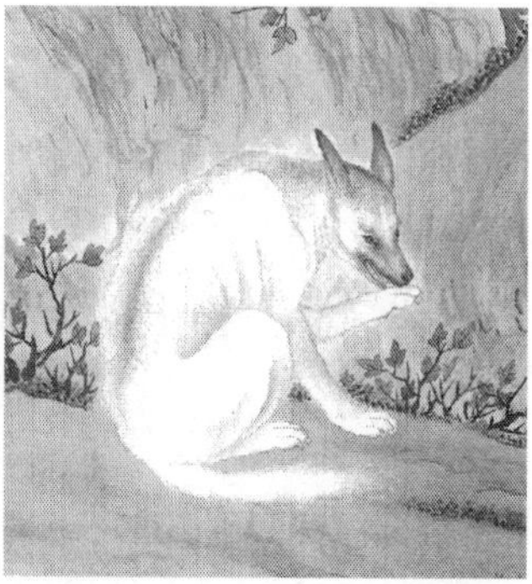
第二十六幅	雍和	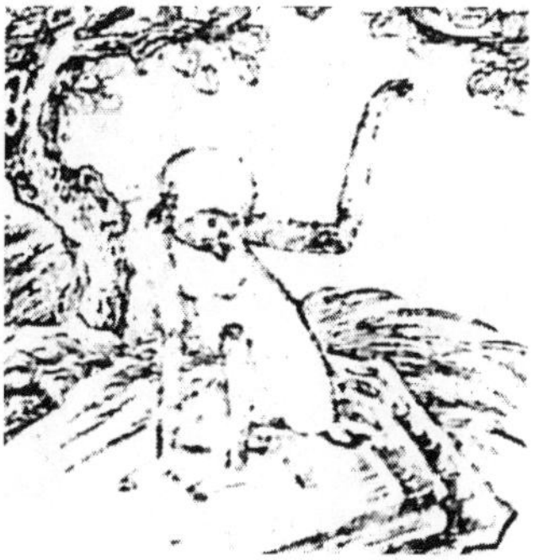	雍和	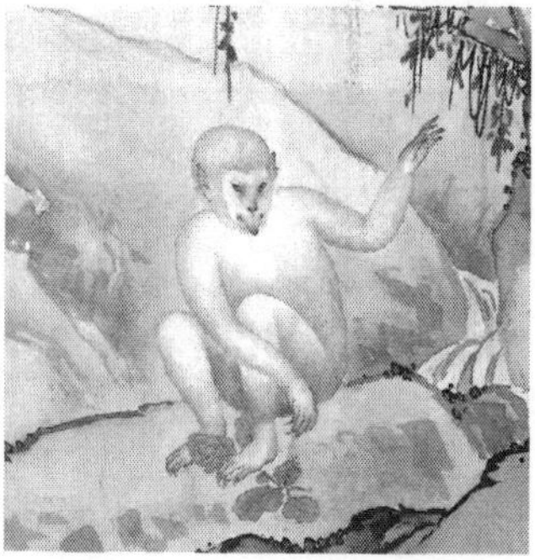
第二十七幅	獜	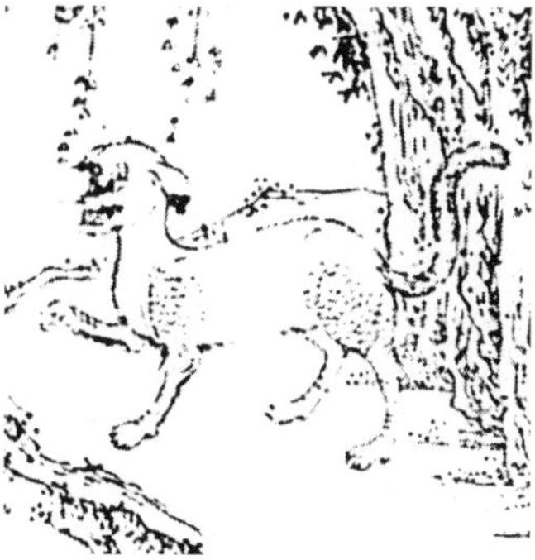	獜	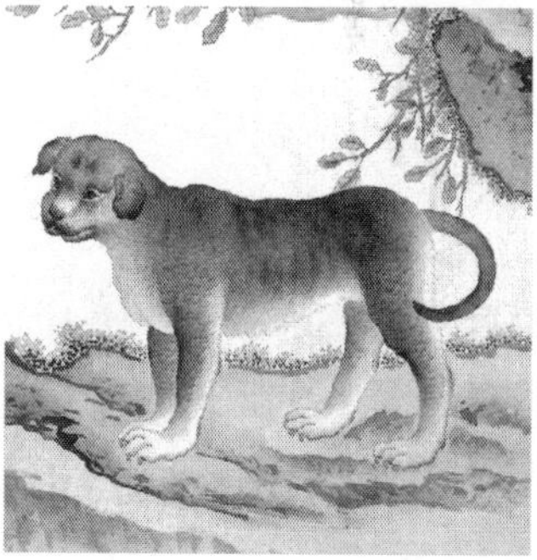

第二十八幅	狙如	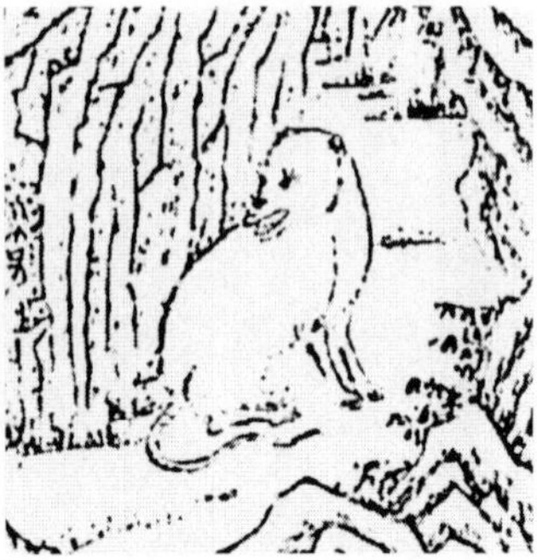	狙如	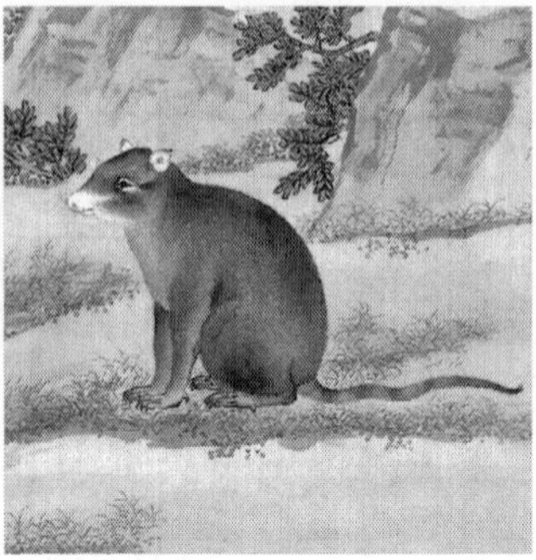
第二十九幅	㹸	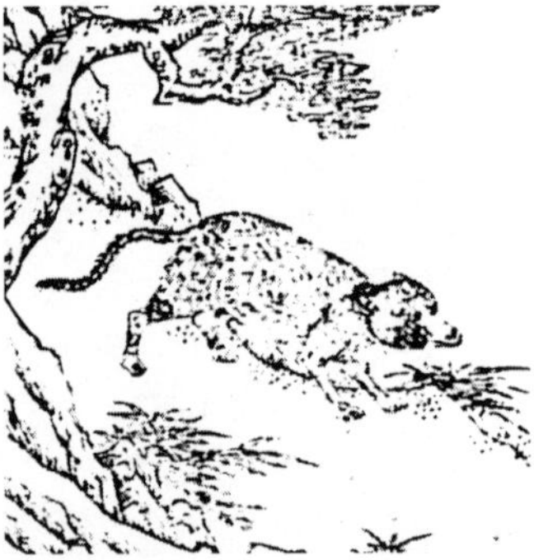	㹸	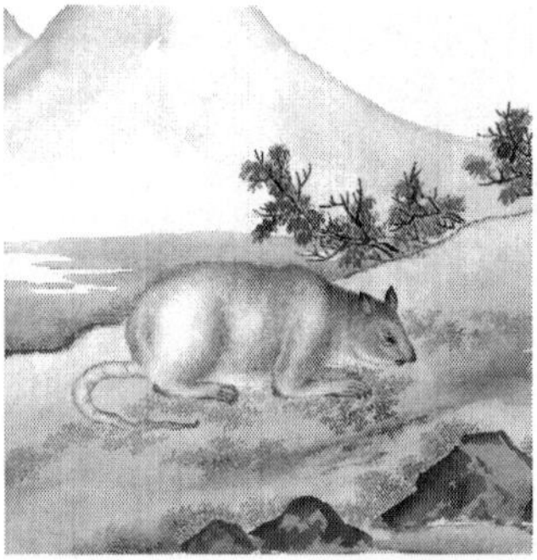
第三十幅	移即	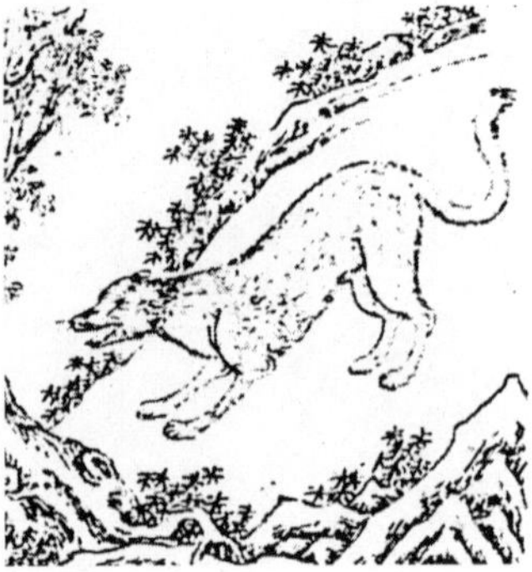	移即	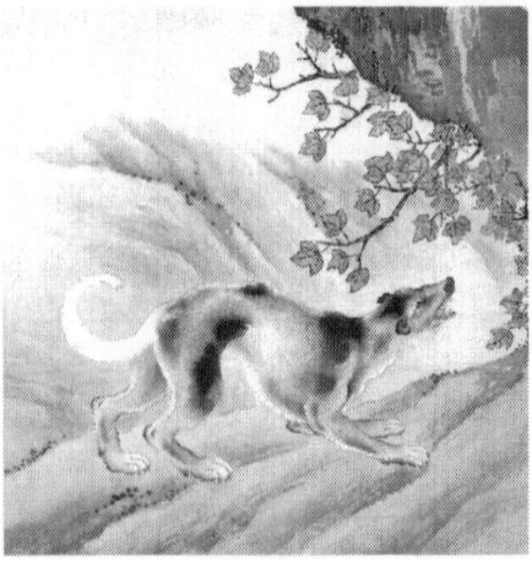

前列對照表中，《獸譜》第五冊，第一幅「狪狪」，狀似豚，與《古今圖書集成》原圖形相近似。第二幅「軨軨」，狀如牛而虎斑，與《古今圖書集成》原圖近似。第三幅「犰狳」，狀如兔而鳥喙，與《古今圖書集成》原圖近似。第四幅「朱獳」，狀如狐而魚鬣，與《古今圖書集成》原圖形相稍異。第五幅「獙獙」，狀似狐而有翼，與《古今圖書集成》原圖形相近似。第六幅「蠪姪」，九首，九尾，虎爪，與《古今圖書集成》原圖形相近似。第七幅「峳峳」，狀如馬而四角，羊目，牛尾，與《古今圖書集成》原圖形相近似。第八幅「峳胡」，狀如麋而魚目，與《古今圖書集成》原圖形相近似。第九幅「精精」，狀如牛而馬尾，與《古今圖書集成》原圖形相近似。第十幅「猲狚」狀如狼，赤首，鼠目，與《古今圖書集成》原圖形相近似。

《獸譜》第五冊，第十一幅「當康」，狀如豚而有牙。其形相，與《古今圖書集成》原圖相似。第十二幅「合窳」，狀如彘，人面，黃身，其形相，與《古今圖書集成》原圖近似。第十三幅「蜚」，狀如牛而白首，一目，蛇尾。其形相，與《古今圖書集成》原圖相似。第十四幅「難」，狀似鼣鼠而額有斑紋，與《古今圖書集成》原圖形相近似。第十五幅「朏朏」，狀如貍而白尾，有鬣。其形相，與《古今圖書集成》原圖近似。第十六幅「蠪蚳」，似彘而有角，與《古今圖書集成》原圖形相近似。第十七幅「馬腹」，人面虎身，與《古今圖書集成》原圖形相近似。第十八幅「夫諸」形如白鹿而四角。其形相，與《古今圖書集成》原圖形相近似。第十九幅「麐」狀似貉而人目，與《古今圖書集成》原圖形相近似。第二十幅「犀渠」狀如牛，蒼身。其形相，與《古今圖書集成》原圖形相近似。

《獸譜》第五冊，第二十一幅「獙」，狀如獳犬而有鱗，其毛如彘鬣，與《古今圖書集成》原圖形相稍異。第二十二幅「山膏」，狀如豚而赤，與《古今圖書集成》原圖形相近似。第二十三幅「文文」，細腰如蜂，枝尾，與《古今圖書集成》原圖形相近似。第二十四幅「𪊨圍」，人面，羊角，虎爪，與《古今圖書集成》原圖形相近似。第二十五幅「犰狼」，是屬於狐類，白尾，長耳，與《古今圖書集成》原圖形相近似。第二十六幅「雍和」，狀如蝯，赤目，赤喙，黃身，與《古今圖書集成》原圖形相近似。第二十七幅「獜」，狀如犬而有鱗，虎爪，與《古今圖書集成》原圖形相近似。第二十八幅「狙如」，狀如鼣鼠，白耳，白喙。其形相，與《古今圖書集成》原圖近似。第二十九幅「猳」，狀如蜼而赤，與《古今圖書集成》原圖近似。第三十幅「㺄即」，狀如獏，色蒼白，赤喙，赤目，白尾，與《古今圖書集成》原圖形相近似。

前列對照表中，《獸譜》第六冊，計三十幅，其名目依次為：梁渠、聞獜、蛫、并封、羅羅、開明獸、夔、跳踼、利未亞師子、蠱、戎宣王尸、猎猎、㺊狗、檮杌、旱獸、屏翳、厭火獸、三角獸、蟃、獨角獸、鼻角獸、加默良、亞細亞州山羊、般第狗、獲落、撒辞漫大辞、狸猴、意夜納、惡那西約、蘇獸。為了便於比較其形相，可將《古今圖書集成》圖像與《獸譜》所摹寫圖像，逐幅影印並列於後。

《古今圖書集成》與《獸譜》圖像對照表（六）

	古今圖書集成		獸譜第六冊	
第一幅	梁渠	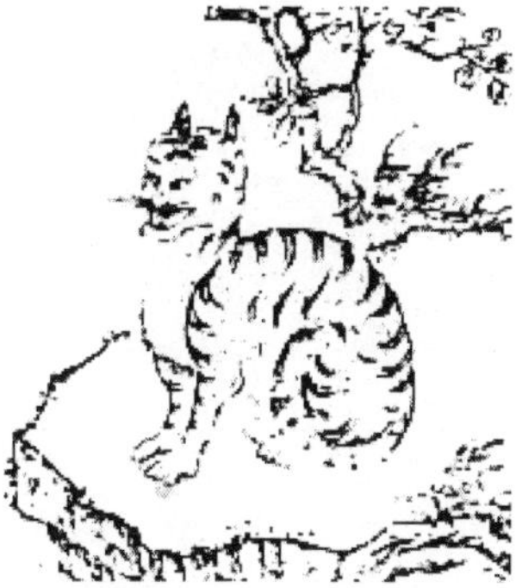	梁渠	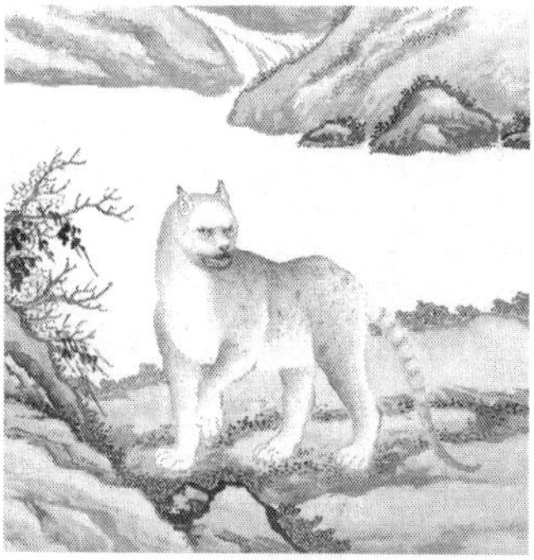
第二幅	聞獜	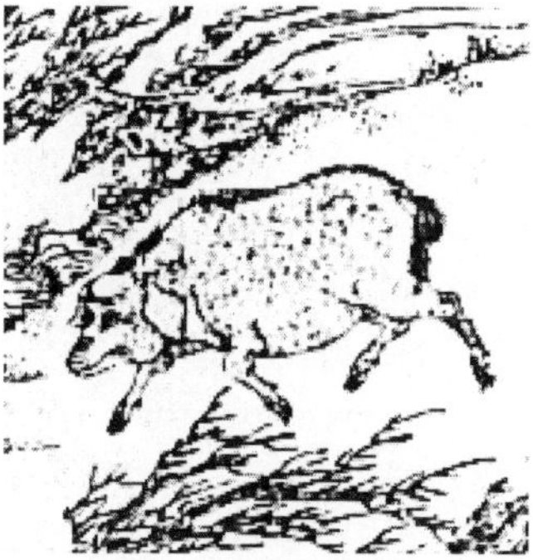	聞獜	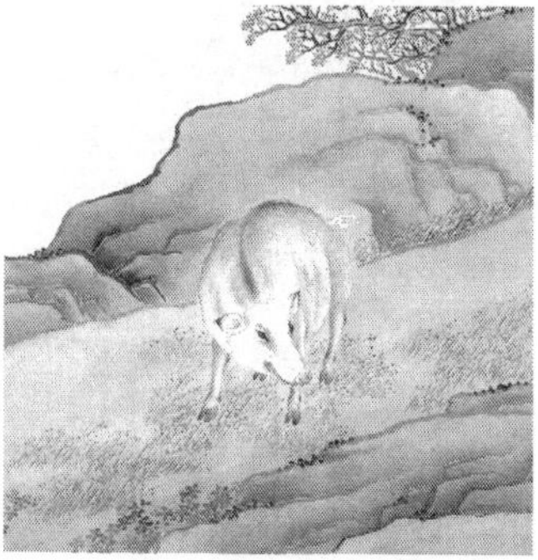
第三幅	蛫	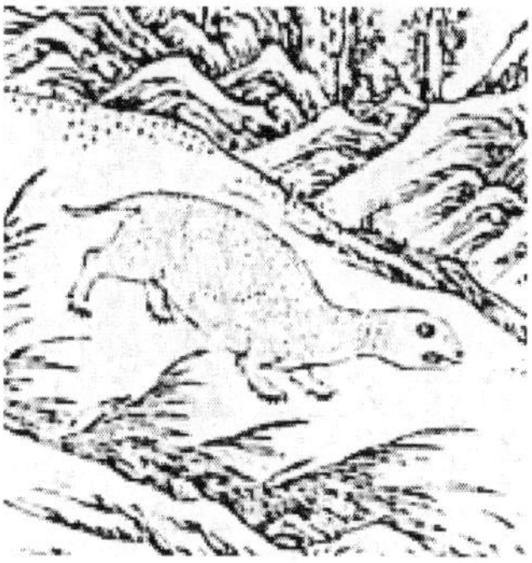	蛫	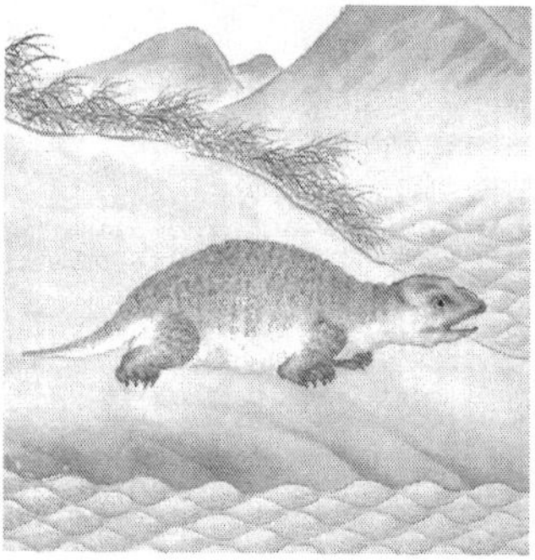

第四幅	并封	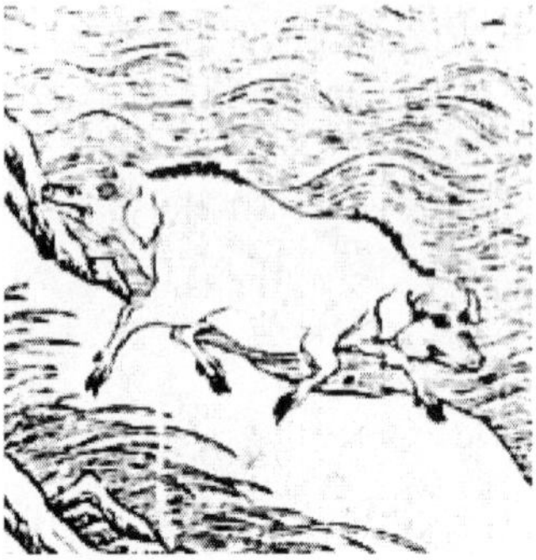	并封	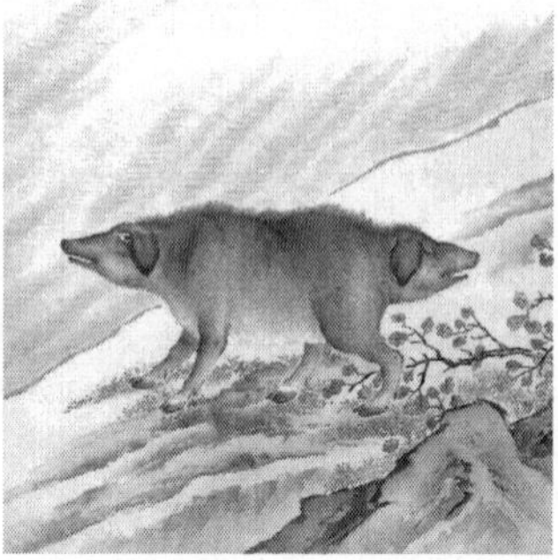
第五幅	羅羅	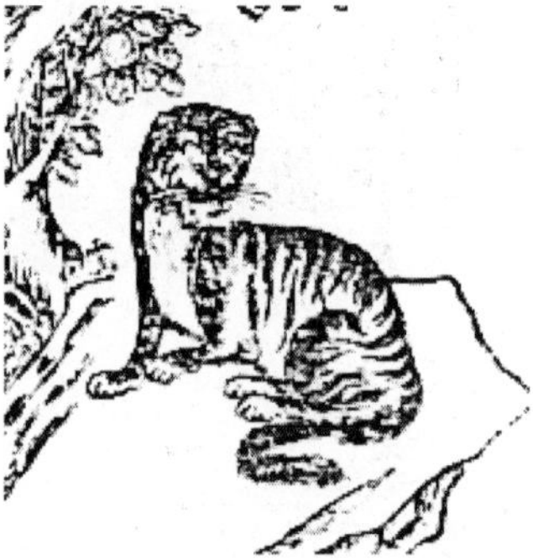	羅羅	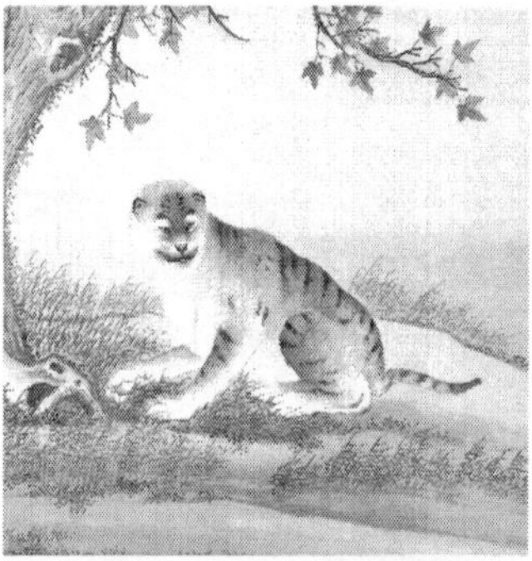
第六幅	開明獸	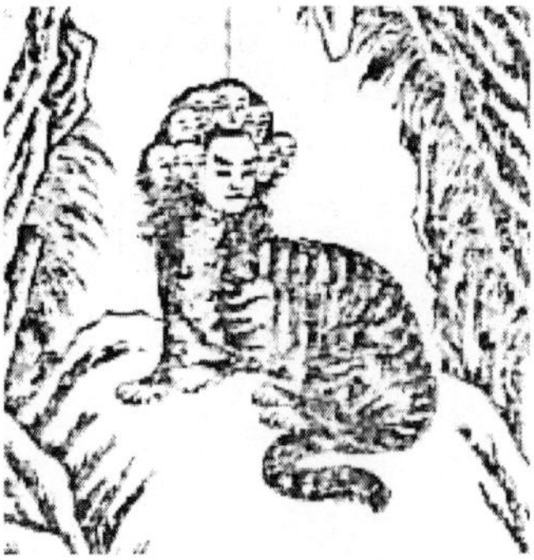	開明獸	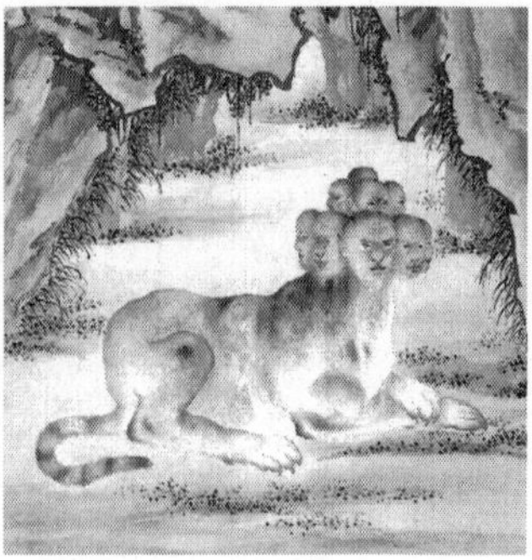

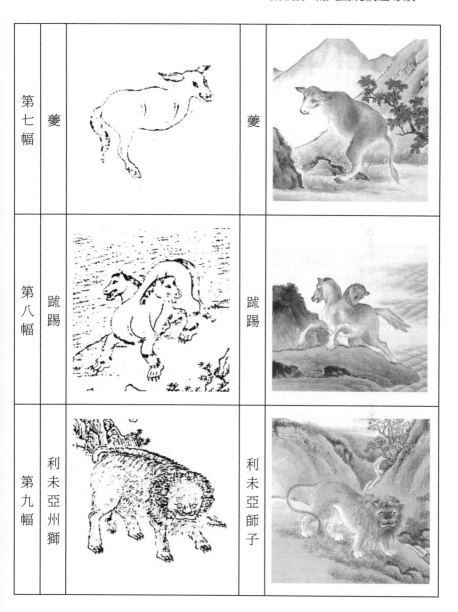

第七幅	夔	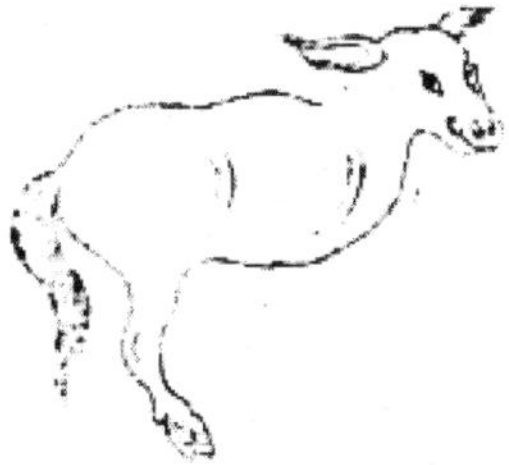	夔	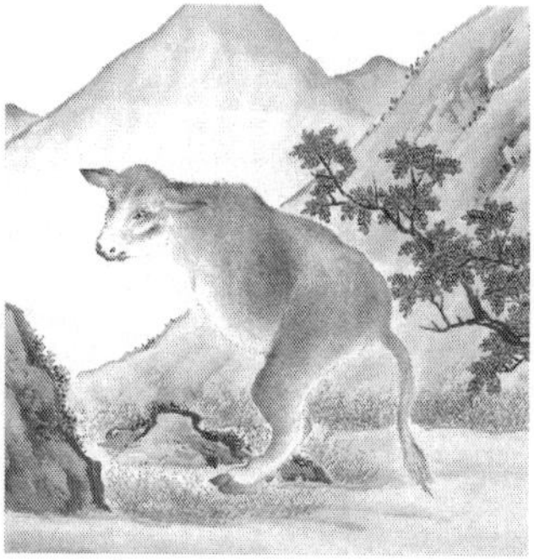
第八幅	趹踢	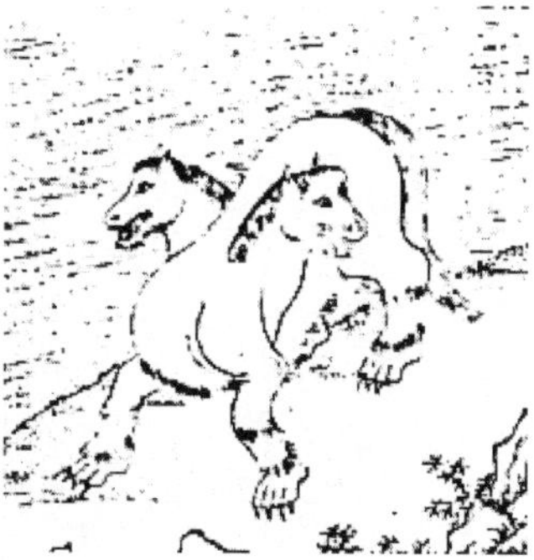	趹踢	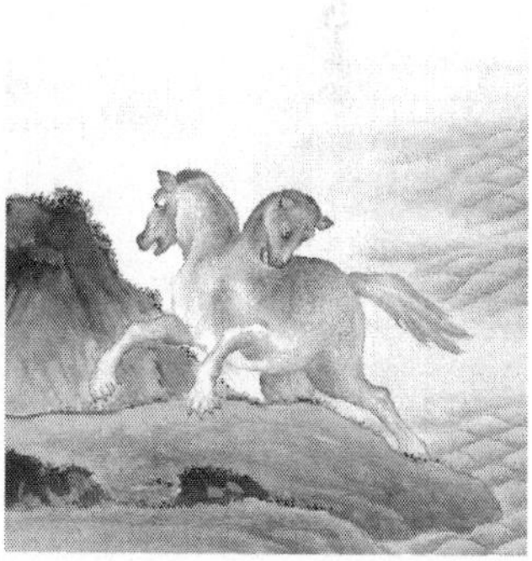
第九幅	利未亞州獅	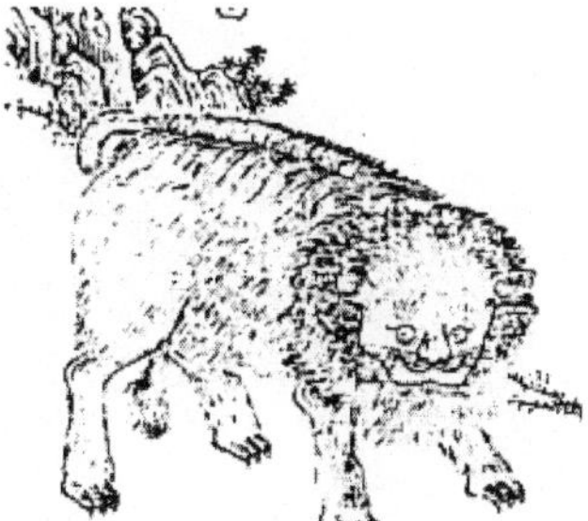	利未亞師子	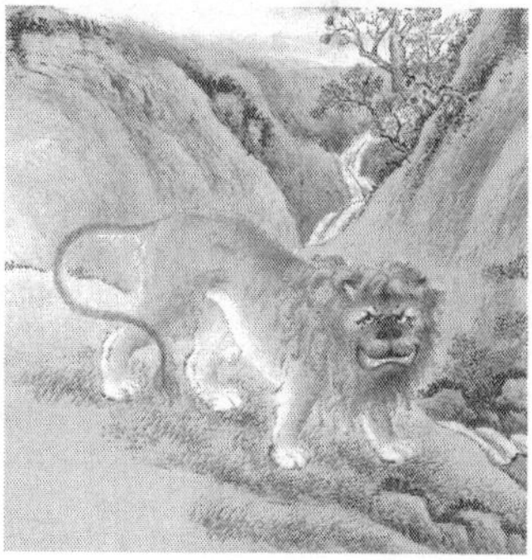

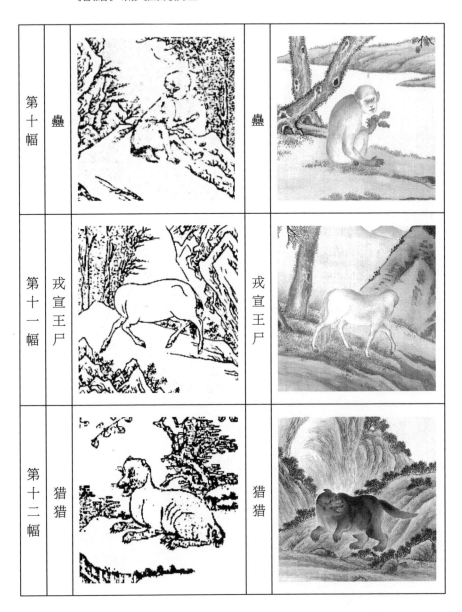

第十幅	蠱	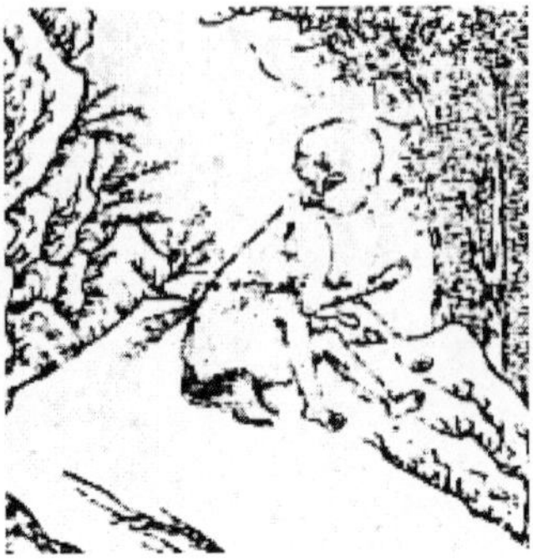	蠱	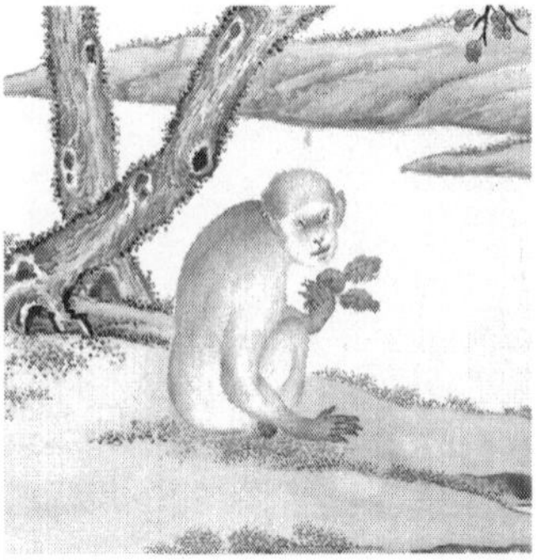
第十一幅	戎宣王尸	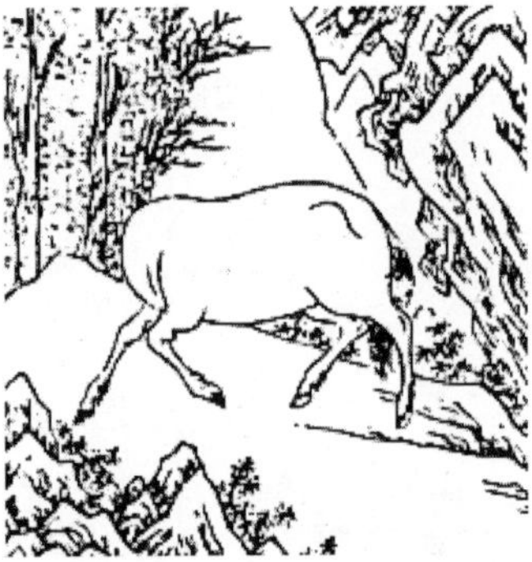	戎宣王尸	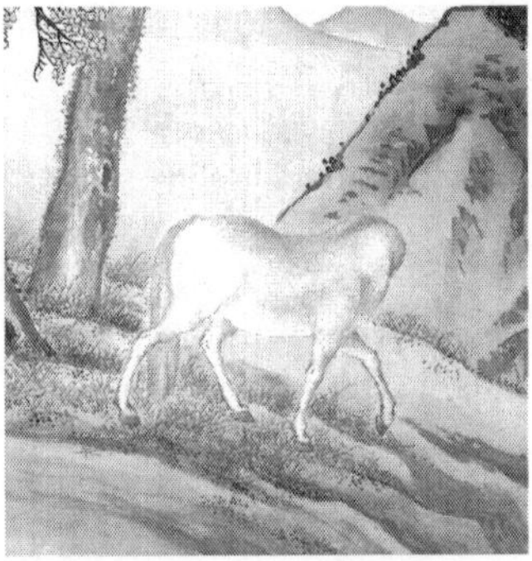
第十二幅	猎猎	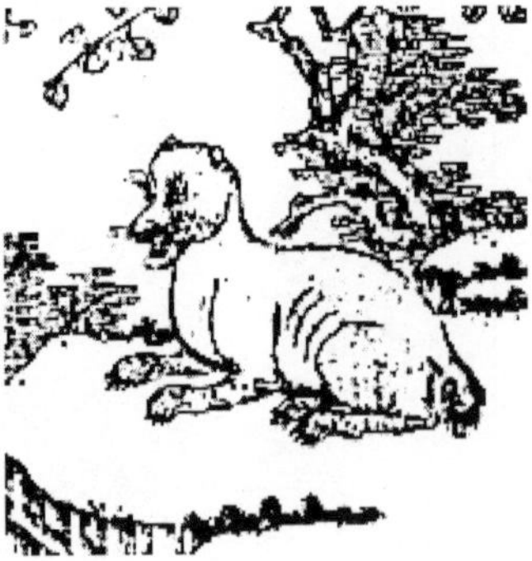	猎猎	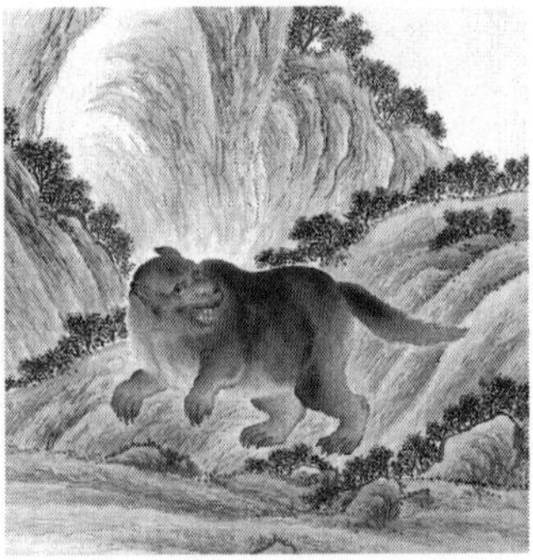

第十三幅	⿱山困狗	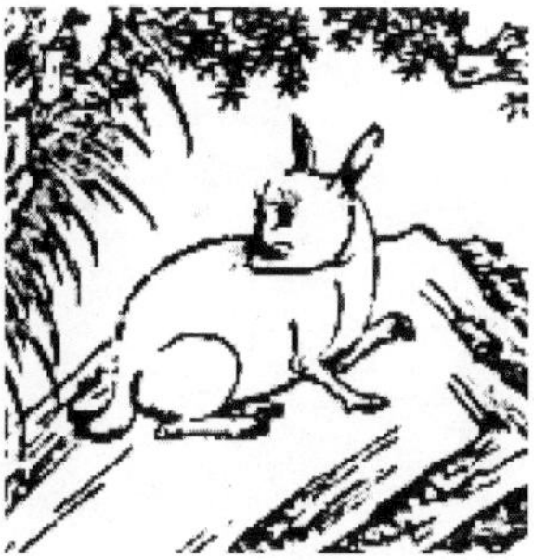	⿱山困狗	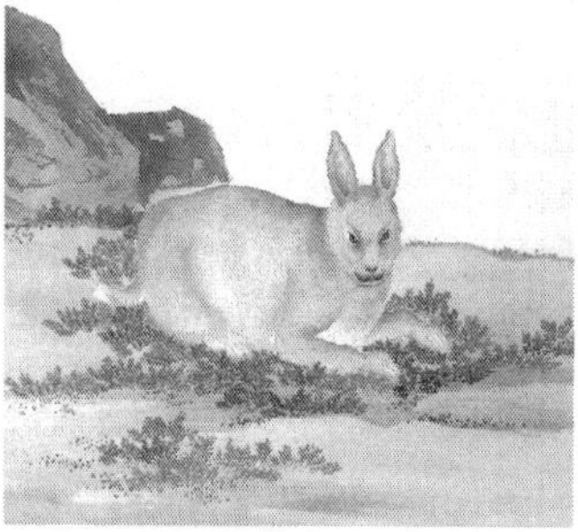
第十四幅	檮杌	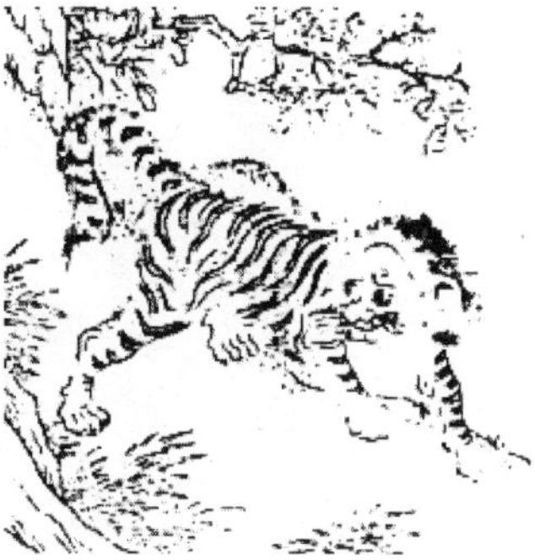	檮杌	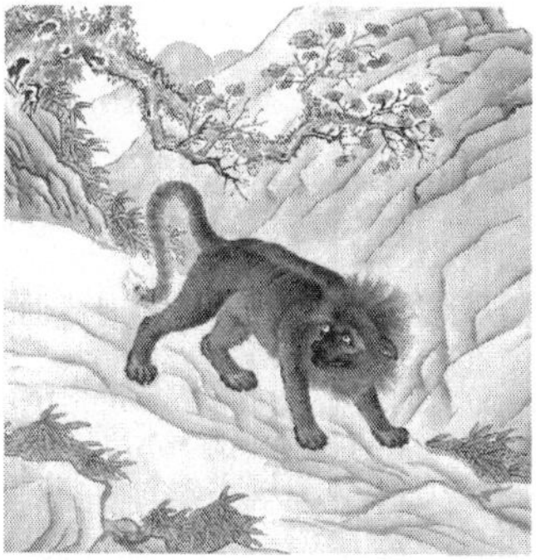
第十五幅	旱獸	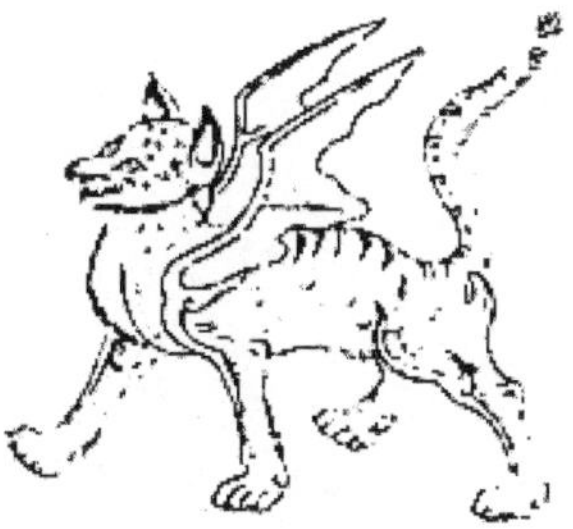	旱獸	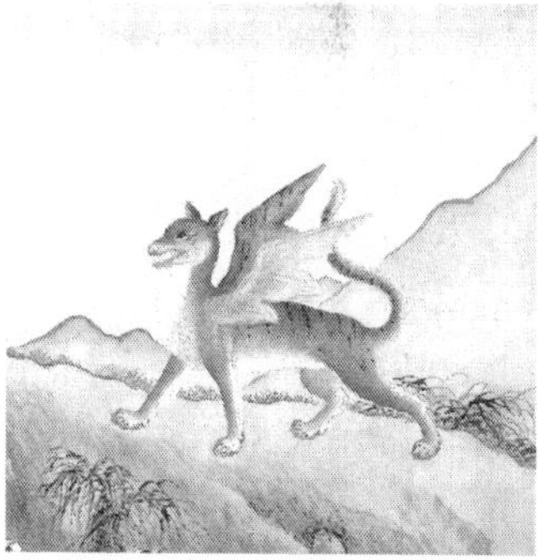

第十六幅	屏翳	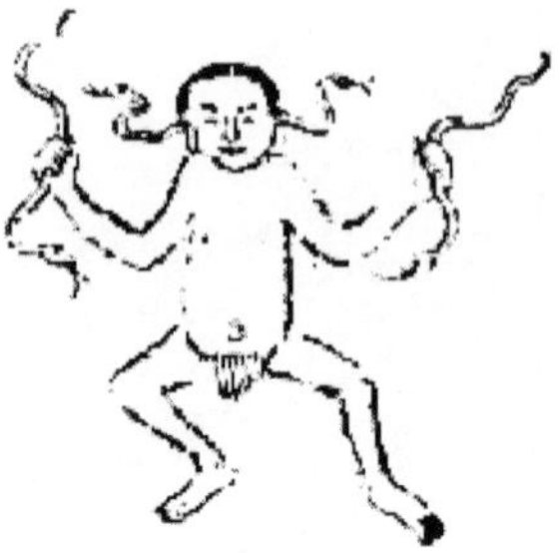	屏翳	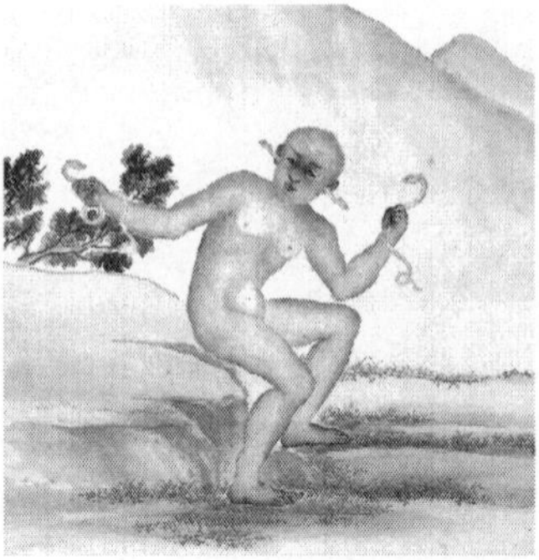
第十七幅	厭火獸	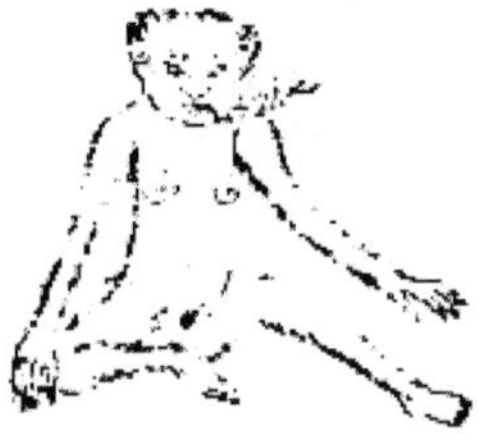	厭火獸	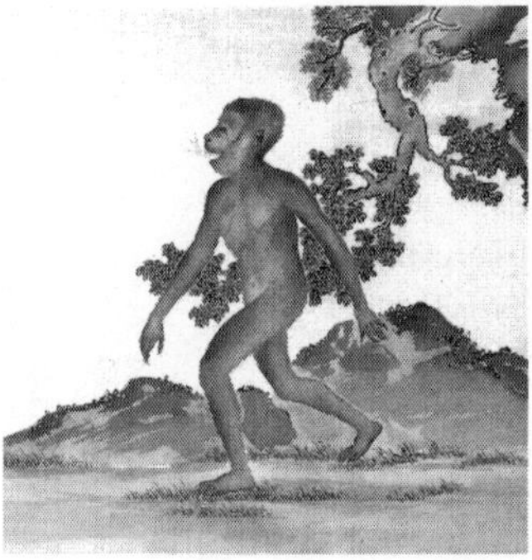
第十八幅	三角獸	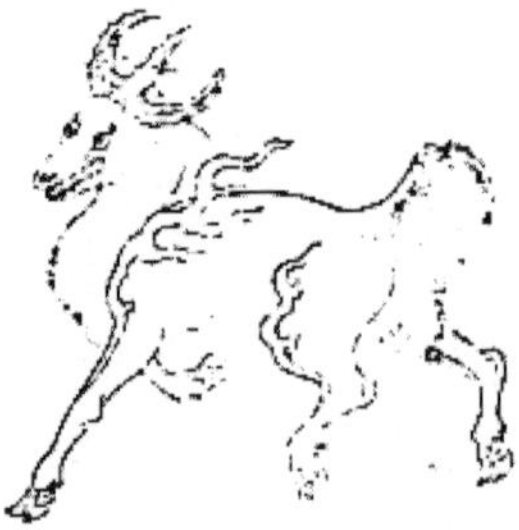	三角獸	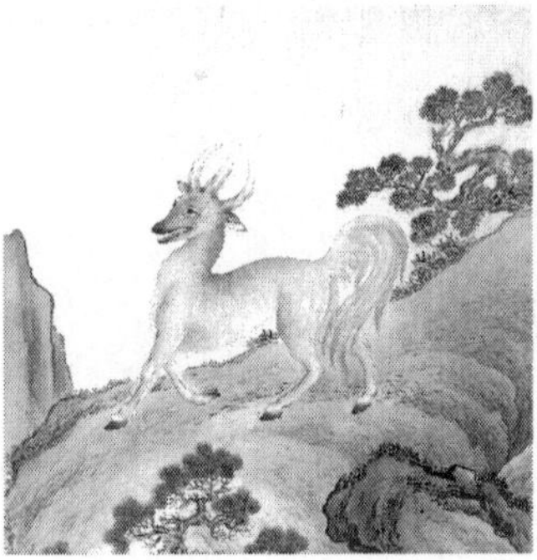

第十九幅	蟃	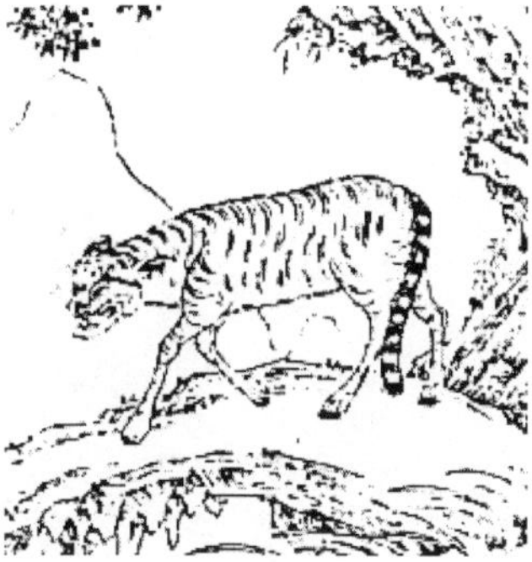	蟃	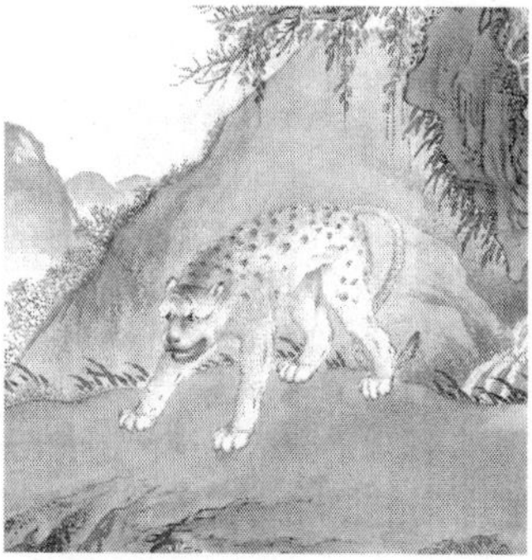
第二十幅	獨角獸	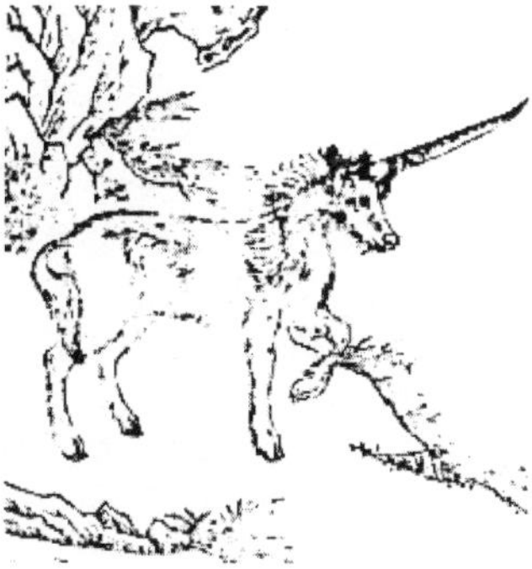	獨角獸	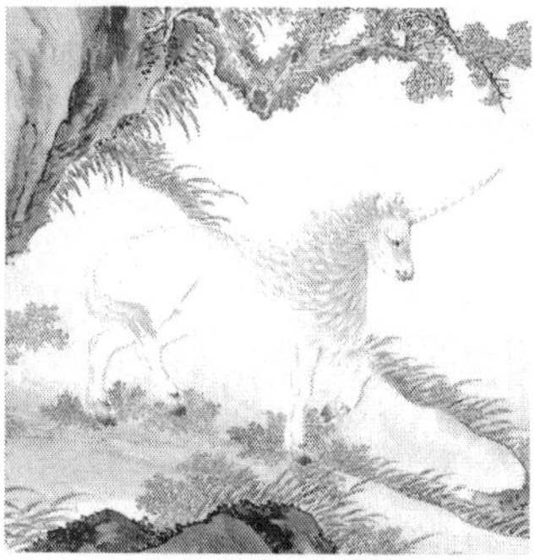
第二十一幅	鼻角獸	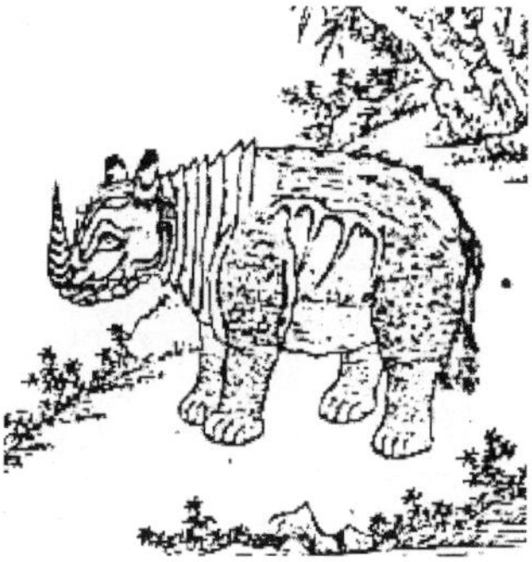	鼻角獸	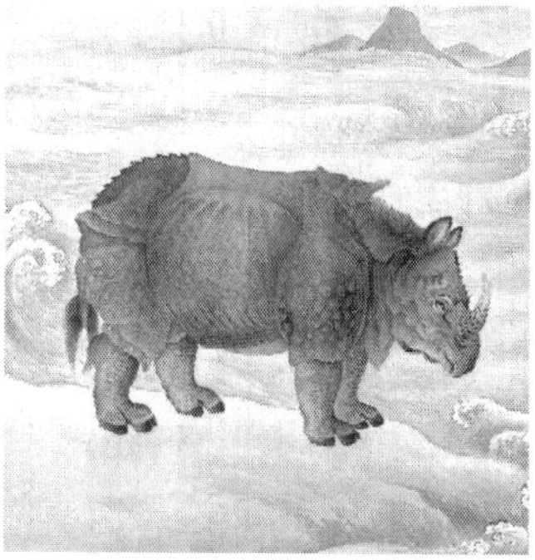

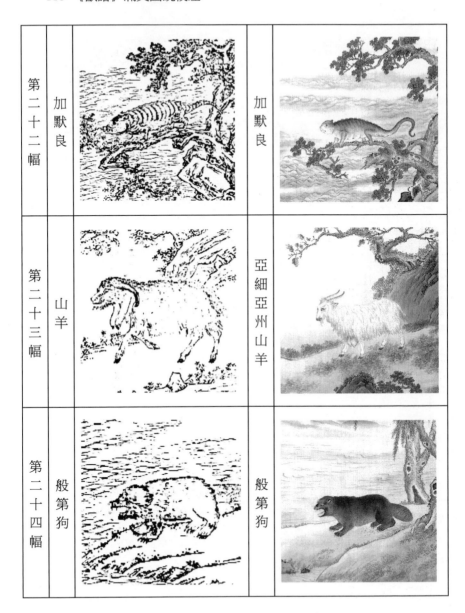

第二十二幅	加默良	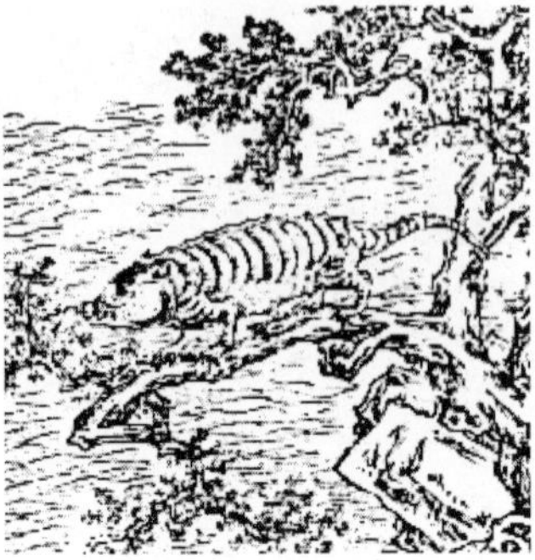	加默良	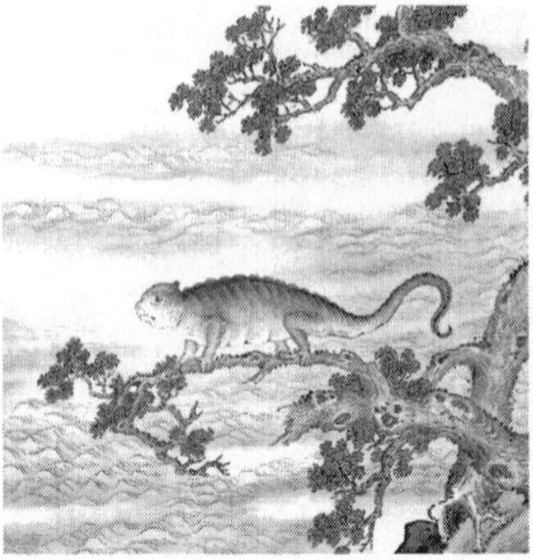
第二十三幅	山羊	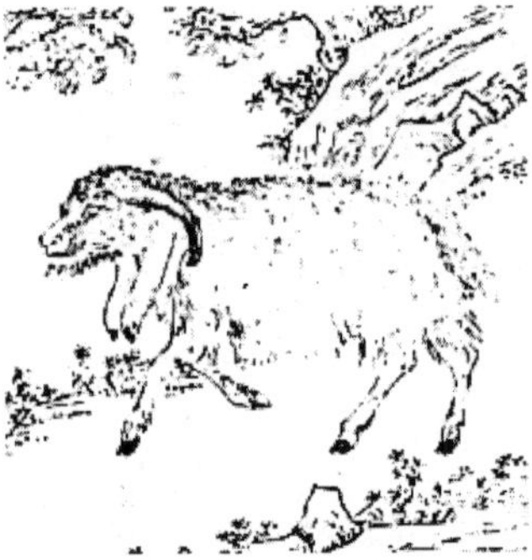	亞細亞州山羊	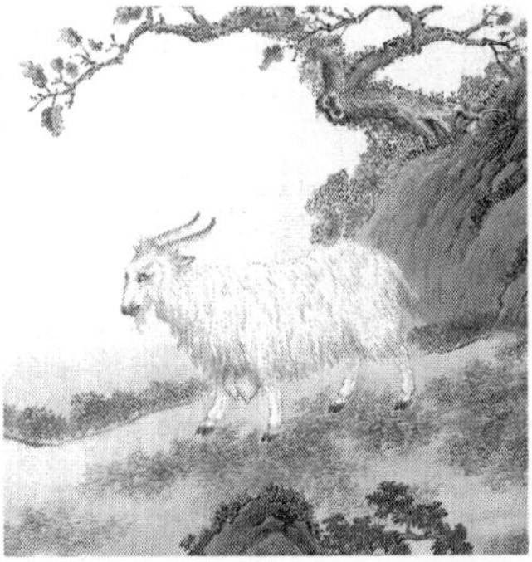
第二十四幅	般第狗	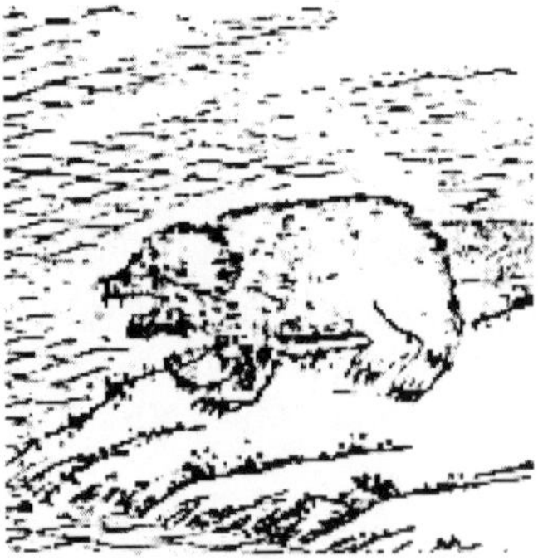	般第狗	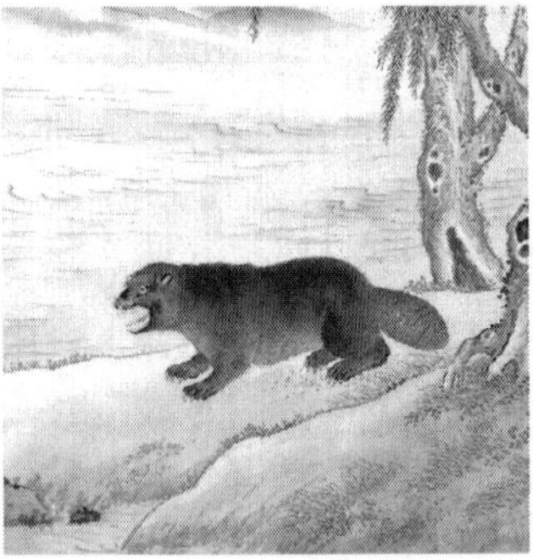

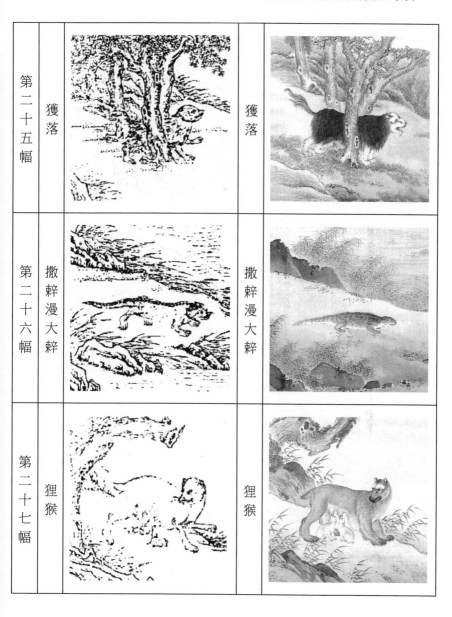

第二十五幅	獲落	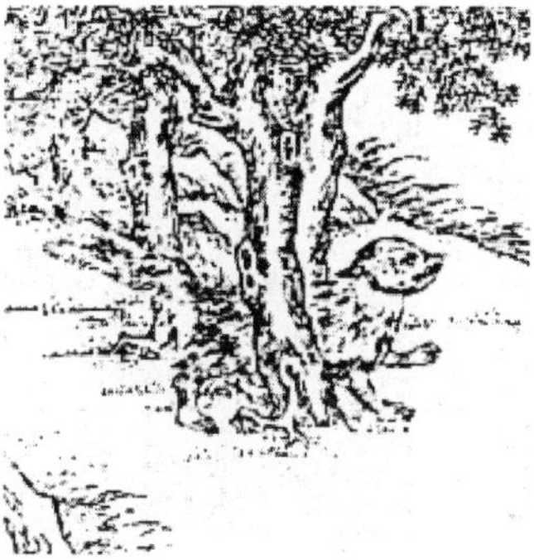	獲落	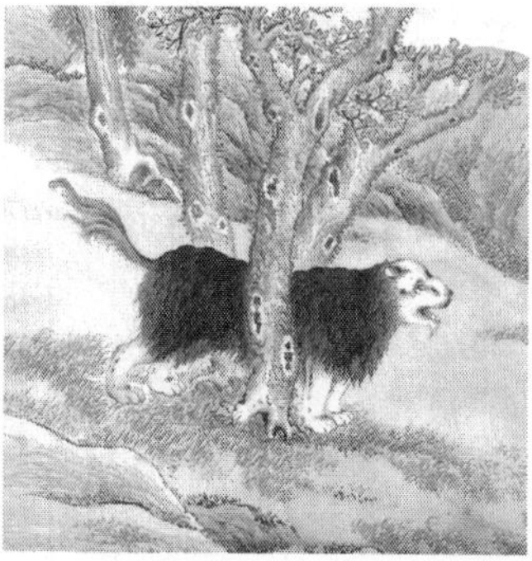
第二十六幅	撒綷漫大綷	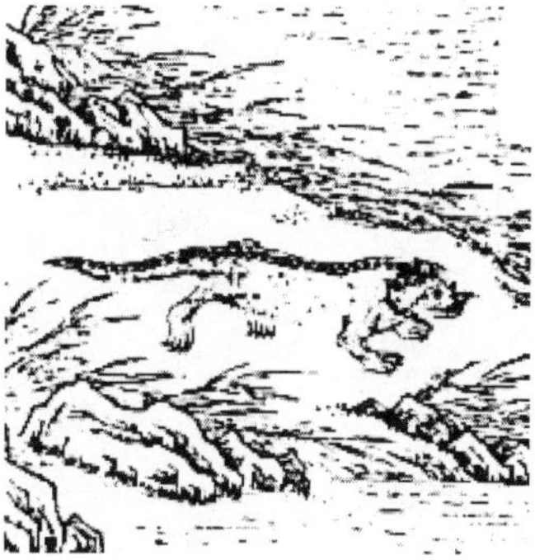	撒綷漫大綷	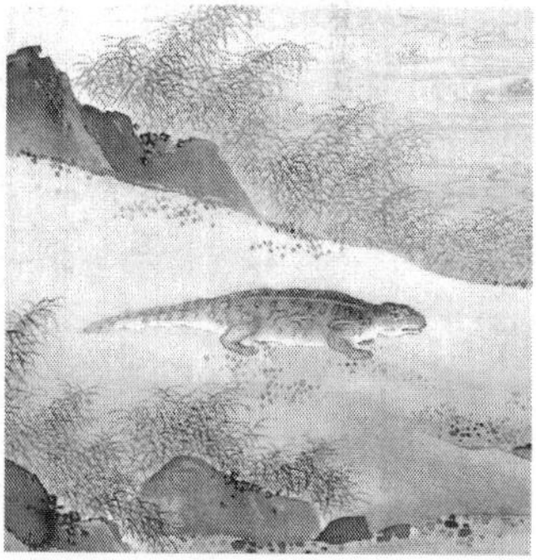
第二十七幅	狸猴	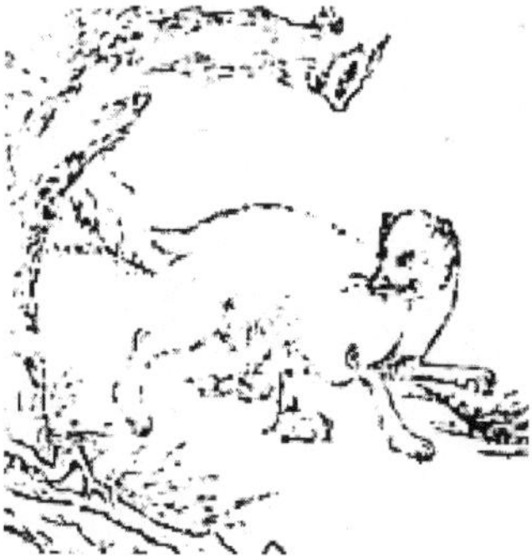	狸猴	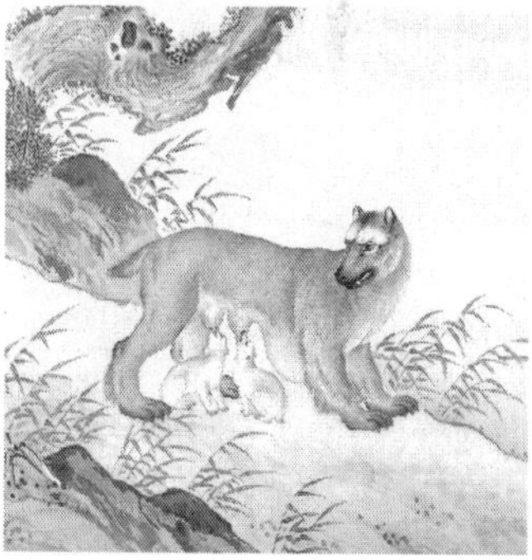

第二十八幅	意夜納獸	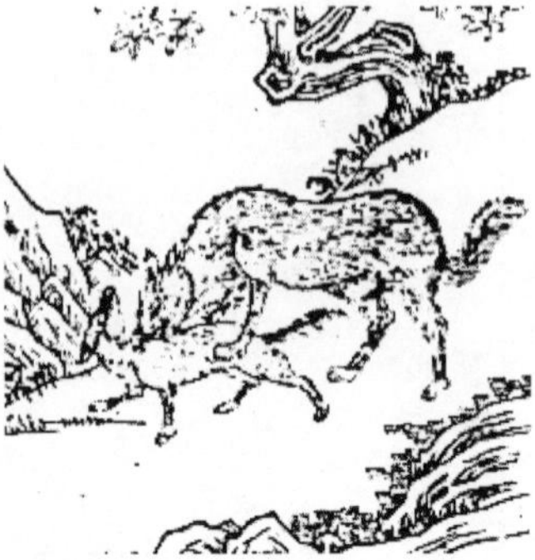	意夜納	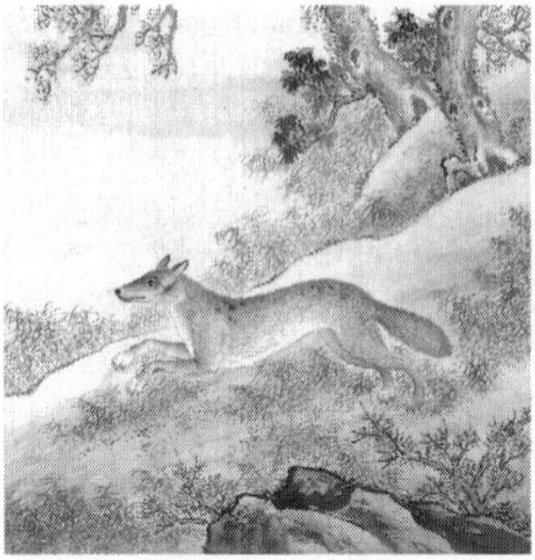
第二十九幅	惡那西約獸	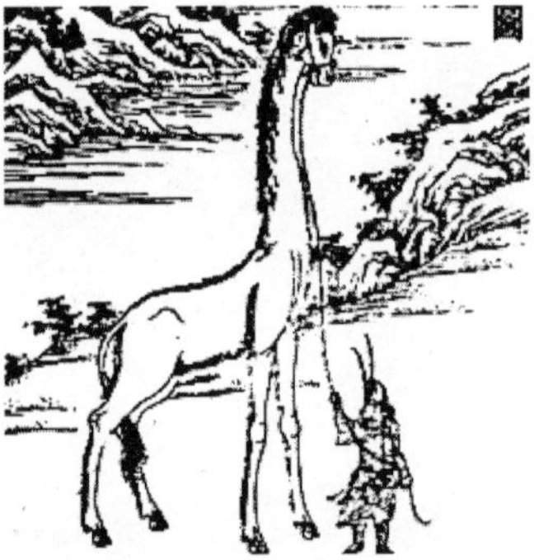	惡那西約	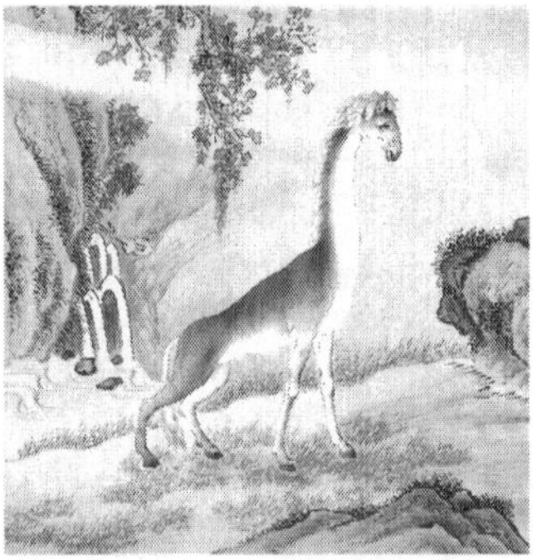
第三十幅	蘇獸	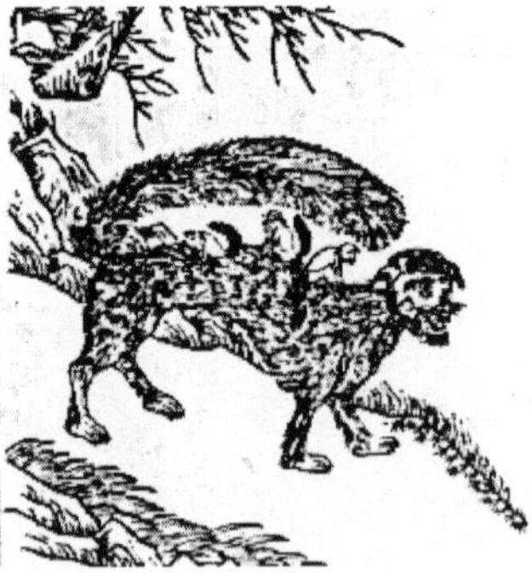	蘇獸	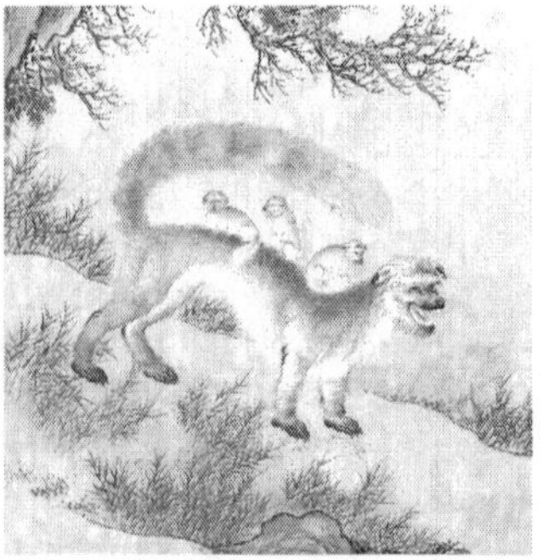

前列對照表中，《獸譜》第六冊，第一幅「梁渠」，狀如貍而虎爪，白首，與《古今圖書集成》原圖形相近似。第二幅「聞獜」，彘形而黃身，頭尾白色，與《古今圖書集成》原圖形相近似。第三幅「蛫」，狀如龜，赤首，白身，與《古今圖書集成》原圖形相近似。第四幅「并封」，狀如彘，前後兩首，色黑，與《古今圖書集成》原圖形相近似。第五幅「羅羅」，是一種異獸，形狀如虎，與《古今圖書集成》原圖形相近似。第六幅「開明獸」，身類虎，九首人面，與《古今圖書集成》原圖形相近似。第七幅「夔」，一足，似牛而無角，與《古今圖書集成》原圖形相近似。第八幅「跊踢」，左右有首，與《古今圖書集成》原圖形相近似。第九幅「利未亞師子」，性猛，《古今圖書集成》原圖名目作「利未亞州獅」，形相近似。第十幅「蠱」，狀如猿而色青，與《古今圖書集成》原圖形相近似。

《獸譜》第六冊，第十一幅「戎宣王尸」，狀如馬而無首，與《古今圖書集成》原圖形相近似。第十二幅「猎猎」，狀如熊，色黑。其形相，與《古今圖書集成》原圖近似。第十三幅「菌狗」，狀如兔，色青，與《古今圖書集成》原圖形相近似。第十四幅「檮杌」，狀如虎而犬毛，人面，豬喙，與《古今圖書集成》原圖形相近似。第十五幅「旱獸」，狀如狐，虎身而有翼，與《古今圖書集成》原圖形相近似。第十六幅「屏翳」，手黑，各執一蛇，兩耳貫蛇，左青右赤。其形相，與《古今圖書集成》原圖相似。第十七幅「厭火獸」，狀如猴，似人行走，身純黑，與《古今圖書集成》原圖形相稍異。第十八幅「三角獸」，三角，九尾，與《古今圖書集成》原圖形相近似。第十九幅「蝹」，形似貍，與《古今圖書集成》

原圖形相近似。第二十幅「獨角獸」，形如馬，色黃，一角。其形相，與《古今圖書集成》原圖相似。

《獸譜》第六冊，第二十一幅「鼻角獸」，狀如象而足短，身有斑鱗，其形相，與《古今圖書集成》原圖相似。第二十二幅「加默良」，狀似魚而有耳，鼉尾，獸足。其形相，與《古今圖書集成》原圖相似。第二十三幅「亞細亞州山羊」，體肥，項壯大，垂兩乳如懸橐，角長而尖。《古今圖書集成》原圖標作「山羊圖」，其形相稍異。第二十四幅「般第狗」，鋸牙，其利如刀，毛色不一，與《古今圖書集成》原圖形相近似。第二十五幅「獲落」，大如狼，毛黑而滑，與《古今圖書集成》原圖形相近似。第二十六幅「撒辞漫大辞」，短足長身。其形相，與《古今圖書集成》原圖相似。第二十七幅「狸猴」，其身軀前似狸，後似猴。其形相，與《古今圖書集成》原圖相似。第二十八幅「意夜納」，狀似狼而大，與《古今圖書集成》原圖形相近似。第二十九幅「惡那西約」，具馬形而長頸，前足極高。其形相，與《古今圖書集成》原圖相似。第三十幅「蘇獸」，茸毛，尾與身等長。其形相，與《古今圖書集成》原圖相似。

文獻足徵——走獸的故事

《獸譜》中摹寫了頗多罕見的走獸。古聖先賢相信天象與人事，常有相互影響的關係，天人相應。自然生態的變化，災異的發生，都是天象示警的徵兆，人君必須反躬自省，修德禳災。古人相信麒麟是仁獸，也是瑞獸，太平則至，有道則來，無道則隱。騶虞是義獸，人君有賢德即見，威及四夷，則酋耳至。獬豸是一角的神羊，知人曲直。見人爭鬥，即觸不直之人。治獄決訟，獬豸則觸有罪者。傳說古時候的大象，也能分辨人們的是非曲直，不直無理的人，大象即以長鼻把他捲起拋擲空中，用長牙接而刺之。

歷史文獻中的虎，是山獸之君，也是仁獸的象徵。虎通人性，能感應人間的是非善惡，虎患起於施政苛暴。《後漢書》記載，「政有苛暴，則虎狼食人。」人君行仁政，則虎不傷人。《古今圖書集成》記載，「昔有嫗行山中遇虎，虎舉足示嫗，見有芒刺，為拔去之。虎感奮而去，及歸，擲狐、兔、麋鹿於嫗家，日無虛焉。」知恩能報，故事內容，寓意深遠。白虎是古代土家族的吉祥神獸，他們以白虎為始祖。雲南納西族的原生圖騰，就是虎。麼些文的「虎」，意思是「開端」。以虎為圖騰的虎氏族，不僅以虎為姓，同時亦以虎為名。治致太平，社會祥和，則黑狐見。夏禹、殷湯、周文王、周成王時，王法脩明，三才得所，都出現九尾狐。

兔善跑，在古籍中，兔和馬，常被用來比喻速度。飛兔是古駿馬，秦始皇有駿馬七匹，其第二匹，就是以兔命名， 叫做白兔。三國呂布的駿馬，叫做赤兔。《曹瞞傳》引時人語說：「人中有呂布，馬中有赤兔。」兔圖騰崇拜的氏族，禁止捕兔。在契丹、女真草原社會裡，禁止捕殺含胎兔。兔應月而生，古人每以夢月，或夢兔入懷而生的子女，大富大貴。《遼史・地理志》紀載，應天皇后在夢中看見黑兔躍入懷裡，因而有娠，就是圖騰感孕，後來產下貴子遼太宗。傳說汲郡臨河人華秋，幼年喪父，事母以孝聞。《北史》紀載，華秋母歿，華秋築廬於墓側，負土成墳。獵人逐兔，兔奔入華秋廬中，匿華秋膝下，嚇跑了獵人。群盜相誡，不犯孝子鄉。

在傳統社會裡，推算年分，凡是帶「子」字的年分如甲子、丙子等等都叫做鼠年。鼠年出生的人把鼠視為本命神。鼠神也是吉神，又是福神，跑船的人相信鼠在人在，鼠去船沒。《金史》記載，諫議大夫黃久約之母劉氏懷孕將產，「夕夢鼠銜明珠，寤而久約生，歲實在子也。」鼠銜明珠，是吉兆。

猴與猿相類，古代雲南傣族、白族多以猴為吉祥神獸，猴日便是申日良辰，選在猴日結婚，婚後一定大吉大利。雲南麗江、鶴慶等府的麼些族，自稱為納西族。從納西族象形文字「猴」的詞義，便是「祖先」，說明猴氏族確實以猴為祖先，就是猴圖騰崇拜的具體例子。

在古籍中，以馬為主題的故事，多具有社會文化意義。北亞草原的牧民視馬為神獸，祂能逢凶化吉。牧民相信長者騎過的馬，可以帶來吉祥。把馬蹄鐵懸掛在門邊，是平安吉神的象徵。姑娘出嫁，以馬陪嫁，婚姻幸福。《搜神記》記載，「太古之時，有大人遠征，家無餘人，唯有一女，牧馬一匹，女親養之。窮居幽處，思念其父。乃戲馬曰：『爾能為我迎得父還，吾將嫁汝。』」馬通人言，絕韁而去，迎回了父親。人與馬共生，也有情誼。契丹皇帝捺鉢，逐水草而遷移其牙帳，冬月牙帳移駐永州，稱為冬捺鉢。從《遼史・地理志》的記載發現古代契丹人實行圖騰外婚制度，以白馬為圖騰的白馬氏族男子，與以青牛為圖騰的青牛氏族女子在木葉山潢河、土河二水合流處相遇，結為配偶，生下八子，形成八部。

羊是祥的本字，也是傳統文化中吉祥的象徵，三羊開泰，吉祥安泰。羚羊的角，可避不祥。傳說黃帝夢見驅羊萬群，就是得良相的吉兆。敦煌《新集周公解夢書》寫本中有「夢見羊者，主得好妻。」羊圖騰崇拜的特點，就是說明人與羊共生，存在血緣關係。羊氏族成員相信以羊隨葬，就有夥伴。

犬有守犬、田犬、食犬的區別。守犬，以備警禦；田犬即獵犬，以逐猛獸；食犬，以充庖廚。古代犬祖神話，是將犬視為氏族祖先的相關神話。姓氏是初民社會的圖騰標誌，殷墟甲骨文中就有以犬命名的氏族部落。雲南瀘沽湖摩梭人相傳六金犬與公主相配而生下犬氏族。西雙版納傣族相傳八百女子與犬婚配而蕃衍了八百犬媳婦國。海南島古代黎族相傳有女子航海而來，進入山中，與犬相配，蕃衍子孫，各為犬尾王。雲南哈尼等族相傳他們的祖先是吃犬奶長大的。犬祖神話反映了犬圖騰崇拜的敬祖意義。在廣西僮族聚居的村寨，分佈著許多石犬雕像，有的立在村口，有的立在門戶兩側。用石犬守護村寨，驅邪鎮妖，祈求人畜安寧。

豕，就是豬。傳統社會的人們相信豬是神聖的動物。《祿勸州志》記載，雲南黑彝「遇有疾病，謂親為祟，用豬羊禱祀之。」用豬禱祀，可以驅祟治病。雲南、貴州彝族請喇嘛念經，以豬淨宅的習俗，也是一種驅祟活動。宋彭城人陳師道撰《後山談叢》記載，「御廚不登彘肉。太祖嘗畜兩彘，謂之神豬。熙寧初罷之。後有妖人登大慶殿，據鴟尾。既獲，索彘血不得。始悟祖意，使復畜之。蓋彘血解術云。」文中的彘，就是神豬，宋太祖趙匡胤屬豬。他在位期間，親自在宮中畜養了兩隻神豬。到了宋朝第六位皇帝神宗熙寧年間（1068-1077），停止餵養神豬後，即發生了妖人鬧宮事件。最後還是用豬血驅祟，才禳解了妖術。

《獸譜》圖說對各種走獸的個性及其特徵，也有頗多描繪。狼，性貪，善回顧，能作兒啼聲，以誘人。將覓食，必先倒立，以卜所向。鹿，性好群，食則相呼，居則環角外嚮，以相護衛，充分發揮了團結就是力量的精神。麝，因喜食栢葉而臍有香遠射。

獺，水居食魚，其捕魚，較魚鷹、鸕鷀更矯捷。獺知水信，為穴高下，隨水位高低而定，鄉人藉以預占旱澇。蝟，毛刺如豪豬，聞鵲聲，則仰腹受啄，若中其糞便，輒潰爛。蜼，形狀似猴，其鼻上仰，遇雨即自懸於樹，以尾塞鼻。雞知將旦，鶴知夜半，驢善長鳴，每當夜中及五更初，其聲應更不爽。

鹿蜀是一種山獸，形相似馬，斑紋如虎，白首赤尾，其音如歌謠，佩掛其皮毛，則子孫如雲。類，形狀如貍，頂有毛，雌雄同體，自孕而生。長右，形狀如猴，而有四耳，長右出現，則有大水。谿邊，形狀如豹，以其皮為席，或製作裘褥，則不患蠱病，腹不腫脹。讙，形狀如貍，而有三尾，一目在額，傳說穿上牠的皮毛，可治身體虛弱的疾病。孟槐，其狀如貆，赤毫，能避凶邪之氣。狡，近似犬，而豹紋，相傳狡出現，則國家豐收。天狗，其狀如貍而白首，能禳災除害。 孰湖，馬身，鳥翼，人面，蛇尾，喜歡抱人。天馬，狀如白犬，黑頭，有肉翅，見人則飛。

狪狪，狀似豚，傳說能生珠。犰狳，狀如兔而鳥喙，鴟目，蛇尾，見人即假裝睡覺。幽頞，似猴，身有斑紋，觸物則笑，見人則佯睡。朏朏，狀如貍而白尾，畜養朏朏，可解憂愁。聞獜是一種風獸，彘形而黃首。聞獜出現，即刮颶風。蛫，狀如烏龜，赤首，白身，可以禦火。夔，一足，似牛而無角，其聲如雷，習稱雷獸，夔獸出入，必有風雨。三角獸，三角九尾，是一種瑞獸，人君法度脩明，則三角獸出現。獲落，大如狼，貪食無厭，食飽則入密林，以樹夾腹，食物消化後，復出覓食。蘇獸，茸毛，尾長與身等，遇人追逐，則負其子於背，以尾蔽之。或許由於生態的變化，可愛的動物，已經罕見了。

《獸譜》第一冊畫冊

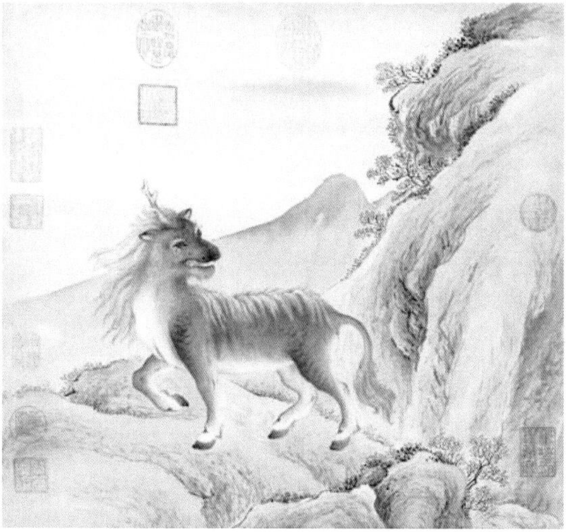

麒麟

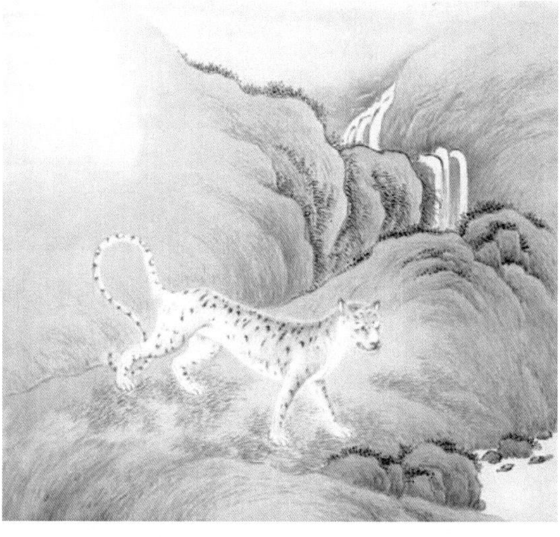

騶虞

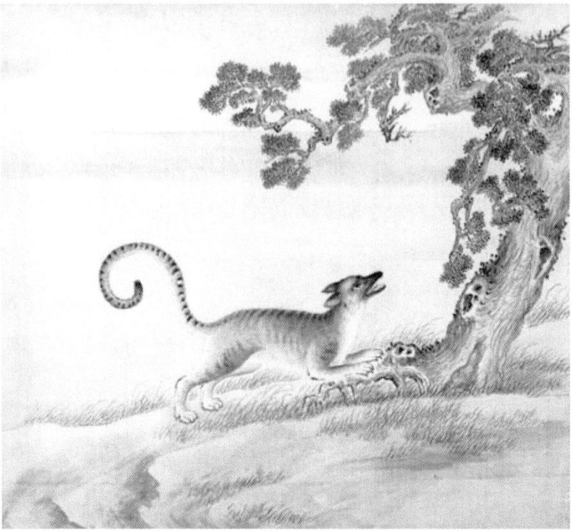

酋耳

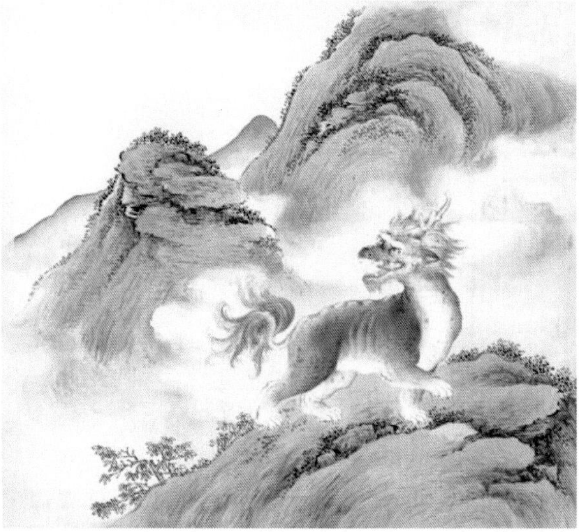

獬豸

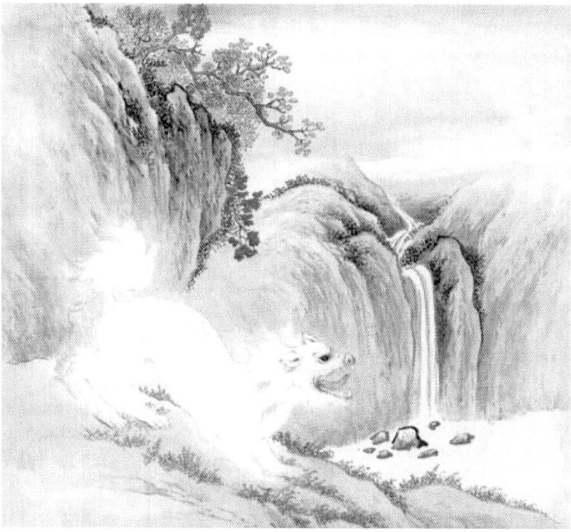

白澤

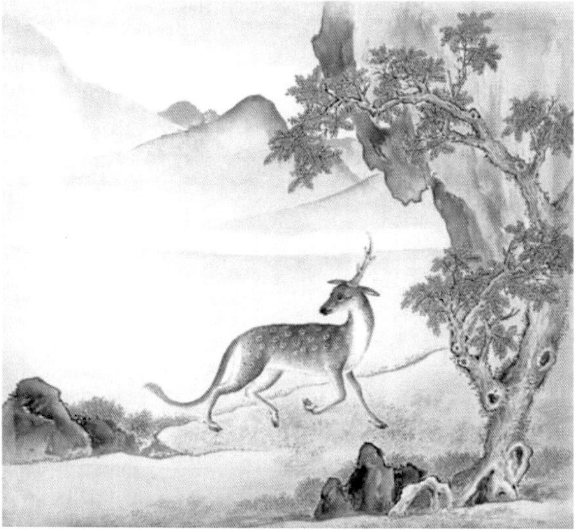

桃拔

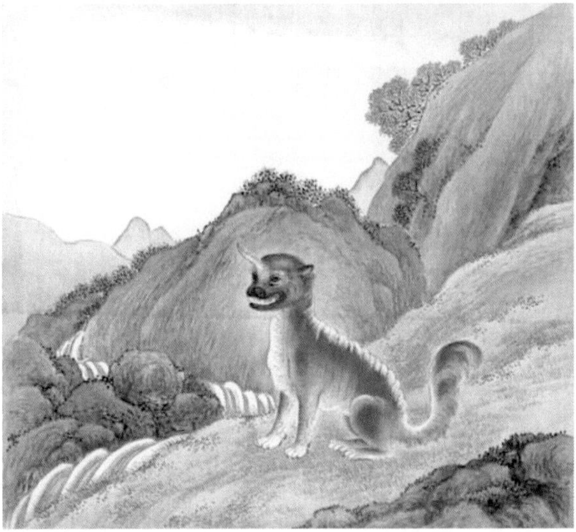

角端

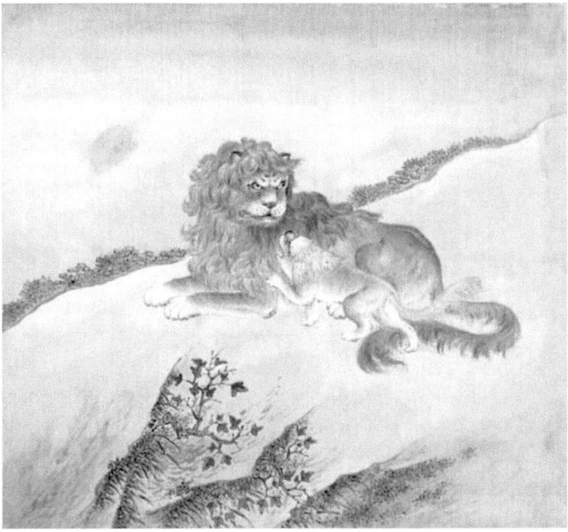

狻麑

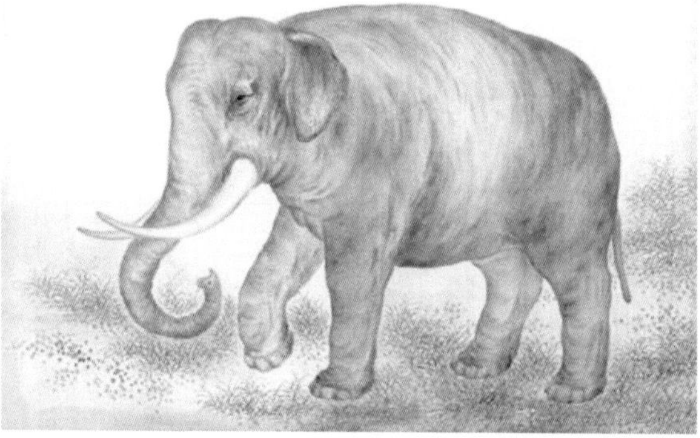

象

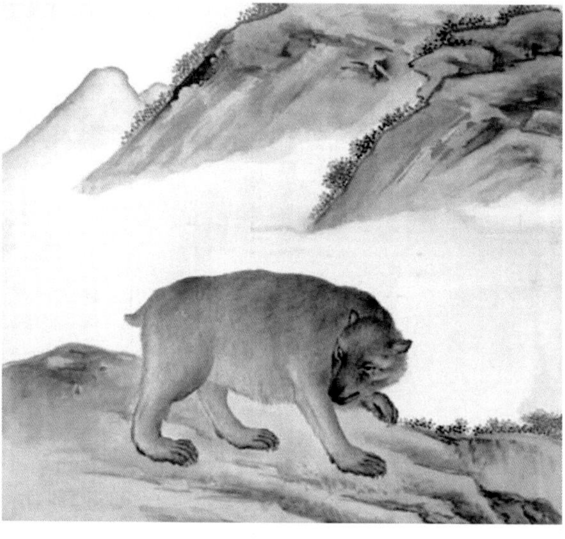

羆

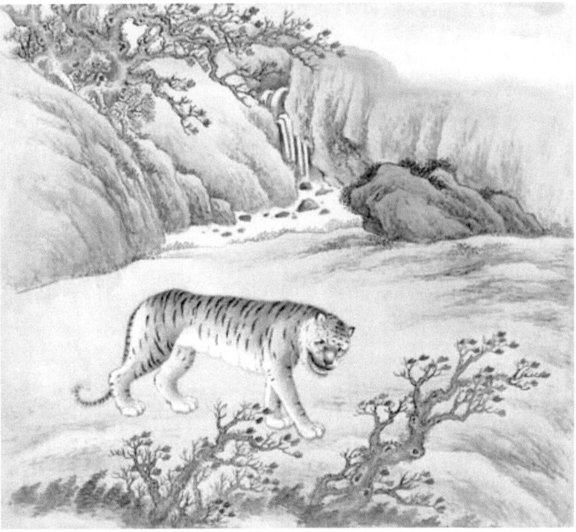

虎

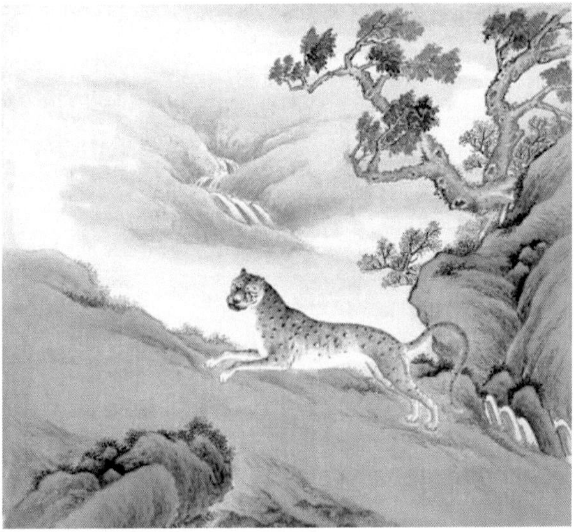

豹

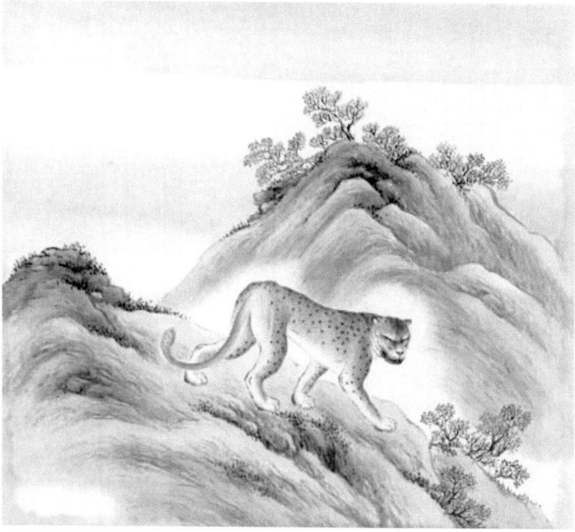

赤豹

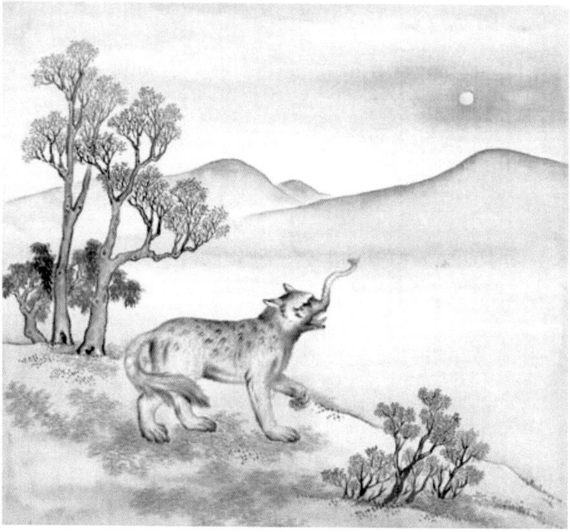

貘

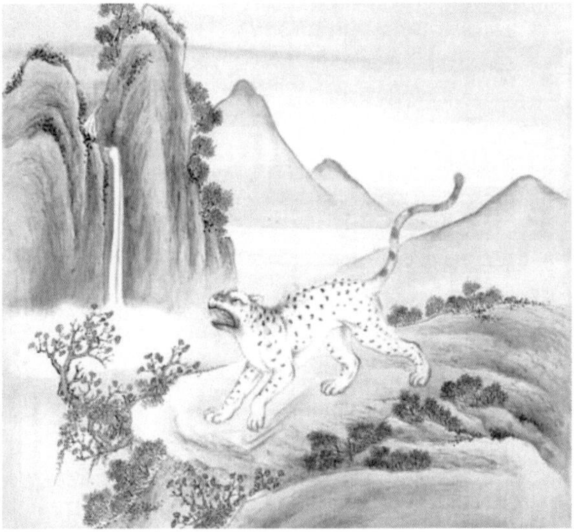

貔

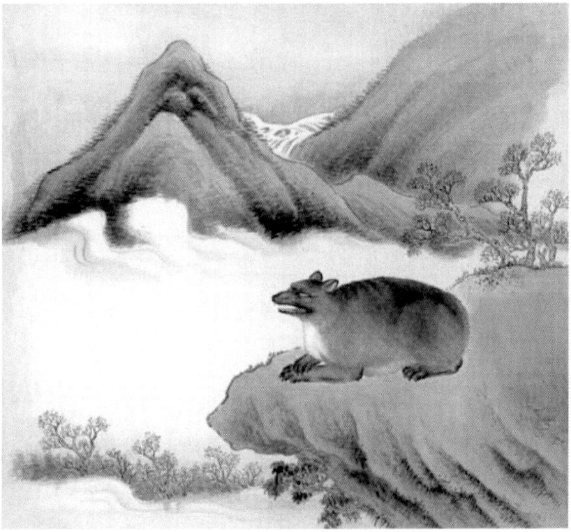

熊

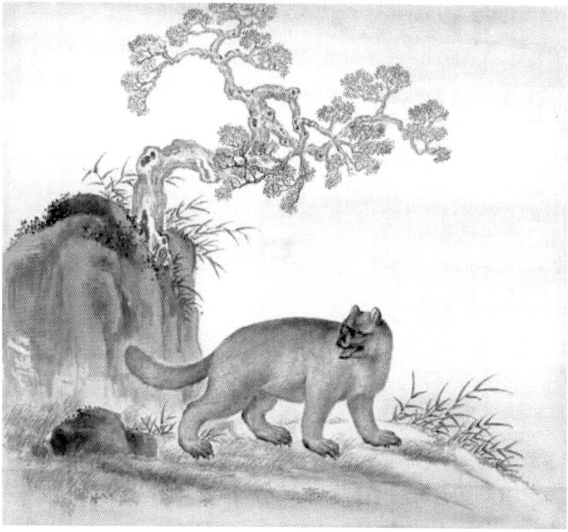

青熊

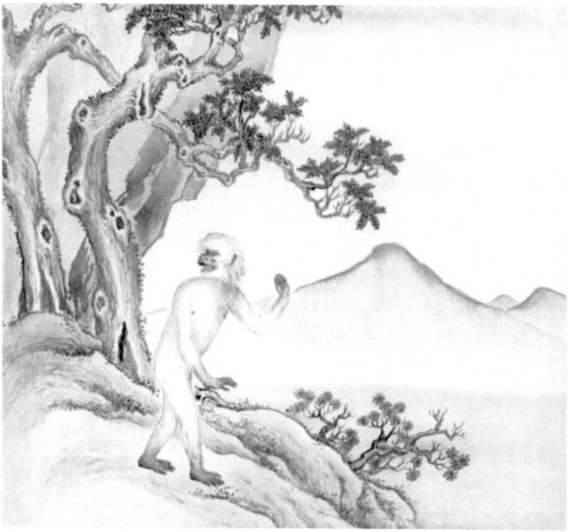

羆

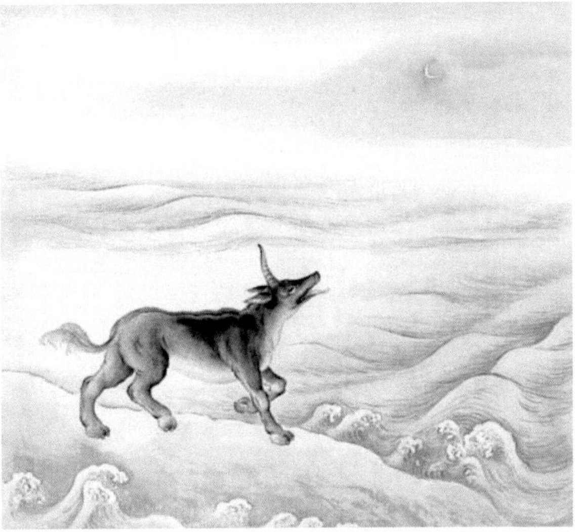

犀

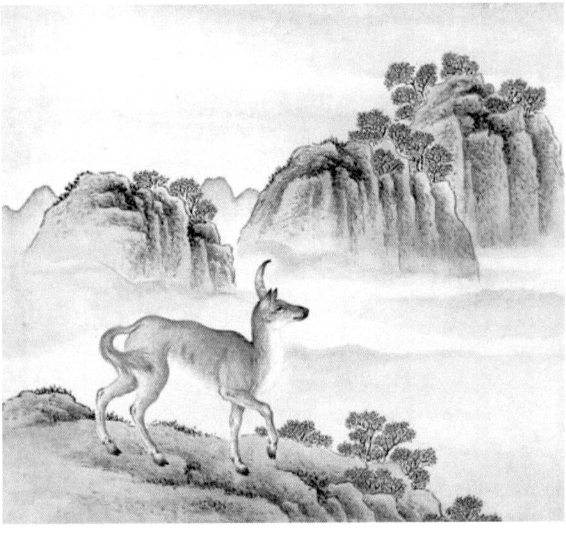

兕

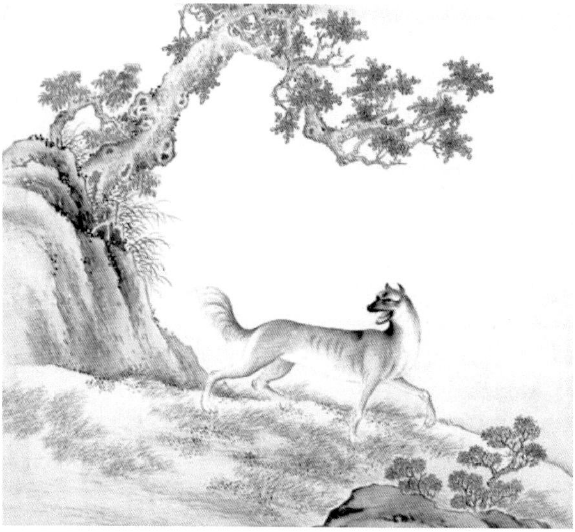

豺

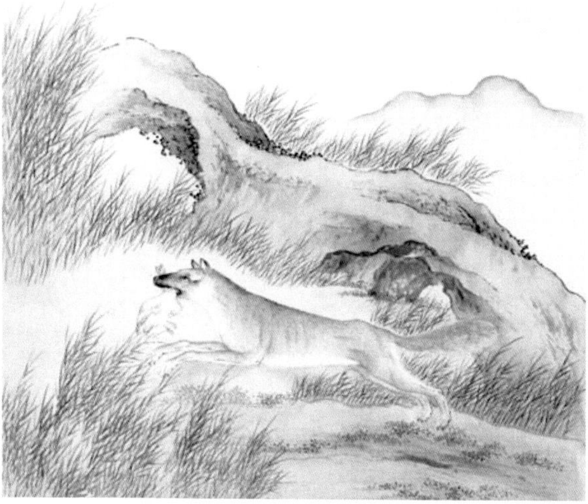

狼

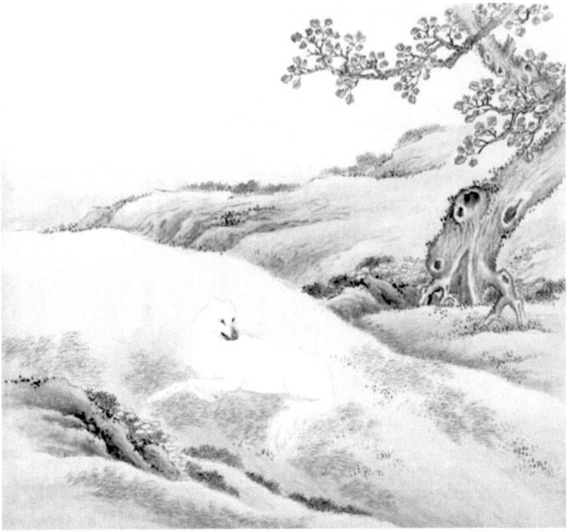

狐

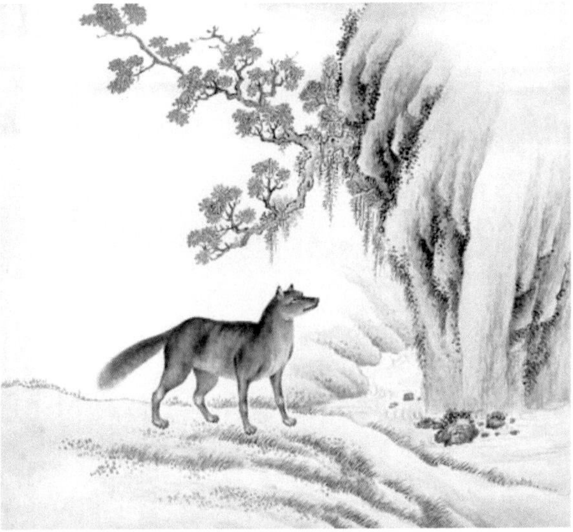

黑狐

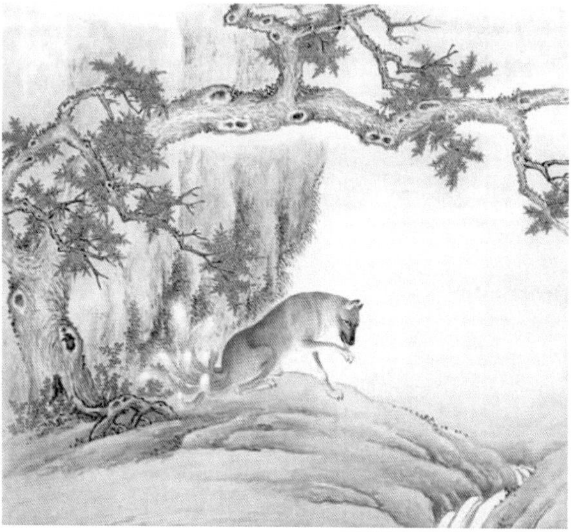

九尾狐

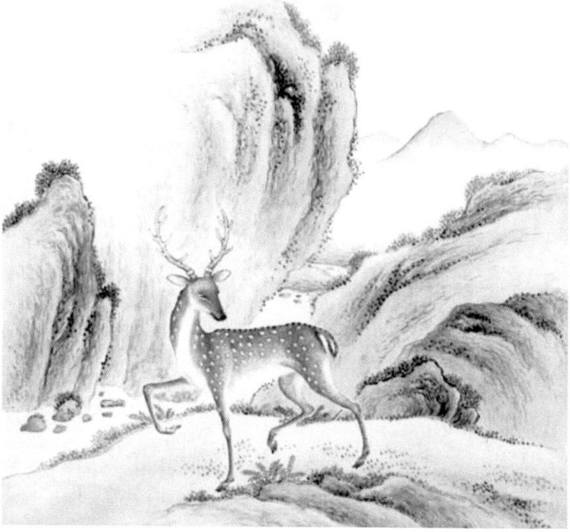

鹿

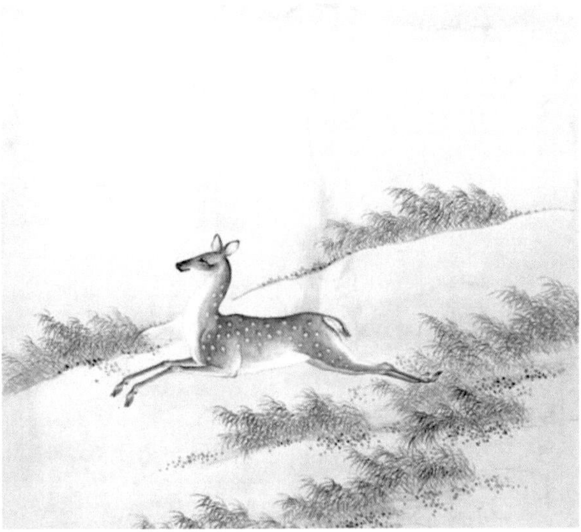

麋

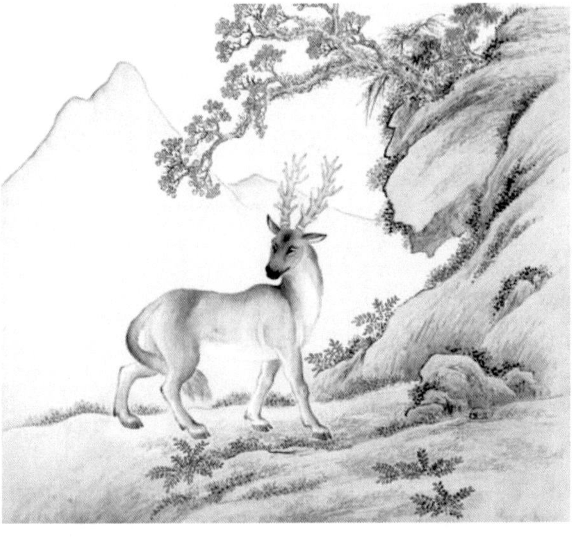

麈

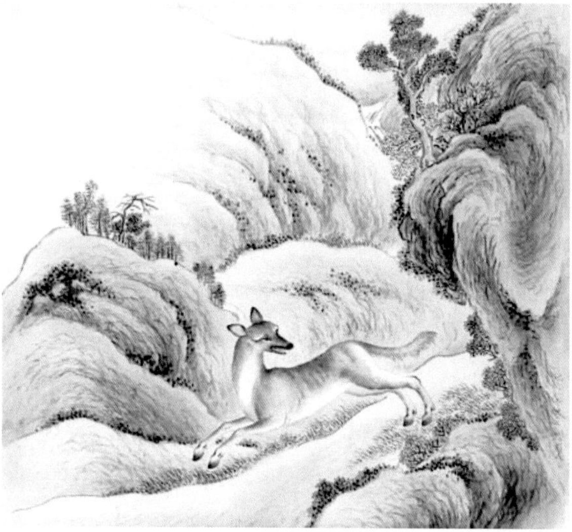

麢

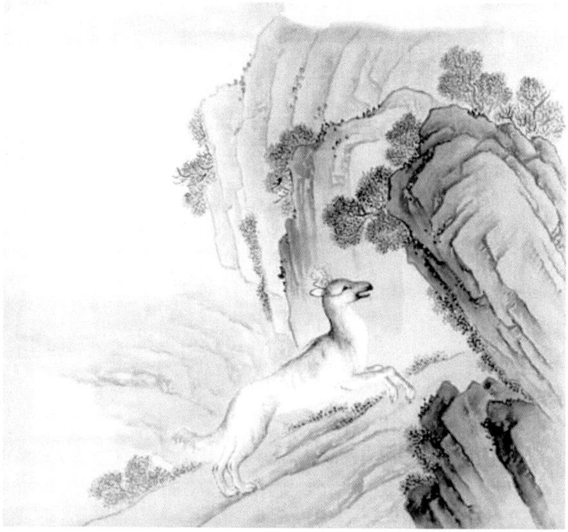

麍

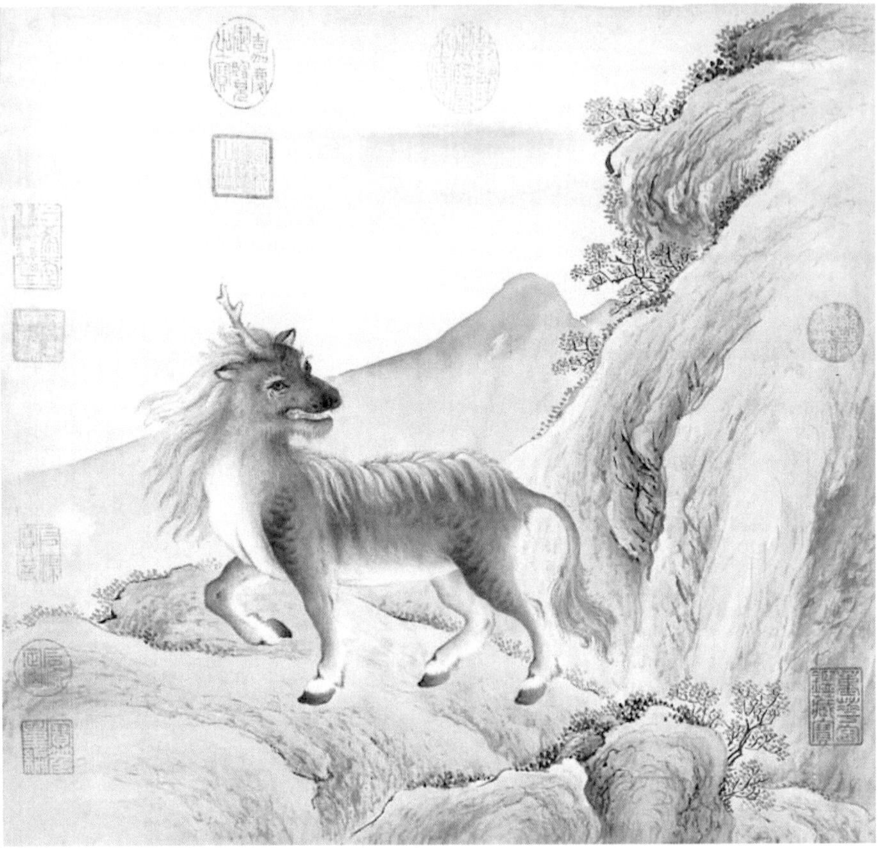

麒麟

《獸譜》第一冊滿文圖說
校　注

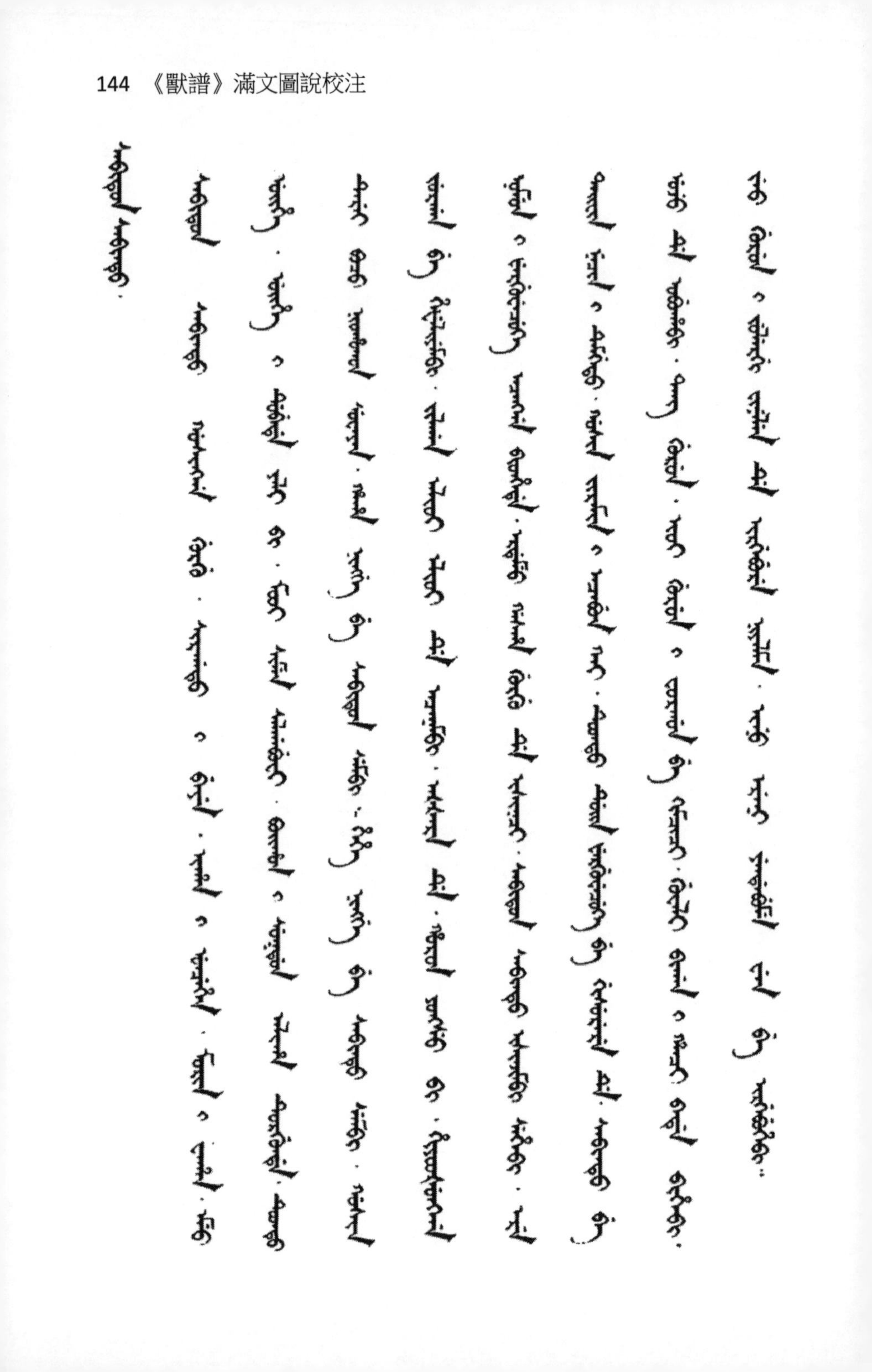

[illegible]

sabitun sabintu

sabitun sabintu gosingga gurgu, sirgatu i beye, ihan i uncehen, morin i wahan, emu uihe, uihe i dubede yali bi, mooi simen salgabufi, boihon i sukdun aliha turgunde, tuttu terei boco niohokon suwayan, haha ningge be sabitun sembi, hehe ningge be sabintu sembi. gosin jurgan be hefeliyembi, jilgan alioi elioi de acanambi, aššara de, horon yongsu bi. hiyoošungga nomun i ferguwecuke acangga bithede, erdemu gasha gurgu de isinaci, sabitun sabintu isinjimbi sehebi. ere taifin necin i temgetu, gosin jiramin i acabun kai, tuttu duin ferguwecuke be gisurere de, sabintu be uju de obuhabi. tang gurun, ioi gurun i forgon be kimcici, guwali bigan i hanci bade bihebi, jeo gurun i julergi fiyelen de irgebure niyalma, inu ereni yendebume wen be irgebuhebi.

麒麟

麒麟，仁獸，麢身[1]；牛尾，馬蹄，一角，角端有肉。禀木精，而資土氣，故其色青黃。牡曰麒，牝曰麟。含仁懷義，音中律呂，動有威儀。《孝經援神契》云：德至鳥獸則麒麟臻。蓋太平之符，仁厚之徵也。是以言四靈者，麟為之首。粤稽唐虞，近在郊椒，而《周南》之化，風人亦取興焉。

麒麟

麒麟，仁兽，麢身；牛尾，马蹄，一角，角端有肉。禀木精，而资土气，故其色青黄。牡曰麒，牝曰麟。含仁怀义，音中律吕，动有威仪。《孝经援神契》云：德至鸟兽则麒麟臻。盖太平之符，仁厚之征也。是以言四灵者，麟为之首。粤稽唐虞，近在郊椒，而《周南》之化，风人亦取兴焉。

---

[1] 麢身，滿文讀作“sirgatu i beye”。句中“sirgatu”是“sirga”與“tu”的結合名詞，“sirga”，意即「獐子」，「麢」，又作「麇」，是麞的別名。

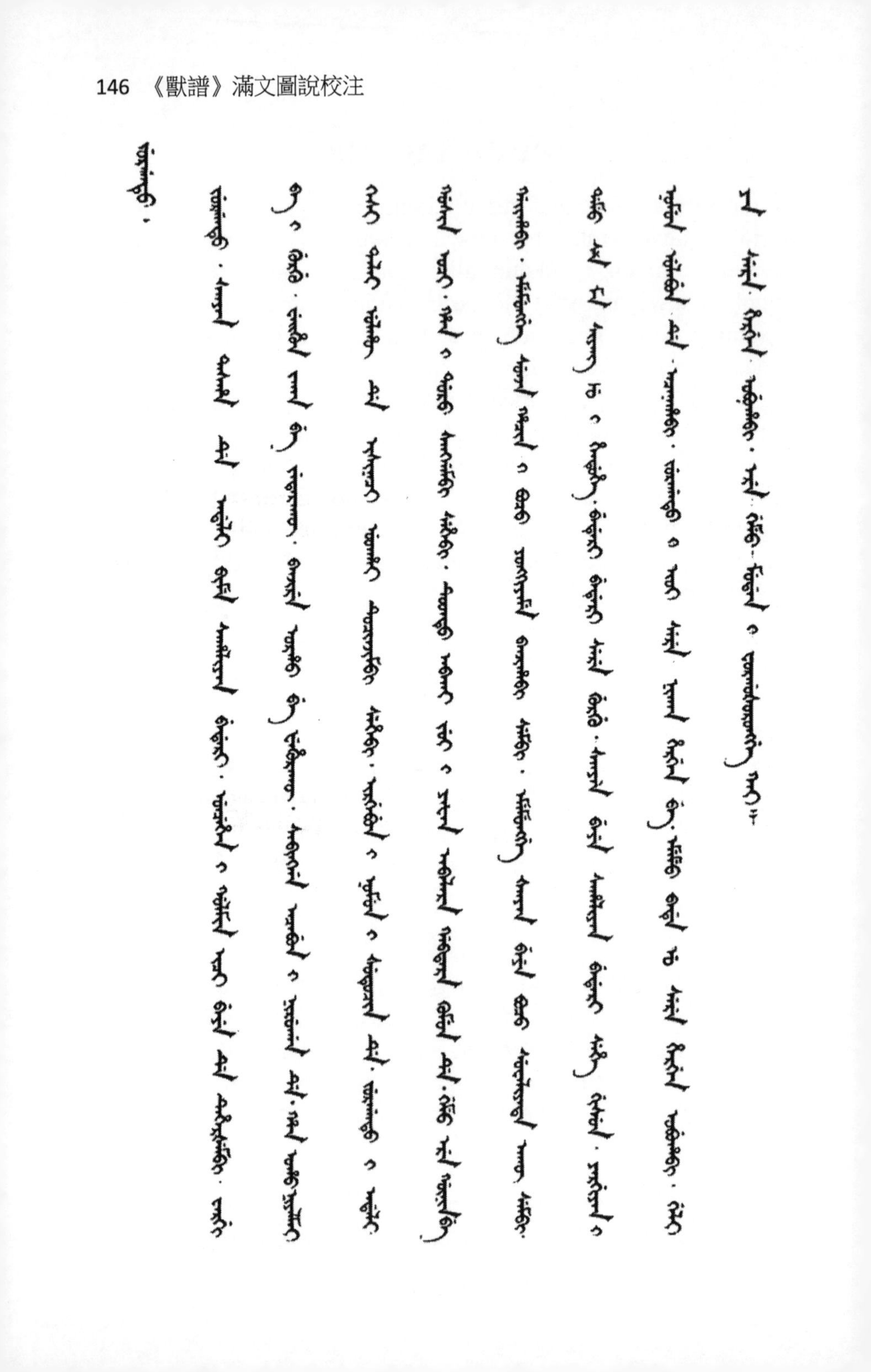

[illegible]

[illegible]

[illegible]

[illegible]

[illegible]

[illegible]

[illegible]

[illegible]

[illegible]

jurgantu

jurgantu, šanyan tasha de adali bime sahaliyan bederi, uncehen i golmin ici beye de teheršembi, wargi ba i gurgu, weihun jaka be jeterakū, banjire orho be fehurakū. sabingga acabun i nirugan de, han oho niyalmai kesi talai ulhū de isinaci uthai tucinjimbi sehebi. irgebun i nomun i šutucin de, jurgantu i adali gosin oci, han i doro šanggambi sehebi. tuttu abkai jui i yafan abalara gabtara kumun de, gemu ere gūnin be gaihabi. ememungge sunja hacin i boco yongkiyame banjihabi sembi. ememungge šanyan beye boco suwaliyata akū sembi. damu sy ma siyang žu i henduhe, bederi bederi sere gurgu, šanyan beye sahaliyan bederi sehe gisun, yargiyan i nomun ulabun de acanahabi. jurgantu i ioi sere nikan hergen be, ememu bade u sere hergen obuhabi, geli ya sere hergen obuhabi, ere gemu mudan i forgošorongge kai.

騶虞

騶虞，白虎黑文[2]，尾參於身[3]，西方獸也。不食生物，不履生草。《瑞應圖》云：王者恩及行葦則見。《詩序》曰：仁如騶虞，則王道成。故天子囿田射節義並取之。或謂五采備具，或謂皜身無雜，不若司馬相如所云：般般之獸[4]，白質黑章者，與經傳合。虞，一作「吾」，亦作「牙」，則音之轉耳。

驺虞

驺虞，白虎黑文，尾参于身，西方兽也。不食生物，不履生草。《瑞应图》云：王者恩及行苇则见。《诗序》曰：仁如驺虞，则王道成。故天子囿田射节义并取之。或谓五采备具，或谓皜身无杂，不若司马相如所云：般般之兽，白质黑章者，与经传合。虞，一作「吾」，亦作「牙」，则音之转耳。

---

[2] 白虎黑文，滿文讀作"šanyan tasha de adali bime sahaliyan bederi"，意即「似白虎而黑斑」。

[3] 尾參於身，滿文讀作"uncehen i golmin ici beye de teheršembi"，意即「尾長與身相等」。

[4] 般般之獸，滿文讀作"bederi bederi sere gurgu"，意即「斑斑之獸」。

ᠪᠠᠨᠵᡳᡥᠠᠩᡤᡝ

ᠪᠠᠨᠵᡳᡥᠠᠩᡤᡝ᠈ ᡴᠠᠮᠪᡳ ᠵᡝᠯ ᠰᡝᠴᡝ ᠰᠠᠮᡝ ᡳᠴᡳ ᠪᡠᡨᡠᠰᡳᠮᠪᡝ᠈ ᠰᠠᡥᠠᠯᡳᠶᠠᠨ ᠪᠠᠨᠵᡳᠨ ᡳᠨᡳ ᡥᡠᡩᡠᠨ᠈ ᡠᡳᡥᡝᠨ ᠪᡝᠶᡝ ᡳᠴᡳ ᠰᡝ

ᡝᠮᡠᡩᡝ᠈ ᠪᡠᠶᡝ ᡳᠰᡳᠮᡝ ᠪᡝ ᠰᡝᠪᡝᠨ᠈ ᡝᠮᡝ ᡝᠶᡝᠪᡝ ᠰᡠᠸᠠᠯᡳᠶᠠᠨ ᡝᠮᡠᡤᡝ ᠰᡠᡵᡤᡝ ᡝᠮᡝᠨ ᠰᠠᠮᡝ ᡳᠨᡳ ᡝᡵᡤᡝᠨ

ᡝᠯᡝᡥᡝᠨ ᡝᠮᡠᡩᡝᡵᡳᠪᡝ᠈ ᡳᠨᡝ ᡝᠮᡠᡤᡝ ᡳ ᠰᡝᠪᡝ ᠪᡝᠶᡝ ᡝᠮᡝᠨ ᡳ ᡝᡵᡤᡝᠪᡝ᠈ ᡝᡵᡤᡝᡳ ᡝᠮᡝᡵᡤᡝᡳ ᠰᡝᠮᡝᠨ᠈ ᠪᡝ ᡝᠯᡝ

ᡝᠯᡝᠪᡝ ᠰᡝᡵᡤᡝᠪᡝ ᠪᡝᠶᡝᡩᡝ᠈ ᡳᠴᡳ ᠪᡝ ᡳ ᡝᡵᡤᡝᠪᡝ ᡳ ᡝᡵᡤᡝᠨ ᡳᠨᡝ ᡝᠮᡠᡩᡝᠪᡝ ᠰᡝᡵᡤᡝᠨ ᡝᡵᡤᡝᡳ ᠪᡝᠶᡝ᠈

ᠪᠠᠨᠵᡳᡥᠠ ᡳ ᠰᡠᠸᠠᠨ ᡠᡥᡝᠨ ᠪᡝ ᠵᡠᡵᡤᠠᠨ ᠨᡳ᠈ ᠪᡳᠰᡳᠨ ᠰᠠᡳᠪᡳ᠉

tangsika

tangsika, ing lin šaṉ alin ci tucimbi, arbun tasha de adali, uncehen beye ci golmin, tasha yarha be jembi. han oho niyalmai horon duin ergi aiman de isinaci uthai isinjimbi. jeo gurun i ceng wang han i fonde, wargi julergi aiman, ši lin erebe jafanjiha bihebi. gi ba i eifu i dorgi jeo gurun i bithei hargašame isanjiha fiyelen de, tangsika i nikan hergen be dzun el seme arahabi.

酋耳

酋耳，出英林山。形類虎，尾長於身，食虎豹。王者威及四夷則至。周成王時，西南戎，史林曾獻之。《汲冢周書・王會篇》作「尊耳[5]」。

酋耳

酋耳，出英林山。形类虎，尾长于身，食虎豹。王者威及四夷则至。周成王时，西南戎，史林曾献之。《汲冢周书・王会篇》作「尊耳」。

---

5 作「尊耳」，滿文讀作“tangsika i nikan hergen be dzun el seme arahabi”，意即「“tangsika”之漢字寫作『尊耳』」。

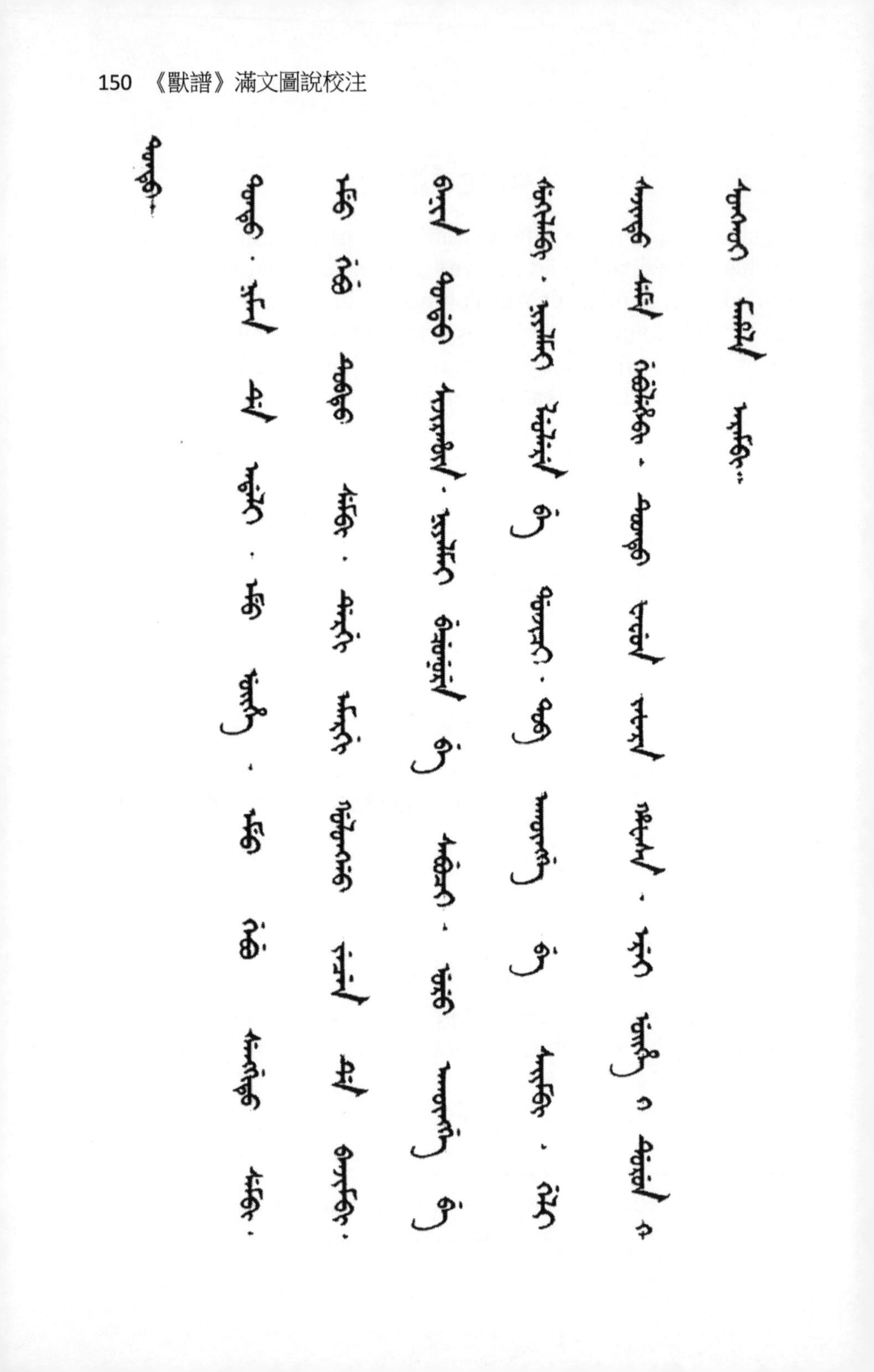

[illegible]

[illegible]

[illegible]

[illegible]

[illegible]

[illegible]

[illegible]

tontu

tontu, niman de adali, emu uihe, emu gebu šenggitu sembi. emu gebu tubtu sembi. dergi amargi golonggo jecen de banjimbi. banin tondo sijirhūn, niyalmai becunure be sabuci, uru akūngge be šukilambi. niyalmai leolere be donjici, tob akūngge be saimbi. geli šajintu seme gebulehebi. tuttu fafun jafara hafasa, erei uihe i durun i songkoi mahala arambi.

獬豸

獬豸，似山羊，一角。一名神羊，一名解[6]，生東北荒中。性忠直，見人鬥，則觸不直者。聞人論，則咋不正者，亦名任法獸[7]。故執憲者[8]，以其角形為冠。

獬豸

獬豸，似山羊，一角。一名神羊，一名解，生东北荒中。性忠直，见人斗，则触不直者。闻人论，则咋不正者，亦名任法兽。故执宪者，以其角形为冠。

---

[6] 解，滿文讀作“tubitu”，意即「獬」，此作“tubtu”，疑誤。

[7] 任法獸，滿文讀作“šajintu”，是“šajin”與“tu”的結合名詞。句中“šajin”，意即「法度」，“šajintu”,意即「法獸」。

[8] 執憲者，滿文讀作“fafun jafara hafasa”，意即「執法的官員們」。

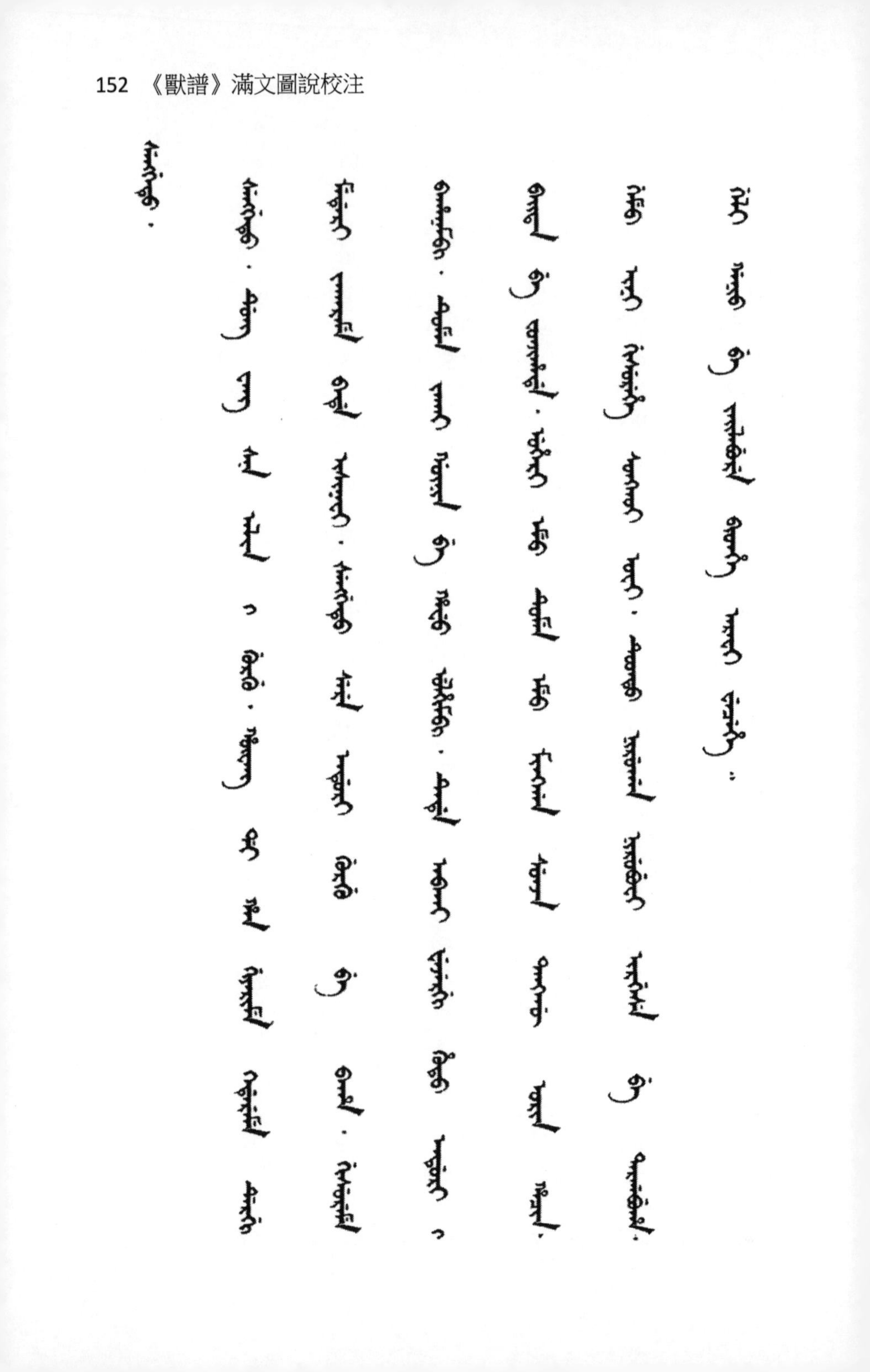

šenggetu

šenggetu, dung wang ša̱n alin i gurgu, hūwang di han giyarime kedereme dergi mederi jakarame bade isinafi, šenggetu sere enduri gurgu be baha, gisureme bahanambi. tumen jakai gūnin be hafu ulhimbi. tede abkai fejergi hutu enduri i baita be fonjihade, uheri emu tumen emu minggan sunja tanggū orin hacin, gemu ini gisurehe songkoi ofi, tuttu nirugan nirubufi irgese be targabuha, geli ganio be jailabure bithe arafi wecehe.

白澤

白澤，東望山獸也。黃帝巡狩至東海濱，得白澤神獸。能言，達知萬物之情，因問以天下鬼神事，凡萬一千五百二十種，皆如所言，圖寫以戒於民[9]，乃作辟邪之文以祝之[10]。

白泽

白泽，东望山兽也。黄帝巡狩至东海滨，得白泽神兽。能言，达知万物之情，因问以天下鬼神事，凡万一千五百二十种，皆如所言，图写以戒于民，乃作辟邪之文以祝之。

---

[9] 皆如所言，圖寫以戒於民，滿文讀作“gemu ini gisurehe songkoi ofi, tuttu nirugan nirubufi irgese be targabuha”，意即「因皆如所言，故圖寫以戒於民」。

[10] 乃作辟邪之文以祝之，滿文讀作“geli ganio be jailabure bithe arafi wecehe”，意即「又作避邪之文祭祀之」。

ᡩᡝᡵᡤᡳ᠉

ᡩᡝᡵᡤᡳ ᡩᠣᠯᠣ ᡩᡝ ᠰᡠᠨᠵᠠ᠈ ᠰᡠᠨᠵᠠᠴᡳ ᠰᡠᡵᡠ᠈ ᡠᠵᡠ ᠰᡠᡵᡠᠨ ᠨᡳᠶᠠᠯᠮᠠ ᠨᡳ ᠮᡠᠰᡝᠨ

ᡩᠣᠯᠣ ᠰᡠᡵᡤᡝ᠈ ᠰᡳᡵᡝ ᠰᠠᠰᠠᠨᠵᡳᠰᠠᠨ ᡩᠣᡵᡤᡳ ᠰᡠᡵᡤᡝ᠈ ᡠᠵᡠ ᠨᡳᠶᠠᠯᠮᠠ ᠨᡳᠶᠠᠯᠮᠠ ᠨᡳ ᡨᡠᠸᠠᠴᡳᠶᠠᠨᡳ

ᡩᠣᡵᡤᡳ ᠰᡠᡵᡤᡝ᠈ ᠨᡳᠶᠠᠯᠮᠠ ᠰᠠᠰᠠᠨ ᠨᡳ ᡨᡠᠸᠠᠮᡝ ᡩᡝᡵᡤᡳ ᠰᡠᡵᡤᡝ᠈ ᠰᡳ ᠰᡠᠰᠠ

ᠰᡟ ᠵᡳ᠈ ᠮᠠ ᠵᡳ ᡳ᠈ ᠰᡠᡵᡝ ᡩᠣᡵᡤᡳ ᡳᠯᡳ ᠮᡠᠩᡤᠠᠨᡳ᠈ ᠰᡠᡵᡝ ᠰᡠᠨᡳᠶᠠᠨ

ᠰᡠᠩᡤᡳᡵᡝ ᠰᡠᡵᠠ ᠣ ᠰᡝᠮᠪᡳ ᡩᡝ ᠰᡝᠮᠪᡳ ᡩᡝᡵᡝ᠉

bucin

bucin, buhū de adali, uncehen golmin, emu uihe ningge be abkai buhū sembi, geli fengšengge gurgu sembi, juwe uihe ningge be horonggo gurgu sembi, uihe akūngge be muhūlu bucin sembi. si ioi u i, an si i jergi gurun ci tucimbi. wargi mederi dorgi jioi ku jeo de inu bi.

桃拔

桃拔，似鹿，長尾。一角者為天鹿，亦曰天祿[11]；兩角者為辟邪[12]，無角者曰符拔。出西域烏弋、安息諸國，西海中聚窟洲亦有之。

桃拔

桃拔，似鹿，长尾。一角者为天鹿，亦曰天禄；两角者为辟邪，无角者曰符拔。出西域乌弋、安息诸国，西海中聚窟洲亦有之。

---

[11] 天祿，滿文讀作"fengšengge gurgu"，意即「福獸」，就是「有福分的異獸」。

[12] 辟邪，滿文讀作"horonggo gurgu"，意即「威武的獸」，是一種異獸名，習稱「辟邪」。

ᠪᡳᠰᡳᡵᡝ᠈ ᡤᡝᠯᡳ ᡨᡠᠸᠠᠷᠠ ᡳ ᡨᡠᡵᡤᡠᠨ ᡨᡠᡴᡳᠶᡝᠨ ᠠᡵᡤᠠᡩᠠᠪᡠᡵᡝ ᠰᡝᠮᠪᡳ᠉

ᡨᡠᡵᡤᡠᠨ ᠪᡠᡵᡝᠩ ᡨᡠᡴᡳᠶᡝᠨ ᡨᠠᠨᡨᠠᡵᠠᠪᡠᡵᡝ ᠰᡝᠮᠪᡳ᠈ ᡝᡵᡝ ᡤᡠᡵᡤᡠ ᡩᡝ ᠰᡠᠨ᠈ ᠨᡳᠶᠠᠩ ᡤᡠᡵᡤᡠ ᡨᡠᠸᠠᠮᡝ ᡳ ᡨᠠᡵᡤᠠᠪᡠᠮᡝ

ᡨᡠᡵᡤᠠᠪᡠᡵᡝ᠈ ᡨᡠᠸᠠᠰᡝᡵᡝᠩ ᡨᡠᠮᡝ ᠰᡠᠸᠠᠮᡝ ᠠᠨᠠ ᠪᡝᠰᡝ᠈ ᡝᡵᡝᠰᡝᠮᡝ ᡨᡠᠸᠠᡵᡳᠮᡝ ᡝᠨᡝᡵᡝ ᡤᡠᠪᡠ ᡨᡠᠸᠠᠮᠪᡠᠮᡝ ᠪᡝᠨᡝ ᡨᡠᡵᡤᡠᠨ᠈

ᡨᡠᠪᡝ ᡨᡠᠰᡝᡵᡝ᠈ ᡨᡠᠪᡝ ᠠᡵᡤᠠᠮᡝ ᠰᡠᠸᠠᠮᡝ ᡨᠠᡵᡤᠠᠮᡝ ᠪᡝ ᡨᡠᠪᡠᠰᡝᡵᡝ᠈ ᡝᠯᡝᠨ ᠠᡵᡤᠠᠮᡝ ᡨᡠᡵᡝ ᡨᡠᠰᠠᠮᡝ ᡳ ᡝᠨᡝᠮᡝ ᠪᡝ

ᡨᡠᠪᡠ ᡨᡠᠮᡝ ᡤᡠᠪᡠᠮᡝ ᡨᡠᠨ ᠠᠪᡠᡵᡝᠪᡠᡵᡝ᠈ ᡨᡠᠪᡝ ᡤᡠᠪᡠᠮᡝ ᡳ ᡨᡠᠪᡝ ᠠᠪᡠᠪᡠᡵᡝ ᡳ ᡨᡠᠪᡠᠮᡝ ᠠᠨᠠ᠈ ᡝᠨᡝᡵᡝᠪᡠᠮᡝ᠈

ᡝᠨᡝᡵᡝᠪᡠᠮᡝ᠈ ᡨᡠᠪᡠᡵᡝᠮᡝ ᠠᠨᠠ ᡨᡠᠪᡠᠨ᠈ ᡨᡠᠪᡠᠪᡠᡵᡝᠩ ᡨᡠᡵᡝᠮᡝ ᠠᠨᠠ ᡨᡠᠪᡠᠨ ᠠᠪᡠᡵᡝ᠈ ᡨᡠᠪᡠᡵᡝᠩ᠈ ᡨᡠᠪᡠᠪᡠᠪᡠ ᡳ ᠠᠨᠠᡵᡝ ᠪᡝ᠈

ᡝᠨᡝᡵᡝᠪᡠᠮᡝ᠈

weiheton

weiheton, ulgiyan de adali, ememungge ihan de adali sembi. uihe, oforo i dele bi, hū lin gurun ci tucimbi. sung gurun i sabi todolo i ejebun de, weiheton emu inenggi emu tumen jakūn minggan ba yabumbi, geli duin ergi aiman i gisun be ulhimbi, enduringge ejen soorin de bifi, genggiyen lakcaha jecen butu somishūn bade hafunaci, uthai bithe unufi isinjimbi sehebi. ye lioi cu ts'ai, erebe moko usiha i ferguwecun bahafi, hutu enduri i adali umesi ferguwecuke sehebi.

角端

角端，似猪，或云似牛。角在鼻上，出胡林國。《宋符瑞志》曰：角端日行萬八千里，又曉四夷之語。聖主在位，明達方外幽遠，則奉書而至。耶律楚材謂為旄星之精[13]，靈異如鬼神。端，一作貒，亦作犕[14]。

角端

角端，似猪，或云似牛。角在鼻上，出胡林国。《宋符瑞志》曰：角端日行万八千里，又晓四夷之语。圣主在位，明达方外幽远，则奉书而至。耶律楚材谓为旄星之精，灵异如鬼神。端，一作貒，亦作犕。

---

[13] 旄星，滿文讀作"moko usiha"，意即「昴星」，是西方白虎七宿之第四位，亦稱「昴宿」。

[14] 端，一作貒，亦作犕，原書未譯出滿文。

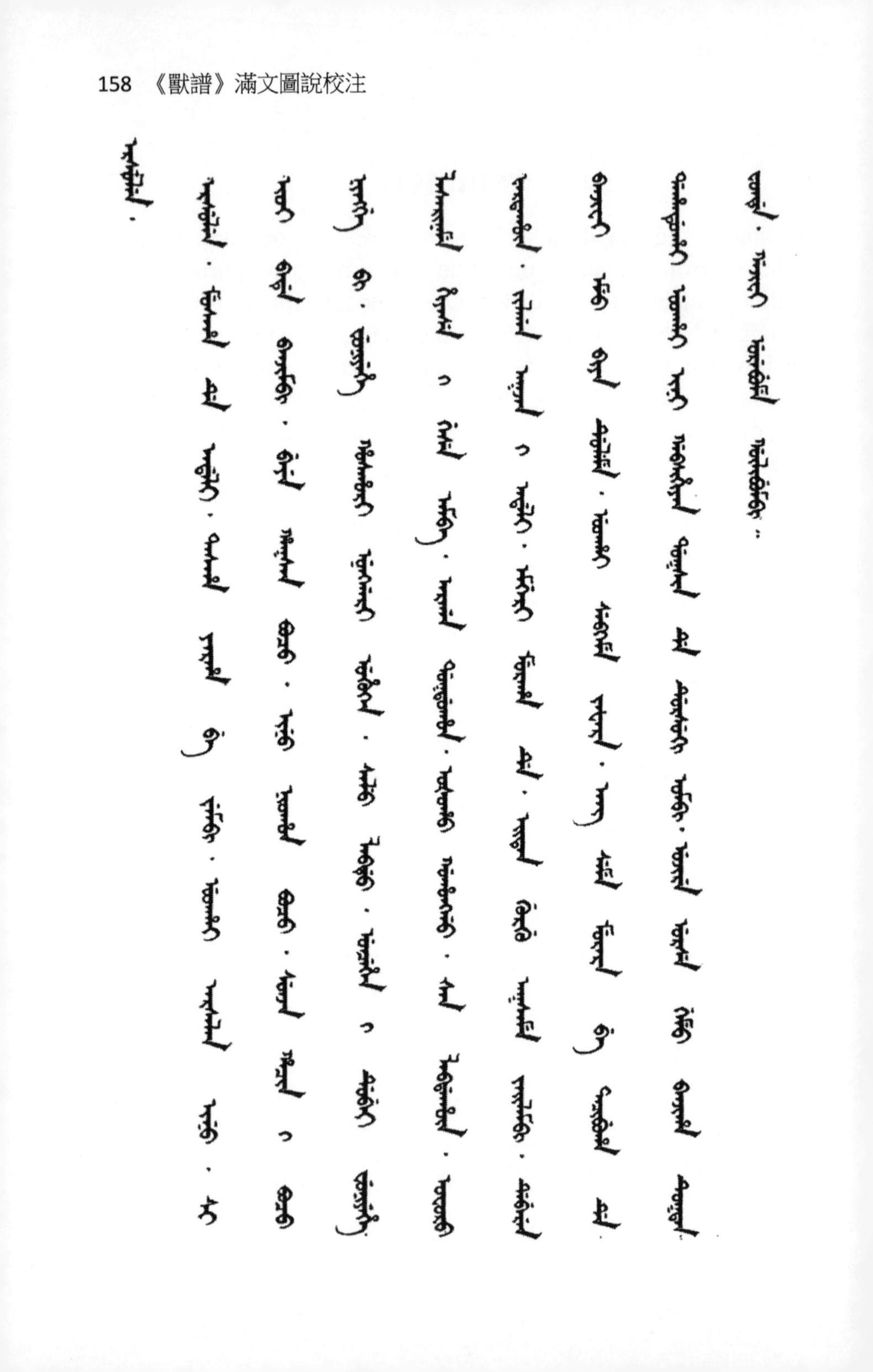

ersulen

ersulen, musha de adali, tasha yarha be jembi, uthai arsalan inu, si ioi bade banjimbi. beye haksan boco, inu niohon boco, sunja hacin i boco ningge bi. funiyehe hoshori nunggari uhuken, salu labdu, uncehen i dubei funiyehe lasariname hiyase i gese amba. argan dokdohon, ošoho gohonggo, šan labdahūn, oforo fartahūn. jilgan akjan i adali, emgeri murhan de, eiten gurgu aksame jailambi. deberen banjifi emu biya duleme, uthai sebkeme jafara, ang seme murara be tacibuha de, dahanduhai uthai ini gabsigiyan doksin de dursuki ombi. ujire urse gemu banjiha tuktan fonde, gajifi urebume gūlibumbi.

狻麑

狻麑[15]，如虦貓，食虎豹，即師子也[16]，產西域。身作黃金色[17]，亦有青色、五色者。拳毛柔毳，多耏髯，尾端茸大如斗。鋸牙鉤爪，弭耳昂鼻[18]，聲如雷，一吼則百獸辟易。生子月餘，即教以搏攫吼裂，旋如其驕勇。畜之者多於初生時，取而調習之。

狻麑

狻麑，如虦猫，食虎豹，即师子也，产西域。身作黄金色，亦有青色、五色者。拳毛柔毳，多耏髯，尾端茸大如斗。锯牙钩爪，弭耳昂鼻，声如雷，一吼则百兽辟易。生子月余，即教以搏攫吼裂，旋如其骄勇。畜之者多于初生时，取而调习之。

---

15 狻麑，滿文讀作"erselen"，此作"ersulen"，異。

16 師子，滿文讀作"arsalan"，意即「獅子」。

17 黃金色，滿文讀作"haksan boco"，意即「金黃色」，此作「黃金色」，異。

18 弭耳昂鼻，滿文讀作"šan labdahūn, oforo fartahūn"，意即「耷耳寬鼻」。

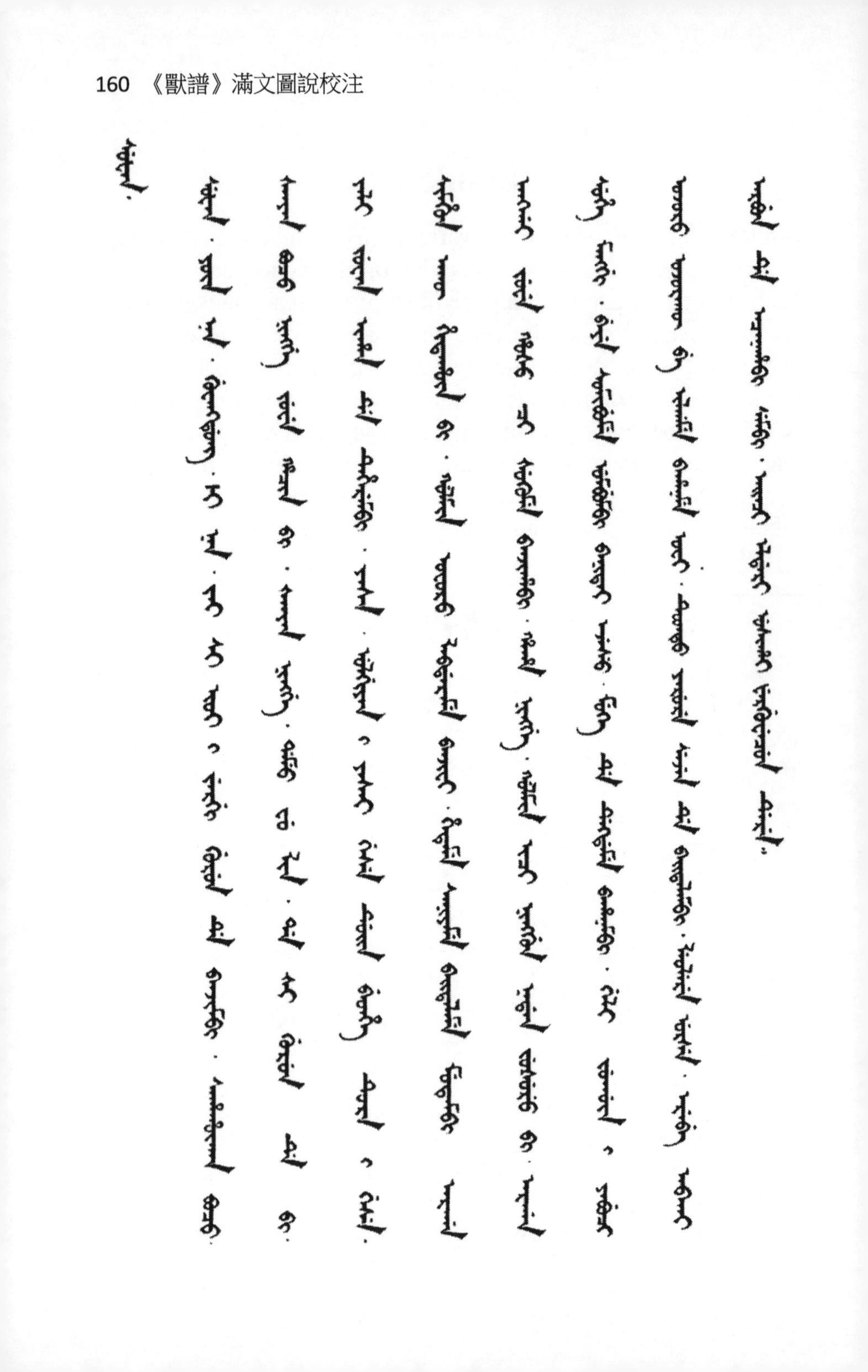

[illegible]

sufan

sufan, yūn nan, guwangdung, ži nan jai si ioi i jergi gurun de banjimbi. sahahūkan boco šanyan boco ningge juwe hacin bi. šanyan ningge, damu fu lin, da ši gurun de bi, yali juwan ihan de teherembi, yasa, ulgiyan i yasai gese, duin bethe tura i gese, simhun akū hitahūn bi, golmin oforo labdarame banjifi, heteme saniyame baitalame mutembi. arga anggai juwe hošo ci šukume banjihabi. haha ningge, golmin ici ninggun nadan jušuru bi. argan suhe manggi, beye somibume umbumbi. banitai ejesu, muke de dekdeme bahanambi, geli jugūn i yabuci ojoro ojorakū be ilgame bahaname ofi, tuttu yarure sejen de baitalambi, leolere urse, erebe abkai arbun de acanahabi sehebi. ainci elderi usihai ferguwecun dere.

象

象，產滇、粵、日南及西域諸國。有蒼、白二色，白者惟拂菻、大食有之。肉兼十牛[19]，目纔若豕，四足如柱，無趾而有爪甲。長鼻下垂，能卷舒致用。牙出兩吻間，雄者長六、七尺，蛻牙則自埋藏之。性久識，能浮水，又能別道之虛實，故導車用焉。說者謂其合於天象，蓋瑤光之精也[20]。

象

象，产滇、粤、日南及西域诸国。有苍、白二色，白者惟拂菻、大食有之。肉兼十牛，目纔若豕，四足如柱，无趾而有爪甲。长鼻下垂，能卷舒致用。牙出两吻间，雄者长六、七尺，蜕牙则自埋藏之。性久识，能浮水，又能别道之虚实，故导车用焉。说者谓其合于天象，盖瑶光之精也。

---

[19] 肉兼十牛，滿文讀作"yali juwan ihan de teherembi"，意即「肉與十牛相等」。

[20] 瑤光之精，滿文讀作"elderi usihai ferguwecun"，意即「北斗七星第七星之奇妙」。

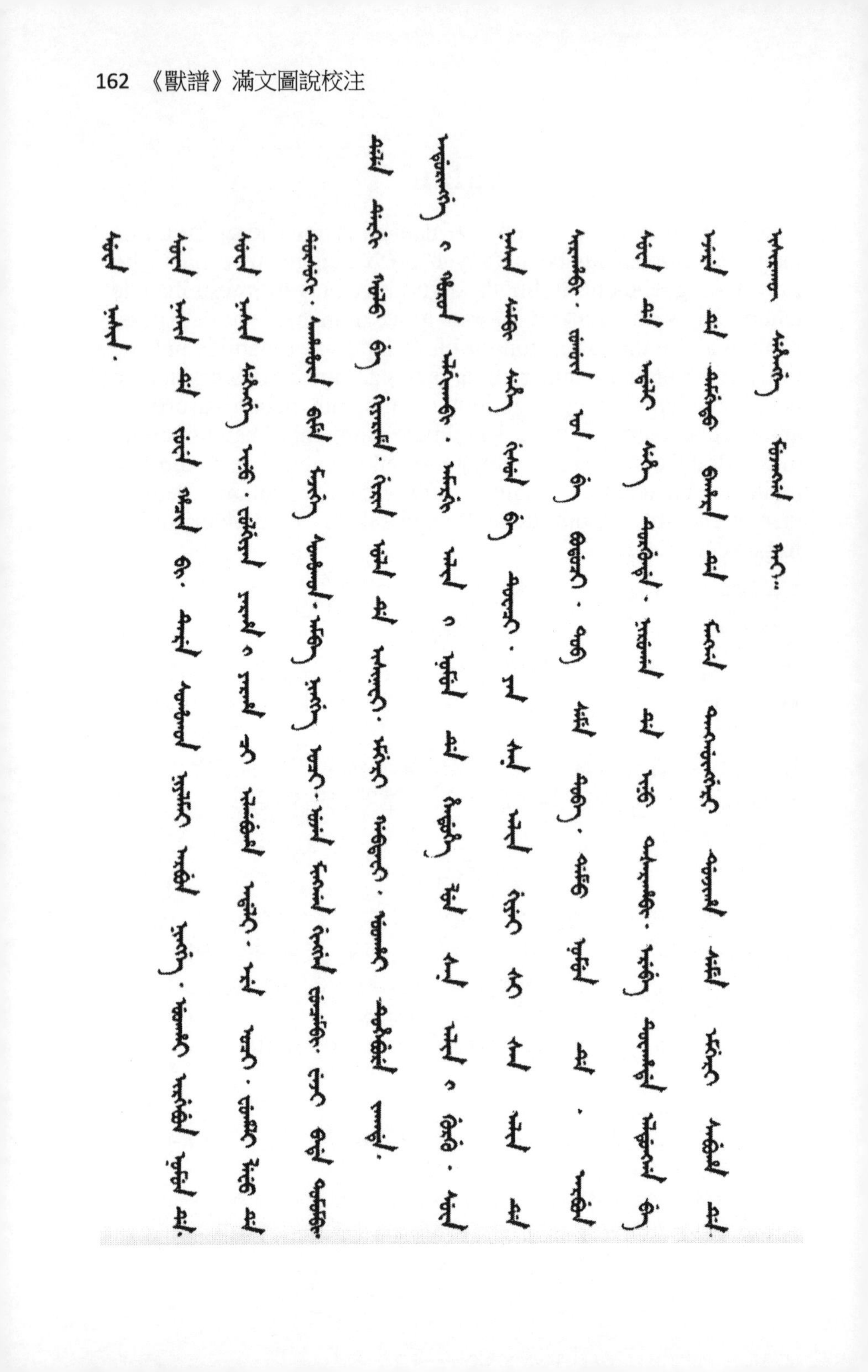

[illegible]

suwa nasin

suwa nasin de juwe hacin bi, tere sohokon niyalmai arbun ningge, uthai irgebun nomun de, suwa nasin sehengge inu, fulgiyan yarha i yarha ci ilgabuha adali, ere oci fuhali lefu de dursuki, sahahūn bime majige sohokon, amba ningge oci ujen minggan ginggen funcembi, weji bade tomombi. dele dergi golo be giyarime girin ula de isinafi, emgeri gabtafi, uthai tuhebure jakade, enduringge i horon algikabi. amargi alin i nomun de henduhe, lun šan̲ alin i gurgu, suwa nasin sembi sehe gisun be tuwaci, yan šan̲ alin giyei ši šan alin de sirahabi, jugūn on be doboci, tob seme tuba, damu nomun de, arbun suwa de adali sehe turgunde, nirugan de inu tašarahabi. erebe tuwahade aldungga be ejere de temgetu babara de mangga, tanggūnggeri donjiha seme emgeri sabuha de isirakū sehengge mujangga kai.

羆

羆[21]，有二種。其黃白而人形者[22]，即《詩》所謂黃羆，猶赤豹之別於豹也。此則全與熊類，黑而微黃，大者重千餘斤，跧伏窩集間[23]。上東巡至吉林，壹發殪之，昭聖武焉。按《北山經》云：倫山有獸曰羆，文與燕山碣石相次，以道里計之，當其地矣。惟《經》言狀如麋，圖因之而誤。洵夫志怪難徵，百聞固不如一見乎！

罴

罴，有二种。其黄白而人形者，即《诗》所谓黄罴，犹赤豹之别于豹也。此则全与熊类，黑而微黄，大者重千余斤，跧伏窝集间。上东巡至吉林，壹发殪之，昭圣武焉。按《北山经》云：伦山有兽曰罴，文与燕山碣石相次，以道里计之，当其地矣。惟《经》言状如麋，图因之而误。洵夫志怪难征，百闻固不如一见乎！

---

[21] 羆，滿文讀作“suwa nasin”，意即「略黃的馬熊」。

[22] 黃白，滿文讀作“sohokon”，意即「黃香色的」，滿漢文義略有出入。

[23] 跧伏，滿文讀作“tomombi”，意即「棲息」。

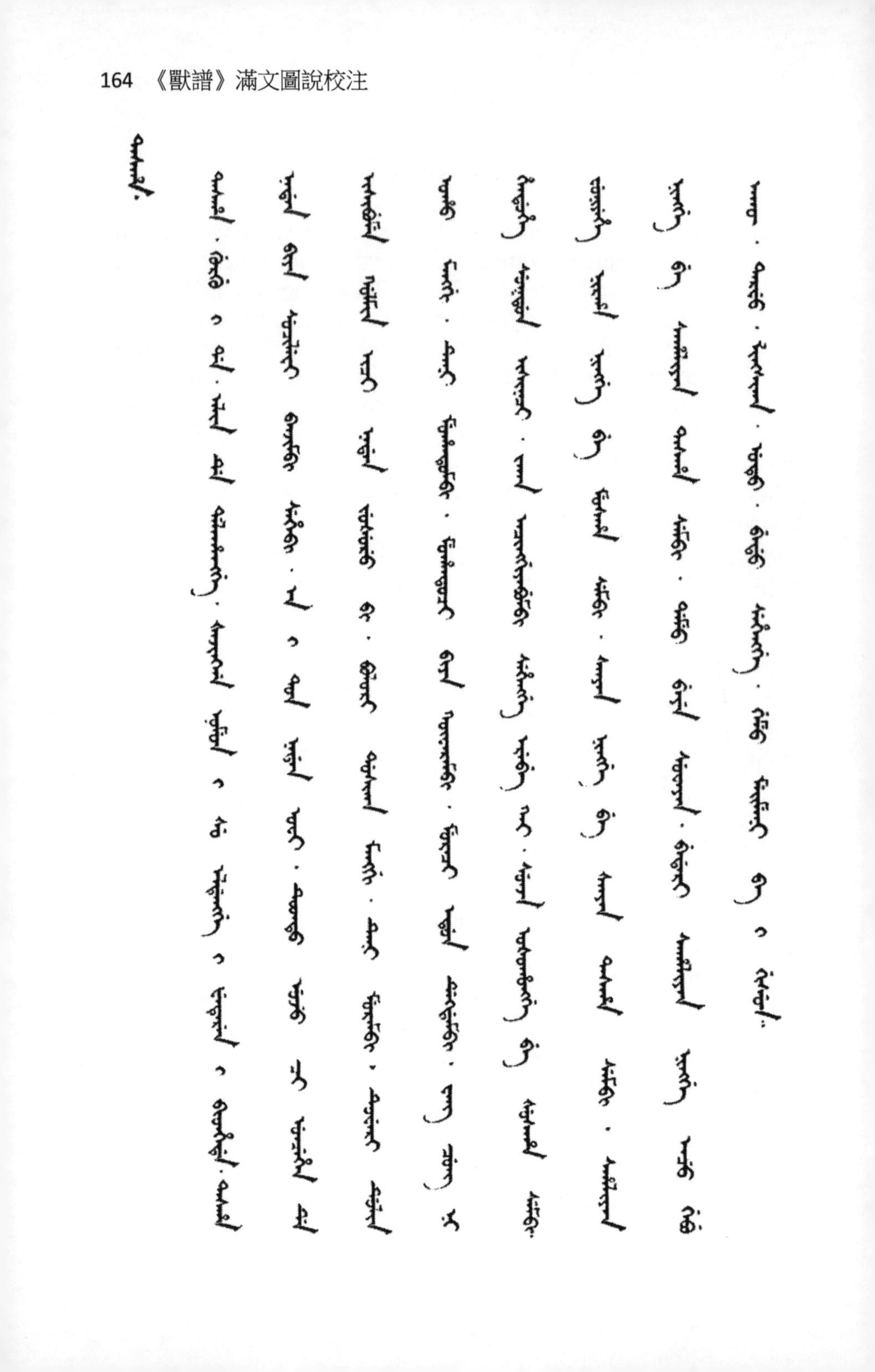

tasha

tasha, gurgu i da, alin de dalahangge, šajingga nomun i šu eldengge i feteren i bithede, tasha nadan biya sucilefi banjimbi sehebi. a i ton nadan ofi, tuttu uju ci uncehen de isibume golmin ici nadan jušuru bi, bolori dosika manggi, teni murambi, tuweri dulin oho manggi, teni muhantumbi, muhantuci biya kūwarambi, muraci edun dekdembi. wang cung ni henduhe sukdun isinaci, jaka acinggiyabumbi sehengge erebe kai. sunja ošohongge be šusha sembi, funiyehe nirha ningge be musha sembi, šayan ningge be šanyan tasha sembi, sahaliyan ningge be sahaliyan tasha sembi. damu beye suwayan, bederi sahaliyan ningge encu gebu akū, tarfu, lingsika utu, bedu sehengge, gemu meimeni ba i gisun.

虎

虎，為獸長，為山君。《春秋文曜鉤》曰：虎七月而生[24]。陽立於七，故首尾長七尺。立秋始嘯，仲冬始交，交則月暈，嘯則風生。王充所謂氣至而類動者也。五指者為貙；淺毛者為虦貓[25]；白者為甝；黑者為虪；惟黃質黑章者無異名[26]。李父、李耳，於菟、伯都，則皆方言耳。

虎

虎，为兽长，为山君。《春秋文曜钩》曰：虎七月而生。阳立于七，故首尾长七尺。立秋始啸，仲冬始交，交则月晕，啸则风生。王充所谓气至而类动者也。五指者为貙；浅毛者为虦猫；白者为甝；黑者为虪；惟黄质黑章者无异名。李父、李耳，于菟、伯都，则皆方言耳。

---

[24] 七月而生，滿文讀作"nadan biya sucilefi banjimbi"，意即「七月懷胎而生」。

[25] 淺毛，滿文讀作"niraha"，意即「毛髮稀疏」，此作"nirha"，異。

[26] 黃質黑章，滿文讀作"beye suwayan bederi sahaliyan"，意即「黃身黑斑」。

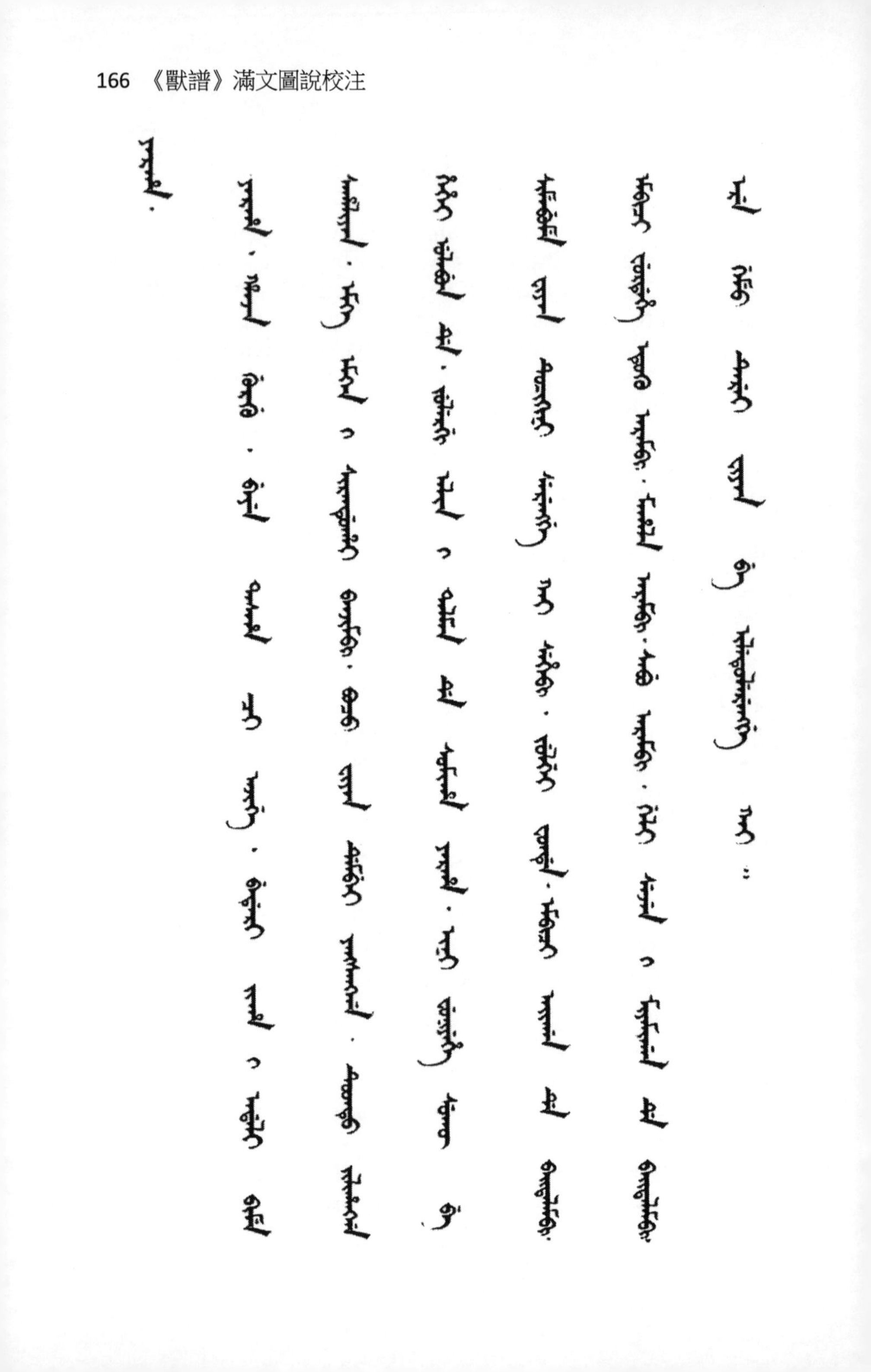

[illegible]

[illegible]

[illegible]

[illegible]

[illegible]

[illegible]

yarha

yarha, hanja gurgu, beye tasha ci ajige, bederi jiha i adali bime sahaliyan, emke emken i siranduhai banjimbi. boco fiyan dembei yangsangga, tuttu jilihangga hehei ulabun de, julergi alin i talman de somiha yarha, ini funiyehe sukū be simebume fiyan tucikini serengge kai sehebi. julgei fonde, embici aigan de baitalambi, embici furdehe etuku arambi, mahala arambi, sabu arambi, geli sejen i miyamigan de baitalambi. ere gemu terei fiyan be iletulerengge kai.

豹

豹，廉獸也。形小於虎[27]，斑如錢而黑，比比相次[28]，文采蔚然。故《列女傳》謂：南山隱霧之豹，欲以澤其毛衣而成文章。古者，或以樹侯[29]，或以為裘、為冠、為舄[30]及屬車之飾，皆昭其文也。

豹

豹，廉兽也。形小于虎，斑如钱而黑，比比相次，文采蔚然。故《列女传》谓：南山隐雾之豹，欲以泽其毛衣而成文章。古者，或以树侯，或以为裘、为冠、为舄及属车之饰，皆昭其文也。

---

27 形小於虎，滿文讀作“beye tasha ci ajige”，意即「身小於虎」。

28 比比相次，滿文讀作“emke emken i siranduhai banjimbi”，意即「逐一銜接而生」。

29 或以樹侯，滿文讀作“embici aigan de baitalambi”，意即「或用於箭靶子」。

30 為舄，滿文讀作“sabu arambi”，意即「做鞋」。

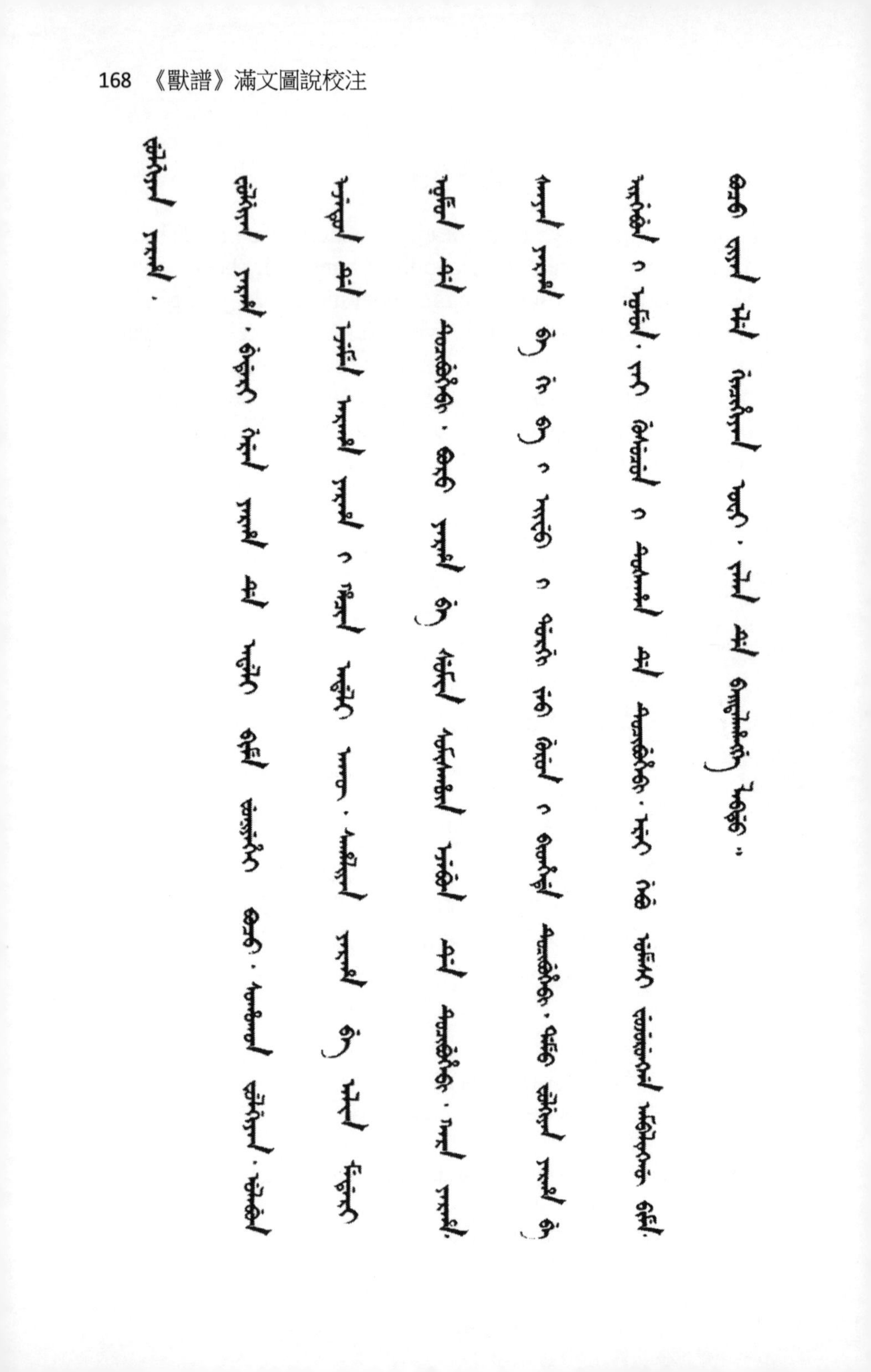

[illegible]

[illegible]

fulgiyan yarha

fulgiyan yarha, bederi geren yarha de adali bime funiyehei boco, sohokon fulgiyan, ulabun ejetun de ejeme araha yarha i hacin adali akū, sahaliyan yarha be alin mederi nomun de tucibuhebi. boro yarha be šumin somishūn ejebun de tucibuhebi. kara yarha, šanyan yarha be gi ba i eifu i dorgi jeo gurun i bithede tucibuhebi. damu fulgiyan yarha be irgebun i nomun. jai gusucun i tušahan de tucibuhebi. erei gebu umesi fujurungga ambalinggū bime boco fiyan ele gincihiyan ofi, jalan de baitalahangge labdu.

赤豹

赤豹，斑文與諸豹同，而毛色黃赤。傳記所載豹類不一。元豹見《山海經》[31]，青豹見《洞冥記》[32]，黑豹、白豹見《汲冢周書》。惟赤豹見於《詩》，見於《楚辭》[33]。名特雅馴而文采尤著，世多用之。

赤豹

赤豹，斑文与诸豹同，而毛色黄赤。传记所载豹类不一。元豹见《山海经》，青豹见《洞冥记》，黑豹、白豹见《汲冢周书》。惟赤豹见于《诗》，见于《楚辞》。名特雅驯而文采尤着，世多用之。

---

[31] 元豹，滿文讀作“sahaliyan yarha”，意即「黑豹」。

[32] 青豹，滿文讀作“boro yarha”，意即「青灰毛色的豹」。

[33] 見於《楚辭》，滿文讀作“jai gusucun i tušahan de tucibuhebi”，意即「及見於《離騷》」。原書援引《楚辭》時，滿文繙譯皆以“gusucun i tušahan”（離騷）為代稱。

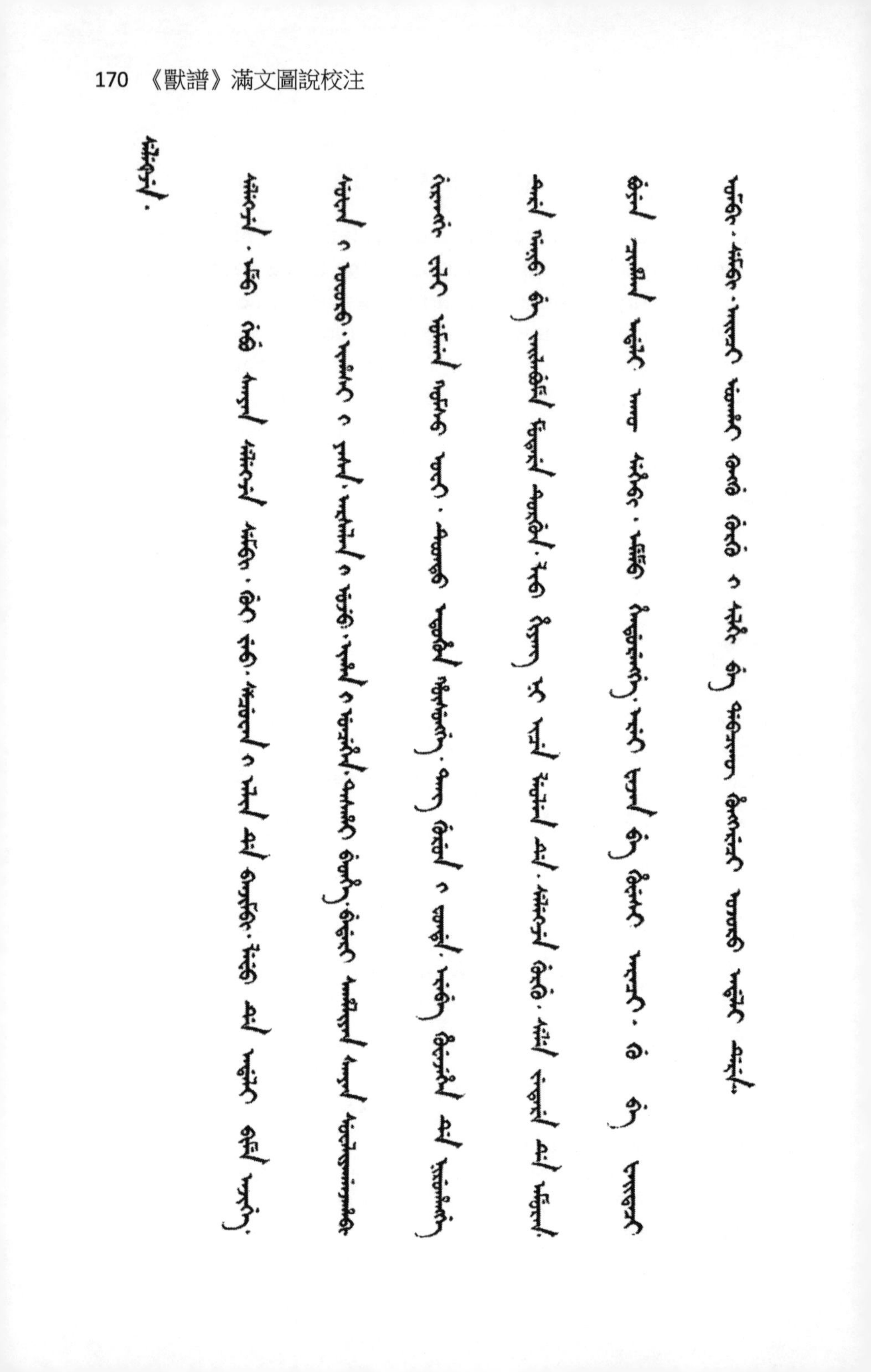

[illegible]
[illegible]
[illegible]
[illegible]
[illegible]
[illegible]
[illegible]
[illegible]

selekje

selekje, emu gebu šanyan selekje sembi, gui jeo, sycuwan i alin de banjimbi. lefu de adali bime ajige, sufan i oforo, ihasi i yasa, arsalan i uju, ihan i uncehen, tashai bethe, bederi sahaliyan šanyan suwaliyaganjahabi. giranggi fili umgan komso ofi, tuttu etuhun hūsungge. tang gurun i fonde, erebe huwejehen de niruhangge tere ganio be jailabume mutere turgun. lio hiyang ni ice leolen de, selekje gurgu, sele jetere de amuran buyen cihalan adali akū sehebi. ememu hendurengge, ere fajan be huwesi araci, gu be faitaci ombi sembi, ainci uthai kunggu gurgu i silhi be dabcikū hungkereci ojoro adali dere.

貘

貘，或作貊[34]，一名白豹[35]，生黔、蜀山中。似熊而小，象鼻，犀目，獅首，牛尾，虎足。文黑白駁[36]。骨節中實少髓，故強有力。唐時，畫諸屏，為其辟邪也。劉向《新論》謂：走貘美鐵，嗜好不同。或云其糞為刀，能切玉，殆猶昆吾獸膽之可以鑄劍耶！

貘

貘，或作貊，一名白豹，生黔、蜀山中。似熊而小，象鼻，犀目，狮首，牛尾，虎足。文黑白驳。骨节中实少髓，故强有力。唐时，画诸屏，为其辟邪也。刘向《新论》谓：走貘美铁，嗜好不同。或云其粪为刀，能切玉，殆犹昆吾兽胆之可以铸剑耶！

---

34 或作貊，此句原書未譯出滿文。

35 白豹，滿文讀作"šanyan selekje"，意即「白貘」，滿漢文義不合。

36 文黑白駁，滿文讀作"bederi sahaliyan šanyan suwaliyaganjahabi"，意即「斑紋黑白交錯相間」。

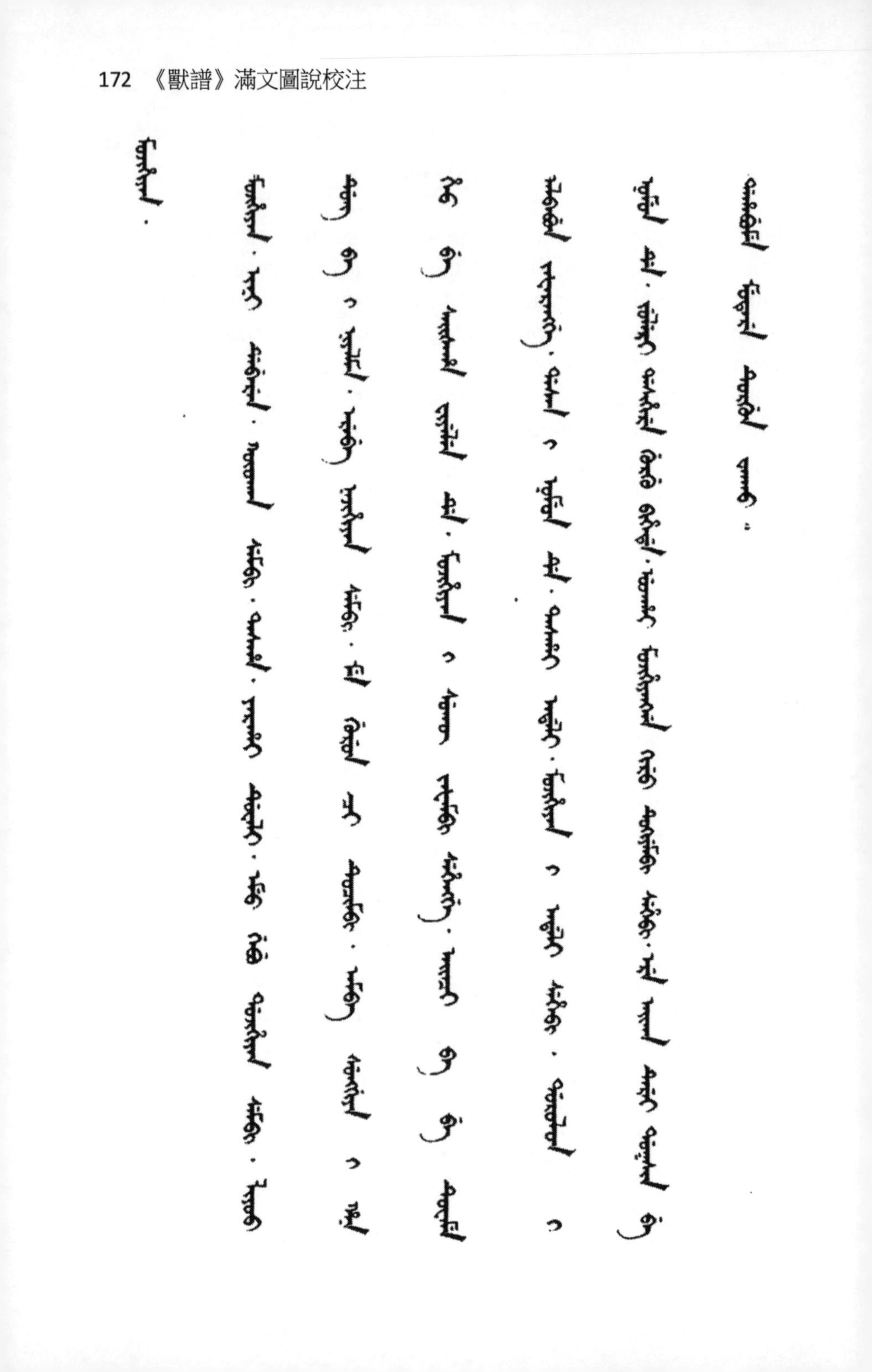

[illegible]

[illegible]

[illegible]

[illegible]

[illegible]

[illegible]

[illegible]

[illegible]

mojihiyan

mojihiyan, ini deberen kūtka sembi. tasha, yarhai duwali, emu gebu dojihiyan sembi, liyoo dung ba i niyalma, erebe najihiyan sembi. me gurun ci tucimbi. amba šunggiya i han heo be saišaha fiyelen de, mojihiyan i sukū jafambi sehengge, ainci ba be tuwame albabun jafarangge, dasan i nomun de, tashai adali, mojihiyan i adali sehebi. doloron i nomun de, juleri dasihire gurgu bihede, uthai mojihiyangga kiru tukiyembi sehebi. ere aika terei doksin be dahabume mutere turgun wakao.

貔

貔，其子豰[37]，虎豹之屬，一名白狐。遼東人謂之白羆，出貉國。《大雅・韓奕》篇：獻其貔皮，蓋任土作貢也。《書》曰：如虎如貔。《記》曰：前有摯獸，則載貔貅[38]，非以其能服猛歟？

貔

貔，其子豰，虎豹之属，一名白狐。辽东人谓之白罴，出貉国。《大雅・韩奕》篇：献其貔皮，盖任土作贡也。《书》曰：如虎如貔。《记》曰：前有挚兽，则载貔貅，非以其能服猛欤？

---

[37] 豰，滿文讀作"kūtka"，意即「貔崽」。

[38] 則載貔貅，滿文讀作"uthai mojihiyangga kiru tukiyembi"，意即「就舉貔貅旗」。

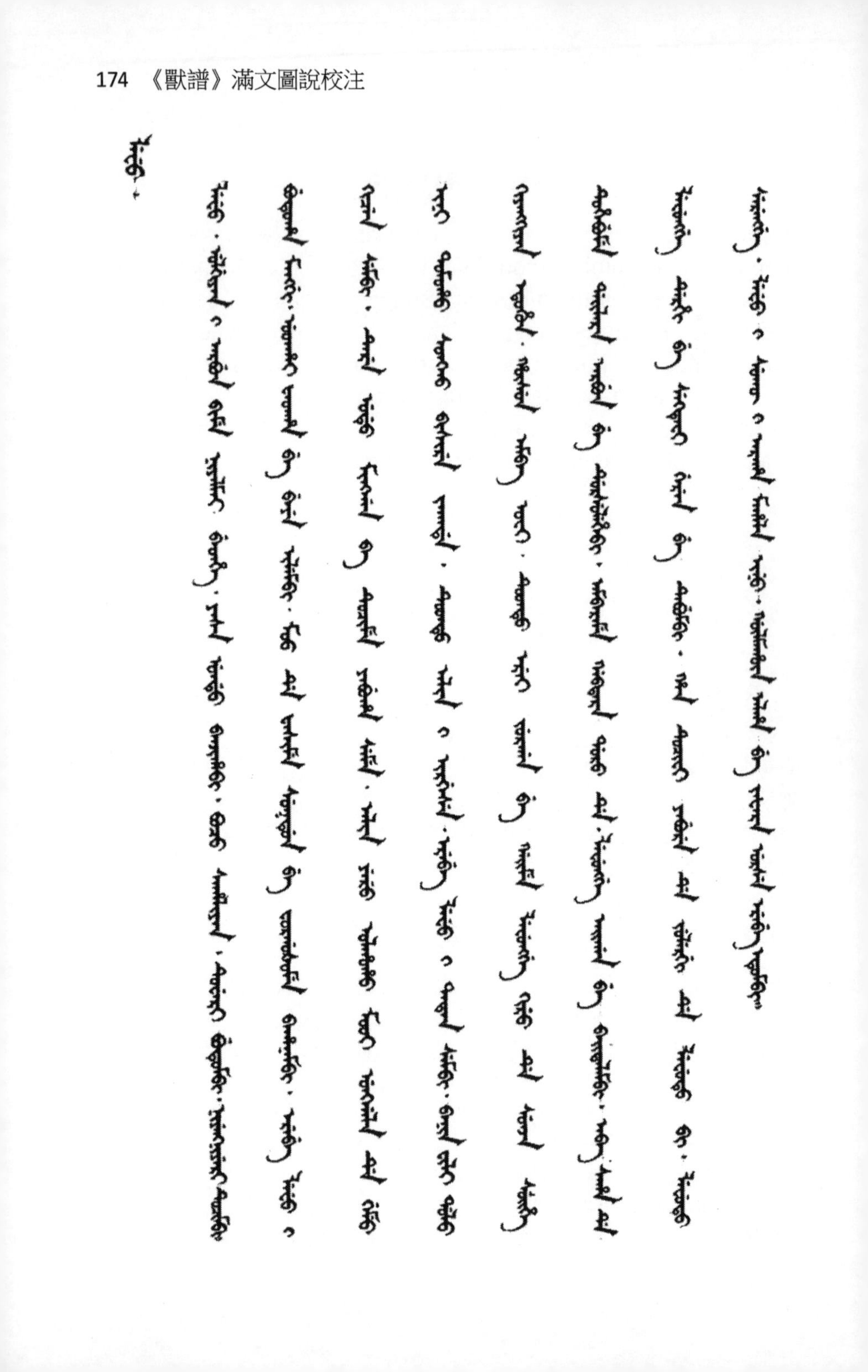

[illegible]

lefu

lefu, ulgiyan i arbun bime niyalmai bethe, yasa undu banjihabi. boco sahaliyan, tuweri butumbi, niyengniyeri tucimbi, butuha manggi, uthai fatha be beye ilembi, moo de fasime sukdun be forgošome bahanambi, erebe lefu i kicen sembi. tere udu minggan ba tucime yabuha seme, alin yeru olhoho mooi unggala de gemu ini tomoho songko bisire jakade, tuttu alin i irgese, erebe lefu i tatan sembi. banin fili dolo kiyangkiyan etuhun hūsun amba ofi, tuttu erei jurgan be gaime lefungge kiru de sunja suihe tuhebume dailara arbun be dursulehebi. ambarame gabtara doro de, lefungge aigan be baitalambi. aba saha de lefungge derhi be sektefi geren be tebumbi. han tucifi yabure de julergi de lefutu bi. lefutu serengge, lefu i sukū i araha mahala inu, gūlmahūn alha be jafara urse erebe etumbi.

熊

熊，豕形而人足，目上豎，色黑。冬蟄春出，蟄則自舐其掌。善緣木引氣，是為熊經。其行雖踰千里，悉有跧伏之所[39]，在山巖枯木中，山民謂之熊館。性堅中強毅多力，故取其義，熊旂五斿以象伐[40]。大射共熊侯[41]，田獵設熊席，以涖眾。乘輿之行[42]，前有旄頭。旄頭者，熊皮冠也，執罼者冠之。

熊

熊，豕形而人足，目上竖，色黑。冬蛰春出，蛰则自舐其掌。善缘木引气，是为熊经。其行虽踰千里，悉有跧伏之所，在山岩枯木中，山民谓之熊馆。性坚中强毅多力，故取其义，熊旗五斿以象伐。大射共熊侯，田猎设熊席，以莅众。乘舆之行，前有旄头。旄头者，熊皮冠也，执罼者冠之。

---

39 跧伏之所，滿文讀作“tomoho songko”，意即「棲身踪跡」。

40 五斿，滿文讀作“sunja suihe”，意即「五穗」。

41 共熊侯，滿文讀作“lefungge aigan be baitalambi”，意即「供熊靶子」。

42 乘輿之行，滿文讀作“han tucifi yaburede”，意即「帝出巡時」。

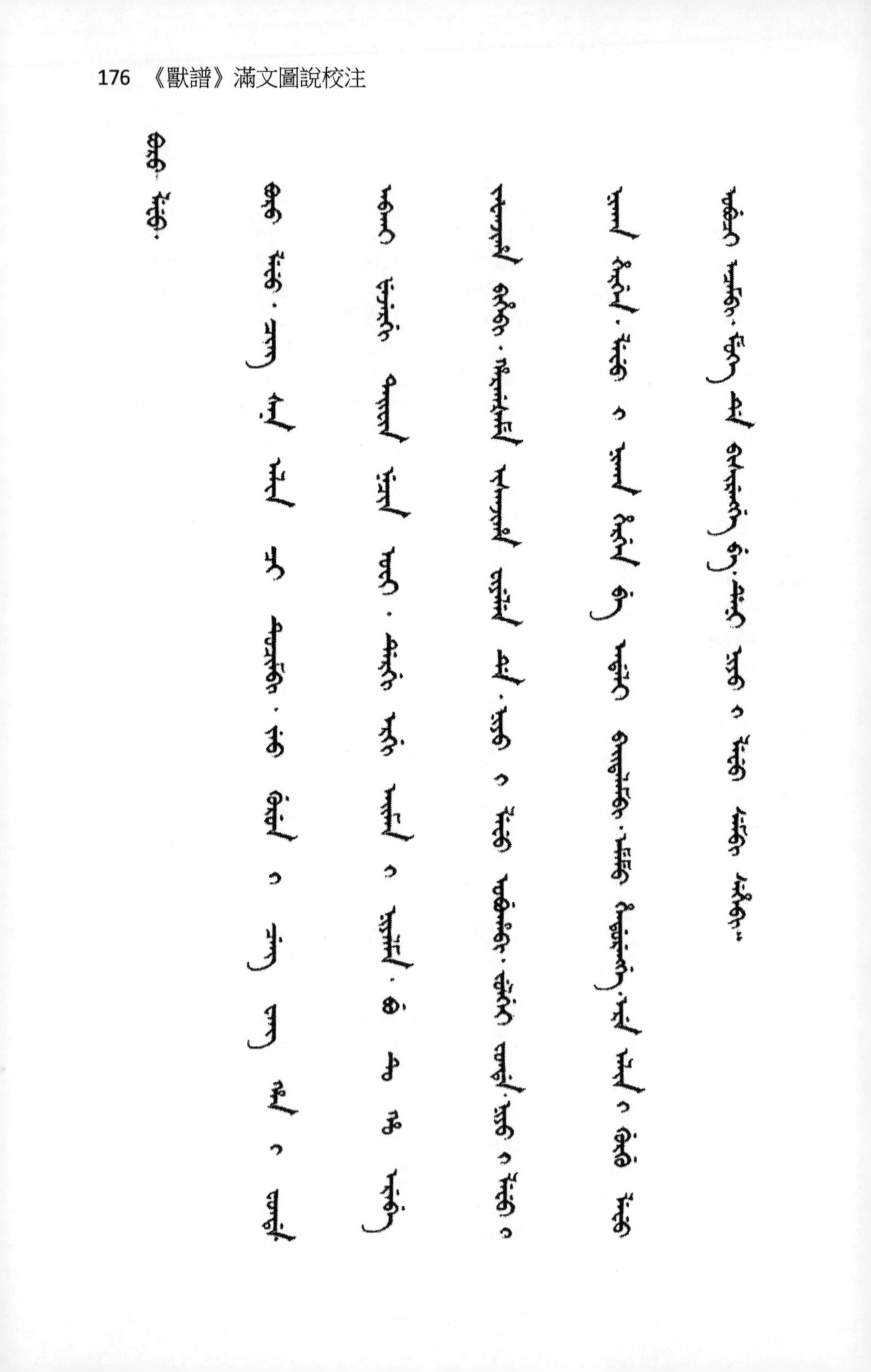

[illegible]

[illegible]

[illegible]

[illegible]

[illegible]

[illegible]

boro lefu

boro lefu, cing šan alin ci tucimbi. jeo gurun i ceng wang han i fonde, abkai fejergi taifin necin ofi, dergi ergi aiman i niyalma, bu tu ho erebe jafanjiha bihebi. hargašame isanjiha fiyelen de, niyo i lefu obuhabi. julgei fonde, niyo i lefu i nikan hergen, lefu i nikan hergen be adali baitalambi. ememu hendurengge, ere alin i gurgu lefu obuci acambi. muke de bisirengge be, teni niyo i lefu sembi sehebi.

青熊

青熊，出青山中。周成王時，天下太平，東夷之人[43]，不屠何所獻也。《王會篇》作青能[44]，能與熊古字通[45]。或曰：此山獸也，宜作熊，在水曰能[46]。

青熊

青熊，出青山中。周成王时，天下太平，东夷之人，不屠何所献也。《王会篇》作青能，能与熊古字通。或曰：此山兽也，宜作熊，在水曰能。

---

43 東夷，滿文讀作"dergi ergi aiman"，意即「東邊部落」。

44 青能，滿文讀作"niyo i lefu"，意即「沼澤的熊」。

45 能與熊古字通，滿文讀作"julgei fonde, niyo i lefu i nikan hergen, lefu i nikan hergen be adali baitalambi"，意即「古時，青能的漢字，同熊的漢字通用」。

46 此山獸也，宜作熊，在水曰能，滿文讀作"ere alin i gurgu lefu obuci acambi , muke de bisirengge be, teni niyo i lefu sembi"，意即「此山獸應作熊，在水者，方稱青能」。

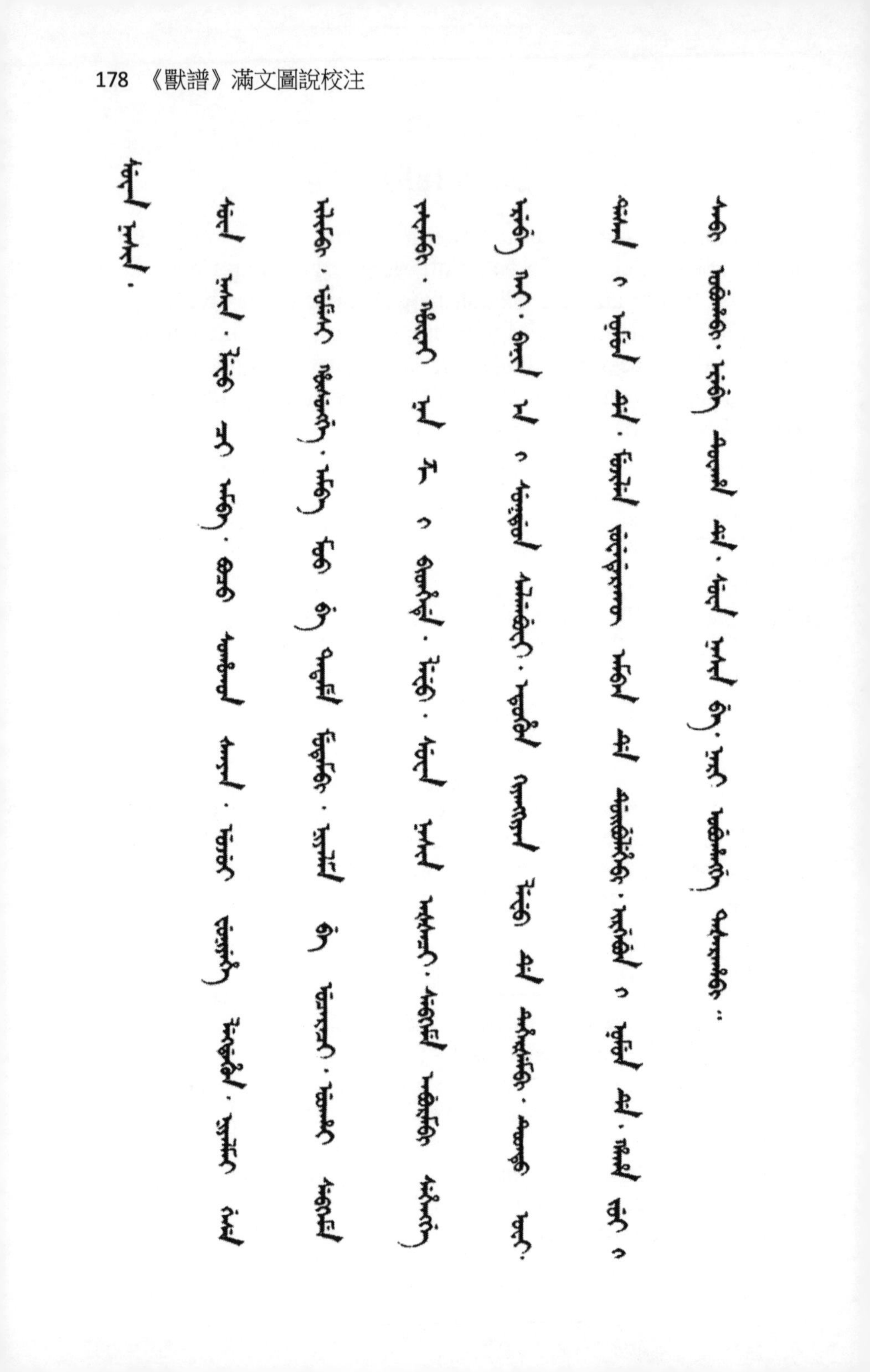

[illegible]

[illegible]

[illegible]

[illegible]

[illegible]

[illegible]

[illegible]

suwa nasin

suwa nasin, lefu ci amba, boco sohokon šanyan, ujui funiyehe lekdehun, niyalmai gese ilimbi, umesi hūsungge, amba moo be tatame mutembi, niyalma be ucaraci, uthai sebkeme jafambi, hūwai nan dz i bithede, lefu, suwa nasin aššaci, sebkeme aburambi sehengge, erebe kai. banin a i sukdun salgabufi, etuhun kiyangkiyan lefu de teheršembi, tuttu ofi, dasan i nomun de, mujilen juwederakū amban de duibulehebi, irgebu i nomun de, haha jui i sabi obuhabi, erebe tuwaha de, suwa nasin be, nari obuhangge tašarahabi.

羆

羆，大於熊，而色黃白，被髮人立[47]，絕有力，能拔大木，遇人則擘而攫之。《淮南子》云：熊、羆之動，以攫搏是也。性秉陽[48]，壯毅與熊並稱，故《書》以喻不二心之臣，而《詩》以為男子之祥，則謂羆為熊之雌者妄矣。

罴

罴，大于熊，而色黄白，被发人立，绝有力，能拔大木，遇人则擘而攫之。《淮南子》云：熊、罴之动，以攫搏是也。性秉阳，壮毅与熊并称，故《书》以喻不二心之臣，而《诗》以为男子之祥，则谓罴为熊之雌者妄矣。

---

[47] 被髮人立，滿文讀作"ujui funiyehe lekdehun, niyalmai gese ilimbi"，意即「頭髮垂遮像人站立」。

[48] 性秉陽，滿文讀作"banin a i sukdun salgabufi"，意即「性秉陽氣」。

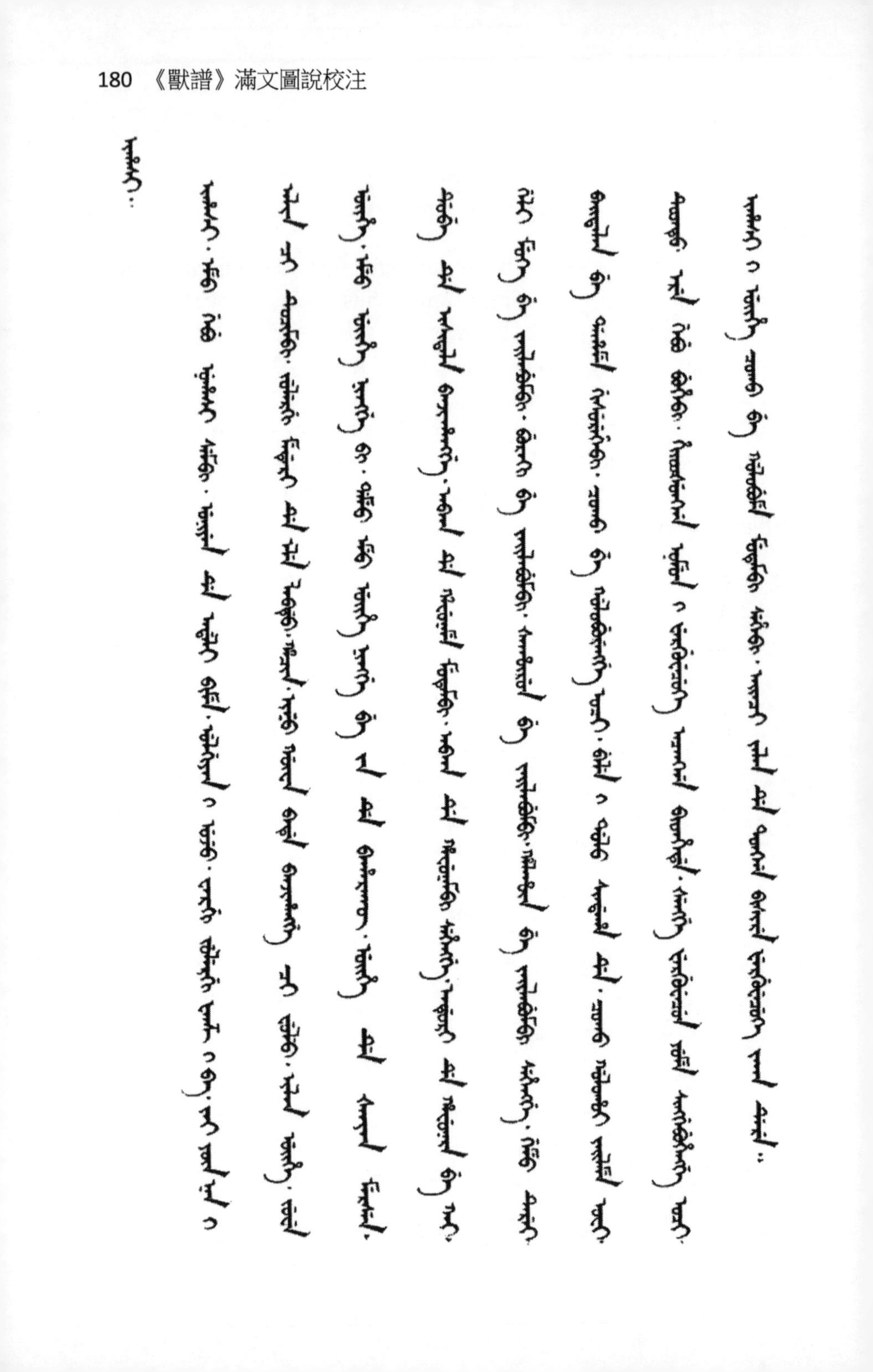

[illegible]

ihasi

ihasi, emu gebu nuhasi sembi, uniyen de adali bime, ulgiyan i uju, wargi julergi fandz i ba, jai yūn nan i alin ci tucimbi, julergi mederi de ele labdu, hacin inu gūwa bade banjihangge ci fulu, ilan uihe, juwe uihe, emu uihe ningge bi, damu emu uihe ningge be ja de baharakū, uihe de šanyan mersen, dube de isitala banjihangge, abka de hafuname mutembi. abka de hafunambi sehengge, enduri de hafunara be kai. geli muke be jailabumbi, buraki be jailabumbi, šahūrun be jailabumbi , halhūn be jailabumbi sehengge, gemu terei baitalan be dahame gisurehebi. coko be goloburengge oci, bele i dolo sindaha de, coko golohoi jailame ofi, tuttu ere gebu buhebi. hiyoošungga nomun i ferguwecuke acangga bithede, šengge ferguwecun yume singgebuhengge oci, ihasi i uihe coko be golobume mutembi sehebi, ainci jalan de tongga bisire ferguwecuke jaka dere.

犀

犀，一名奴角，似牯而豕首[49]。出西南番及滇南山中，南海尤多，品亦勝於他產。有三角，二角，一角者，惟一角不易得。角有白星徹端者[50]，能通天。通天者，通神也。又有辟水，辟塵，辟寒，辟暑，皆以其用言之。駭雞，則置米中，雞輒駭去，因以為名。《孝經援神契》云：神靈滋液，則犀駭雞[51]，殆希世珍歟！

犀

犀，一名奴角，似牯而豕首。出西南番及滇南山中，南海尤多，品亦胜于他产。有三角，二角，一角者，惟一角不易得。角有白星彻端者，能通天。通天者，通神也。又有辟水，辟尘，辟寒，辟暑，皆以其用言之。骇鸡，则置米中，鸡輒骇去，因以为名。《孝经援神契》云：神灵滋液，则犀骇鸡，殆希世珍欤！

---

49 似牯而豕首，句中「牯」，滿文讀作"uniyen"，意即「乳牛」、「母牛」。

50 白星徹端者，句中「白星」，滿文讀作"šanyan mersen"，意即「白斑點」。

51 犀駭雞，滿文讀作"ihasi i uihe coko be golobume mutembi"，意即「犀角能駭雞」。

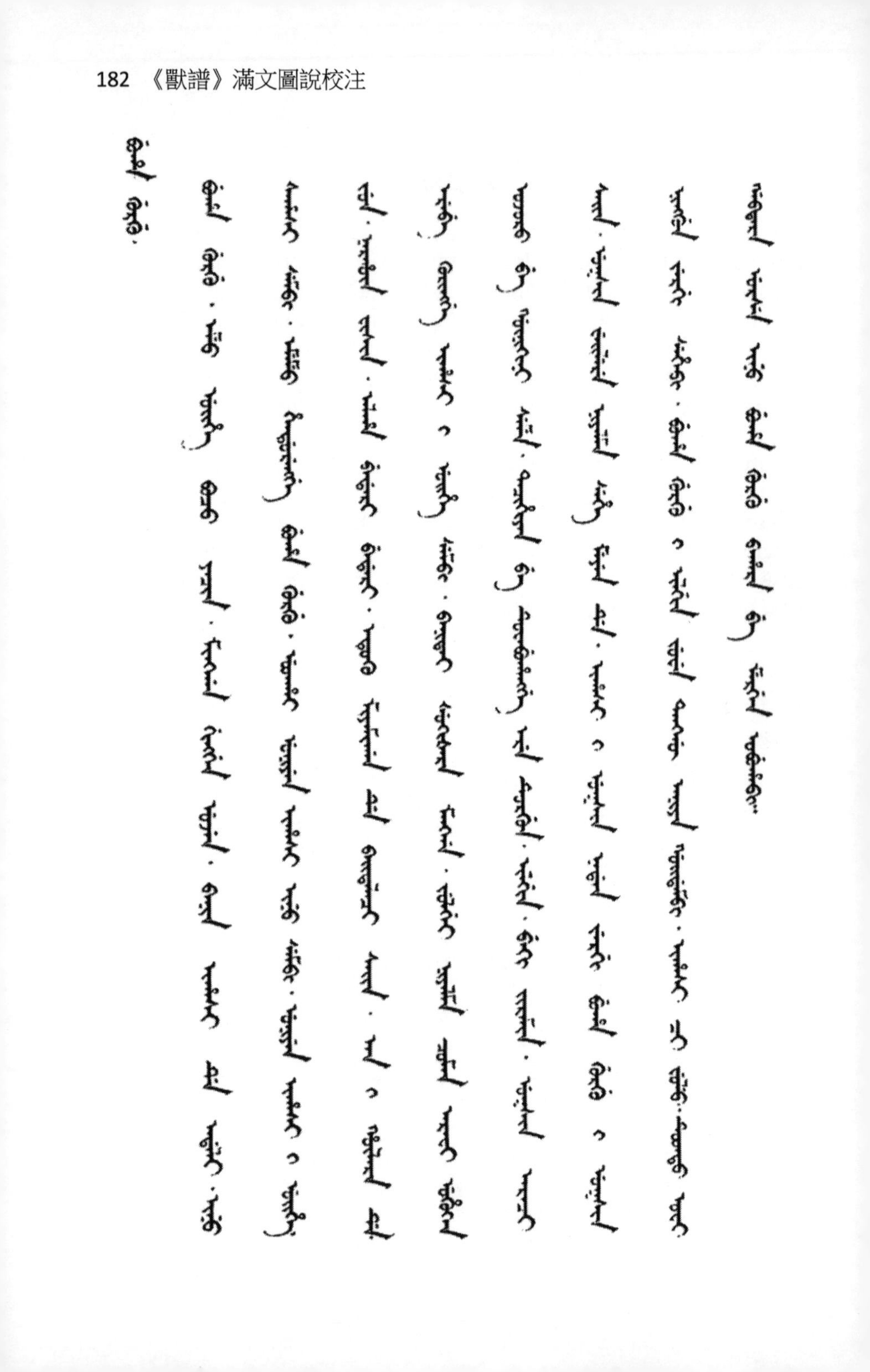

[illegible]

[illegible]

[illegible]

[illegible]

[illegible]

[illegible]

[illegible]

[illegible]

[illegible]

[illegible]

[illegible]

buha gurgu

buha gurgu, emu uihe, boco yacin, minggan ginggen ujen, banin ihasi de adali, inu šahasi sembi, ememu hendurengge buha gurgu, uthai uniyen ihasi inu sembi. uniyen ihasi i uihe, jun narhūn fisin, alha bederi bederi etuku miyamigan de baitalaci sain, an i hūlara de erebe kuringge ihasi i uihe sembi. banitai šukišara mangga. julgei niyalma coman arafi uhuken ojoro be gūnikini seme, tacihiyan be tuwabuhangge ere turgun, ilgin beki jiramin, uksin araci sain, uksin weilere niyalma sehe meyen de, ihasi i uksin nadan jergi buha gurgu i uksin ninggun jergi sehebi. buha gurgu i ilgin juwe tanggū aniya goidambi, ihasi ci fulu, tuttu ofi gabtara urse inu buha gurgu bahara be mergen obuhabi.

兕

兕，一角，青色，重千斤，狀類犀，亦曰沙犀，或云兕即犀之牸[52]。牸犀角理細膩，文斑斑然，美於服飾[53]，俗所謂斑犀也。性善抵觸，古人為觥，示訓思柔者，以此革堅厚，宜鎧。《函人[54]》：犀甲七屬，兕甲六屬。兕革壽二百年[55]，優於犀矣，故射者亦以得兕為雋焉[56]。

兕

兕，一角，青色，重千斤，状类犀，亦曰沙犀，或云兕即犀之牸。牸犀角理细腻，文斑斑然，美于服饰，俗所谓斑犀也。性善抵触，古人为觥，示训思柔者，以此革坚厚，宜铠。《函人》：犀甲七属，兕甲六属。兕革寿二百年，优于犀矣，故射者亦以得兕为隽焉。

---

52 犀之牸，滿文讀作"uniyen ihasi"，意即「母犀」。

53 美於服飾，滿文讀作"etuku miyamigan de baitalaci sain"，意即「用於服飾則美」。

54 函人，滿文讀作"uksin weilere niyalma sehe meye n"，意即「製作鎧甲的人」，見《周禮・考工記》。

55 兕革壽二百年，滿文讀作"buha gurgu i ilgin juwe tanggū aniya goidambi"，意即「兕革留至二百年之久」。

56 亦以得兕為雋焉，句中「雋」，滿文讀作"mergen"，意即「賢」。

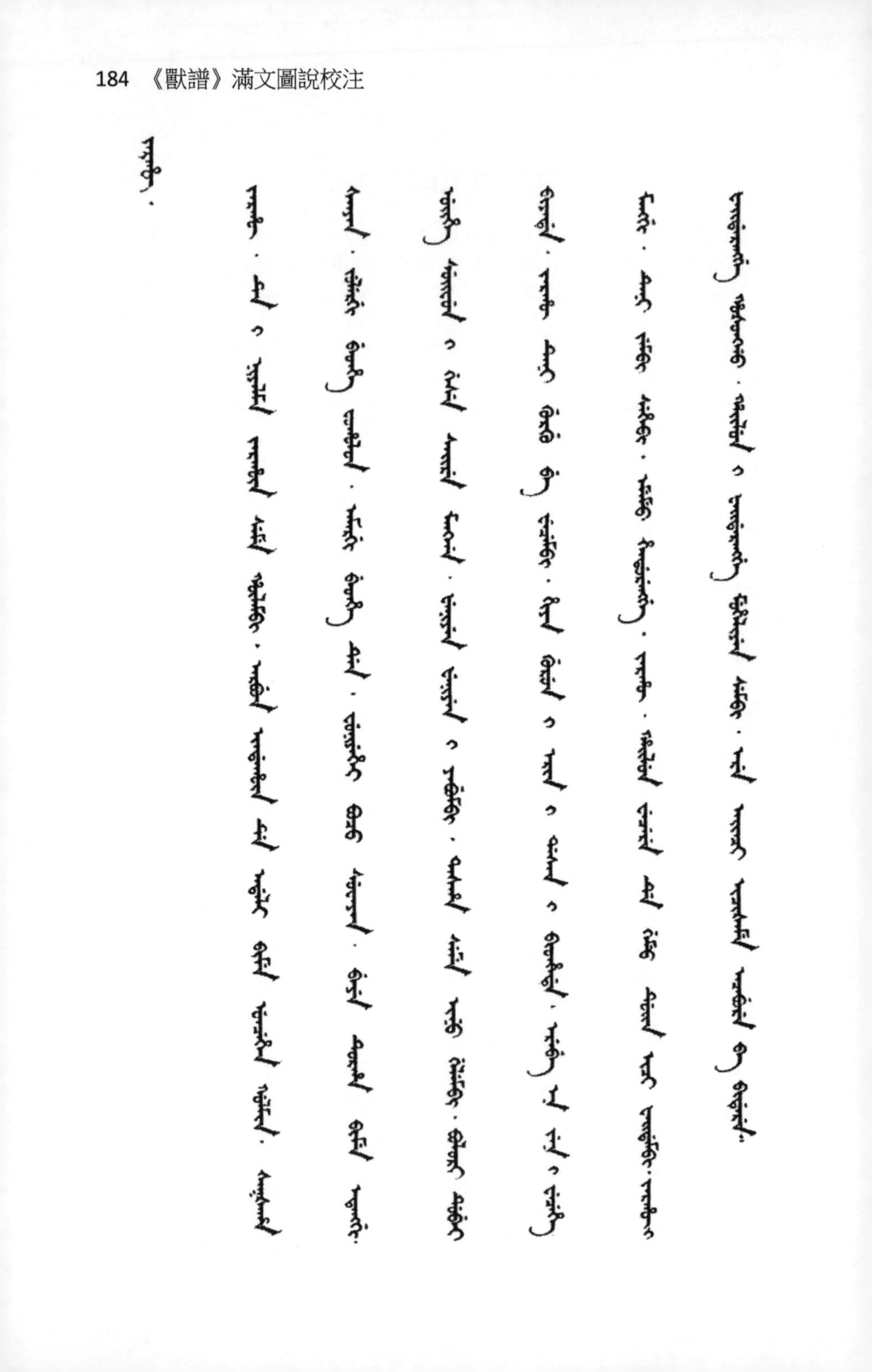

[illegible]

[illegible]

[illegible]

[illegible]

[illegible]

[illegible]

[illegible]

jarhū

jarhū, te i niyalima jarhūn seme hūlambi. arbun indahūn de adali bime uncehen golmin, šakšaha šanyan, julergi bethe foholon, amargi bethe den, funiyehei boco suwayan, beye turha bime etenggi, uihe suifun i gese saire mangga, feniyen feniyen i yabumbi, tasha seme inu gelembi. bolori dubei biyade, jarhū teni gurgu be wecembi. hiya gurun i erin i dasan i bithede, erebe en jen i wecehe manggi, teni jembi sehebi. ememu hendurengge, jarhū, hailun wecere de gemu duin ici faidambi, jarhū i faidarangge hošonggo, hailun i faidarangge muheliyen sembi, ere ainci icišame acabure ba bidere.

豺

豺，今人謂之豺狗。形似狗而長尾，白頰，足前短後高[57]，毛色黃，體瘦而猛，牙如錐善噬[58]。行則以群，虎亦畏之。季秋豺乃祭獸。《夏小正》謂：善其祭而後食。或云：豺、獺之祭，皆四面陳之，豺方而獺圓，蓋不免傅會耳。

豺

豺，今人谓之豺狗。形似狗而长尾，白颊，足前短后高，毛色黄，体瘦而猛，牙如锥善噬。行则以群，虎亦畏之。季秋豺乃祭兽。《夏小正》谓：善其祭而后食。或云：豺、獭之祭，皆四面陈之，豺方而獭圆，盖不免傅会耳。

---

[57] 足前短後高，滿文讀作"julergi bethe foholon, amargi bethe den"，意即「前足短，後足高」。

[58] 牙如錐善噬，句中「牙」，滿文讀作"uihe"。按漢文「牙」，新滿文讀作"weihe"。漢文「角」，新滿文讀作"uihe"。

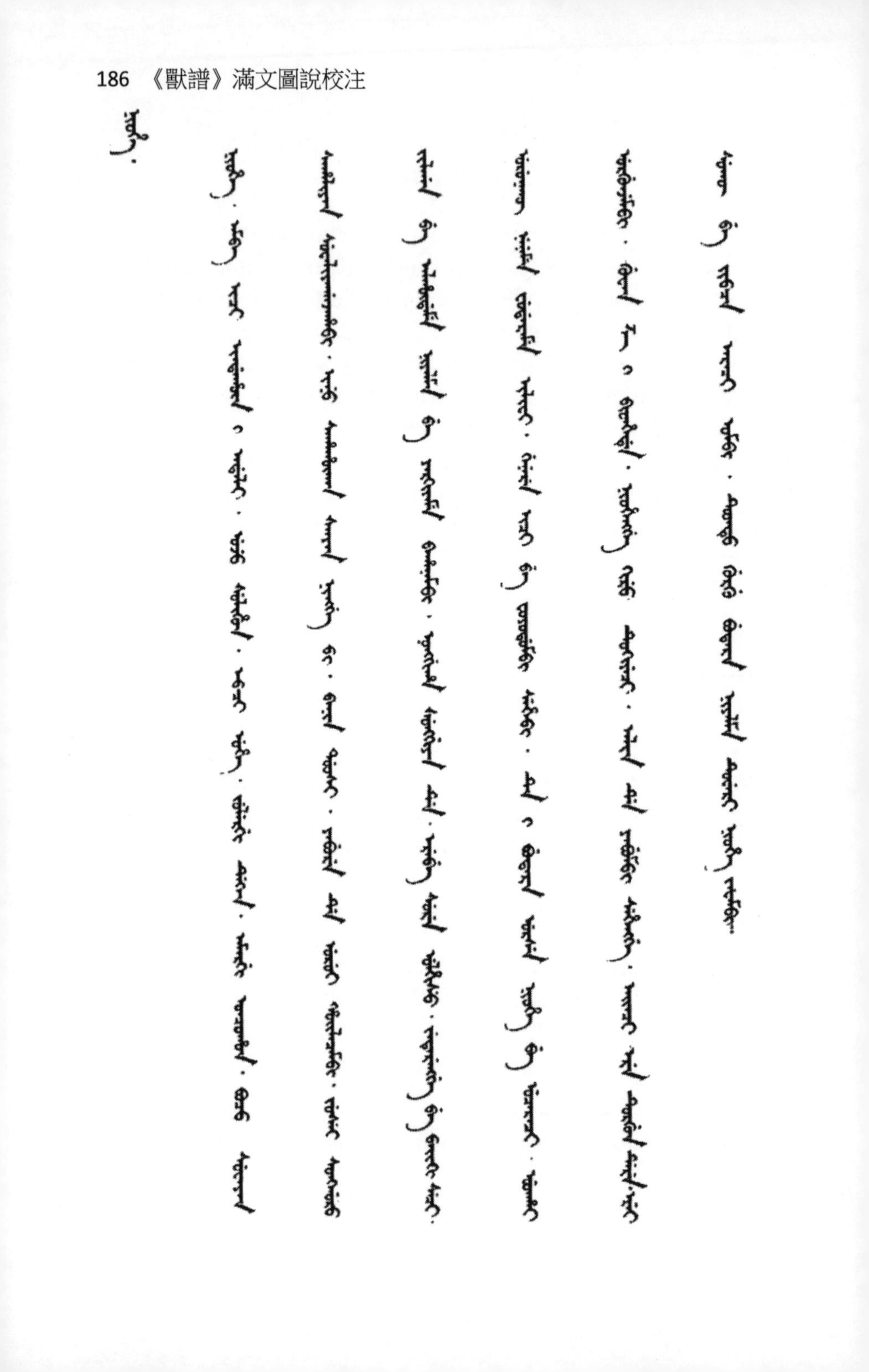

niohe

niohe, amba ici indahūn i adali, uju šulihun, ebci uhe, julergi deken, amargi oncohon, boco suwayan sahaliyan suwaliyaganjahabi, inu sahahūkan šanyan ningge bi. banin doosi, yabure de urui hoilacambi. jusei songgoro jilgan be alhūdame niyalma be yarkiyame bahanambi. nonggiha šuggiya de, erebe sure ulhisu, jeterengge be baiki seci, urunakū neneme fudarame ilifi, genere ici be foyodombi sehebi. te i butara urse niohe be ucaraci, uthai urgunjembi, guwan dz i bithede, niohengge kiru tukiyeci, alin de yabumbi sehengge, ainci ere turgun dere, erei sukū be jibca araci ombi, tuttu gurgu butara niyalma tuweri niohe jafambi.

狼

狼，大如狗，銳頭駢脅[59]，高前廣後，色黃黑雜，亦有蒼白者。性貪，行善顧[60]，能作兒啼聲以誘人。《埤雅》謂：其靈智，將逐食必先倒立，以卜所向。今獵師遇狼輒喜。《管子》所云：舉狼章則山行[61]，或以是歟？皮可為裘，故獸人冬獻狼[62]。

狼

狼，大如狗，锐头骈胁，高前广后，色黄黑杂，亦有苍白者。性贪，行善顾，能作儿啼声以诱人。《埤雅》谓：其灵智，将逐食必先倒立，以卜所向。今猎师遇狼輙喜。《管子》所云：举狼章则山行，或以是欤？皮可为裘，故兽人冬献狼。

---

59 銳頭，滿文讀作"uju šulihun"，意即「尖頭」。

60 行善顧，滿文讀作"yabure de urui hoilacambi"，意即「行走時每每東張西望，瞻前顧後」。

61 舉狼章，滿文讀作"niohengge kiru tukiyeci"，意即「舉狼旗」。

62 獸人，滿文讀作"gurgu butara niyalma"，意即「捕獸人」。

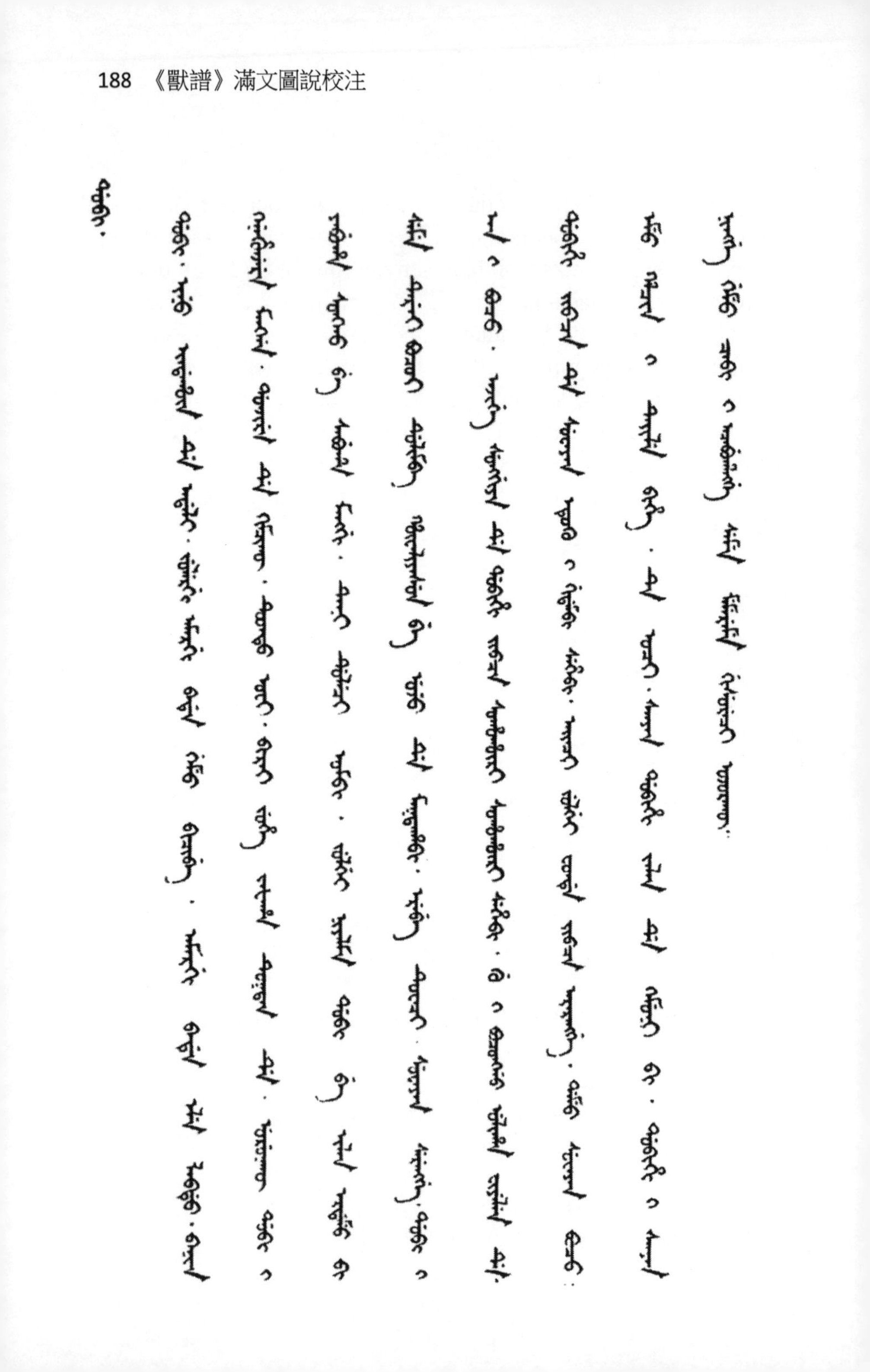

dobi

dobi, inu indahūn de adali, julergi amargi bade gemu bicibe, amargi bade ele labdu. banin kenehunjere mangga, donjire de kimcikū, tuttu ofi, birai juhe jafaha tuktan de, urunakū dobi i yabuha songko be sabuha manggi, teni duleci ombi, julgei niyalma dobi be ilan erdemu bi seme terei bocoi dulimba hūwaliyasun be uju de maktahabi, erebe tuwaci, suwayan serengge, dobi i an i boco, ajige šunggiya de dobihi jibca sohohūri sohohūri sehebi. gu i boconggo ulihan fiyelen de, dobihi jibca de suwayan etuku i gidambi sehebi. ainci julgei fonde jibca ararangge, damu suwayan boco emu hacin i teile bihe. te oci šanyan dobihi jalan de kemuni bi, dobihi i šanyan ningge gemu cabi i acabuhangge seme memereme gisureci ojorakū.

狐

狐，亦似犬，南北皆有之，而北方尤多。性善疑，審聽，故河冰始合時，視有狐跡，乃可涉。昔人謂狐有三德，而以其色中和為稱首[63]，則黃乃狐之常色。《小雅》云：狐裘黃黃[64]。《玉藻》云[65]：狐裘黃衣以裼之[66]。蓋古者為裘，惟黃色一種耳。今則白狐，世恒有之，不必泥狐白集腋之說也[67]。

狐

狐，亦似犬，南北皆有之，而北方尤多。性善疑，审听，故河冰始合时，视有狐迹，乃可涉。昔人谓狐有三德，而以其色中和为称首，则黄乃狐之常色。《小雅》云：狐裘黄黄。《玉藻》云：狐裘黄衣以裼之。盖古者为裘，惟黄色一种耳。今则白狐，世恒有之，不必泥狐白集腋之说也。

63 稱首，滿文讀作"uju de maktahabi"，意即「稱讚為首」。
64 狐裘，滿文讀作"dobihi jibca"，句中"dobihi"，意即「狐皮」。
65 玉藻，滿文讀作"gu i boconggo ulihan fiyelen"，《禮記》篇名。
66 狐裘黃衣以裼之，滿文讀作"dobihi jibca de suwayan etuku i gidambi"，意即「狐裘以黃衣覆蓋」，狐裘上所加為黃衣。
67 狐白，滿文讀作"dobihi i šanyan"，意即「狐皮之白」。

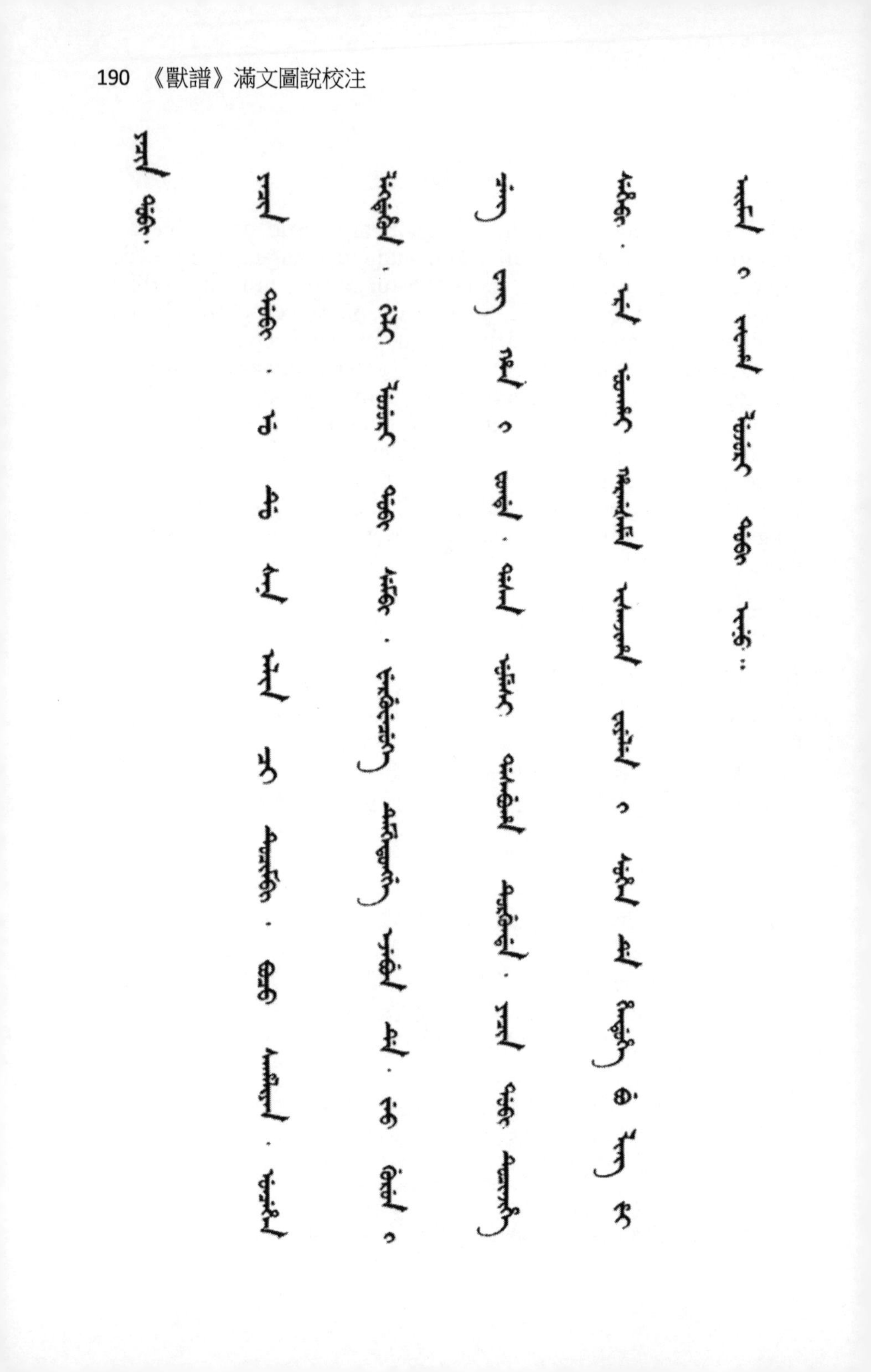

yacin dobi

yacin dobi, u du šan alin ci tucimbi. boco sahaliyan, uncehen lekdehun, geli lujuri dobi sembi. ferguwecuke temgetungge ejebun de, jeo gurun i ceng wang han i fonde, dasan umesi dasabuha turgunde, yacin dobi tucinjihe sehebi. ere uthai hargašame isanjiha fiyelen i suhen de henduhe bu ling jy aiman i jafaha lujuri dobi inu.

黑狐

黑狐，出武都山。黑色，蓬尾，亦名元貘[68]。《靈徵志》云：周成王時，治致太平，而黑狐見，即《王會解》所稱不令支元貘也[69]。

黑狐

黑狐，出武都山。黑色，蓬尾，亦名元貘。《灵征志》云：周成王时，治致太平，而黑狐见，即《王会解》所称不令支元貘也。

68 元貘，滿文讀作“lujuri dobi”，意即「元狐」。

69 不令支元貘也，滿文讀作“bu ling jy aiman i jafaha lujuri dobi inu”，意即「不令支部族所獻元狐也」。

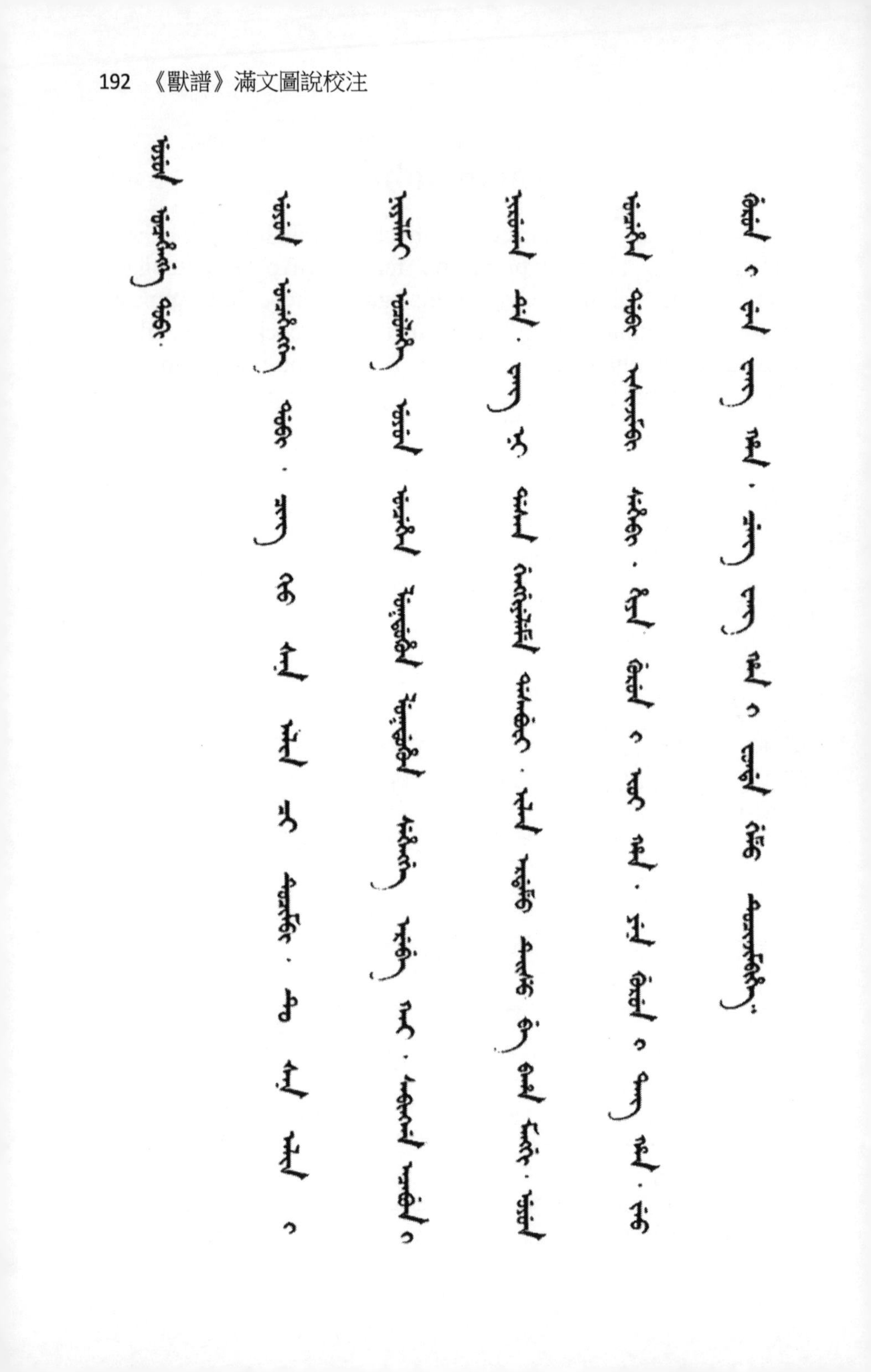

uyun uncehengge dobi

uyun uncehengge dobi, cing kio šan̲ alin ci tucimbi. tu šan̲ alin i niyalmai uculehe uyun uncehen lukduhun lukduhun sehengge erebe kai. sabingga acabun i nirugan de, wang ni dasan genggiyeleme dasabufi, ilan erdemu teisu be baha manggi, uyun uncehen dobi isinjimbi sehebi. hiya gurun i ioi han, yen̲ gurun i tang han, jeo gurun i wen wang han, ceng wang han i fonde gemu tucinjimbihe.

九尾狐

九尾狐，出青邱山，塗山人所歌九尾龐龐者是也[70]。《瑞應圖》曰：王法脩明[71]，三才得所，則九尾狐至。夏禹、殷湯及周文王、成王時並見之。

九尾狐

九尾狐，出青邱山，涂山人所歌九尾龐龐者是也。《瑞应图》曰：王法修明，三才得所，则九尾狐至。夏禹、殷汤及周文王、成王时并见之。

---

[70] 九尾龐龐，滿文讀作“uyun uncehen lukduhun lukduhun”，意即「九尾蓬蓬」。

[71] 王法脩明，滿文讀作“wang ni dasan genggiyeleme dasabufi”，意即「王政脩明」。

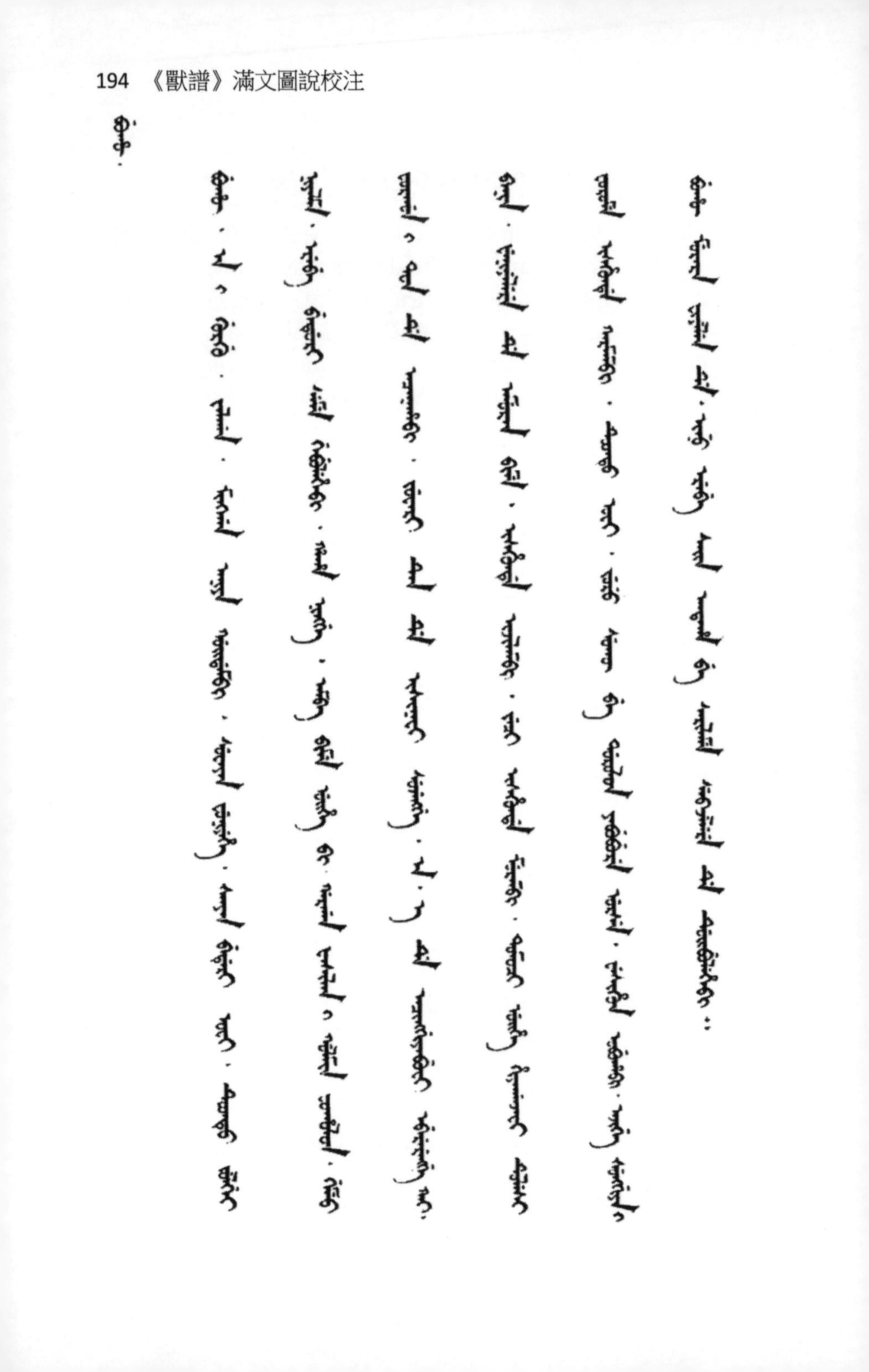

[illegible]

[illegible]

[illegible]

[illegible]

[illegible]

[illegible]

[illegible]

buhū

buhū, a i gurgu, jalgan minggan aniya goidambi, suwayan funiyehe, šanyan bederi ofi, tuttu julgei niyalma, erebe beduri seme gebulehebi. haha ningge, amba bime uihe bi, gargan fasilan i golmin foholon, gemu forgon i ton de acanahabi, juwari ten de isinafi sujengge, a, e de acinggiyabufi eberengge kai. banin feniyelere de amuran bime, ishunde ijilambi, jeci ishunde murambi, tomoci uihe hiyaganjafi tulesi forome ishunde karmambi, tuttu ofi, juru sukū be dorolon yabubure urse, wesihun obuhabi. ajige šunggiya i buhū murara fiyelen de, inu erebe sain antaha be sarilame sebjelere de duibulehebi.

鹿

鹿，陽獸也，壽千歲，黃質白斑[72]，昔人因有斑龍之稱[73]。牡者大而有角，枝觡長短皆應律[74]，解以夏至，陽感陰而退也。性好群而相比[75]，食則相呼，居則環角外嚮以相衛。故麗皮為禮者尚之，而《小雅・鹿鳴》亦以為燕饗嘉賓之喻焉。

鹿

鹿，阳兽也，寿千岁，黄质白斑，昔人因有斑龙之称。牡者大而有角，枝觡长短皆应律，解以夏至，阳感阴而退也。性好群而相比，食则相呼，居则环角外向以相卫。故丽皮为礼者尚之，而《小雅・鹿鸣》亦以为燕飨嘉宾之喻焉。

---

72 黃質，滿文讀作"suwayan funiyehe"，意即「黃毛」。

73 斑龍，滿文讀作"beduri"，似由"bederi"與"muduri"結合的詞彙。

74 枝觡長短皆應律，滿文讀作"gargan fasilan i golmin foholon gemu forgon i ton de acanahabi"，意即「枝岔長短皆符合節氣」。

75 相比，滿文讀作"ishunde ijilambi"，意即「互相契合」。

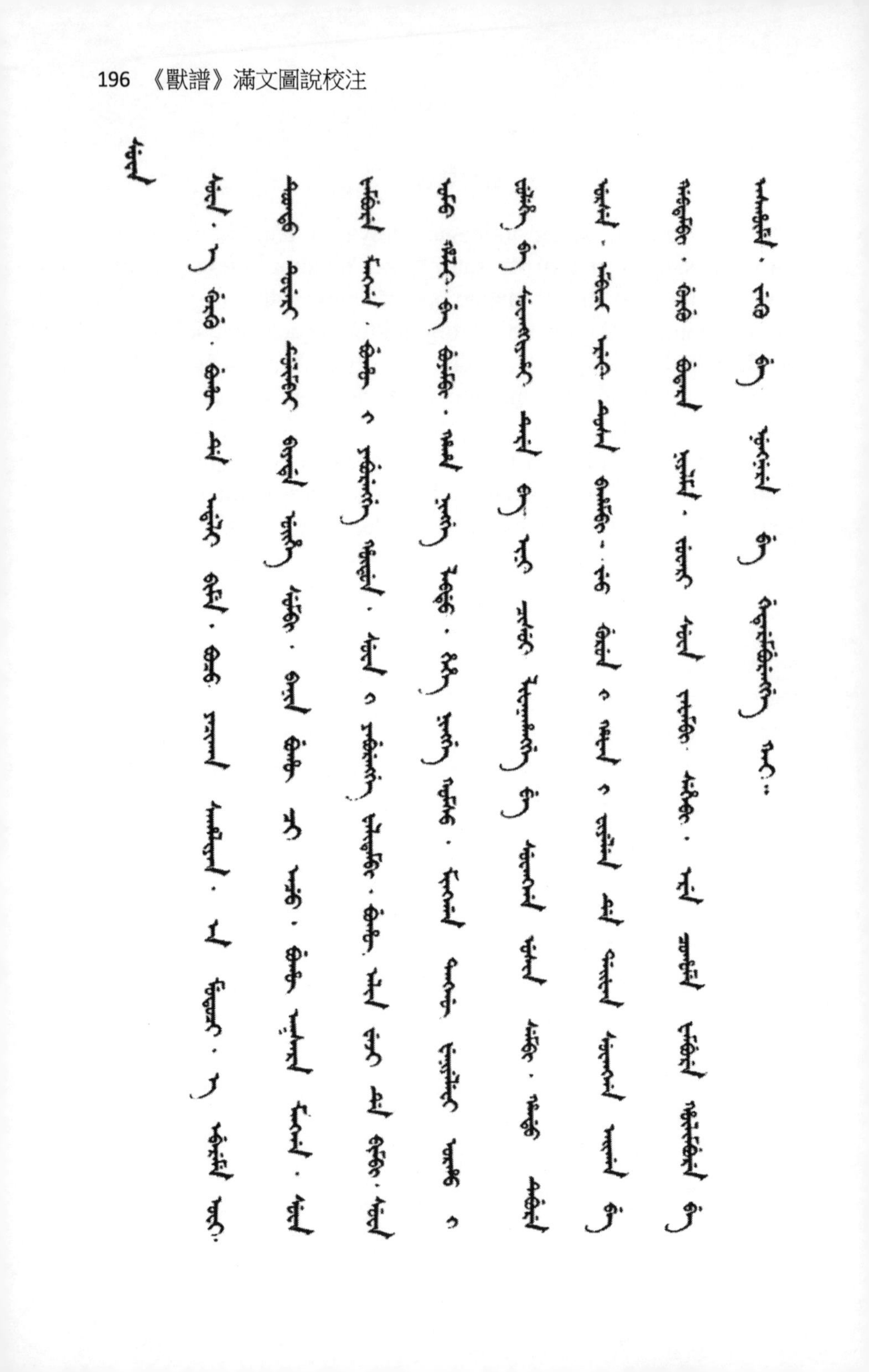

[illegible]

suwa

suwa, e gurgu, buhū de adali bime, boco yacikan sahaliyan, a mutuci, e ebereme ofi, tuttu tuweri dulimbai biyade uihe sumbi. banin buhū ci encu, buhū aksara mangga, suwa fambure mangga, buhū i yaburengge hūdun, suwa i yaburengge falitambi. buhū alin weji de bimbi, suwa omo hali be buyembi. haha ningge labdu, hehe ningge komso. minggan tanggū feniyelefi orho i fulehe be suwangkiyahai tere ba ini cisui lifanahangge be suwangga usin sembi. handu tebure urse, embici erei tusa bahambi. jeo gurun i hafan i fiyelen de, daifan suwangga aigan be gabtambi, gurgu butara niyalma, juwari suwa jafambi sehebi. ere cohome fambure hūlimbure be ashūme, jeku be nungnere be geteremburengge kai.

麋

麋，陰獸，似鹿而色青黑。陽生則陰退，故角解於仲冬。性與鹿異。鹿善警[76]，麋善迷；鹿跡速[77]，麋跡躔；鹿處山林，麋愛水澤。多牝少牡[78]，千百為群，嚙食草根，其地成泥，謂之麋畯，藝稻者或資之。《周官》：大夫射麋侯[79]，獸人夏獻麋，則袪迷惑而除害稼者也。

麋

麋，阴兽，似鹿而色青黑。阳生则阴退，故角解于仲冬。性与鹿异。鹿善警，麋善迷；鹿迹速，麋迹躔；鹿处山林，麋爱水泽。多牝少牡，千百为群，啮食草根，其地成泥，谓之麋畯，艺稻者或资之。《周官》：大夫射麋侯，兽人夏献麋，则袪迷惑而除害稼者也。

---

[76] 鹿善警，滿文讀作"buhū aksara mangga"，意即「鹿善躲避」。

[77] 鹿跡速，滿文讀作"buhū i yaburengge hūdun"，意即「鹿行者快速」。

[78] 多牝少牡，滿文讀作"haha ningge labdu, hehe ningge komso"，意即「多牡少牝」，滿漢文義不合。

[79] 麋侯，滿文讀作"suwangga aigan"，意即「麋箭靶子」。

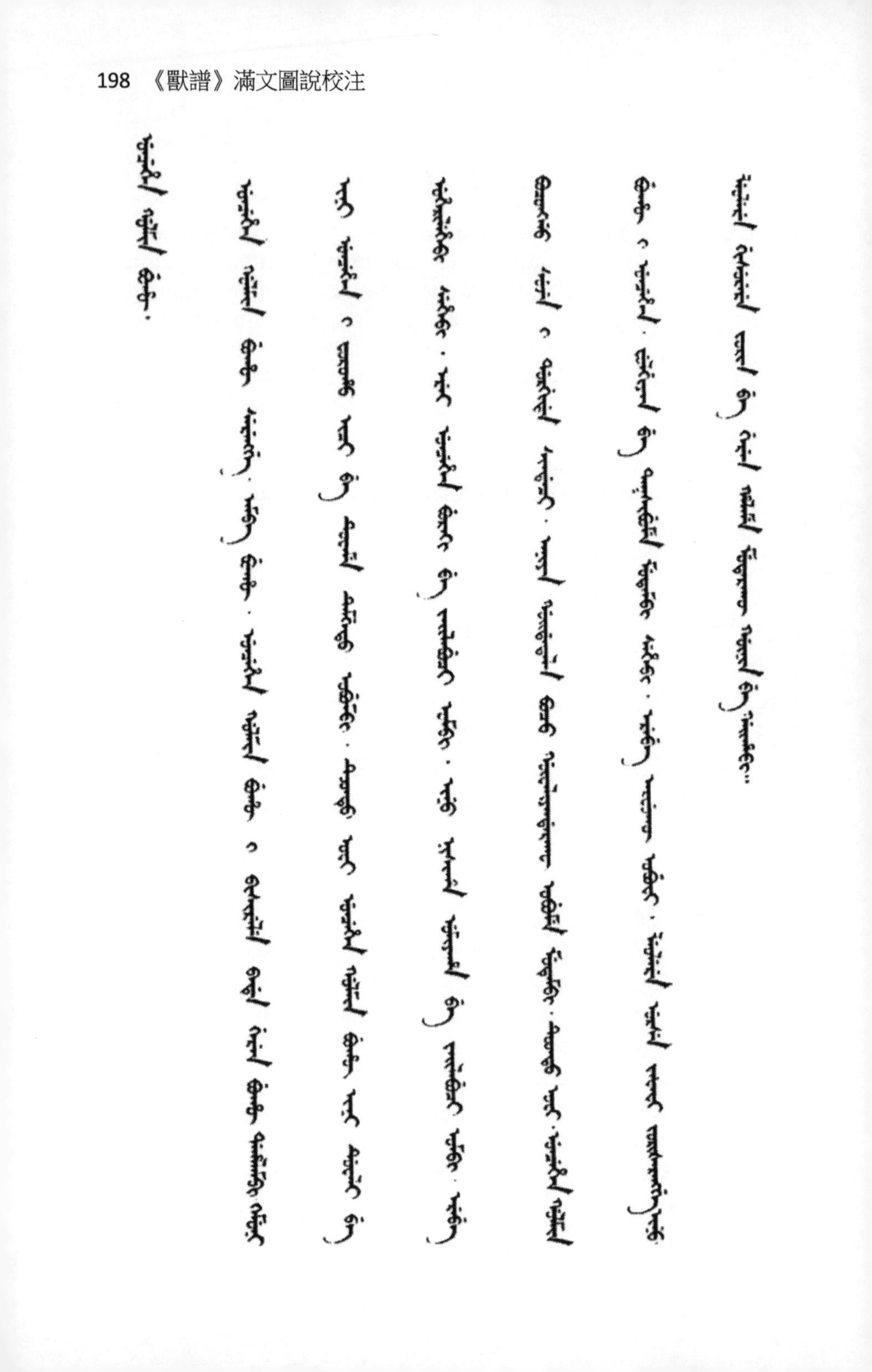

[illegible]

[illegible]

[illegible]

[illegible]

[illegible]

[illegible]

[illegible]

[illegible]

uncehen golmin buhū

uncehen golmin buhū serengge, amba buhū, uncehen golmin buhū i bisirele bade geren buhū dahalambi, kemuni ini uncehen i foroho ici be tuwame temgetu obumbi. tuttu ofi uncehen golmin buhū ini duwali be uherilehebi sehebi. erei uncehen buraki be jailabuci ombi. inu nisiha umiyaha be jailabuci ombi. erebe boconggo suje i dorgide sindaci, aniya goidatala boco gūwaliyandarakū obume mutembi. tuttu ofi, uncehen golmin buhū i uncehen, fulgiyan be taksibume mutembi sehebi. erebe arfukū obufi, leolere urse jafafi jorišarangge inu leolere gisurere jorin be geren halame muterakū gūnin be gaihabi.

麈

麈，大鹿也。麈之所在，群麈從之，恒視其尾所嚮為準，故曰麈統其類。尾可辟塵，亦辟蠹[80]，置蒨帛中[81]，能令歲久不黦[82]，所謂麈尾留紅也。用以為拂，談者執之以揮，亦取談論所指，衆不能易耳。

麈

麈，大鹿也。麈之所在，群麈从之，恒视其尾所向为准，故曰麈统其类。尾可辟尘，亦辟蠹，置蒨帛中，能令岁久不黦，所谓麈尾留红也。用以为拂，谈者执之以挥，亦取谈论所指，众不能易耳。

---

[80] 亦辟蠹，滿文讀作“inu nisiha umiyaha be jailabuci ombi”，意即「亦可避蠹蟲」，句中「蠹蟲」，是蛀食書籍等物的小魚蟲。

[81] 蒨帛，滿文讀作“boconggo suje”，意即「彩緞」。

[82] 歲久不黦，滿文讀作“aniya goidatala boco gūwaliyandarakū”，意即「歲久色不變」。

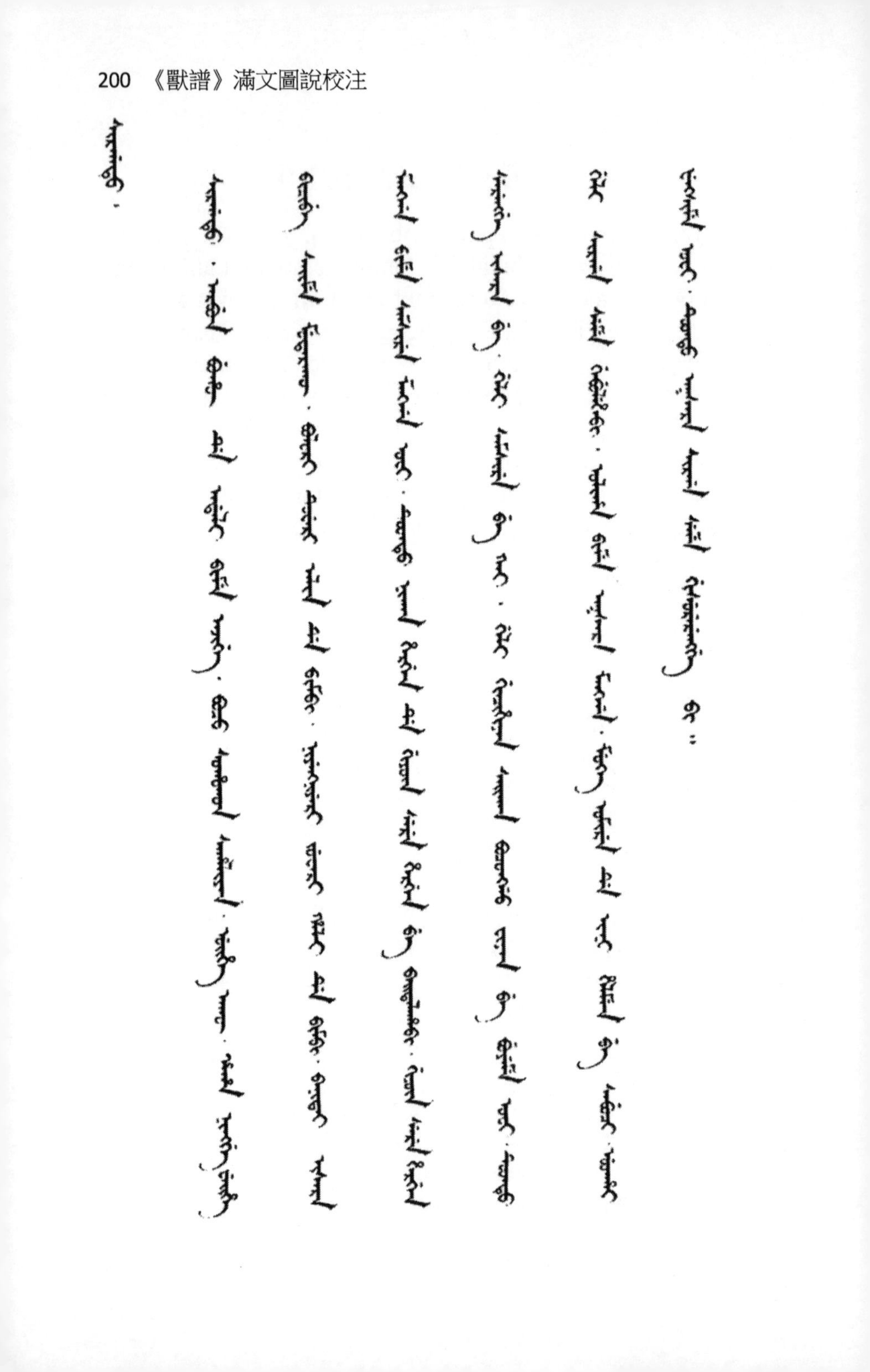

sirgatu

sirgatu, arbun buhū de adali bime ajige, boco sohokon sahaliyan, uihe akū, haha ningge weihe bicibe saime muterakū, bolori tuweri alin de bimbi, niyengniyeri juwari hali de bimbi. banitai isara mangga bime samsire mangga ofi, tuttu nikan hergen de giyūn sere hergen be baitalahabi. giyūn sere hergen serengge isara be, geli samsire be kai. geli gincihiyan saikan boconggo fiyan be buyeme ofi, tuttu geli sirga seme gebulehebi. oliha bime aksara mangga, muke omire de ini helmen be sabuci uthai feksime ofi, tuttu aksara sirga seme gisurerengge bi.

麢

麢，或作麇[83]，狀似鹿而小。色黃黑，無角，牡有牙而不能噬。秋冬居山，春夏居澤。性善聚善散，故字從囷。囷，聚也，亦散也。又喜文章采色，故亦名麢。怯而善驚，飲水見影即奔，因有驚麢之稱矣。

麢

麢，或作麇，状似鹿而小。色黄黑，无角，牡有牙而不能噬。秋冬居山，春夏居泽。性善聚善散，故字从囷。囷，聚也，亦散也。又喜文章采色，故亦名麢。怯而善惊，饮水见影即奔，因有惊麢之称矣。

[83] 或作麇，原書未譯出滿文。

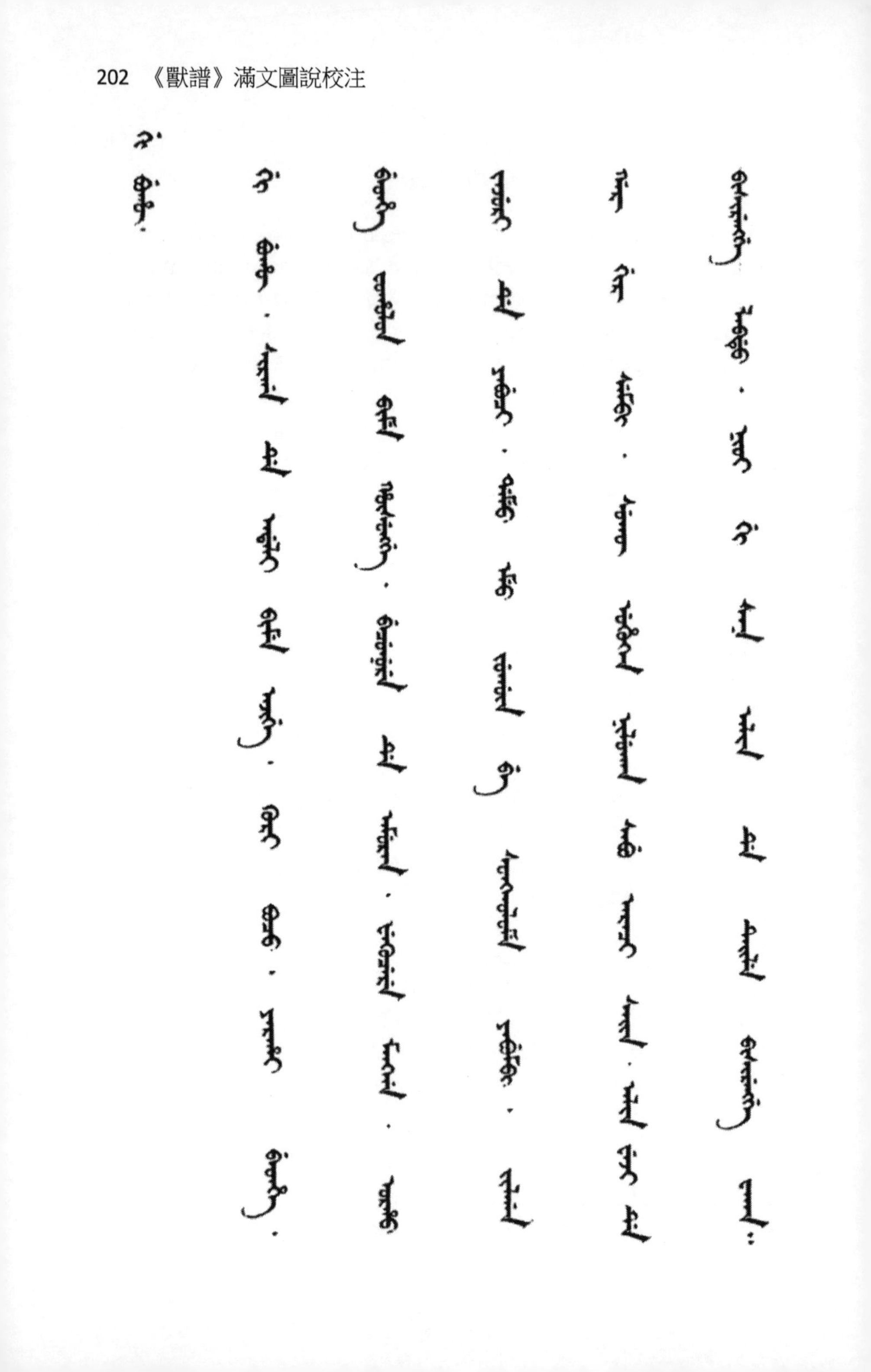

gi buhū

gi buhū, sirga de adali bime ajige. kuri boco, yarhai bethe, bethe foholon bime hūsungge, becunure de amuran, fekucere mangga, orho jajuri de yabuci, damu emu jugūn be songkolome yabumbi. jilgan gar gir sembi, sukū uhuken nilukan, sabu araci sain, alin weji de bisirengge labdu. nioi gi šan̲ alin de teile bisirengge waka.

麂

麂，古字作麠[84]。似麞而小，黧色[85]豹腳，腳短而力勁。好鬥，善跳，越行草莽中，但循一徑，其聲几几然。皮柔韌，宜履舃[86]。山林多有之，不必女几之山也[87]。

麂

麂，古字作麠。似麞而小，黧色豹脚，脚短而力劲。好斗，善跳，越行草莽中，但循一径，其声几几然。皮柔韧，宜履舃。山林多有之，不必女几之山也。

---

[84] 古字作 麠，原書未譯出滿文。

[85] 黧色，滿文讀作“kuri boco”，意即「花綠色」，又作「黎花色」。

[86] 宜履舃，滿文讀作“sabu araci sain”，意即「宜做鞋」。

[87] 不必女几之山也，滿文讀作“nioi gi šan̲ alin de teile bisirengge waka”，意即「不僅只在女几山」。

《獸譜》第二冊畫冊

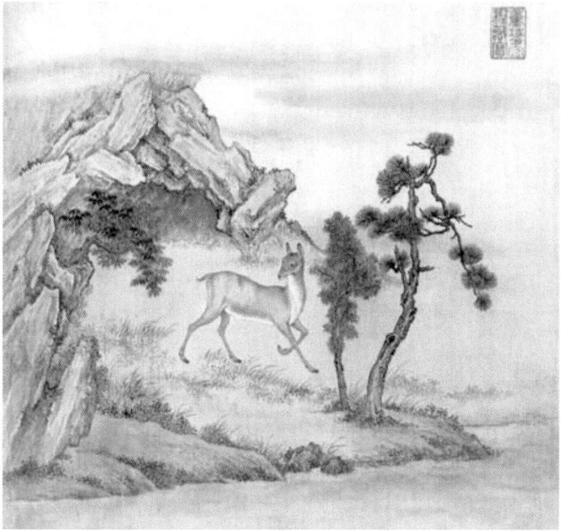

麛

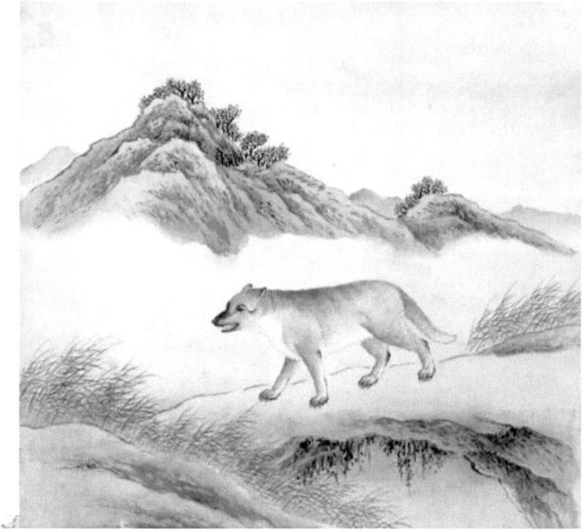

貆

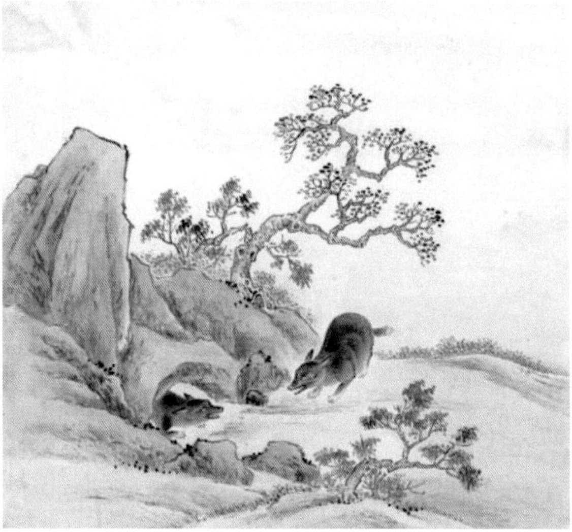

貒

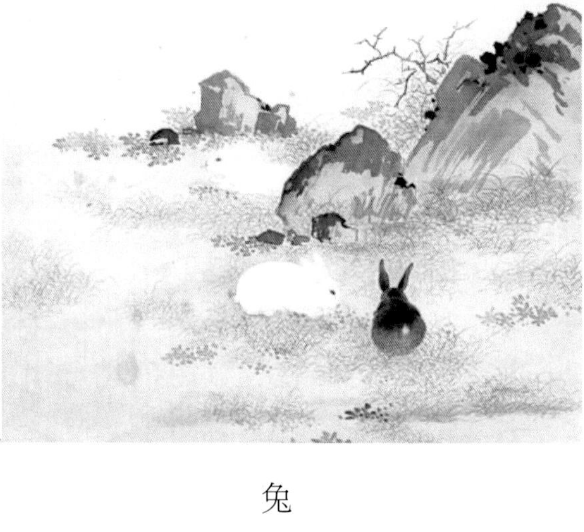

兔

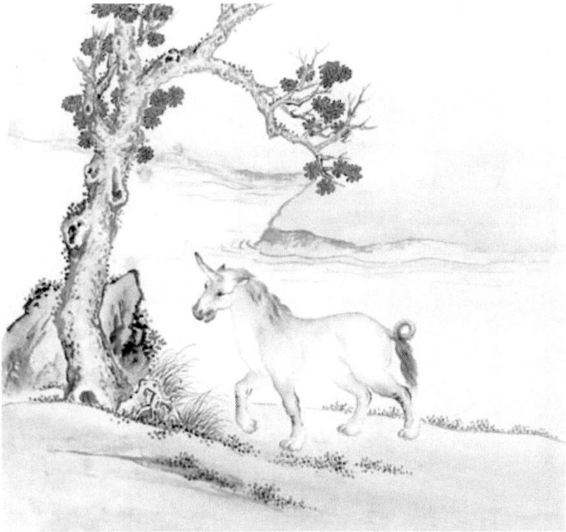

駮

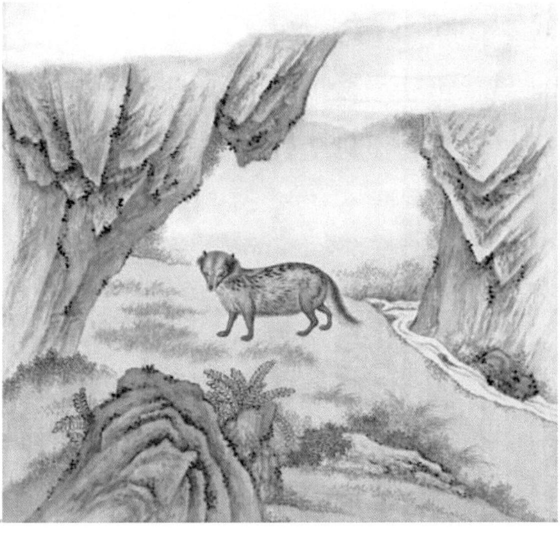

貉

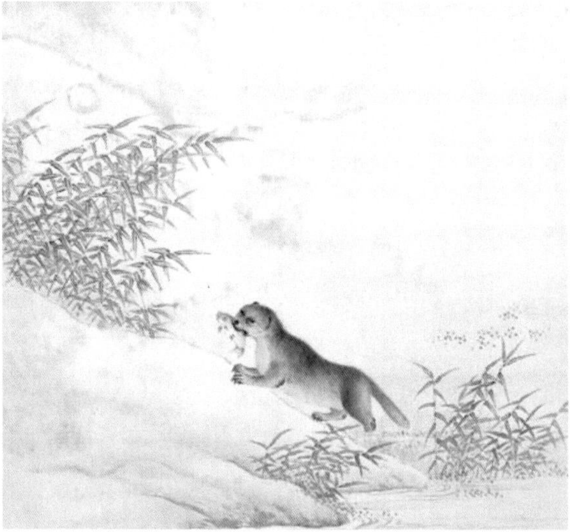

獺

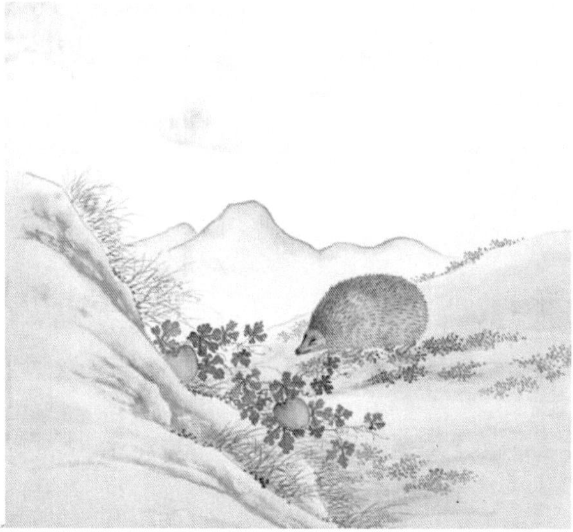

蝟

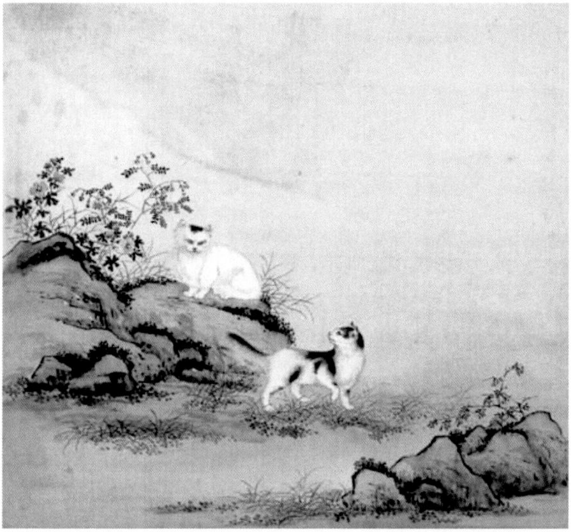

貓

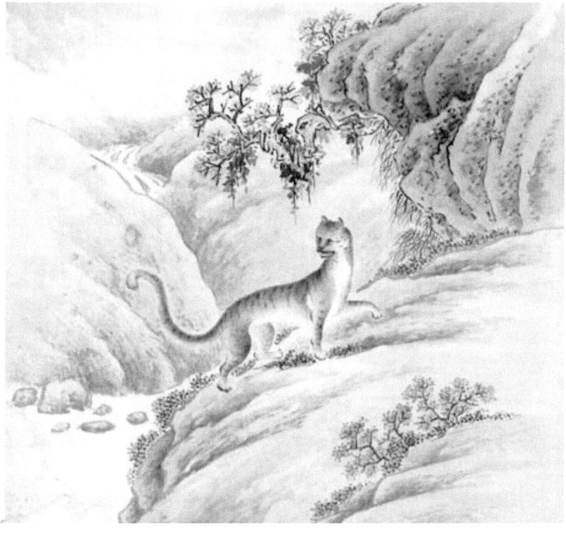

貍

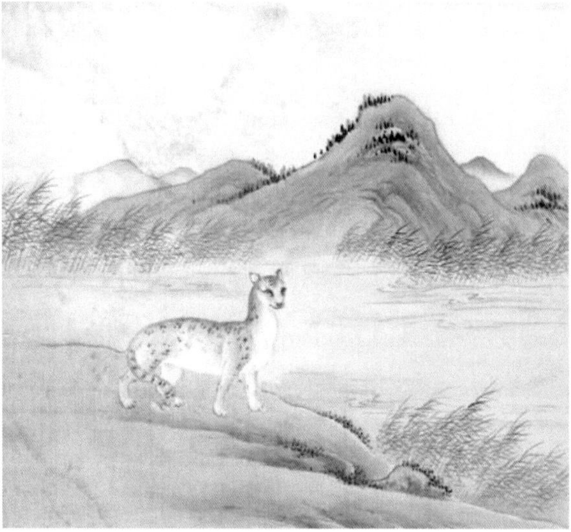

赤貍

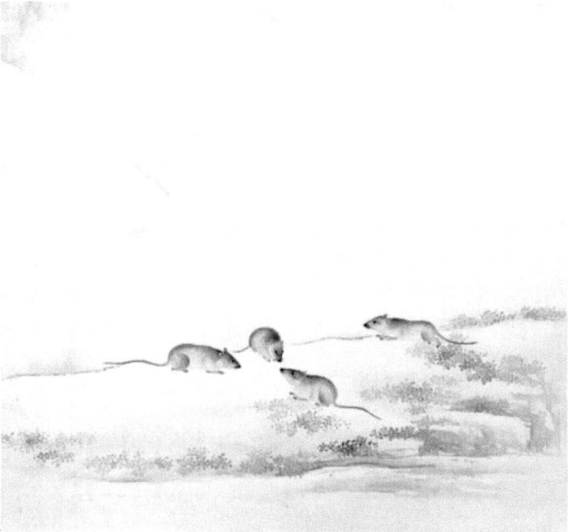

鼠

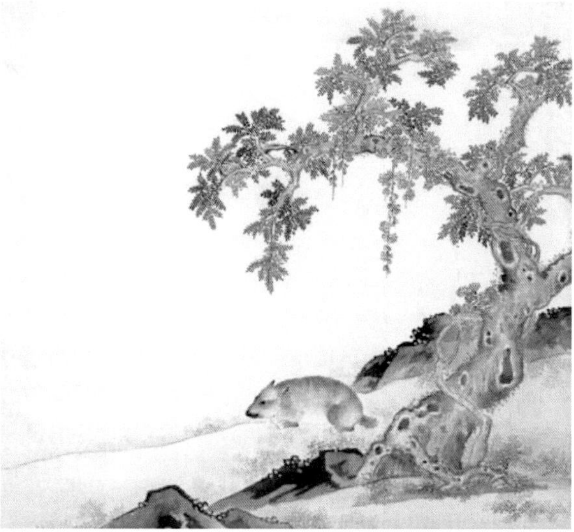

鼢鼠

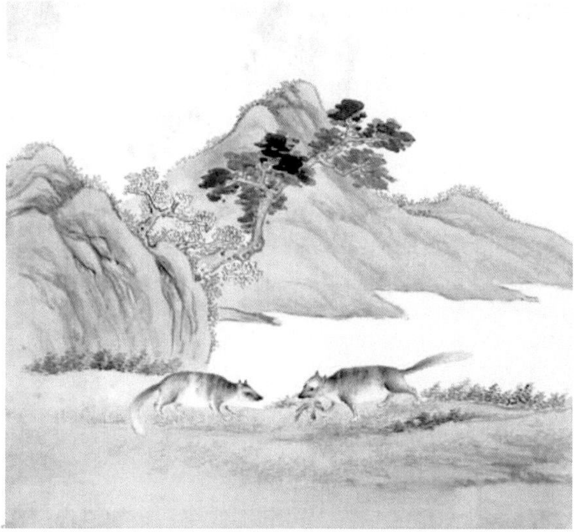

鼬鼠

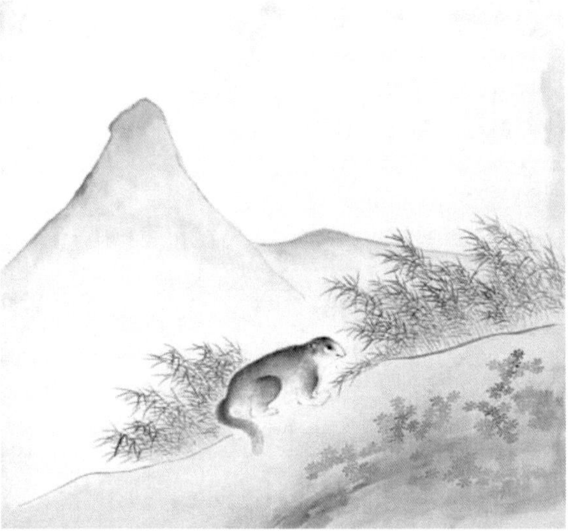

飛鼠

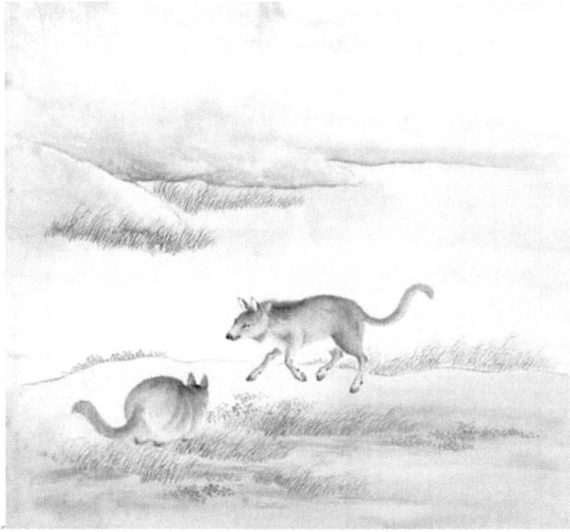

鼰鼠

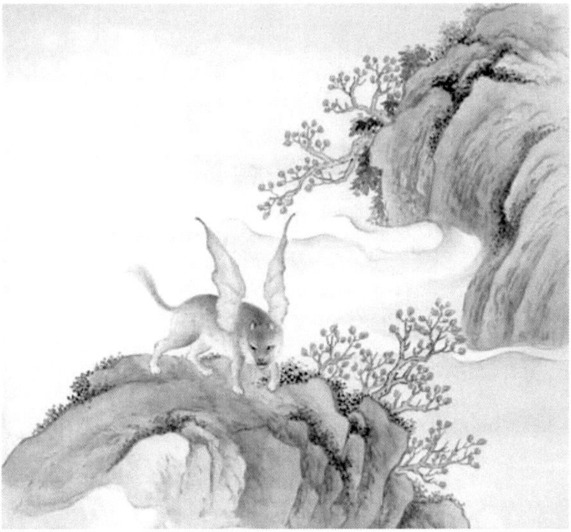

鼯鼠

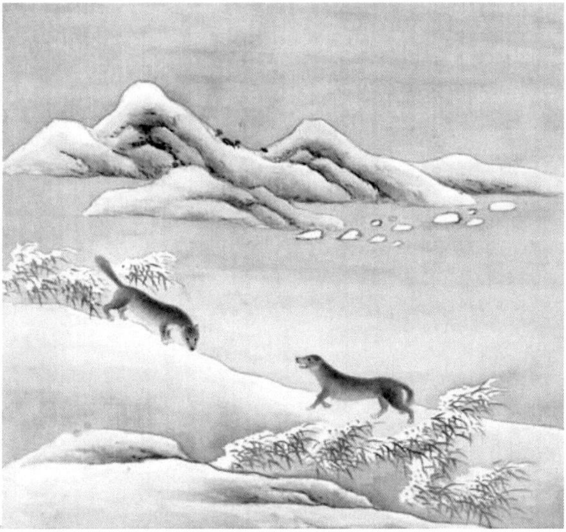

貂

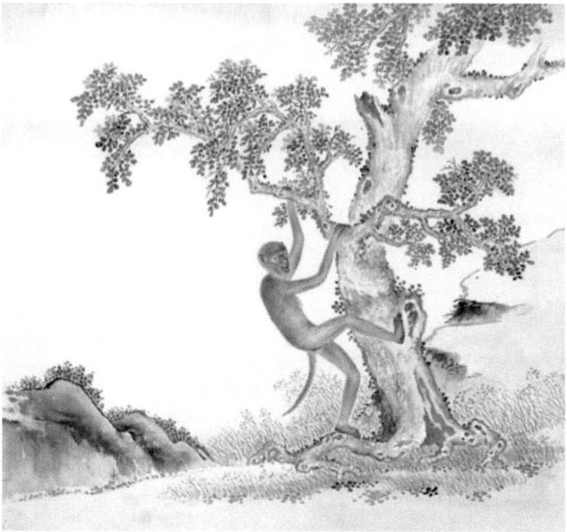

猴

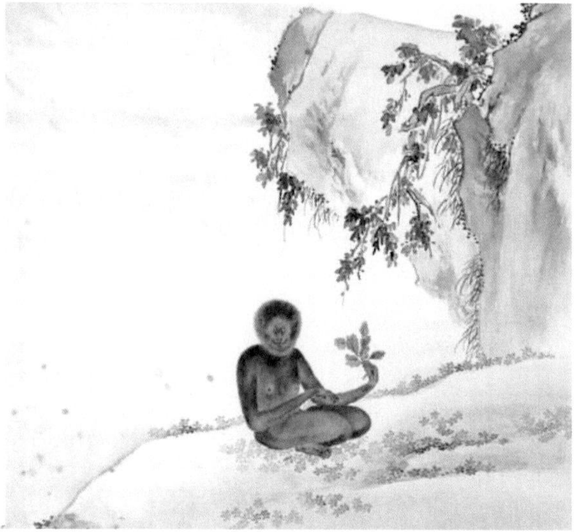

猿

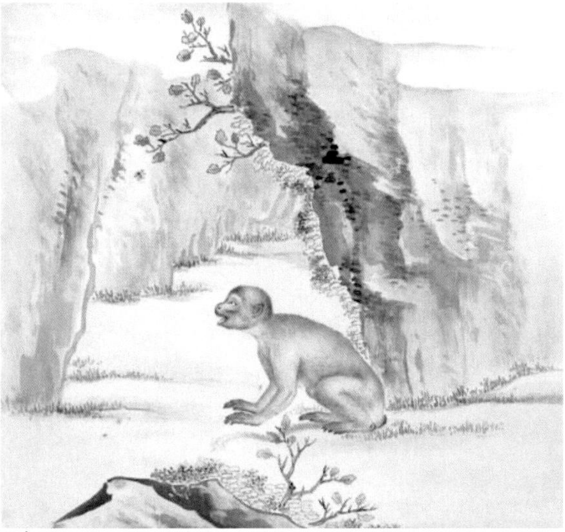

蜼

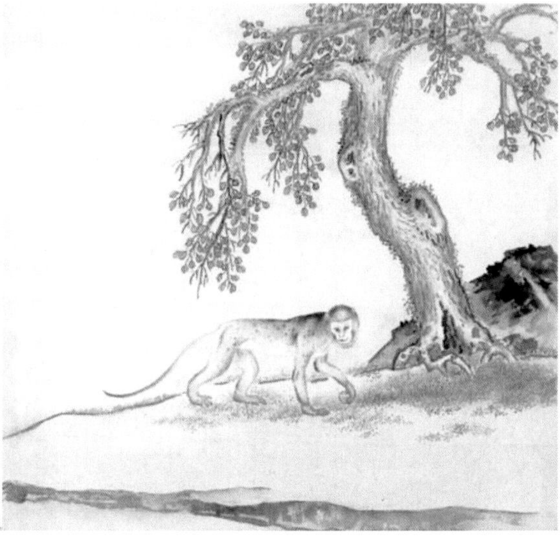

果然

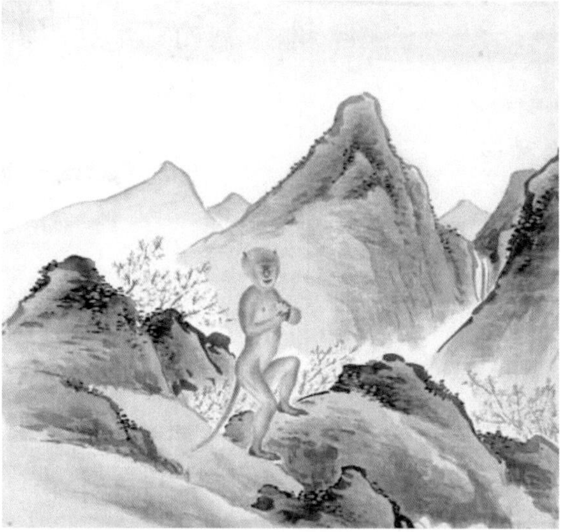

狨

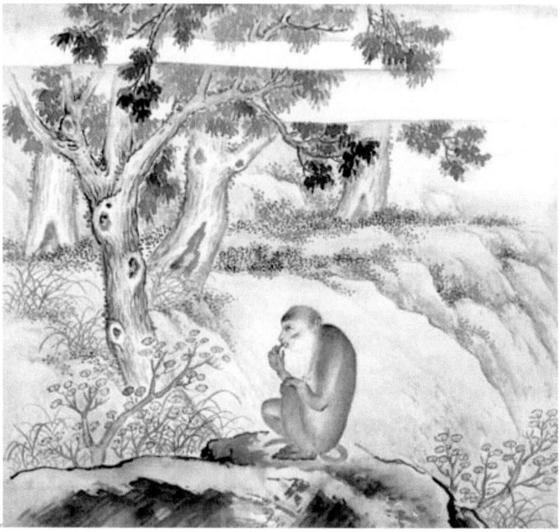

玃

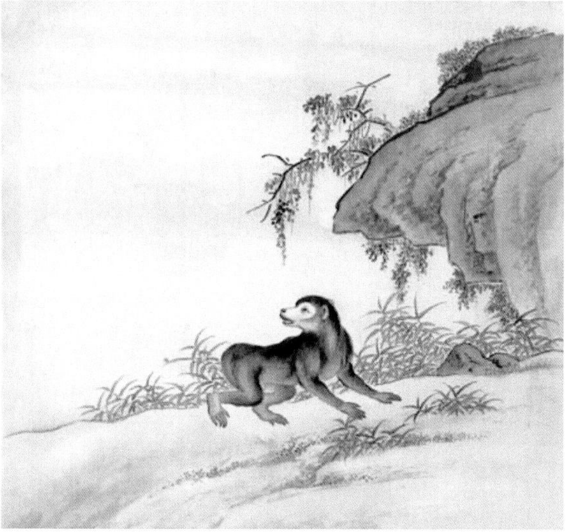

彭侯

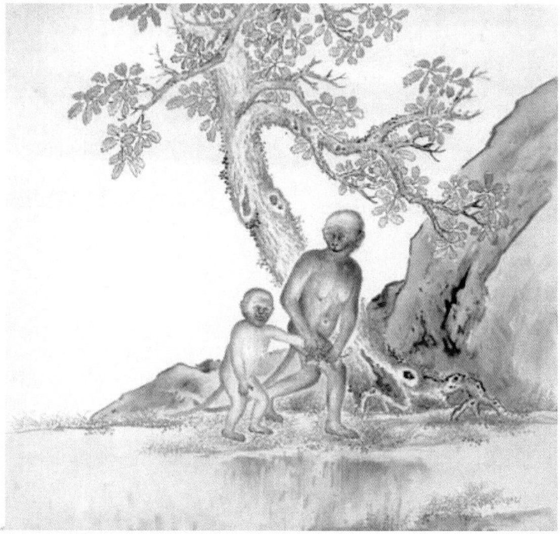

猩猩

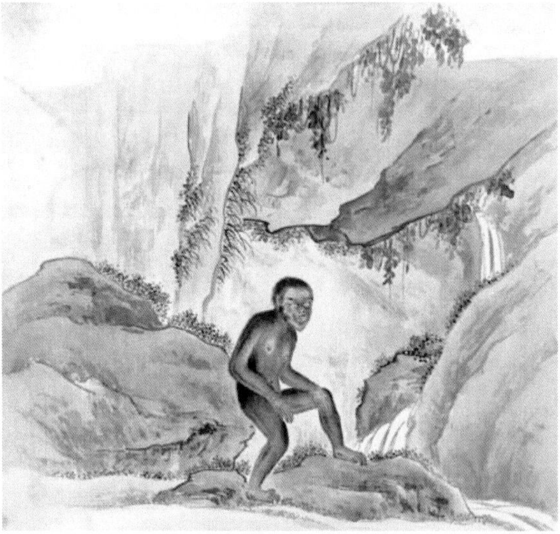

狒狒

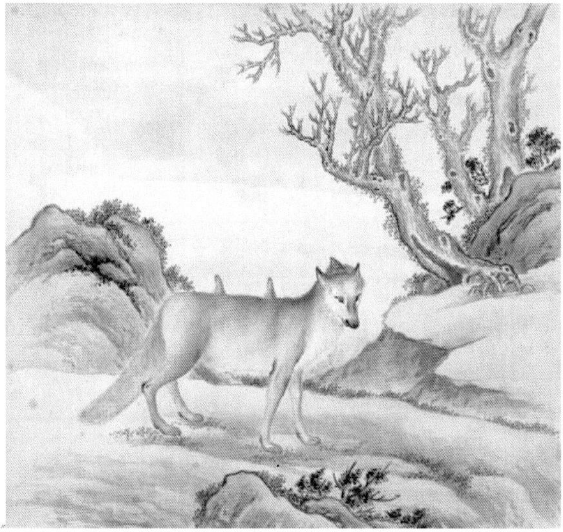

乘黃

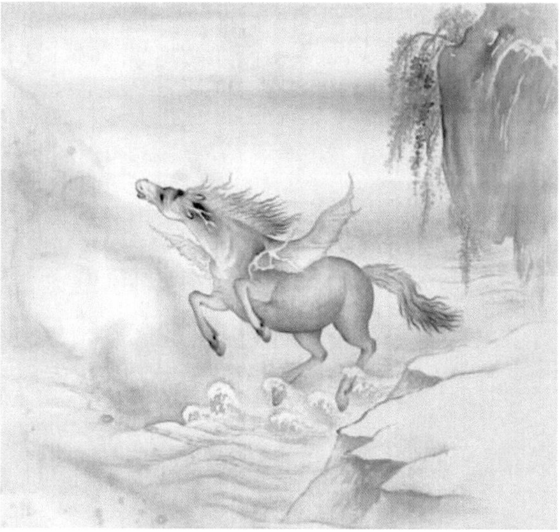

龍馬

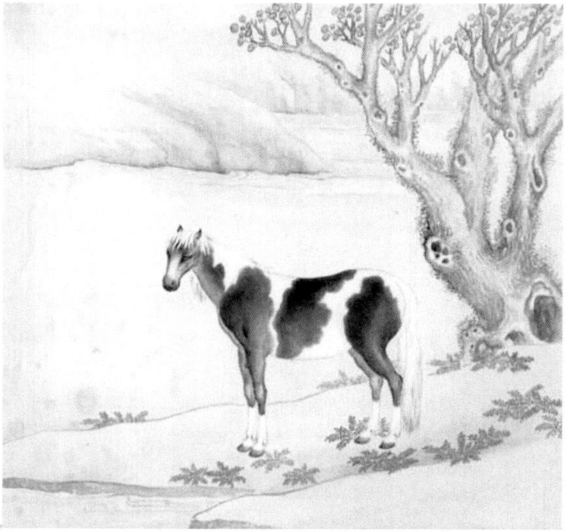

良馬

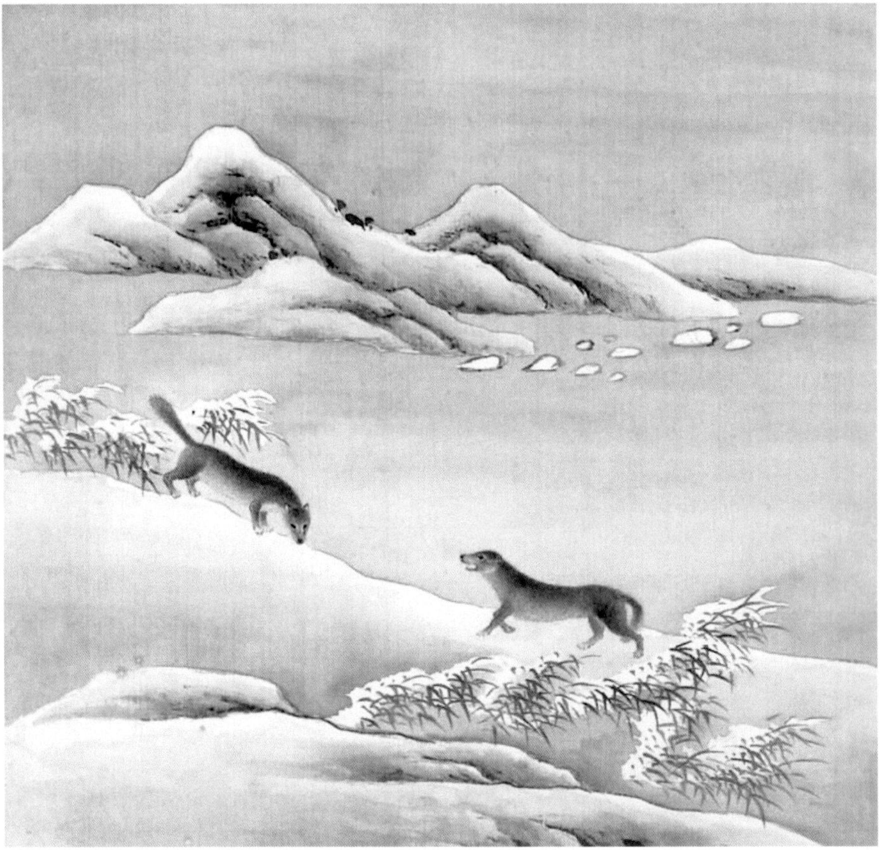

貂

《獸譜》第二冊滿文圖說
校　注

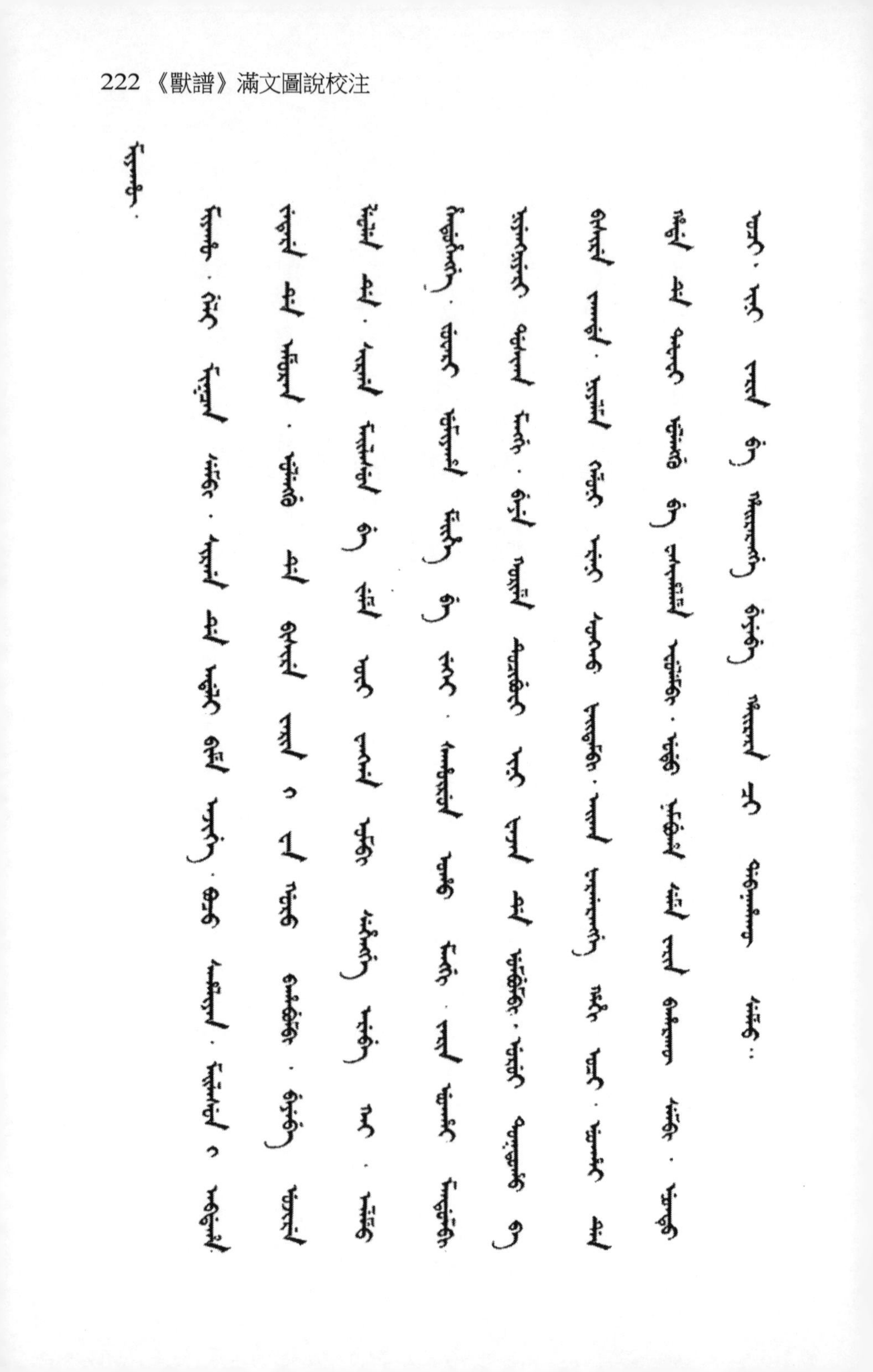

miyahū

miyahū, geli mikcan sembi, sirga de adali bime ajige, boco sahaliyan, mailasun i abdaha jetere de amuran, ulenggu de bisire jarin i wa goro bahabumbi. beyebe ujire leolen de, sirga mailasun be jeme ofi wangga ombi sehengge erebe kai. ememu henduhengge, juwari umiyaha meihe be jekei, šahūrun oho manggi, jarin uthai mandumbi, niyengniyeri dosika manggi, beye korime tucibufi ini fajan de umbumbi, urui toktoho ba bisire jakade, niyalma kemuni ereni songko faitambi, aika fargarangge hahi oci, uthai den hada de tafafi ulenggu be wasihalame efulembi, udu nambuha seme jarin baharakū sembi, uttu oci, ini jarin be hairarangge beyebe hairara ci dabanahakū semeo.

麝

麝，一作麞[1]，亦曰麝父，似麞而小，黑色，喜食柏葉，臍有香遠射。《養生論》所謂麝食栢而香也。或云：夏食蟲蛇，寒即香滿，至春則自剔出，覆其穢溺中，皆有常處，人往往以是蹤跡之，若逐之急，即自投高巖，爪抉其臍，雖就縶不可得，豈愛其香甚於愛其身耶！

麝

麝，一作麞，亦曰麝父，似麞而小，黑色，喜食柏叶，脐有香远射。《养生论》所谓麝食栢而香也。或云：夏食虫蛇，寒即香满，至春则自剔出，覆其秽溺中，皆有常处，人往往以是踪迹之，若逐之急，即自投高岩，爪抉其脐，虽就縶不可得，岂爱其香甚于爱其身耶！

[1]一作 麞，原書未譯出滿文。

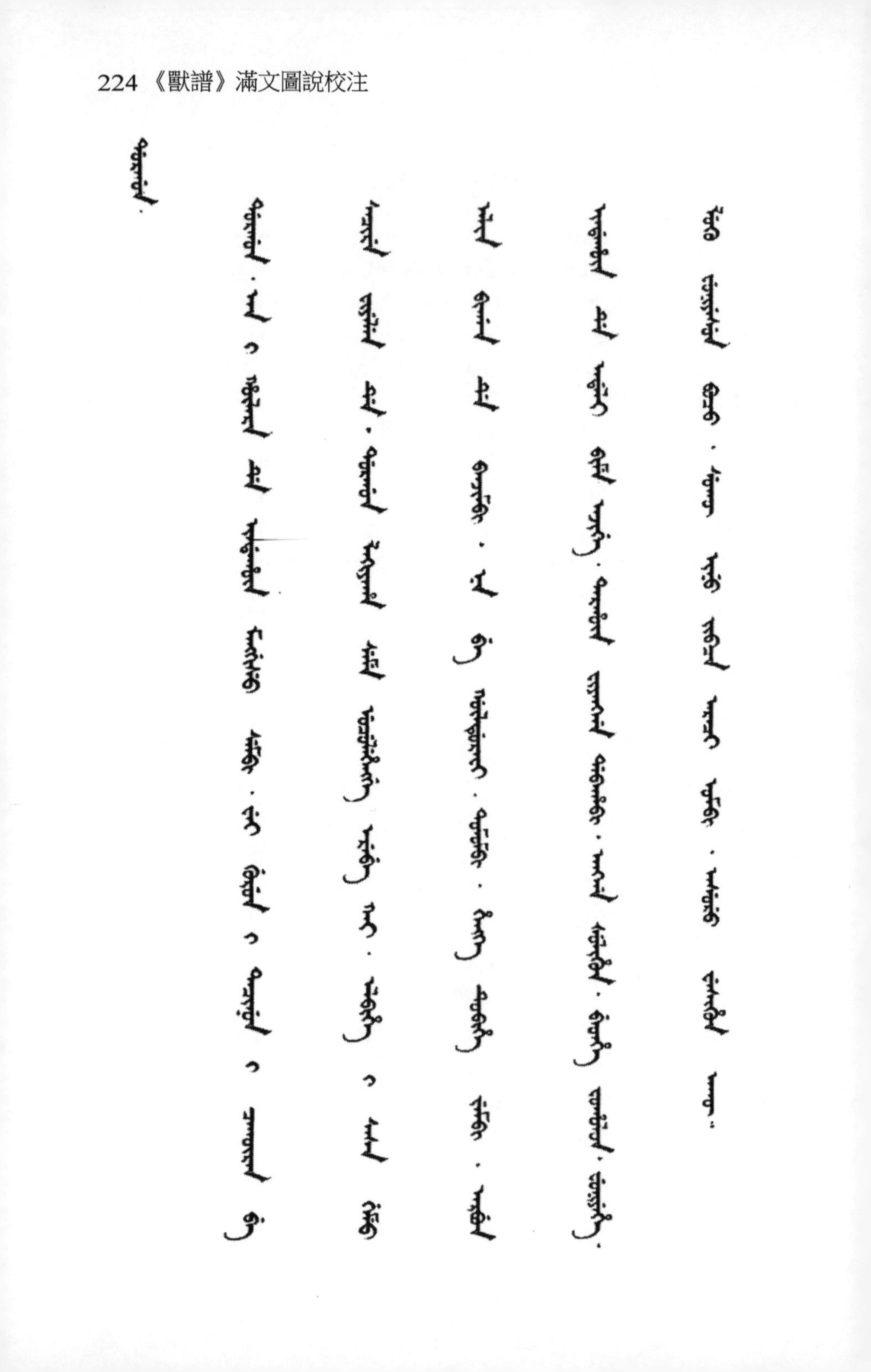

[illegible]

[illegible]

[illegible]

[illegible]

[illegible]

[illegible]

dorgon

dorgon, an i hūlara de indahūn manggisu sembi, wei gurun i tacinun i cakūran be sacire fiyelen de, dorgon lakiyaha seme uculehengge erebe kai. elbihe i sasa gemu alin bigan de banjimbi, na be g ū ldurafi tomombi, hengke tubihe jembi, arbun indahūn de adali bime ajige, tarhūn fiyangga dabahabi. angga šulihun, bethe foholon, funiyehe luku funiyesun boco, sukū inu jibca araci ombi, asuru wesihun akū.

貆

貆，俗名狗獾。《魏風・伐檀》所歌懸貆者也。與貒、貉皆生山野中。穴土而居，食瓜果。形似狗而小，肥澤過之。尖喙，短足，深毛褐色，皮亦可為裘，弗貴也。

貆

貆，俗名狗獾。《魏风・伐檀》所歌悬貆者也。与貒、貉皆生山野中。穴土而居，食瓜果。形似狗而小，肥泽过之。尖喙，短足，深毛褐色，皮亦可为裘，弗贵也。

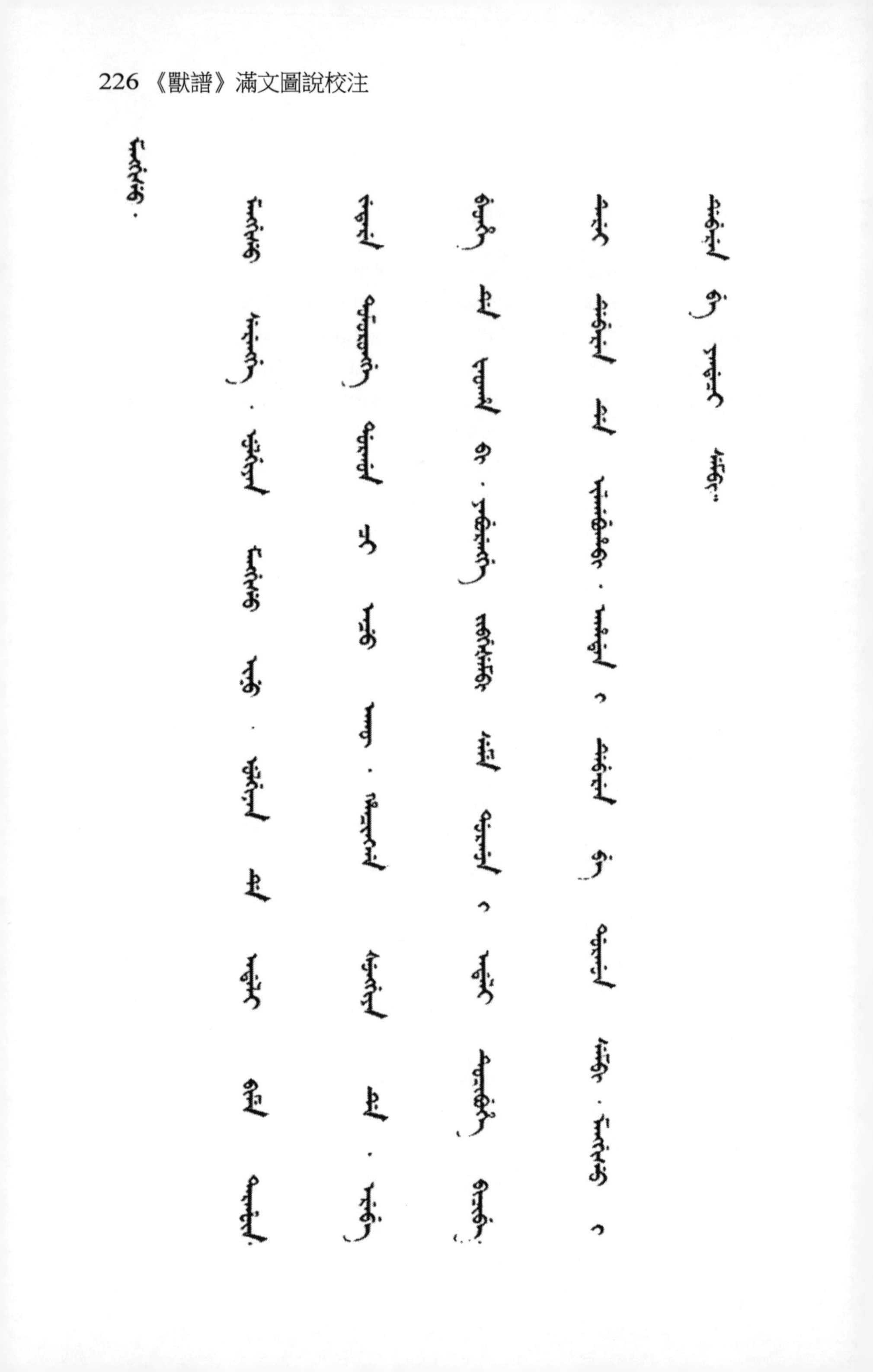

manggisu

manggisu serengge, ulgiyan manggisu inu, ulgiyan de adali bime tarhūn, jetere tomorongge dorgon ci encu akū. hancingga šunggiya de, erebe bethe de fatha bi, yaburengge jibgešembi seme dorgon i adali tucibuhe bicibe, terei deberen de ilgabuhabi, ahadan i deberen be dorgon sembi, manggisu i deberen be yandaci sembi.

貒

貒，豬貛也，似豕而肥，食處與貆無異[2]。《爾雅》謂其足蹯，跡瓜[3]，亦與貆並稱，而以其子別之，貈子貆，貒子貗。

貒

貒，猪貛也，似豕而肥，食处与貆无异。《尔雅》谓其足蹯，迹瓜，亦与貆并称，而以其子别之，貈子貆，貒子貗。

---

[2] 食處，滿文讀作"jetere tomorongge"，意即「食宿」。*

[3] 足蹯，迹瓜，滿文讀作"bethe de fatha bi, yaburengge jibgešembi"，意即「足有蹄，行走遲慢」。

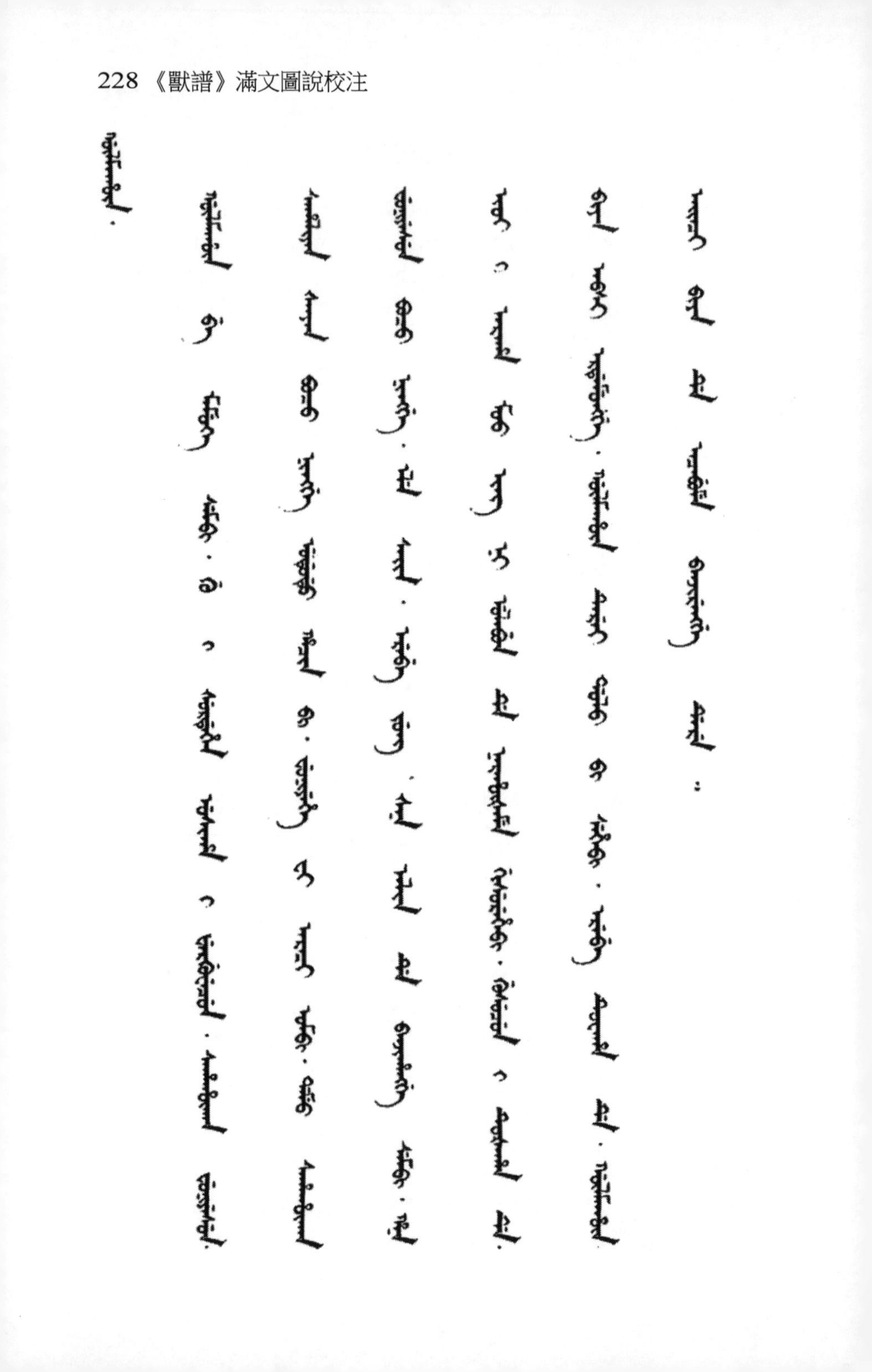

gūlmahūn

gūlmahūn be mamuke sembi, gu i šurdehen usiha i ferguwecun, sahahūkan funiyesun sahaliyan šanyan boco ningge ududu hacin bi, funiyehe fi araci ombi, damu sahahūkan funiyesun boco ningge, ele sain, erebe jung šan alin de banjihangge sembi, han ioi i araha moo ing ni ulabun de narhūšame gisurehebi. gusucun i tušahan de, biya absi erdemungge, gūlmahūn terei dolo bi sehebi. erebe tuwaha de, gūlmahūn ainci biya de acabume banjirengge dere.

兔

兔曰明視[4]，玉衡之精也。有蒼、褐、黑、白數種。毫利為筆[5]，惟蒼、褐者宜，是曰中山之產。韓愈《毛潁傳》盖詳哉其言之矣。《楚辭》云：夜光何德，而顧兔在腹，則兔其應月而生者耶？

兔

兔曰明视，玉衡之精也。有苍、褐、黑、白数种。毫利为笔，惟苍、褐者宜，是曰中山之产。韩愈《毛颍传》盖详哉其言之矣。《楚辞》云：夜光何德，而顾兔在腹，则兔其应月而生者耶？

[4] 明視，滿文讀作“mamuke”，意即「灰兔」。

[5] 毫利為筆，滿文讀作“funiyehe fi araci ombi”，意即「毛可做筆」。

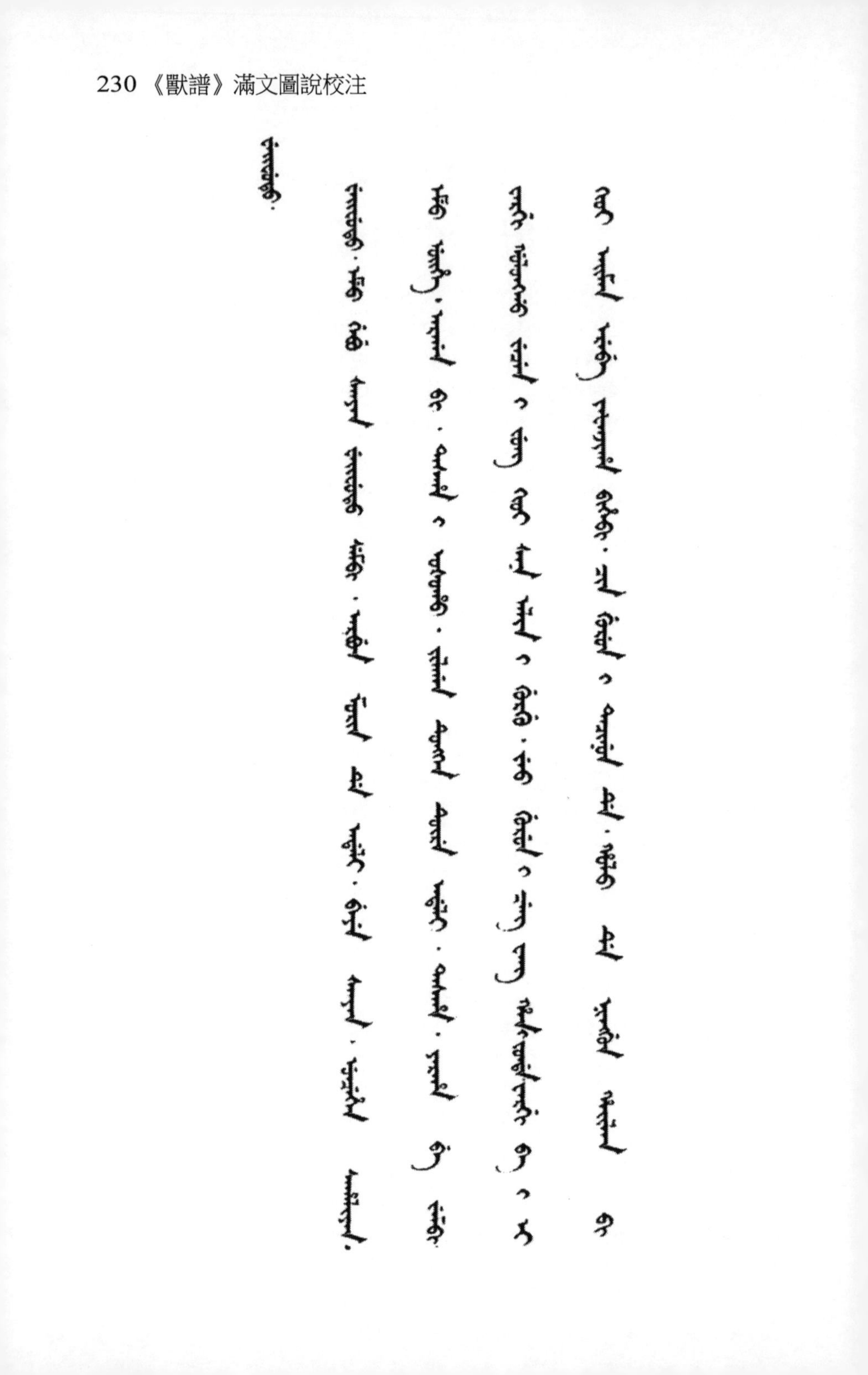

[illegible]

[illegible]

[illegible]

[illegible]

[illegible]

[illegible]

weifutu

weifutu, emu gebu šanyan weifutu sembi. arbun morin de adali, beye šanyan, uncehen sahaliyan, emu uihe, argan bi, tasha i ošoho, jilgan tungken tūre adali, tasha, yarha be jembi. wargi golonggo jecen i jung kioi šaṉ alin i gurgu, jeo gurun i ceng wang han i fonde, wargi ba i i kioi aiman erebe jafanjiha bihebi. cin gurun i tacinun de, holo de ninggun hailan bi

---

駮

駮，一名茲白。狀如馬，白身，黑尾，一角，鋸牙[6]，虎爪，音如鼓[7]，食虎豹，西荒中曲山之獸[8]。周成王時，西戎義渠以是來獻。《秦風》隰有六駮，

驳

驳，一名兹白。状如马，白身，黑尾，一角，锯牙，虎爪，音如鼓，食虎豹，西荒中曲山之兽。周成王时，西戎义渠以是来献。《秦风》隰有六驳，

---

[6] 鋸牙，滿文讀作"argan bi"，意即「有牙」。

[7] 音如鼓，滿文讀作"jilgan tungken tūre adali"，意即「音如擊鼓」。

[8] 西荒，滿文讀作"wargi golonggo"，意即「西邊荒服」，古疆土五服之一的荒服。

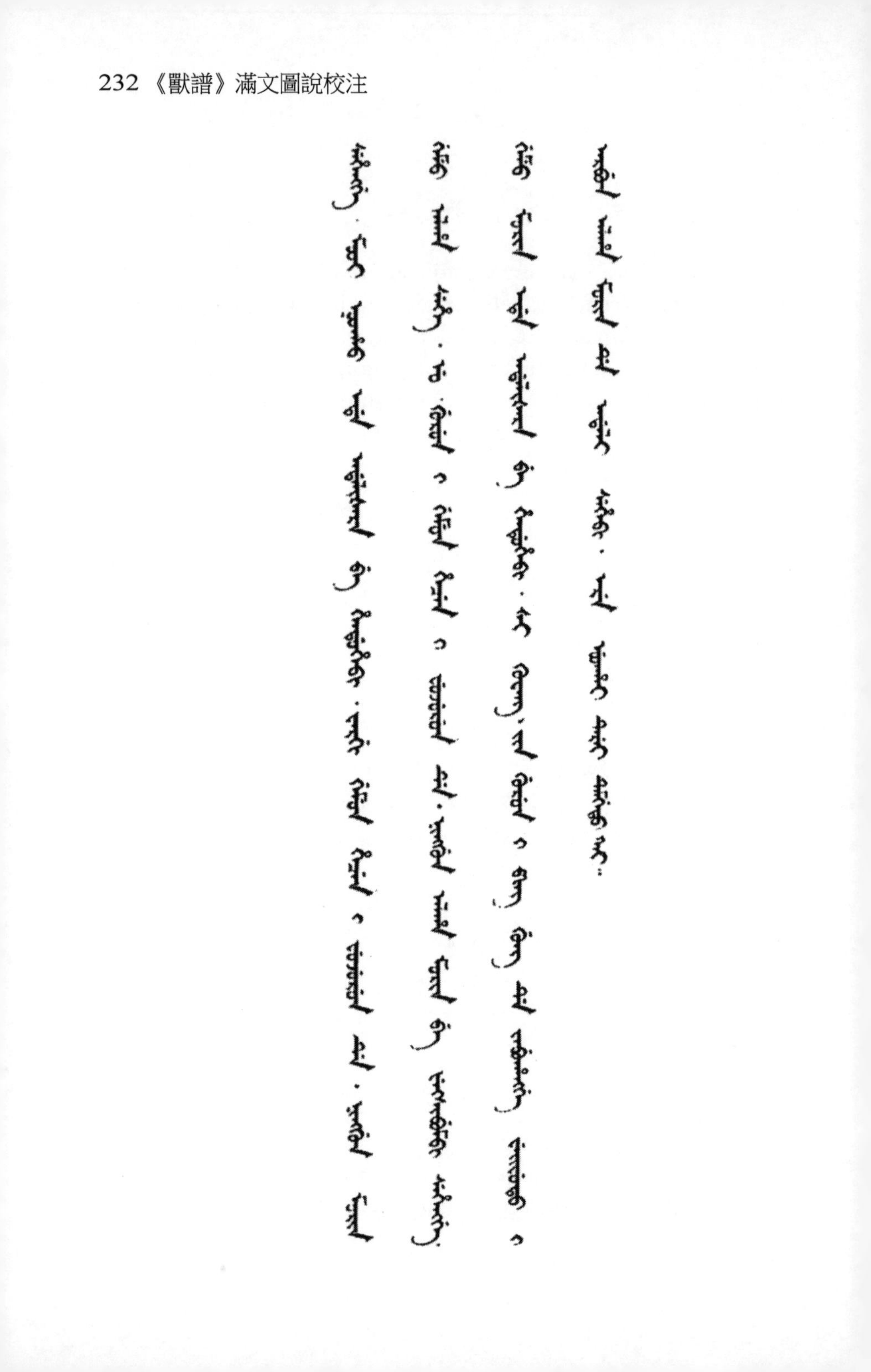

sehegge, mooi notho ede adališara be henduhebi. wargi gemun hecen i tujurun de, ninggun morin gemu alha sehe, u gurun i gemun becen i fujurun de, ninggun alha morin be feksibumbi sehengge, gemu morin ede adališara be henduhebi. ši kuwang, jin gurun i ping gung de jabuhangge, weifutu i arbun alha morin de adali sehebi. ere uthai terei temgetu kai.

謂木皮與之相似。〈西京賦〉六駿駮[9]。〈吳都賦〉驀六駮[10]，皆謂馬之相類者。師曠對晉平公云：駮之狀有似駮馬，是其証也。

谓木皮与之相似。〈西京赋〉六骏驳。〈吴都赋〉蓦六驳，皆谓马之相类者。师旷对晋平公云：驳之状有似驳马，是其证也。

[9] 六駿駮，滿文讀作"ninggun morin gemu alha sehe"，意即「六馬俱斑駁」。
[10] 驀六駮，滿文讀作"ninggun alha morin be feksibumbi"，意即「馳騁六斑駁馬」。

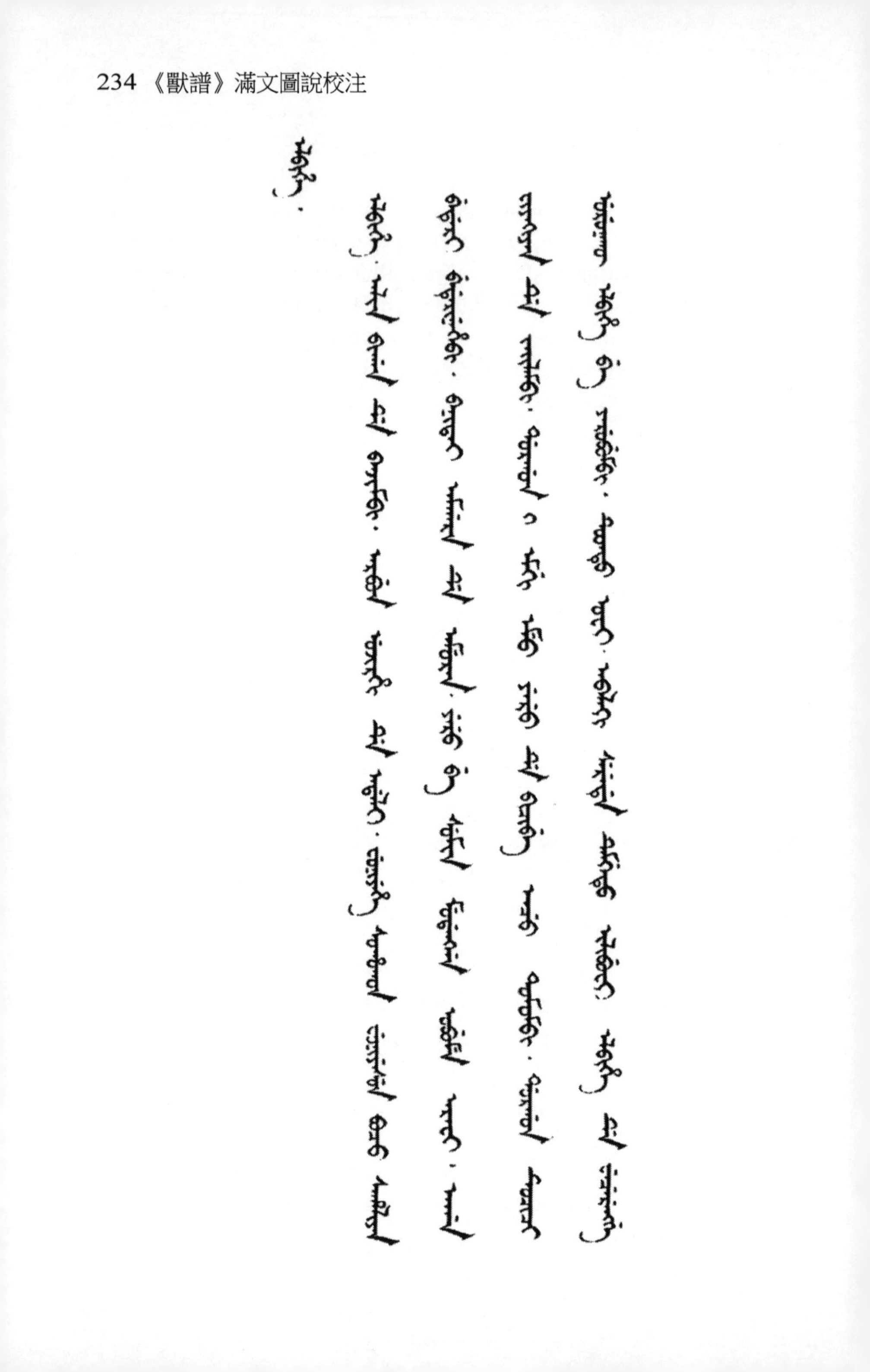

[illegible]

[illegible]

[illegible]

[illegible]

[illegible]

[illegible]

elbihe

elbihe, alin bigan de banjimbi, arbun ujirhi de adali, funiyehe sohokon funiyesun boco sahaliyan bederi bederinehebi. banitai amgara de amuran, yeru be šumin mudangga obume arafi, aga fiyakiyan de jailambi, dorgon i emgi emu yeru de bicibe encu tomombi, dorgon tucici urunakū elbihe be yarubumbi, tuttu ofi, abalaki serede temgetu ilibufi elbihe de wecerengge

---

貉

貉，生山野間，狀如貍，毛黃褐色，黑文斑然[11]。性嗜睡，營窟深曲，以避雨暘。與貛同穴而各處，貛出必以貉為導，故將獵而祭表貉，

貉

貉，生山野间，状如狸，毛黄褐色，黑文斑然。性嗜睡，营窟深曲，以避雨旸。与貛同穴而各处，貛出必以貉为导，故将猎而祭表貉，

---

11 黑文斑然，滿文讀作“sahaliyan bederi bederinehebi”，意即「長出黑斑」。

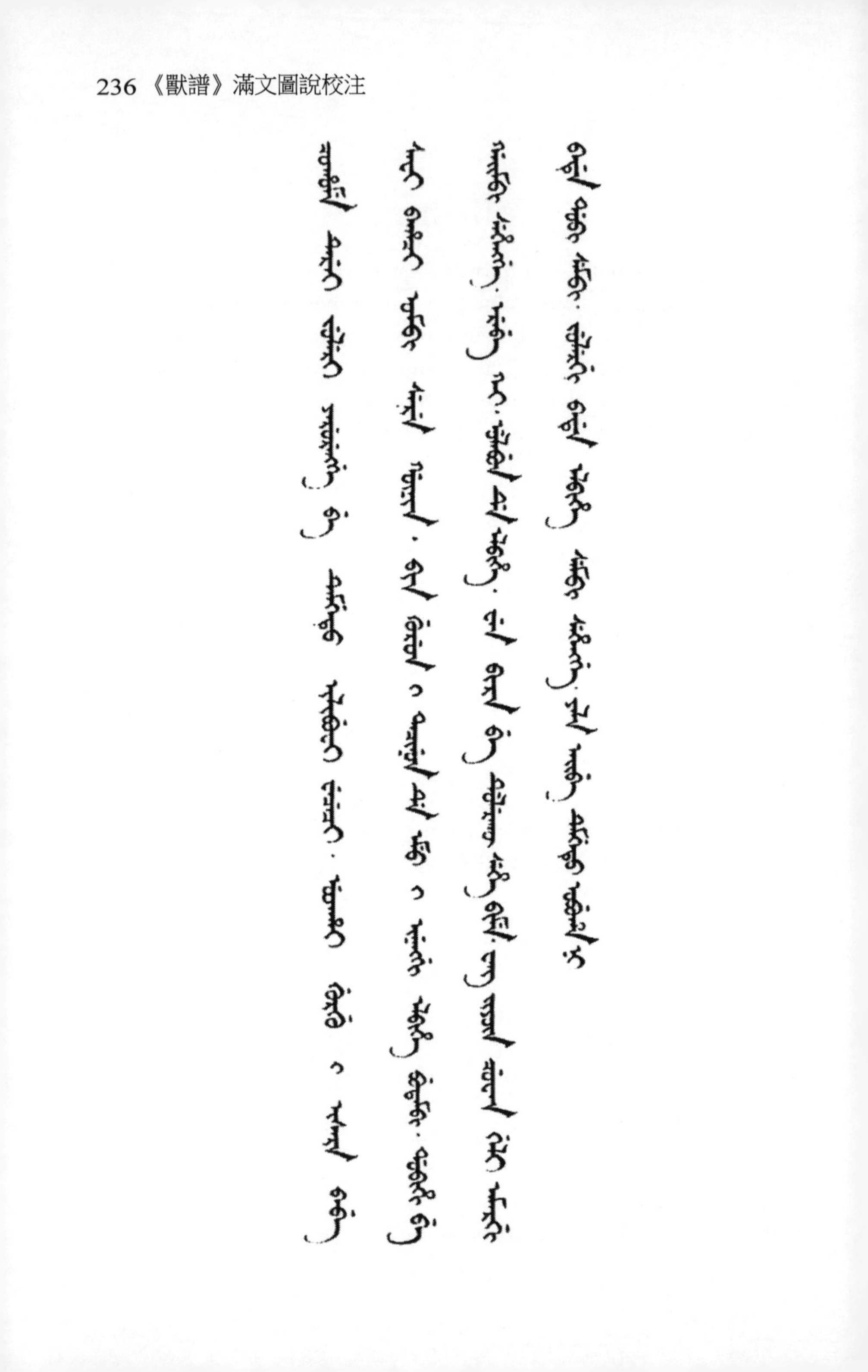

[illegible]

[illegible]

[illegible]

[illegible]

cohome terei juleri yarurengge be temgetu ilibufi wececi, uthai gurgu i isara babe safi bahaci ombi sere gūnin. bin gurun i tacinun de emu i inenggi elbihe butambi, dobihi be gaimbi sehengge, erebe kai. ulabun de elbihe, wen bira be dulerakū sehe bime, wang jiyūn cuwan geli amargi bade dobi sembi, julergi bade elbihe sembi sehengge, yala aibe temgetu obuha ni.

謂表其先導，則知獸所聚而取之。《豳風》一之日于貉[12]，取彼狐貍是也。傳言貉不踰汶[13]，而王浚川謂北曰狐，南曰貉，果何據哉？

谓表其先导，则知兽所聚而取之。《豳风》一之日于貉，取彼狐狸是也。传言貉不踰汶，而王浚川谓北曰狐，南曰貉，果何据哉？

---

[12] 于貉，滿文讀作“elbihe butambi”，意即「捕貉」。
[13] 汶，滿文讀作“wen bira”，意即「汶河」。

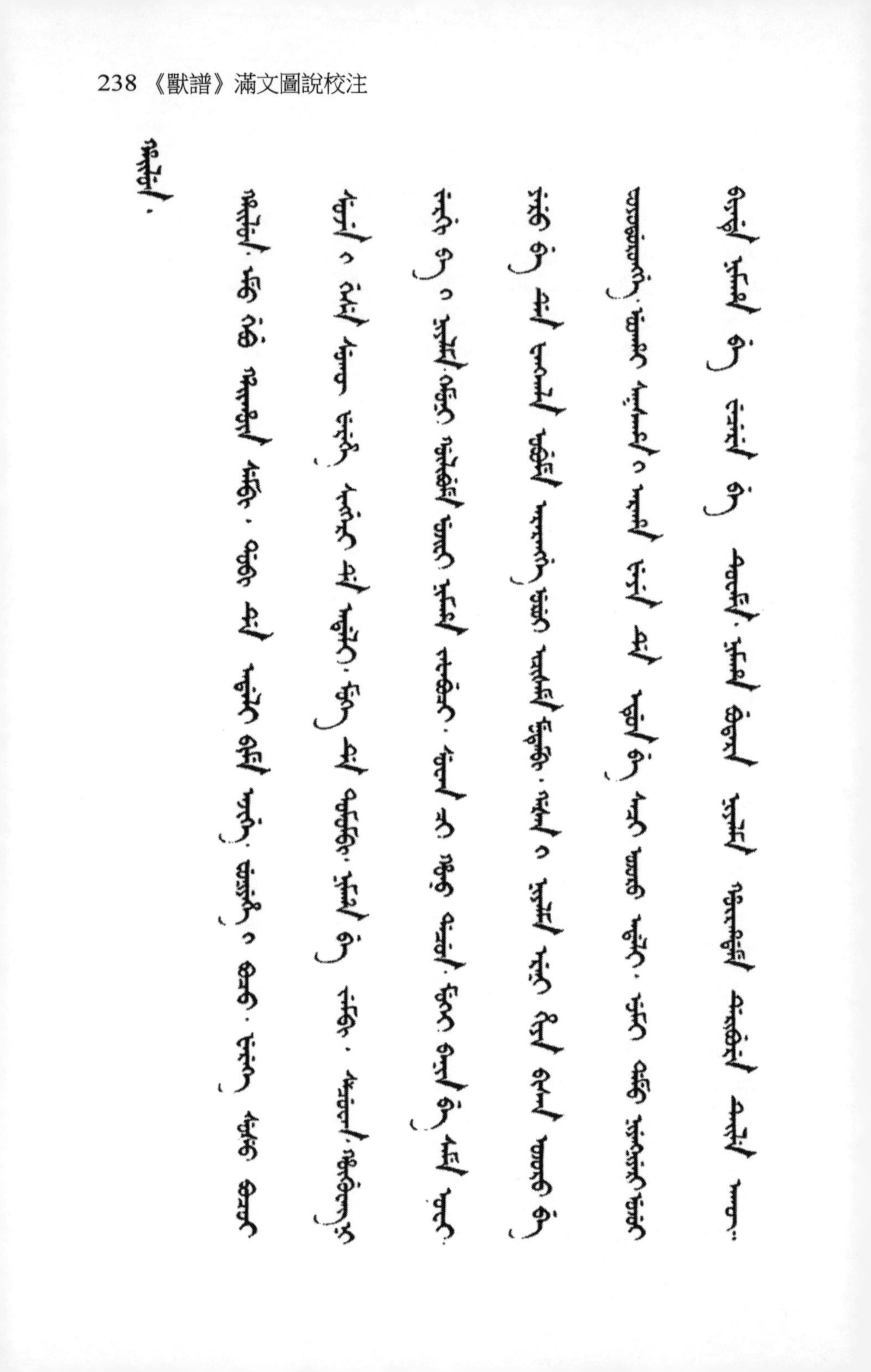

[illegible]

[illegible]

[illegible]

[illegible]

[illegible]

[illegible]

[illegible]

[illegible]

hailun

hailun, emu gebu haihūn sembi, dobi de adali bime ajige, funiyehe i boco, fereke šušu bocoi suje i gese sukū ferehe singgeri de adali, muke de tomombi, nimaha be jembi. sycuwan, hūguwang ni jergi ba i niyalma, kemuni gūlibume ujifi nimaha jafabuci, suwan ci hono dacun, mukei banin be same ofi yeru be den fangkala obume ararangge urui icišame mutembi, gašan i niyalma ereni hiya bisan ojoro be foyodorongge, uthai saksaha i araha feye de edun be saci ojoro adali, umai damu niyengniyeri ujui biyade nimaha be wecere be tuwame, nimaha butara niyalma hūrhadame deribure teile akū.

獺

獺，一名水狗，似狐而小，毛色若故紫帛，膚如伏翼[14]。水居食魚。川沔間[15]每馴畜之，使捕魚，較鸕鷀更捷。能知水信[16]，為穴高下隨之，鄉人以占旱潦，如鵲巢知風然。不獨孟春祭魚，漁人視為入澤梁之候也[17]。

獭

獭，一名水狗，似狐而小，毛色若故紫帛，肤如伏翼。水居食鱼。川沔间每驯畜之，使捕鱼，较鸬鹚更捷。能知水信，为穴高下随之，乡人以占旱涝，如鹊巢知风然。不独孟春祭鱼，渔人视为入泽梁之候也。

---

[14] 伏翼，滿文讀作"ferehe singgeri"，意即「蝙蝠」。

[15] 川沔間，滿文讀作"sycuwan, hūguwang ni jergi ba i niyalma"，意即「四川、湖北、湖南等地的人」。

[16] 水信，滿文讀作"mukei banin"，意即「水性」。

[17] 漁人視為入澤梁之候，滿文讀作"butara niyalma hūrhadame deribure"，意即「漁人開始下撈網捕魚之時」。

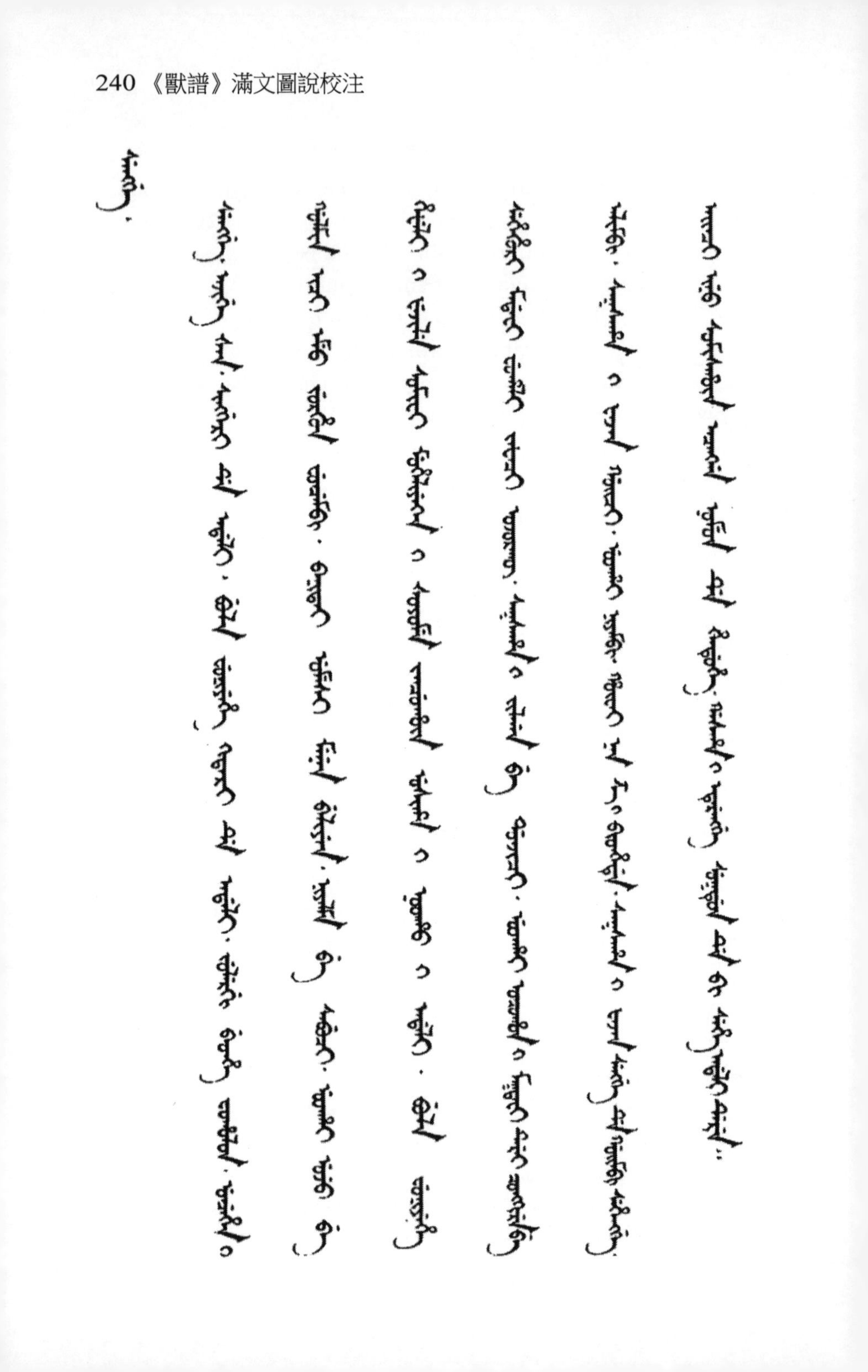

[illegible]

sengge

sengge, ajige šan, singgeri de adali, bula funiyehe kitari de adali, julergi bethe foholon, uncehen i golmin ici emu jurhun funcembi, banitai umesi menen beliyen, niyalma be sabuci, uthai uju be hefeli i fejile somifi muheliyeken i šoyome jancuhūn usiha i notho i adali, bula funiyehe sehehuri madafi fuhali jafaci ojorakū, saksaha i jilgan be donjici, uthai oncohon i maktafi terei congkire be alimbi, saksaha i fajan goici , uthai niyambi, hūwai nan dz i bithede, saksaha i fajan sengge de goimbi sehengge, ainci inu somishūn acagga nonun de henduhe, gasha i eterengge sukdun de bi sehe adali dere.

蝟

蝟，一作彙[18]，耳小，似鼠，毛刺如豪豬，足前短，尾長寸餘，性極獰鈍，見人則藏面腹下，圓輥如栗房，攢毛磔磔然，不可搏執。聞鵲聲則抑腹受啄，中其矢輒爛，《淮南子》謂鵲矢中蝟，殆亦《陰符》所云禽之制在氣歟！

猬

猬，一作汇，耳小，似鼠，毛刺如豪猪，足前短，尾长寸余，性极狞钝，见人则藏面腹下，圆辊如栗房，攒毛磔磔然，不可搏执。闻鹊声则抑腹受啄，中其矢輒烂，《淮南子》谓鹊矢中猬，殆亦《阴符》所云禽之制在气欤！

[18] 一作彙，原書未譯出滿文。

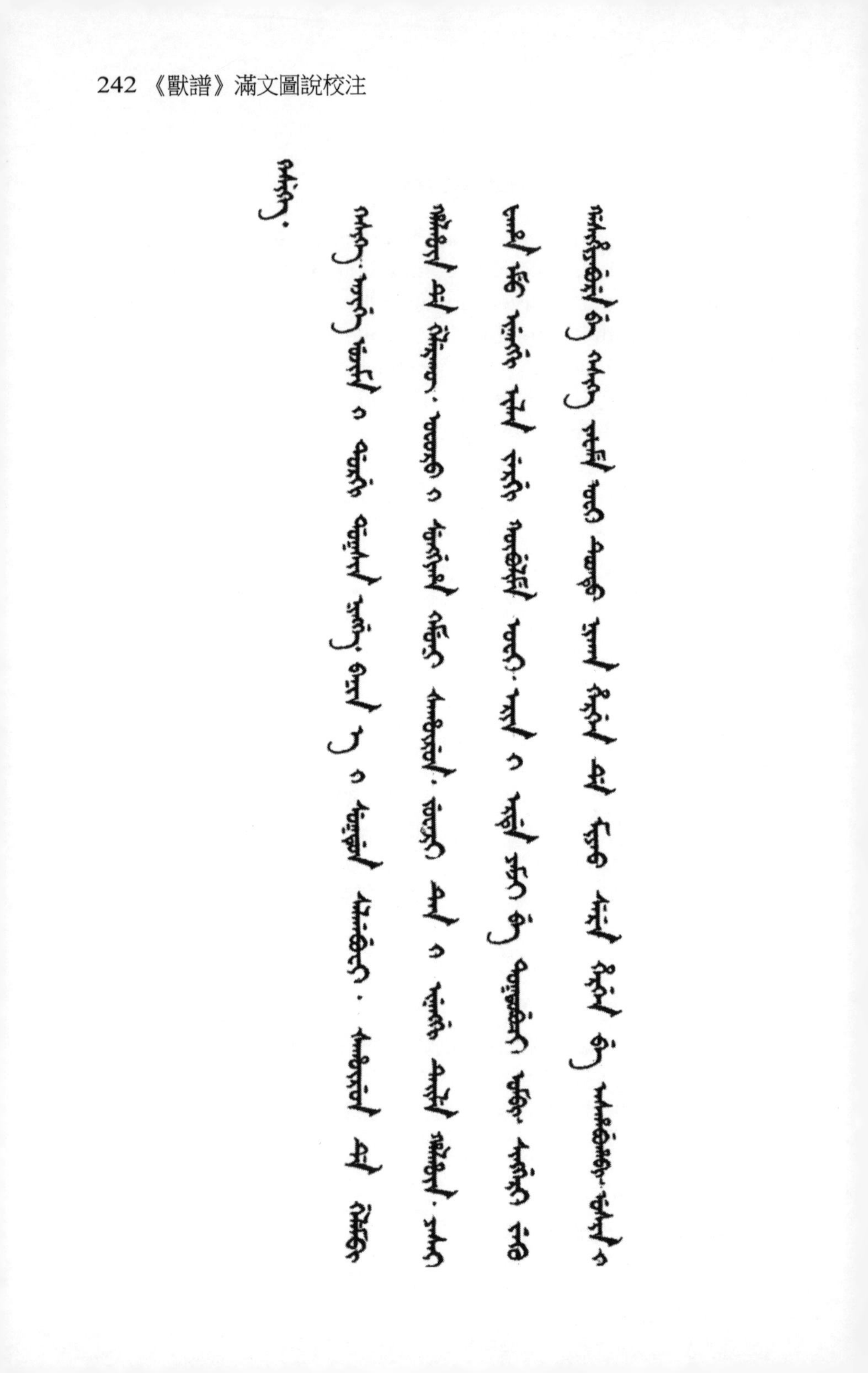

[illegible]

kesike

kesike, ajige ujima i dorgi doksin ningge, banin e i sukdun salgabufi, šahūrun de gelembi , halhūn de geleraku, oforo i sunggiha kemuni šahūrun, juwari ten i inenggi teile halhūn, yasai faha emu inenggi ilan jergi kūbulime ofi, erin i erde yamji be toktobuci ombi. singgeri jeku gasihiyabure be kesike jafame ofi, tuttu nikan hergen de miyao sere hergen be ashabuhabi, usin i

---

貓

貓，小畜之猛者。性陰，畏寒而不畏暑。鼻端常冷，夏至則溫。目睛一日三變，可定時候早晚。鼠害苗而貓補之，故字從苗[19]，

猫

猫，小畜之猛者。性阴，畏寒而不畏暑。鼻端常冷，夏至则温。目睛一日三变，可定时候早晚。鼠害苗而猫补之，故字从苗，

---

[19] 故字從苗，滿文讀作"tuttu nikan hergen de miyao sere hergen be ashabuhabi"，意即「故漢字从苗字」。

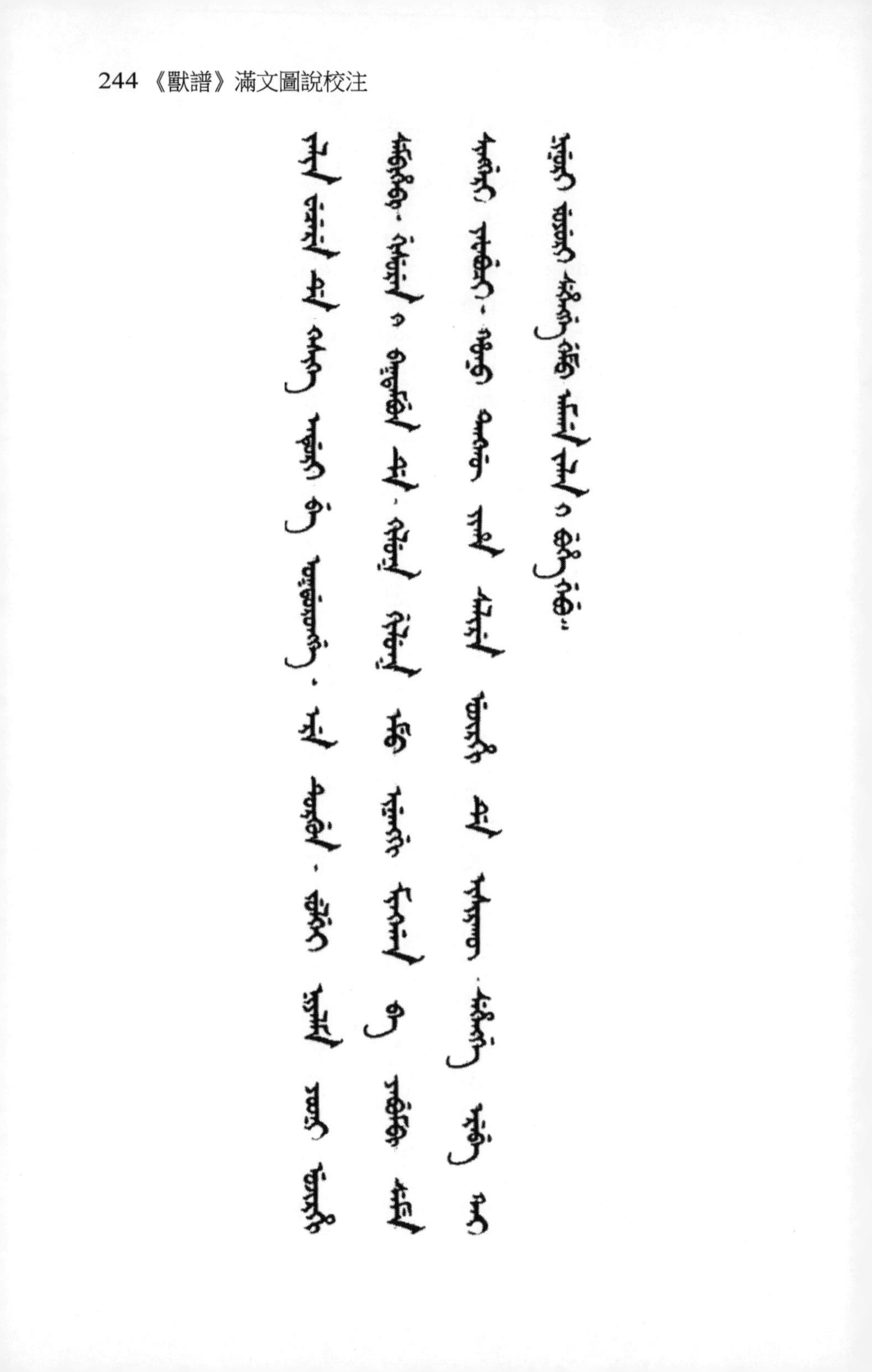

jalin wecere de kesike enduri be okdorongge, ere turgun. julgei niyalma yooni ujirhi sembihebi. gisuren i baktambun de, kiluk giluk emu inenggi minggan ba yabumbi seme singgeri jafabuci, hono tanggū jiha salire ujirhi de isirakū sehengge erebe kai. ninuri juyuri sehengge gemu amaga jalan i buhe gebu.

蜡祭[20]所以迎貓也，古人通謂之貍。《說苑》云：騏驥一日千里。然使捕鼠，曾不如百錢之貍，是矣。女奴、烏圓[21]，皆後世名之。

蜡祭所以迎猫也，古人通谓之狸。《说苑》云：骐骥一日千里。然使捕鼠，曾不如百钱之狸，是矣。女奴、乌圆，皆后世名之。

---

20 蜡祭，滿文讀作“usin jalin wecere”，意即「為農事祭祀」。

21 烏圓，滿文應讀作“uyuri”，與“ninuri”（女奴），俱為“kesike”（貓）之別名；此作“juyuri”，疑誤。按《清文總彙》滿文“uyuri”條，滿文對音作「烏」；依據滿文對音原理，「烏圓」較為近是。

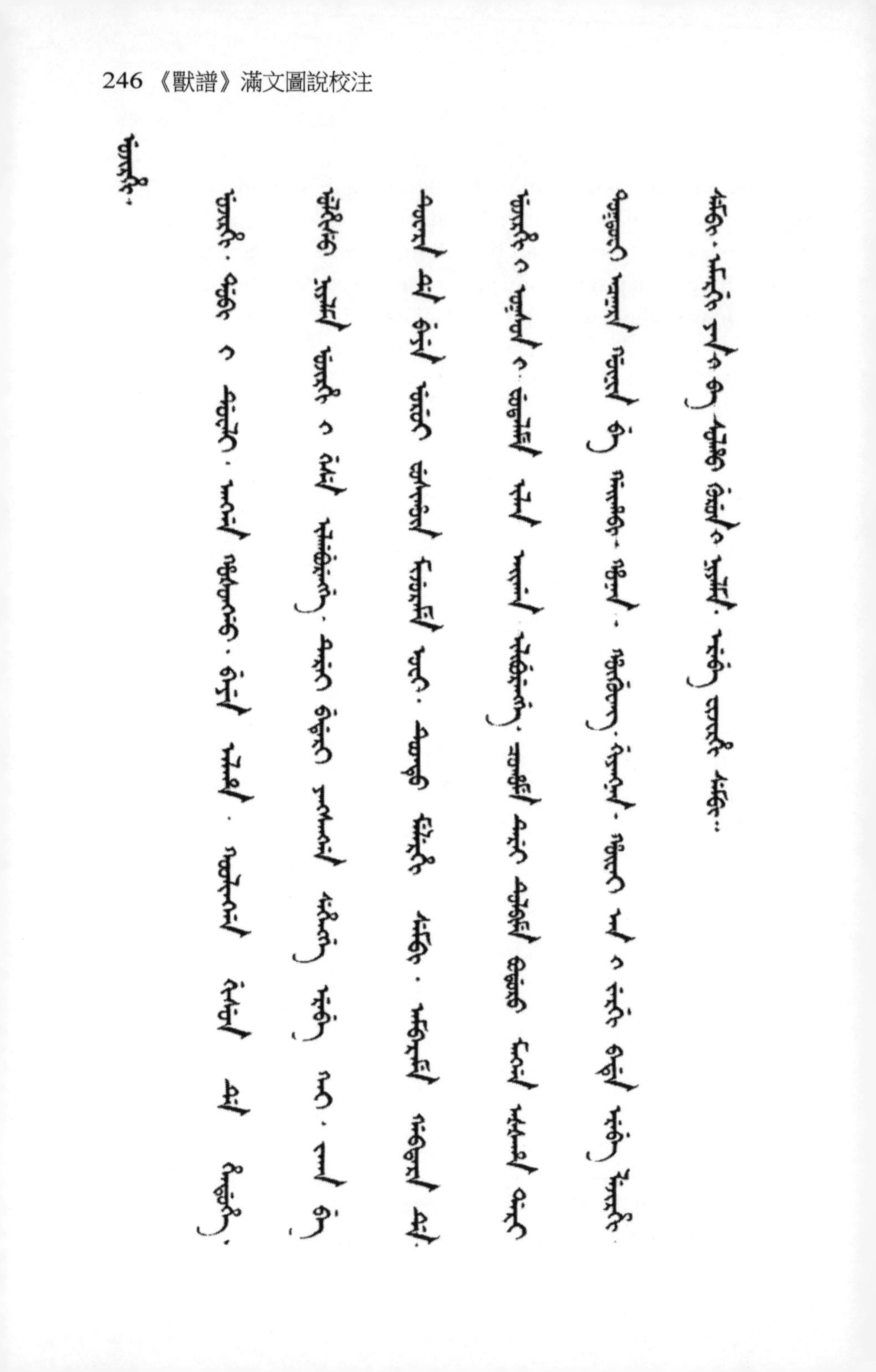

ujirhi

ujirhi, dobi i duwali, angga hošonggo, beye alha. koolingga gisun de henduhe, ulhisu niyalma ujirhi i gese ilgaburengge, terei bederi yangsangga sehengge erebe kai. jaka be tuwara de beye urui fusihūn mijurame ofi, tuttu melerhi sembi. ambarame gabtara de, ujirhi i okson i futalame ilan aigan iliburengge, cohome terei tulbime bodoro mangga aššaha dari toktofi acanara gūnin be gaihabi. honan, hūguwang, giyangnan, hūwai an i jergi bade erebe lejirhi sembi. amargi yan i ba solho gurun i niyalma, erebe fijirhi sembi.

貍

貍，狐類，方口，文身。《法言》所擬為辨人貍，別其文萃也。伺物必卑身而伏，因稱伏獸。大射，以貍步張三侯，取其善擬度，而發必獲耳。陳、楚、江、淮間[22]？謂之貅，北燕、朝鮮人謂之豾。

狸

狸，狐类，方口，文身。《法言》所儗为辨人狸，别其文萃也。伺物必卑身而伏，因称伏兽。大射，以狸步张三侯，取其善拟度，而发必获耳。陈、楚、江、淮间？谓之貅，北燕、朝鲜人谓之豾。

---

[22] 陳、楚、江、淮間，滿文讀作“honan, hūguwang , giyangnan , hūwai an i jergi bade”，意即「河南、湖廣、江南、淮安等地」。

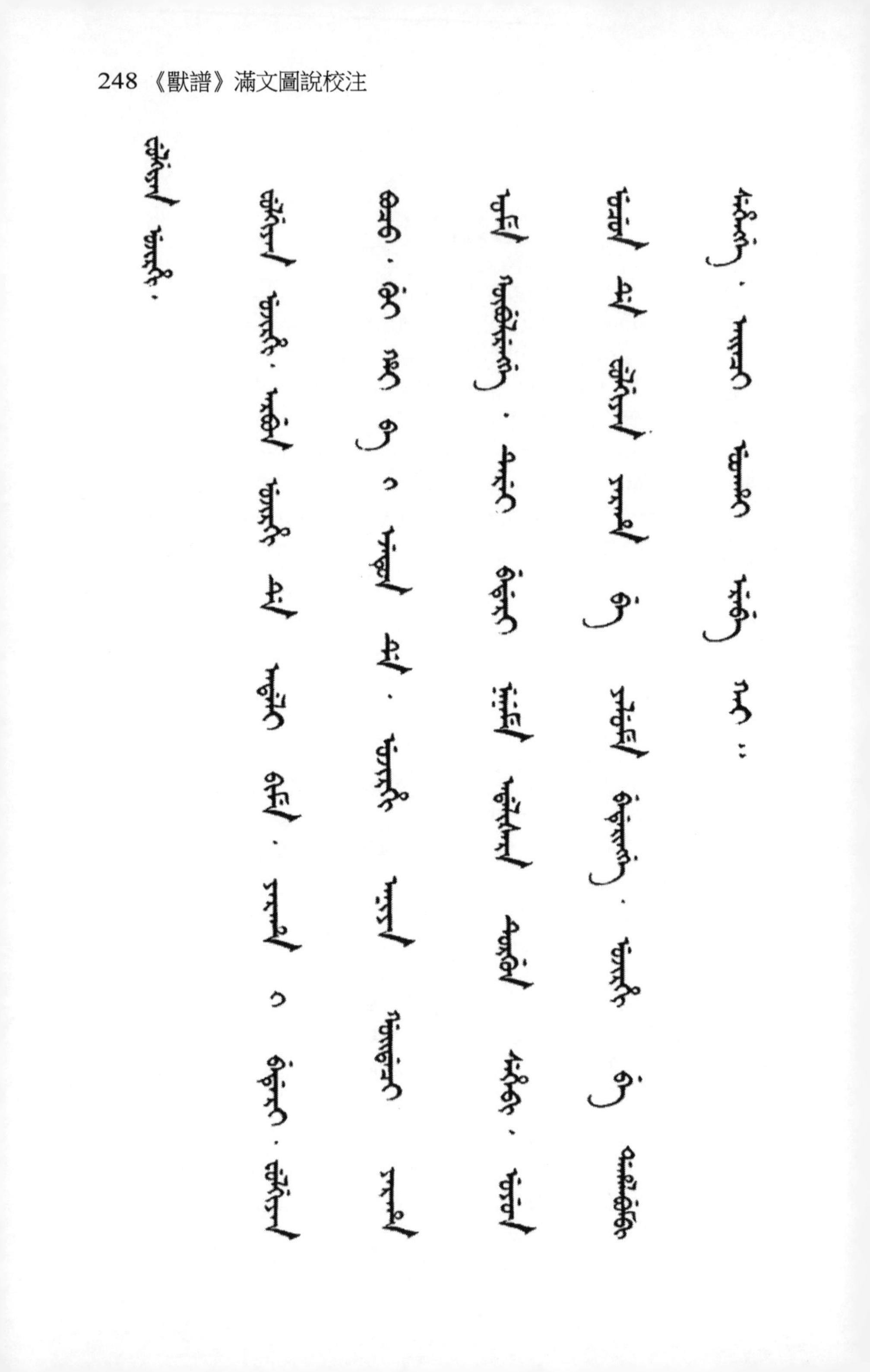

[illegible]

[illegible]

[illegible]

[illegible]

[illegible]

[illegible]

fulgiyan ujirhi

fulgiyan ujirhi, arbun ujirhi de adali bime , yarha i bederi, fulgiyan boco. gui hai ba i ejetun de, ujirhi aniya goidaci yarha ome kūbulirengge, terei bederi neneme adališara turgun sehebi. uyun ucun de fulgiyan yarha be yalume bederingge, ujirhi be dahalabumbi sehengge, ainci uthai erebe kai.

赤貍

赤貍，狀似貍而豹文，赤色。《桂海志》[23]所載：火貍[24]歲久則化為豹，其文先似之也。《九歌》云：乘赤豹兮從文貍，豈即此歟？

赤狸

赤狸，状似狸而豹文，赤色。《桂海志》所载：火狸岁久则化为豹，其文先似之也。《九歌》云：乘赤豹兮从文狸，岂即此欤？

---

[23] 《桂海志》，即指《桂海虞衡志》，滿文讀作“gui hai ba i alin birai ejetun”，南宋范承大撰。此作 “gui hai ba i ejetun”，係該書簡稱。

[24] 火貍，滿文讀作“ujirhi”，意即「貍子」。

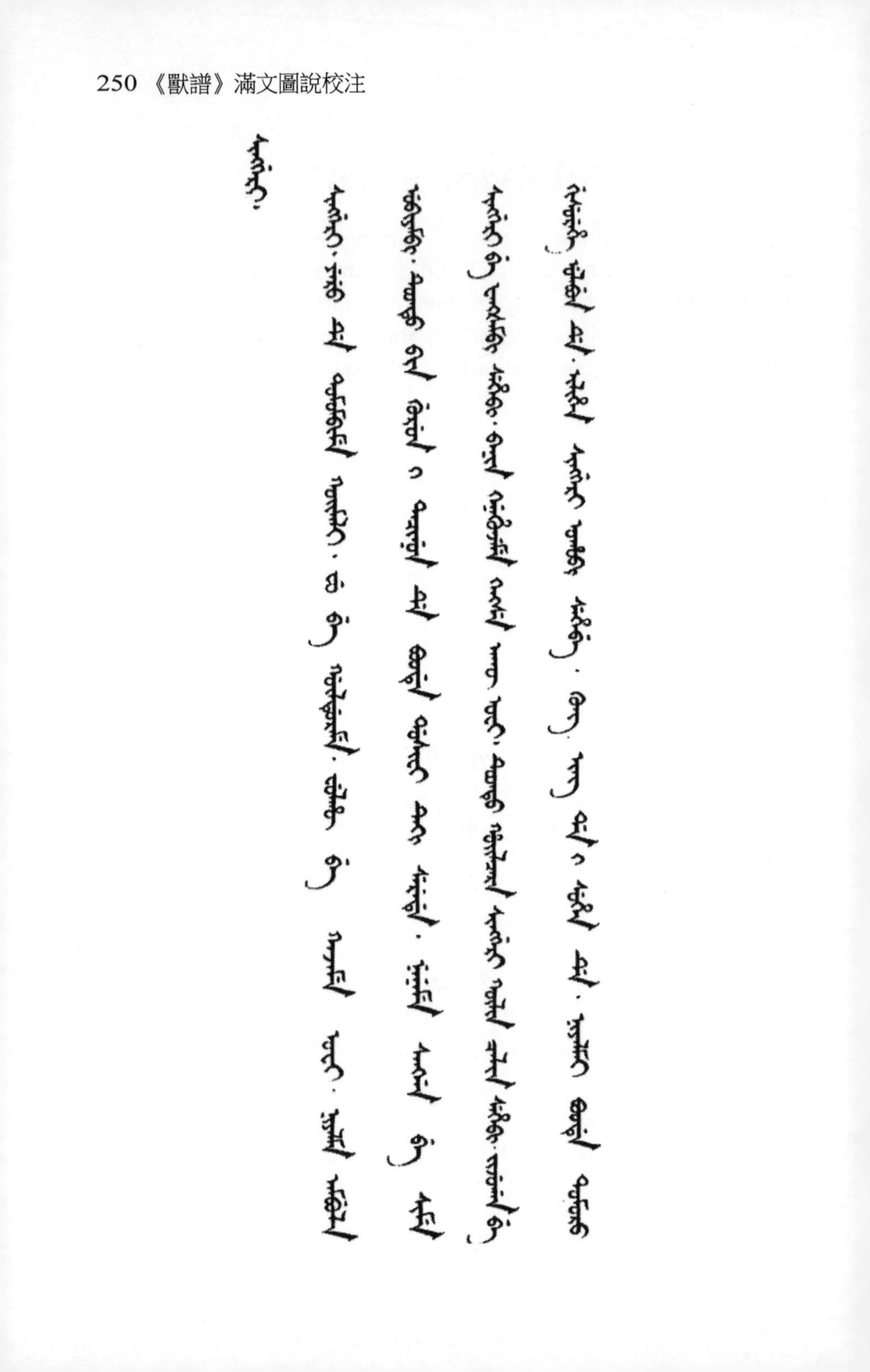

[illegible]

[illegible]

[illegible]

[illegible]

[illegible]

singgeri

singgeri, yeru de tomobime koimali, fu be gūldurame, fulhū be kajame ofi, niyalma ambula ubiyambi, tuttu bin gurun i tacinun de boode dosifi teki serede, neneme sangga be sime singgeri be fangšambi sehebi, banin kenehunjeme kengse akū ofi, tuttu hoilacara singgeri kūlin calin sehebi. jijugan be gisurehe ulabun de, ilihen singgeri ohobi sehebe, kung ing da i suhen de, niyalmai boode tomoro

鼠

鼠，穴居而黠。穿墉齧橐，人多憎之。故《豳風》將入室處，必先穹窒熏鼠也。其性疑而不果，是曰首鼠兩端。《說卦傳》艮為鼠，孔疏謂其止於人家[25]。

鼠

鼠，穴居而黠。穿墉啮橐，人多憎之。故《豳风》将入室处，必先穹窒熏鼠也。其性疑而不果，是曰首鼠两端。《说卦传》艮为鼠，孔疏谓其止于人家。

[25] 孔疏謂其止於人家，滿文讀作"kung ing da i suhen de, niyalmai boode tomoro turgun"，意即「孔穎達疏謂其居處於人家」。

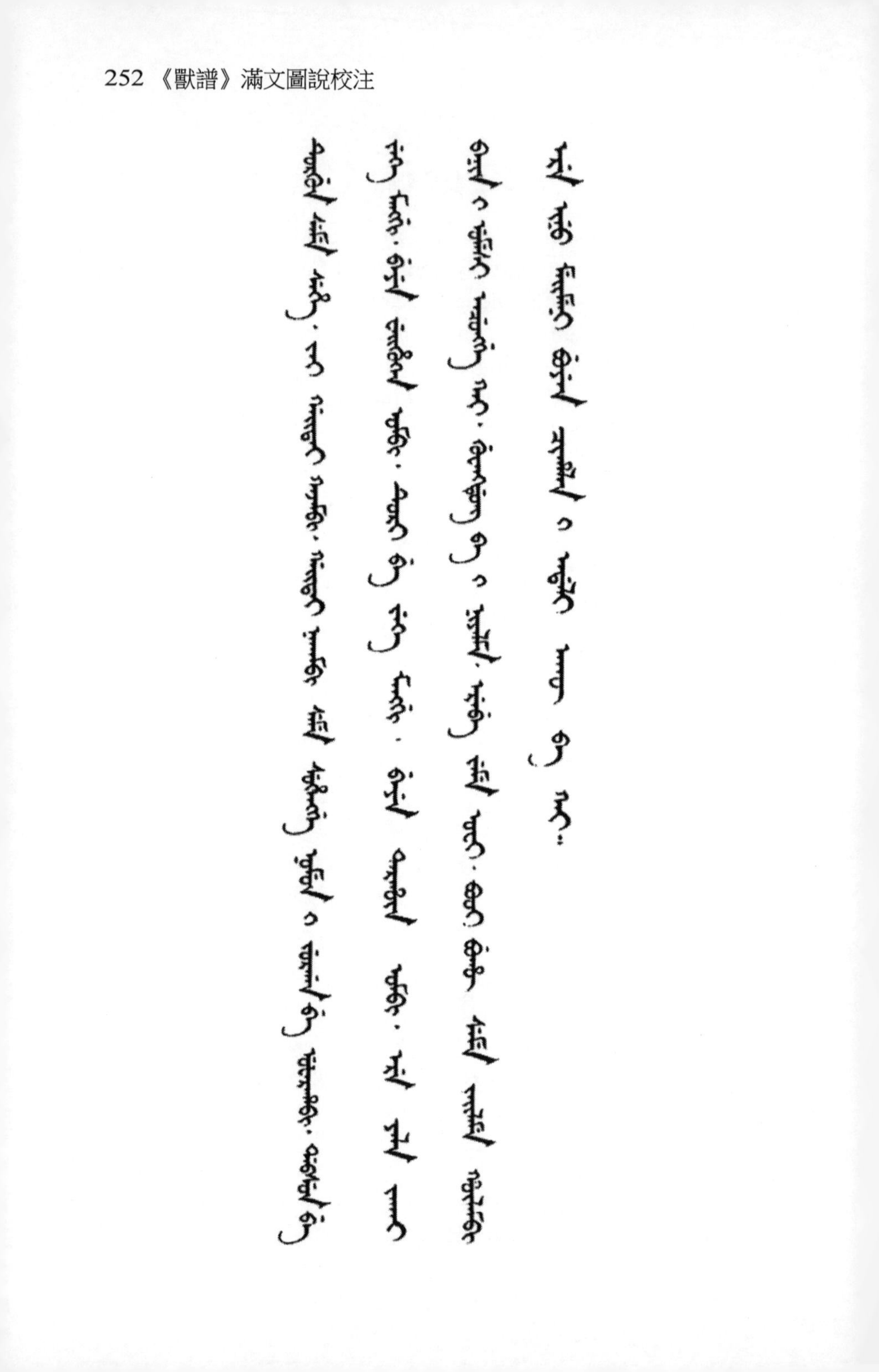

turgun seme sehe, jai gaitai kajambi, gaitai nakambi seme suhengge nomun i jurgan be ufarahabi, dabsun be jeke manggi, beye weihuken ombi, turi be jeke manggi, beye tarhūn ombi, ere yala jakai banin i umesi encungge kai. guwangdung ba i niyalma, erebe jeme ofi booi buhū seme jailame hūlambi, ere inu meimeni buyen cihala i adali akū ba kai.

或釋之以時齧時止，失經義矣。食鹽則身輕，食巴菽則身肥[26]，是尤物性之異者。嶺南人食而諱之[27]，謂為家鹿，其亦嗜好之不同乎？

或释之以时啮时止，失经义矣。食盐则身轻，食巴菽则身肥，是尤物性之异者。岭南人食而讳之，谓为家鹿，其亦嗜好之不同乎？

---

[26] 巴菽，滿文讀作"turi"，意即「豆」。
[27] 嶺南人，滿文讀作"guwangdung ba i niyalma"，意即「廣東地方之人」。

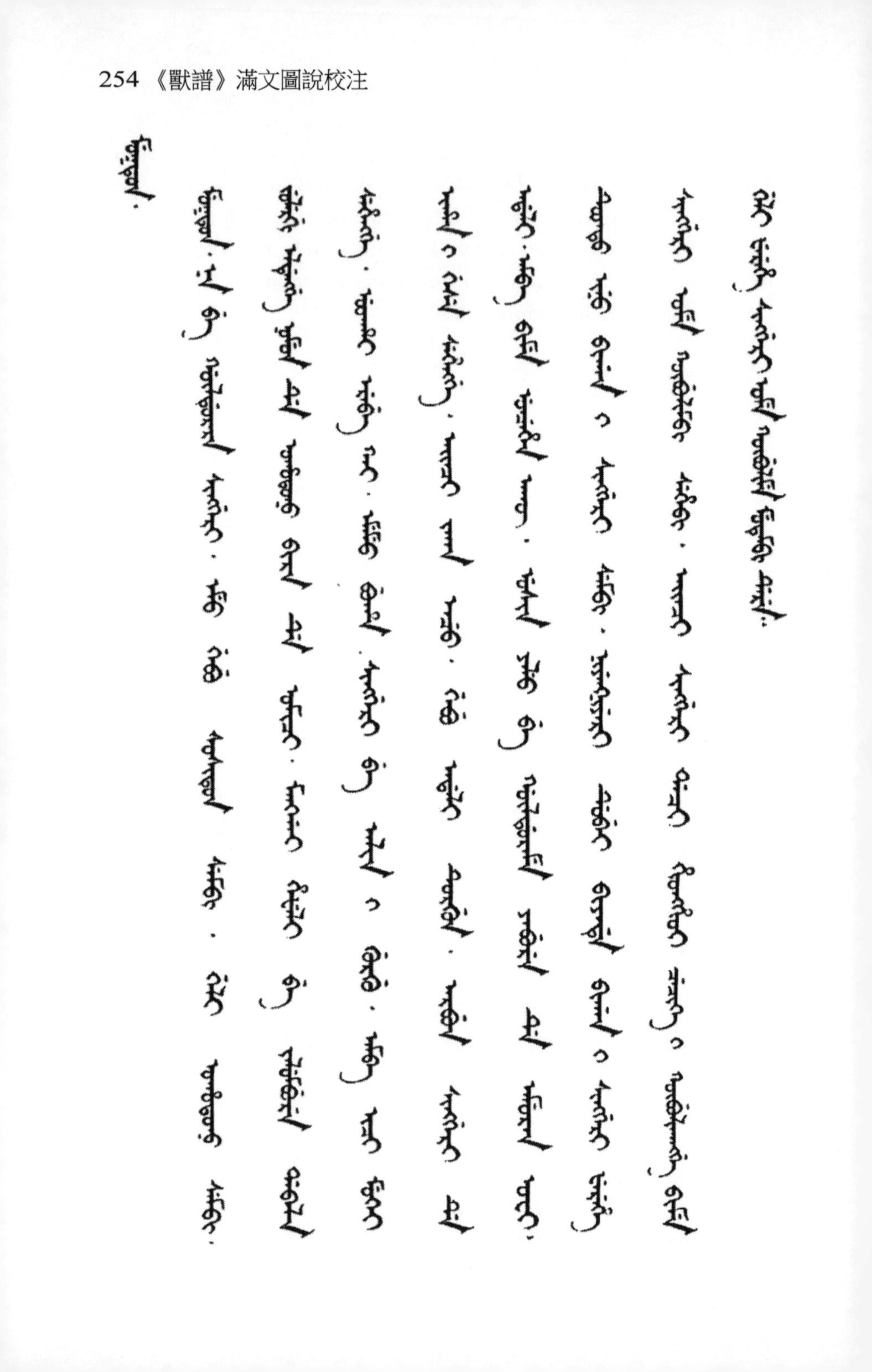

[illegible]

[illegible]

[illegible]

[illegible]

[illegible]

[illegible]

[illegible]

[illegible]

[illegible]

muktun

muktun, na be gūldurara singgeri, emu gebu šositun sembi, geli ohotono sembi. julergi eldengge nomun de, ohotono bira de omici, manggai hefeli be jalumbure dabala sehengge, uthai erebe kai. ememu buha singgeri be alin i gurgu, amba ici mukei ihan i gese sehengge, ainci jaka encu, gebu adali turgun. arbun singgeri de adali, amba bime uncehen akū, usin yalu be gūldurame yabure de amuran ofi, tuttu inu bigan i singgeri sembi. niyengniyeri dubei biyade bigan i singgeri ferehe singgeri ome kūbulimbi sehebi. ainci singgeri daci hionghioi cecike i kūbulikangge bime geli ferehe singgeri ome kūbulime mutembi dere.

鼢鼠

鼢鼠，地行鼠也[28]。一名犁鼠，又名偃鼠。《南華經》云:偃鼠飲河，不過滿腹者即此。有謂鼹鼠，山獸，大如水牛者，異物而同名耳。形如鼠，大而無尾，好穿耕垣中行，故亦謂之田鼠，季春之月，田鼠化為駕。蓋鼢本伯勞所化，而又能化為駕也。

鼢鼠

鼢鼠，地行鼠也。一名犁鼠，又名偃鼠。《南华经》云:偃鼠饮河，不过满腹者即此。有谓鼹鼠，山兽，大如水牛者，异物而同名耳。形如鼠，大而无尾，好穿耕垣中行，故亦谓之田鼠，季春之月，田鼠化为駕。盖鼢本伯劳所化，而又能化为駕也。

---

[28] 地行鼠，滿文讀作"na be gūldurara singgeri"，意即「穿地鼠」。

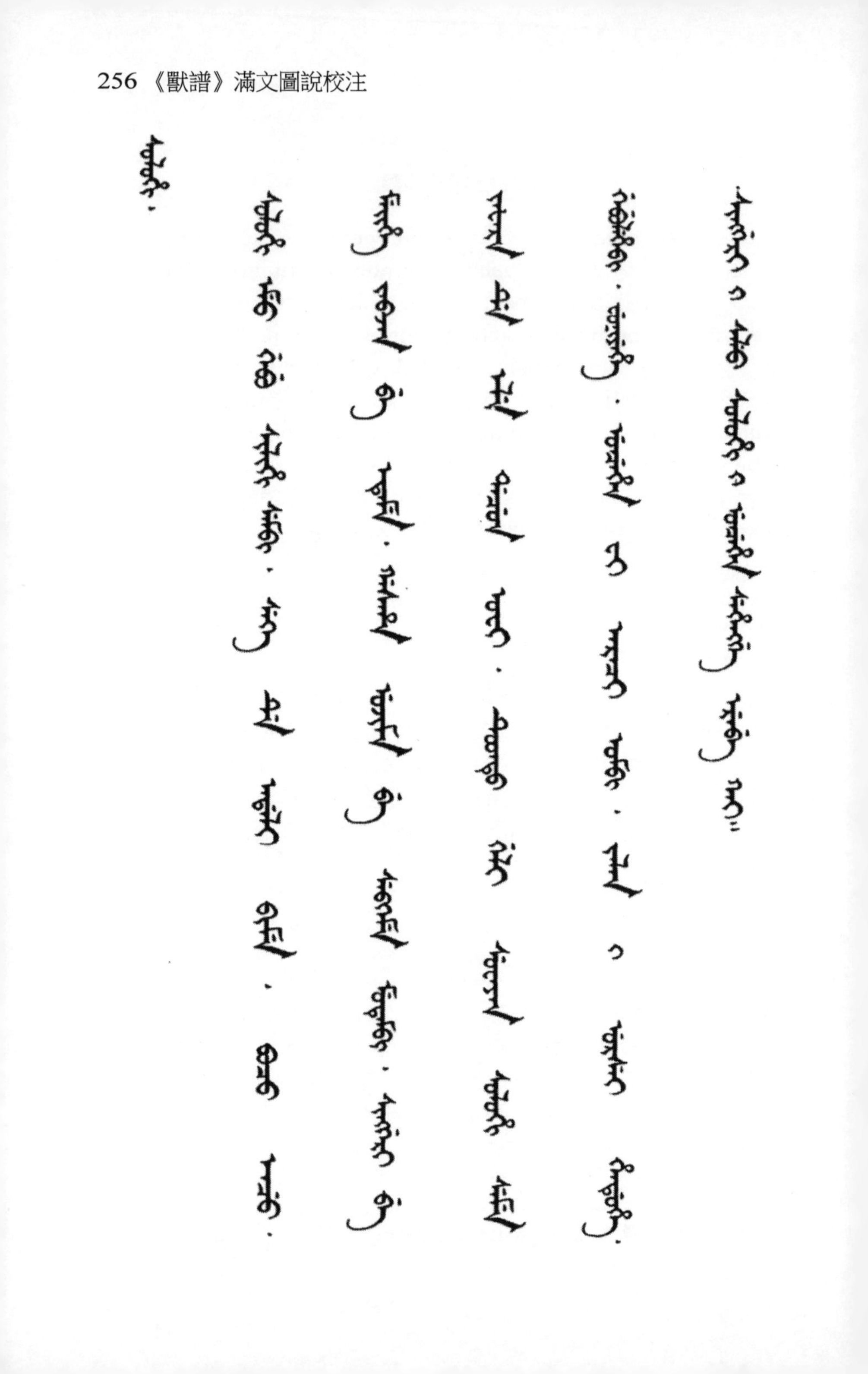

[illegible]

solohi

solohi, emu gebu silihi sembi, seke de adali bime, boco encu, meihe jabjan be eteme, gasha ujima be sebkeme mutembi, singgeri be jafara de ele dacun ofi, tuttu geli suwayan solohi seme gebulehebi. funiyehe, uncehen fi araci ombi, jalan i ursei henduhe, singgeri i salu solohi i uncehen sehengge erebe kai.

鼬鼠

鼬鼠[29]，一名鼪。似貂而色異。能制蛇虺，攫禽畜，尤健於捕鼠，故又名鼠狼[30]。其毫及尾可作筆材，世所稱鼠鬚栗尾者也[31]。

鼬鼠

鼬鼠，一名鼪。似貂而色异。能制蛇虺，攫禽畜，尤健于捕鼠，故又名鼠狼。其毫及尾可作笔材，世所称鼠须栗尾者也。

---

[29] 鼬鼠，滿文讀作"solohi"，意即「騷鼠」。
[30] 鼠狼，滿文讀作"suwayan solohi"，意即「黃鼠狼」。
[31] 栗尾，滿文讀作"solohi i uncehen"，意即「騷鼠尾」，或「鼬鼠尾」。

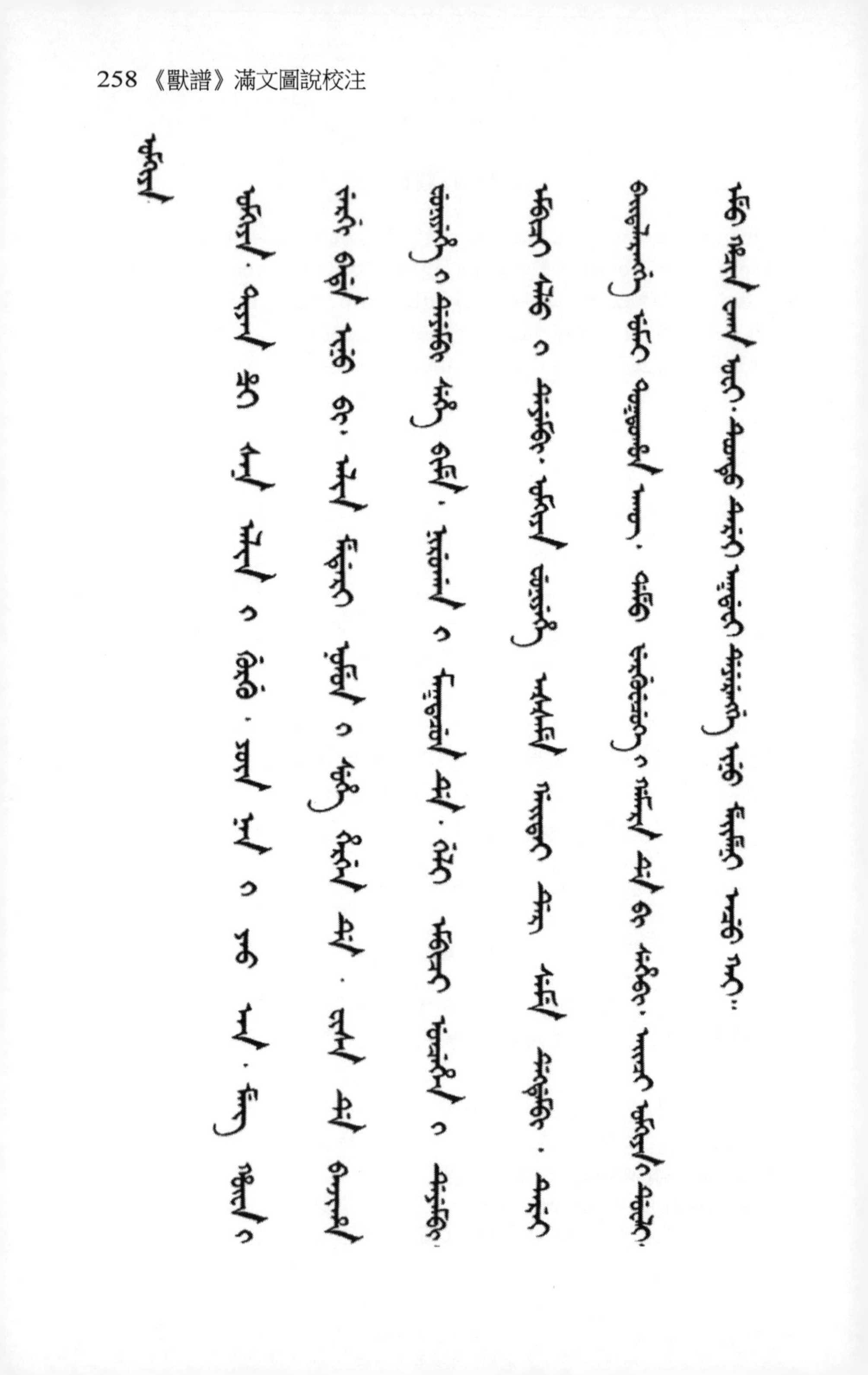

[illegible]

[illegible]

[illegible]

[illegible]

[illegible]

[illegible]

[illegible]

omkiya

omkiya, tiyan c'y ša<u>n</u> alin i gurgu, yūn nan i yao an, meng hūwa i jergi bade inu bi. alin mederi nomun i suhe hergen de, fisa de banjiha funiyehe i deyembi sehe bime, nirugan i maktacun de, geli embici uncehen i deyembi, embici salu i deyembi, omkiya funiyehe aššame gaitai der seme dekdembi. terei baitalarangge umai toktohon akū, damu ferguwecuke i gamara de bi sehebi. ainci omkiya i duwali, emu hacin waka ofi, tuttu terei akdafi deyerengge inu meimeni encu kai.

飛鼠

飛鼠，天池山之獸也，雲南姚安、蒙化間亦有之。《山海經》注謂：以背上毛飛，而《圖贊》則曰：或以尾翔，或以髯淩，飛鼠鼓翰，翛然背騰。用無常所，惟神是憑。蓋飛鼠種類不一，而所用以為飛者亦各異耳！

飞鼠

飞鼠，天池山之兽也，云南姚安、蒙化间亦有之。《山海经》注谓：以背上毛飞，而《图赞》则曰：或以尾翔，或以髯淩，飞鼠鼓翰，翛然背腾。用无常所，惟神是凭。盖飞鼠种类不一，而所用以为飞者亦各异耳！

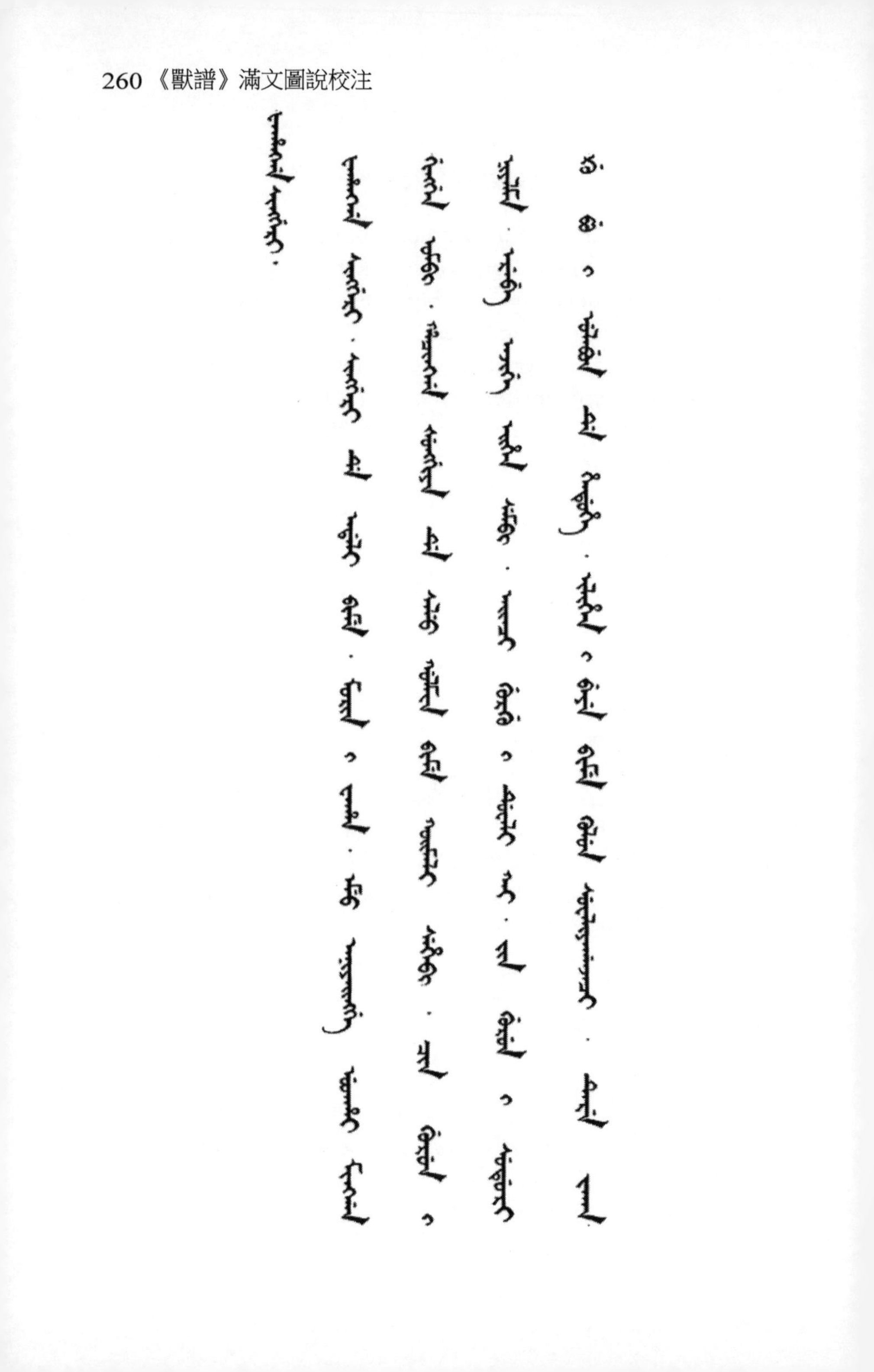

[illegible]

[illegible]

[illegible]

[illegible]

[illegible]

[illegible]

[illegible]

fahangga singgeri

fahangga singgeri, singgeri de adali bime, morin i wahan, emu aniyaingge uthai minggan ginggen ombi. hancingga šunggiya de, salu golmin bime koimali sehebi. cin gurun i niyalma, erebe ajige eihen sembi. ainci gurgu i duwali kai. jin gurun i suduri, g'o pu i ulabun de henduhe, ilihen i beye bime kulun suwaliyaganjaci, tere jaka

---

鼳鼠

鼳鼠，似鼠而馬蹄，一歲千斤。《爾雅》云：長鬚而賊[32]，秦人謂之小驢，蓋獸類也。與《晉書・郭璞傳》所云：艮體連乾，

鼳鼠

鼳鼠，似鼠而马蹄，一岁千斤。《尔雅》云：长须而贼，秦人谓之小驴，盖兽类也。与《晋书．郭璞传》所云：艮体连乾，

---

[32] 長鬚而賊，滿文讀作“salu golmin bime koimali”，意即「長鬚而狡詐」。

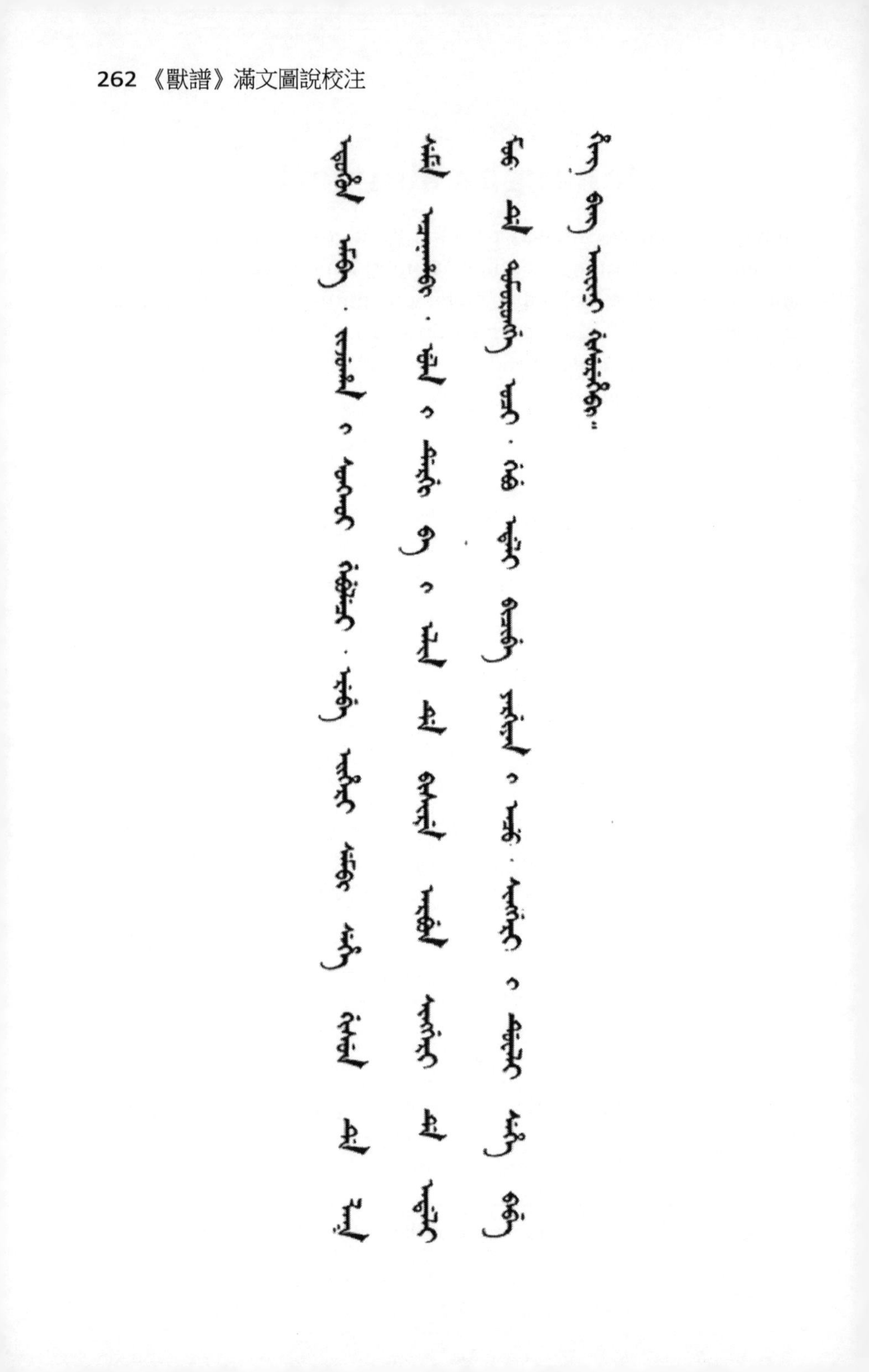

etuhun amba. jijuhan i songkoi gebuleci, erebe eiheri sembi sehe gisun de lak seme acanahabi. ula i dergi ba i alin de bisire arbun singgeri de adali, moo de tomorongge oci, gebu adali bicibe yargiyan i encu, singgeri i duwali sehe babe hing bing aifini gisurehebi.

其物壯巨。按卦名之，是為驢鼠者適合。若江東山中，有壯如鼠在樹上者，名相同而別為鼠屬，邢昺言之矣。

其物壮巨。按卦名之，是为驴鼠者适合。若江东山中，有壮如鼠在树上者，名相同而别为鼠属，邢昺言之矣。

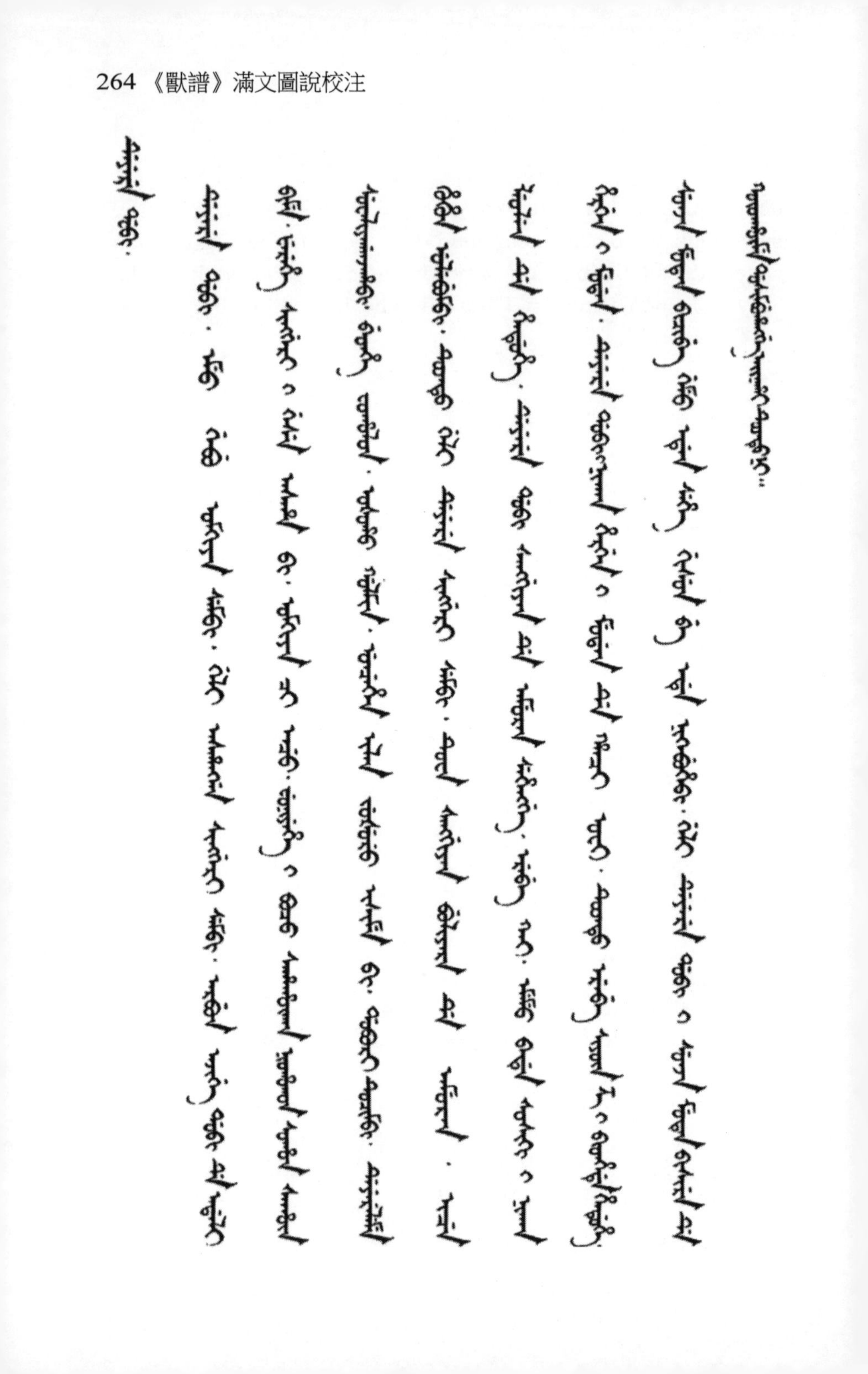

[illegible]

ᡧᠠᠩᡤᡳᠶᠠᠨ ᠪᡳ᠈

deyere dobi

deyere dobi, emu gebu omkiya sembi. geli ashangga singgeri sembi. arbun ajige dobi de adali bime, ferehe singgeri i gese asha bi, omkiya ci encu. funiyehe i boco sahahūkan niohokon sohon šahūn suwaliyaganjahabi. bethe foholon, ošoho golmin, uncehen ilan jušuru isime bi, dobori tucimbi, deyereleme huhun ulebumbi, tuttu geli deyere singgeri sembi. tuwa šanggiyan buliyara de amuran, ice leolen de henduhe, deyere dobi šanggiyan de amuran sehengge, erebe kai. ememu bade šosiki i nikan hergen i mudan, deyere dobi i nikan hergen i mudan de hanci ofi, tuttu erebe siyūn dz i bithede henduhe, sunja muten bicibe gemu eden sehe gisun be ede nikebuhebi, geli deyere dobi i sunja muten bisire de kūthūme dosimbubangge ainahai tuttu ni.

鼯鼠

鼯鼠，一名夷由[33]，亦名飛鸓[34]，狀似小狐而有翼如蝠，與飛鼠異。毛色蒼艾[35]、黃白相雜，足短，爪長，尾三尺許。每以夜行，飛且乳，亦謂之飛生[36]，好食烟火[37]，即《新論》云：飛鼯，甘烟者也。或以梧、鼯音近，取《荀子》梧鼠五技而窮當之，又與鼫〔鼯〕鼠五技相混，恐未必然。

鼯鼠

鼯鼠，一名夷由，亦名飞鸓，状似小狐而有翼如蝠，与飞鼠异。毛色苍艾、黄白相杂，足短，爪长，尾三尺许。每以夜行，飞且乳，亦谓之飞生，好食烟火，即《新论》云：飞鼯，甘烟者也。或以梧、鼯音近，取《荀子》梧鼠五技而穷当之，又与鼫〔鼯〕鼠五技相混，恐未必然。

---

33 夷由，滿文讀作“omkiya”，意即「飛鼠」。
34 飛鸓，滿文讀作“ashangga singgeri”，意即「蝙蝠」。
35 蒼艾，滿文讀作“sahahūkan niohokon”，意即「蒼綠」。
36 飛生，滿文讀作“deyere singgeri”，意即「飛鼠」。
37 好食烟火，滿文讀作“tuwa šanggiyan buliyara de amuran”，意即「喜好吞食烟火」。

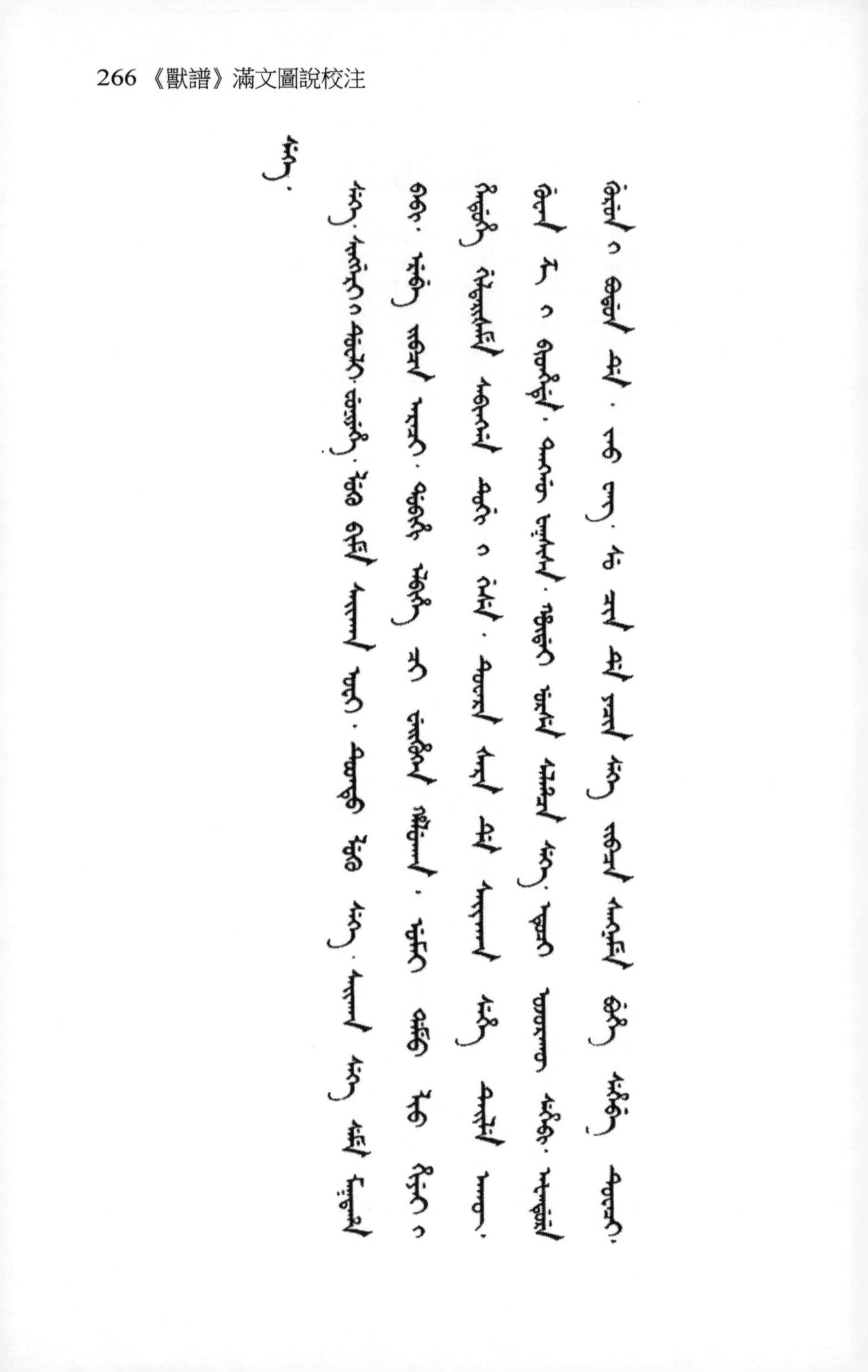

[illegible]

[illegible]

[illegible]

[illegible]

[illegible]

[illegible]

[illegible]

seke

seke, singgeri i duwali, funiyehe luku bime saikan ofi, tuttu luku seke, saikan seke seme maktaha babi. erebe jibca araci, dobihi elbihe ci weihuken halukan, umai damu lio hiyei i henduhe giltarišame sabingga tugi i gese, tuwara šara de saikan sehe teile akū, guwan dz i bithede, tanggū faksisa, hūdai urse salhaca〔sahalca〕seke etuci ojorakū sehebi, afandure gurun i bodon de, jao wang, su cin de yacin seke jibca šangname buhe sehebe tuwaci,

---

貂

貂，鼠屬。毛豐縟而華美，故有豐貂、華貂之稱。製以為裘，輕煖勝於狐貉，不獨如劉勰所謂鬱若慶雲，致飾觀瞻耳。《管子》云：百工商賈不得服長鬉貂，《戰國策》：趙王資蘇秦黑貂之裘[38]，

貂

貂，鼠属。毛丰缛而华美，故有丰貂、华貂之称。制以为裘，轻暖胜于狐貉，不独如刘勰所谓郁若庆云，致饰观瞻耳。《管子》云：百工商贾不得服长鬉貂，《战国策》：赵王资苏秦黑貂之裘，

---

38 趙王資蘇秦黑貂之裘，滿文讀作"jao wang, su cin de yacin seke jibca šangname buhe"，意即「趙王賞賜蘇秦黑貂之裘」。

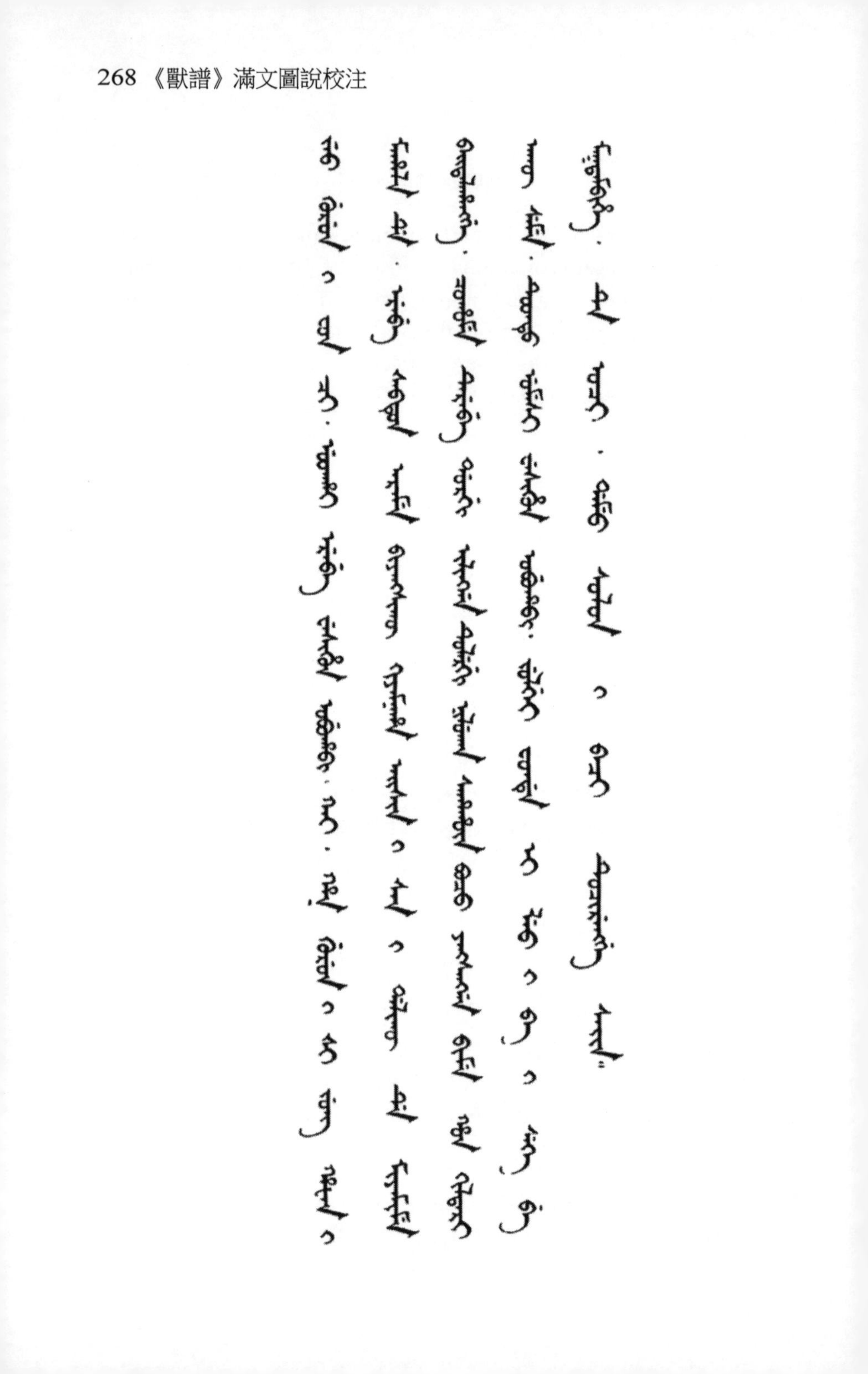

[illegible]

[illegible]

[illegible]

[illegible]

[illegible]

jeo gurun i fon ci, uthai erebe wesihun obuhabi kai. han gurun i ši jung hafan i mahala de erebe šabtun arame, biyangsikū kiyamnaha aisin i šan i dalikū de miyamime baitalahangge, cohome terebe dorgi ilingga tulergi nilukan, sahahūn boco yangsangga bime hon kiltari akū seme, tuttu umesi wesihun obuhabi. julgei fonde i leo i ba i seke be maktambihe, te oci damu solon i baci tucirengge sain.

則其珍貴自周時已然。漢侍中冠用為珥飾，以麗金璫附蟬[39]，謂取其內勁而外溫，紫蔚而不耀，誠重之也。古稱挹婁之貂，今惟產索倫者為上。

则其珍贵自周时已然。汉侍中冠用为珥饰，以丽金珰附蝉，谓取其内劲而外温，紫蔚而不耀，诚重之也。古称挹娄之貂，今惟产索伦者为上。

---

[39] 金璫附蟬，句中「金璫」，滿文讀作“aisin i šan i dalikū”，意即「金耳套」;「附蟬」，滿文讀作“biyangsikū kiyamnaha”，意即「鑲嵌秋蟬」。

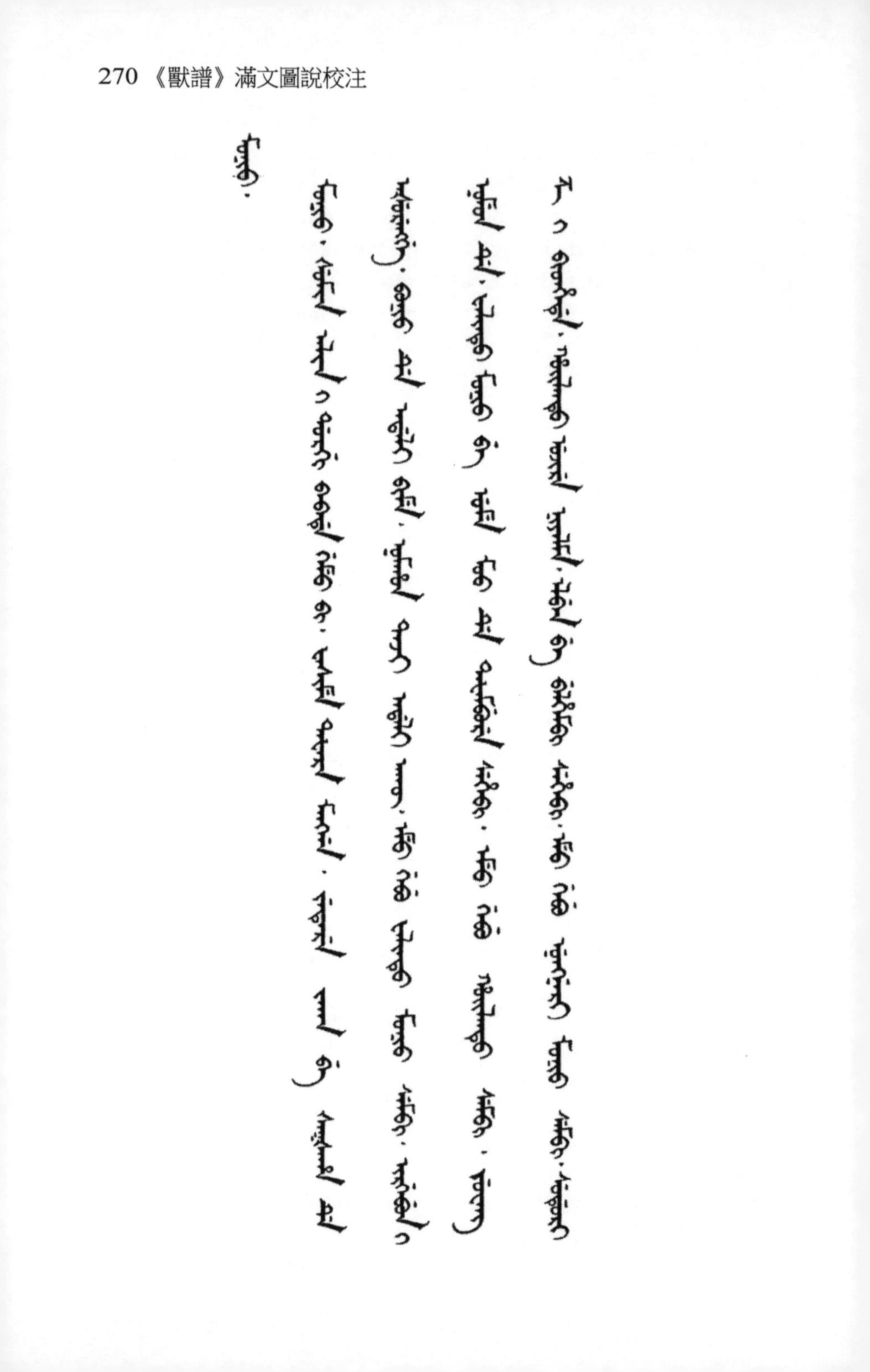

monio

monio, šumin alin i dorgi babade gemu bi. fasime tafara mangga, jetere jaka be šakšaha de ašurengge, bonio de adali bime, nomhon taji adali akū. emu gebu falintu monio sembi, irgebun i nomun de, falintu monio be ume moo de tafambure sehebi. emu gebu hoilantu sembi, juwang dz i bithede, hoilantu ujire niyalma, elben be belhembi sehebi. emu gebu nungneri monio sembi, suduri

---

猴

猴，深山處處有之。善援[40]，嗛食[41]，與猿相類，而靜躁不同。一名猱，《詩》所謂毋教猱升木者也；一名狙，《莊子》所謂狙公賦茅者也；一名沐猴，

猴

猴，深山处处有之。善援，嗛食，与猿相类，而静躁不同。一名猱，《诗》所谓毋教猱升木者也；一名狙，《庄子》所谓狙公赋茅者也；一名沐猴，

---

[40] 善援，滿文讀作"fasime tafara mangga"，意即「善攀援」。

[41] 嗛食，滿文讀作"jetere jaka be šakšaha de ašurengge"，意即「將食物含在臉頰（腮幫子）裡」。

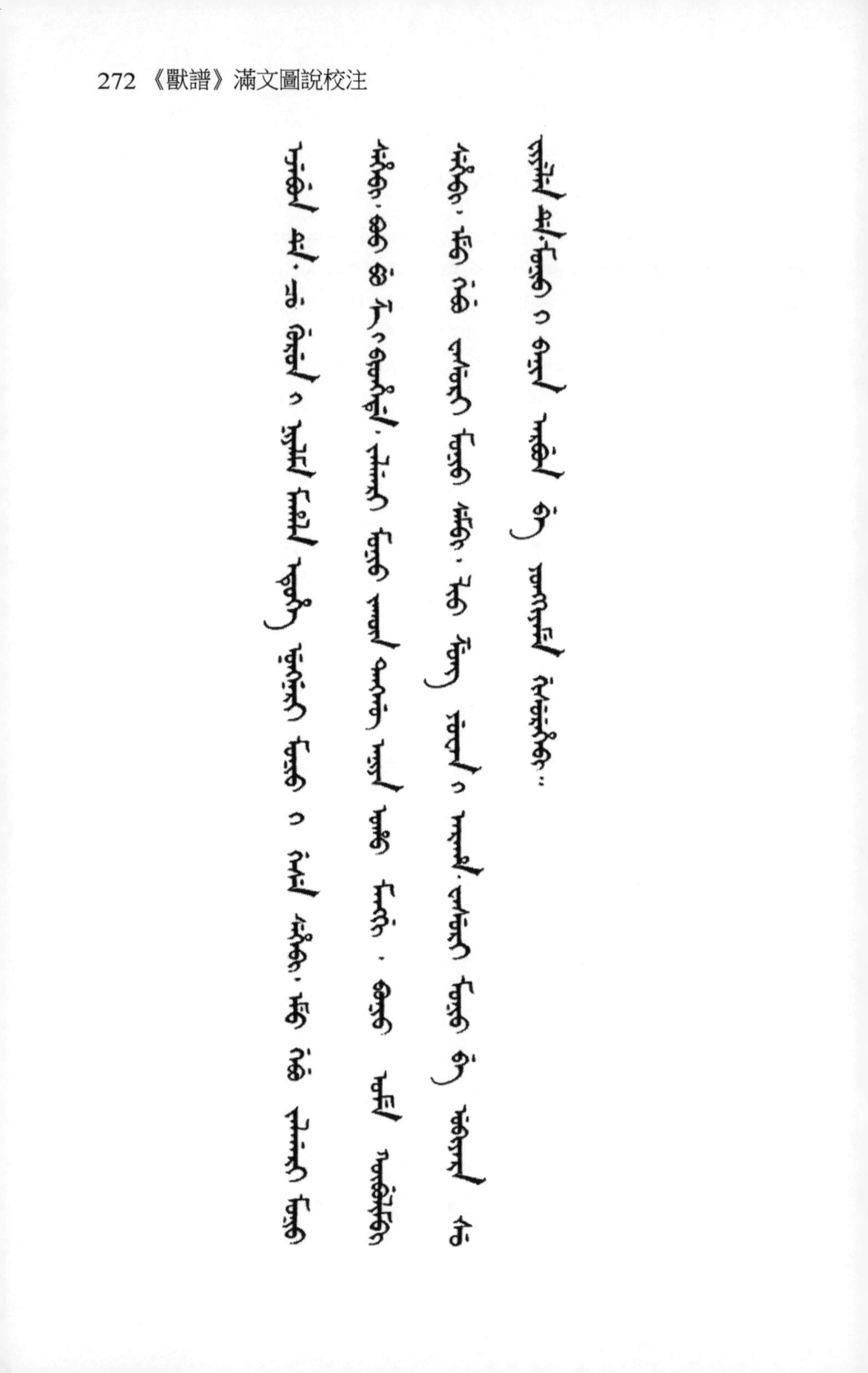

[illegible]

[illegible]

[illegible]

[illegible]

ejebun de, cu gurun i niyalma mahala etuhe nungneri monio i gese sehebi. emu gebu jalgari monio sehebi〔sembi〕,boo pu dz i bithede, jalgari monio jakūn tanggū aniya oho manggi, bonio ome kūbulimbi sehebi. emu gebu wasuri monio sembi. lio dzung yuwan i araha, wasuri monio be ubiyara šu fiyelen de, monio i banin arbun be yongkiyame gisurehebi.

《史記》所謂楚人沐猴而冠者也；一名彌猴，《抱朴子》所謂彌猴壽八百歲變為猿者也；一名王孫，柳宗元有〈憎王孫文〉，猴之形性備矣。

《史记》所谓楚人沐猴而冠者也；一名猕猴，《抱朴子》所谓猕猴寿八百岁变为猿者也；一名王孙，柳宗元有〈憎王孙文〉，猴之形性备矣。

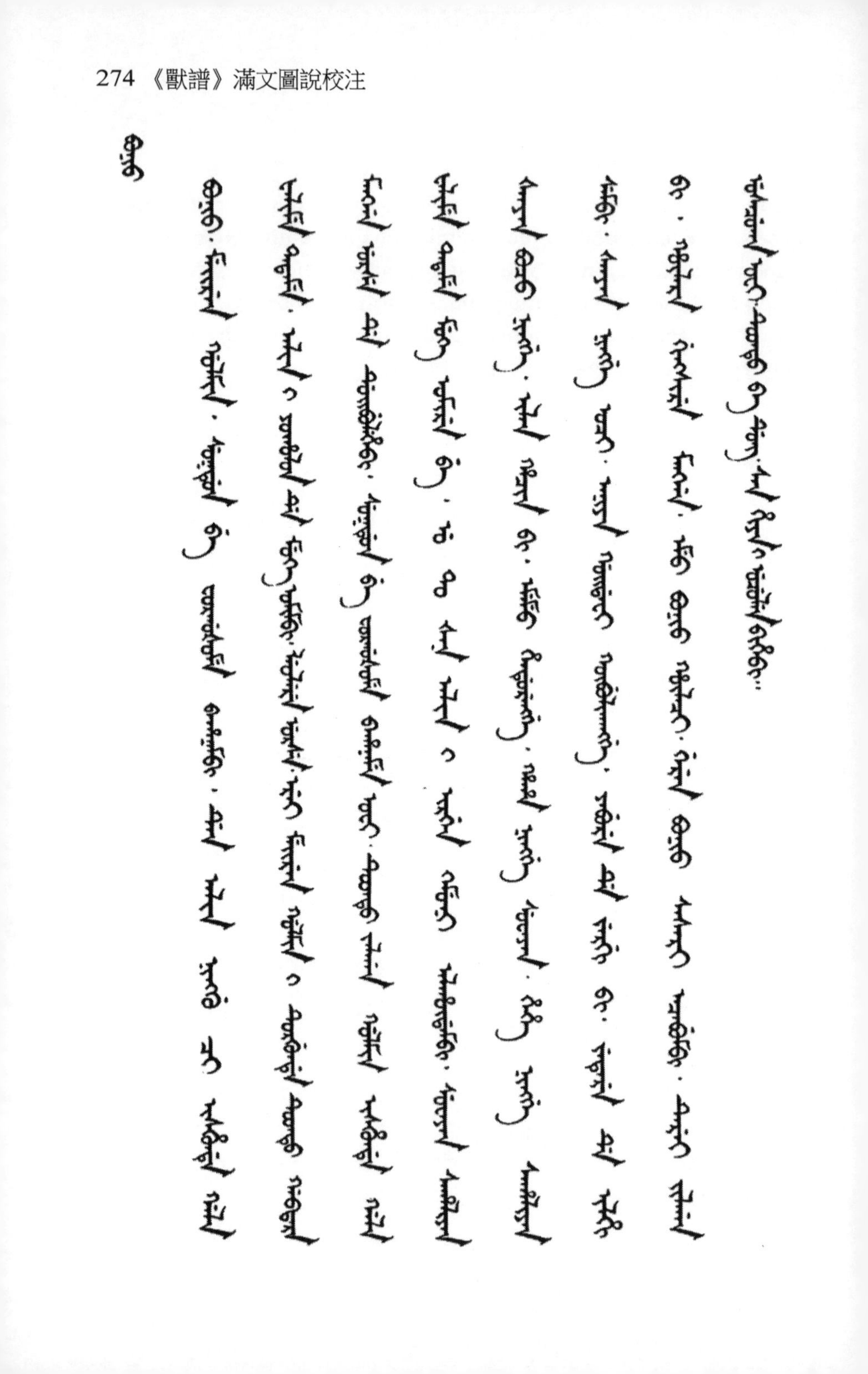

bonio

bonio, meiren golmin, sukdun be forgošome bahanambi. den alin ninggu ci ishunde gala falime tatame, alin i yoholon de muke omimbi. leolere urse, erei meiren golmin i turgunde tuttu gabtara mangga urse de duibulehebi. sukdun be forgošome bahaname ofi, tuttu jalgan golmin. ishunde gala falime tatame muke omire be, u to ša̱n alin i irgen kemuni alhūdambi. suwayan sahaliyan šanyan boco ningge, ilan hacin bi, ememu hendurengge, haha ningge suwayan, hehe ningge sahaliyan sembi, šanyan ningge oci, aniya goidafi kūbulikangge, yabure de jergi bi, jetere de ilhi bi. hūlara gingsire mangga, emu bonio hūlaci, geren bonio sasari acabumbi. terei jilgan usacuka ofi, tuttu ba dung san hiya i uculen bihebi.

猿

猿，一作猨[42]。長臂，善引氣，能自高山接手飲澗中。說者謂其臂長，故善射者以為喻。能引氣，故壽。接手飲，烏秅山民多效之。有黃、黑，白三種。或云黃牡而黑牝，白則歲久而變者也。行有列，食有序。善鳴嘯，一猿鳴則衆猿相和，其聲淒然，故有〈巴東三峽之歌〉。

猿

猿，一作猨。长臂，善引气，能自高山接手饮涧中。说者谓其臂长，故善射者以为喻。能引气，故寿。接手饮，乌秅山民多效之。有黄、黑，白三种。或云黄牡而黑牝，白则岁久而变者也。行有列，食有序。善鸣啸，一猿鸣则众猿相和，其声凄然，故有〈巴东三峡之歌〉。

---

[42] 一作猨，原書未譯出滿文。

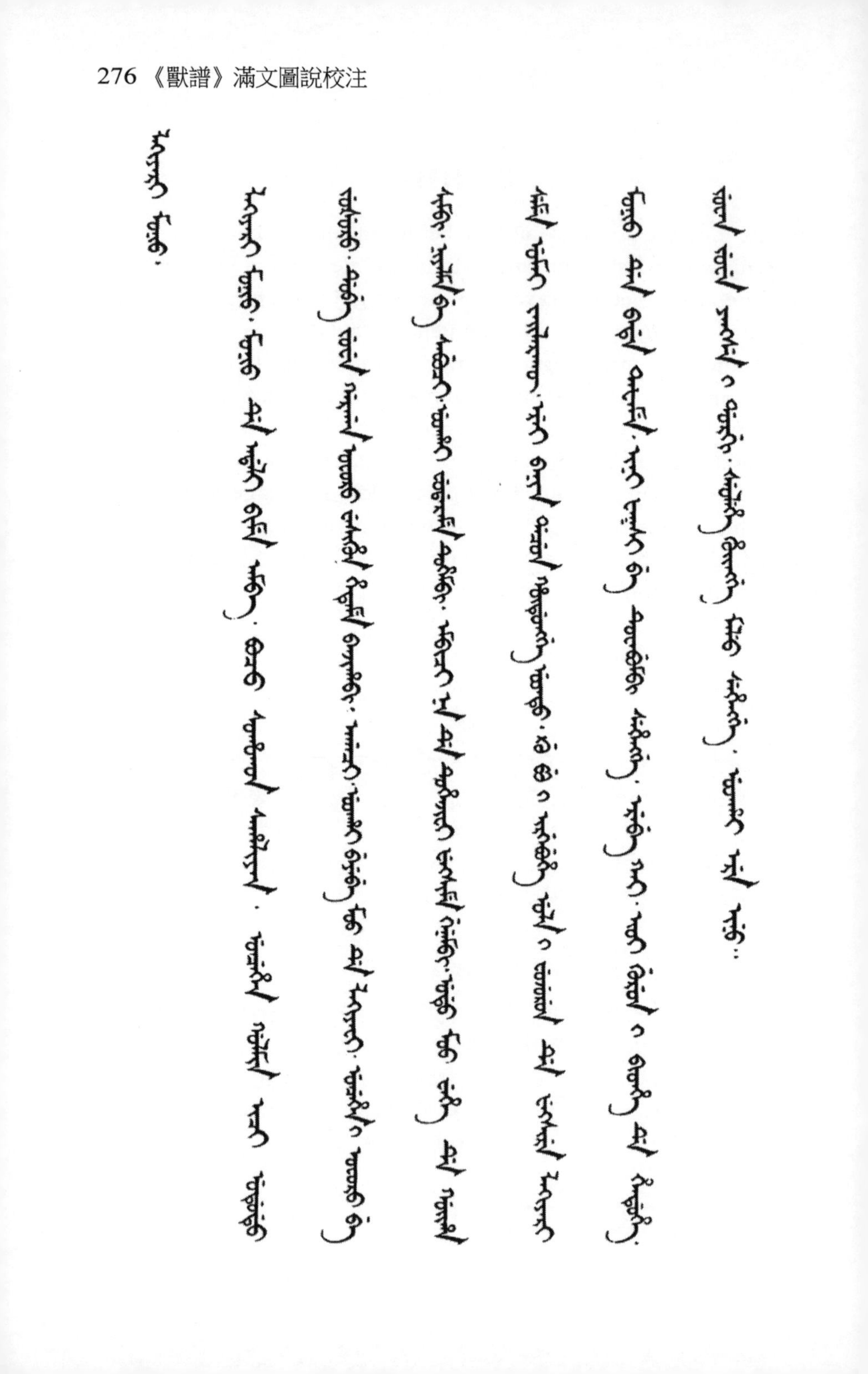

[illegible]

lakiyari monio

lakiyari monio, monio de adali bime amba, boco sohokon sahaliyan, uncehen golmin ici ududu jušuru, dube juwe gargan, oforo wesihun heteme banjihabi. agaci uthai beyebe moo de lakiyafi uncehen i oforo be simbi. niyalma be sabuci, uthai fudarame tuhembi, embici na de tuhenjifi feksime genembi, udu moo wehe de goiha seme umai jailarakū, erei banin dacun hūdungge uttu. g'o pu i irgebuhe ula i fujurun de, feksire lakiyari monio den bade tafame, ini faksi be tuwabumbi sehengge, erebe kai. ioi gurun i bithe de henduhe, juwan juwe yangse i dorgi, šeolehe huingge malu sehengge, uthai ere inu.

蜼

蜼，似猴而大，黃黑色，尾長數尺，末有岐，鼻上仰。雨即自懸於樹，以尾塞鼻。見人則倒擲，或墮地奔走，雖觸樹石無所避，其性健捷如此。郭璞〈江賦〉所云：迅蜼淩虛以騁巧者也[43]。蜼讀如遺[44]。《虞書》：十二章絺繡、宗彝即此。

蜼

蜼，似猴而大，黄黑色，尾长数尺，末有岐，鼻上仰。雨即自悬于树，以尾塞鼻。见人则倒掷，或堕地奔走，虽触树石无所避，其性健捷如此。郭璞〈江赋〉所云：迅蜼凌虚以骋巧者也。蜼读如遗。《虞书》：十二章絺绣、宗彝即此。

---

[43] 迅蜼淩虛以騁巧者也，滿文讀作"feksire lakiyari monio den bade tafame, ini faksi be tuwabumbi"，意即「奔走的長尾猿在高地攀爬，展示其技巧」，滿漢文義略有出入。

[44] 蜼讀如遺，原書未譯出滿文。

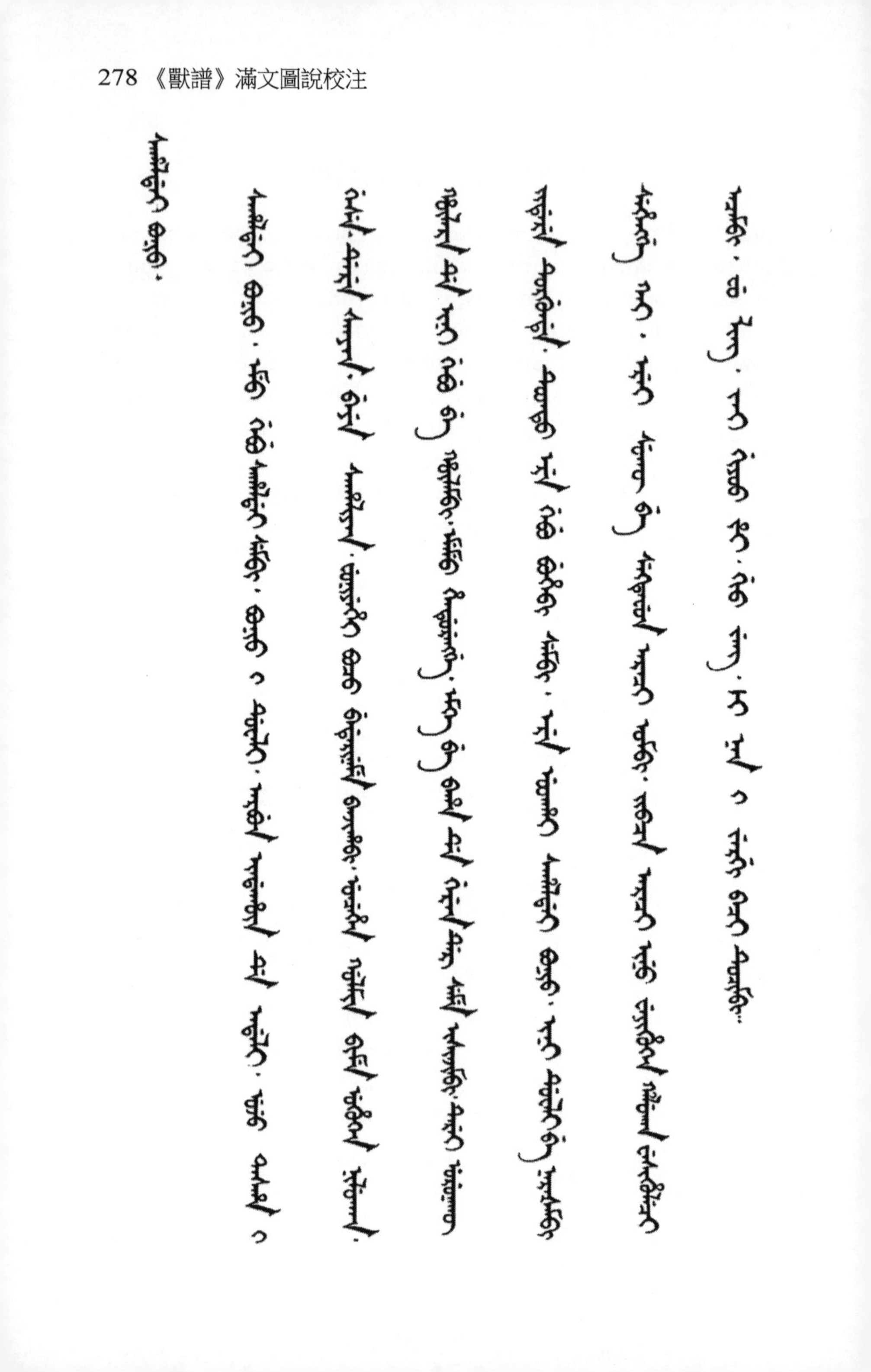

sahaldai bonio

sahaldai bonio, emu gebu sahaldai sembi, bonio i duwali, arbun indahūn de adali, uju tasha i gese, dere šanyan, beye sahaliyan, funiyehei boco bederineme banjihabi, uncehen golmin bime uhuken nilukan, hūlara de ini gebu be hūlambi. ememu hendurengge, emke be baha de geren der seme isinjimbi. terei urunakū jidere turgunde, tuttu ere gebu buhebi sembi. ere uthai sahaldai bonio, ini duwali be narašambi sehengge kai. erei sukū be sektefun araci ombi. jibca araci inu weihuken halukan wesihuleci acambi. fu ling, jai giyoo jy, gio jeng, zi nan i jergi baci tucimbi.

果然

果然，一名猓，猨類也。形如狗，頭似虎，白面黑身，毛采斑斕，尾長而柔滑，其鳴自呼。或云獲其一則群聚而至，以其來之果，因以為名，是果然號其類之說也。皮可供裀席[45]，為裘亦輕煖可珍。出涪陵及交阯，九真、日南諸郡。

果然

果然，一名猓，猨类也。形如狗，头似虎，白面黑身，毛采斑斓，尾长而柔滑，其鸣自呼。或云获其一则群聚而至，以其来之果，因以为名，是果然号其类之说也。皮可供裀席，为裘亦轻暖可珍。出涪陵及交址，九真、日南诸郡。

---

[45] 皮可供裀席，滿文讀作“erei sukū be sektefun araci ombi”，意即「其皮可製鋪墊」。

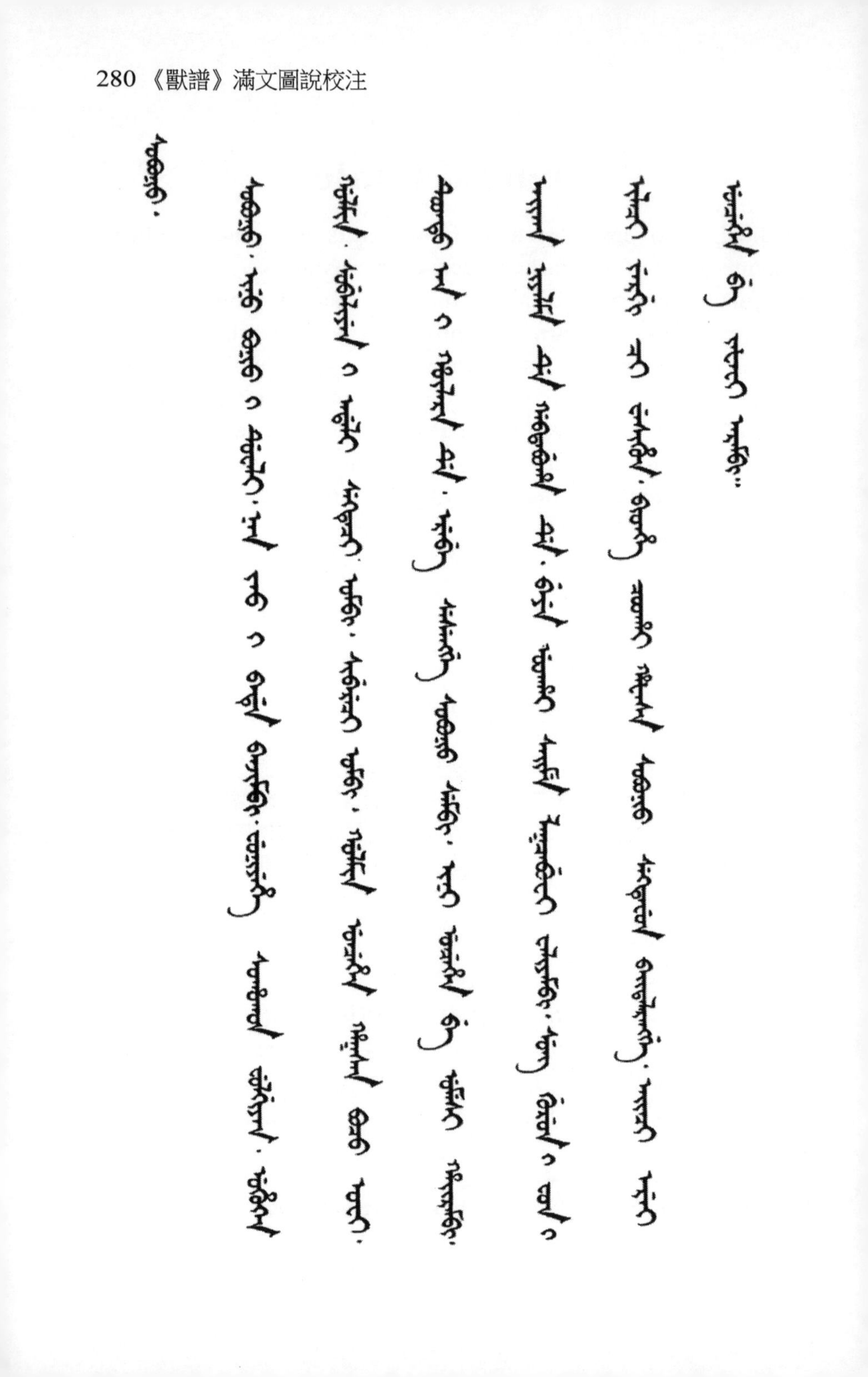

[illegible]

[illegible]

[illegible]

[illegible]

[illegible]

[illegible]

[illegible]

sobonio

sobonio, inu bonio i duwali, nan jao i bade banjimbi. funiyehe sohokon fulgiyan, uhuken golmin subeliyen i adali sekteci ombi, sibereci ombi. golmin uncehen haksan boco ofi, tuttu an i hūlara de, erebe sesengge sobonio sembi. ini uncehen be umesi hairambi. aika niyalma de gabtabuha de, beye uthai saime lakcabufi waliyambi. sung gurun i fon i ilaci jergi ci wesihun, bithe coohai hafasa sobonio sektefun baitalarangge, ainci erei uncehen be jafafi arambi.

狨

狨，亦猿類，南詔產之。毛黃赤，柔長如絨，可藉可緝[46]。長尾作金色[47]，俗名金線狨[48]。甚愛其尾，人以矢射之，即自齧去。宋時文武三品以上用狨座，蓋以其尾為之。

狨

狨，亦猿类，南诏产之。毛黄赤，柔长如绒，可藉可缉。长尾作金色，俗名金线狨。甚爱其尾，人以矢射之，即自啮去。宋时文武三品以上用狨座，盖以其尾为之。

---

46 可藉可緝，滿文讀作“sekteci ombi, sibereci ombi”，意即「可鋪可搓」。

47 金色，滿文讀作“haksan boco”，意即「金黃色」。

48 金線狨，滿文讀作“sesengge sobonio”，意即「金絲猴」。

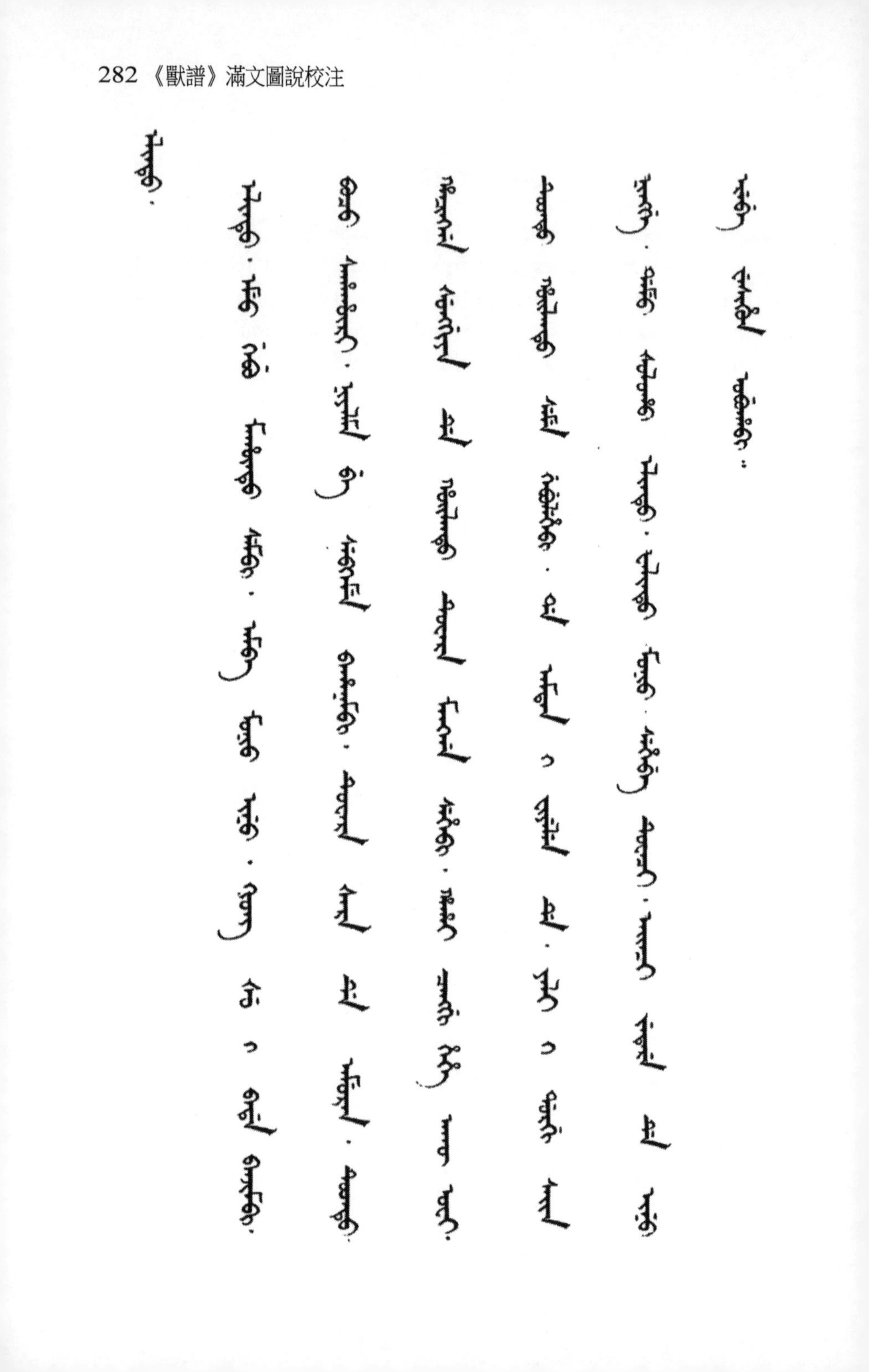

elintu

elintu, emu gebu mahūntu sembi, amba monio inu, kiong šu i bade banjimbi. boco sahahūri, niyalma be sebkeme bahanambi, tuwara šara de amuran, tuttu hancingga šunggiya de hoilantu tuwara mangga sehebi. hahai canggi hehe akū ofi, tuttu hoilantu seme gebulehebi. da amtan i fiyelen de, yali i dorgi sain ningge, damu šoloho elintu, falintu monio sehebe tuwaci, ainci jetere de inu erebe wesihun obuhabi.

玃

玃，一名馬化，大猴也，生邛蜀間。色蒼黑，能攫持人，好顧盼，故《爾雅》云：玃父善顧，以其純牡而無牝，謂之玃父。《本味篇》[49]肉之美者，玃猱之炙，蓋亦登俎所尚云。

玃

玃，一名马化，大猴也，生邛蜀间。色苍黑，能攫持人，好顾盼，故《尔雅》云：玃父善顾，以其纯牡而无牝，谓之玃父。《本味篇》肉之美者，玃猱之炙，盖亦登俎所尚云。

---

[49]本味篇，滿文讀作“da amtan i fiyelen”，《呂氏春秋》篇名。

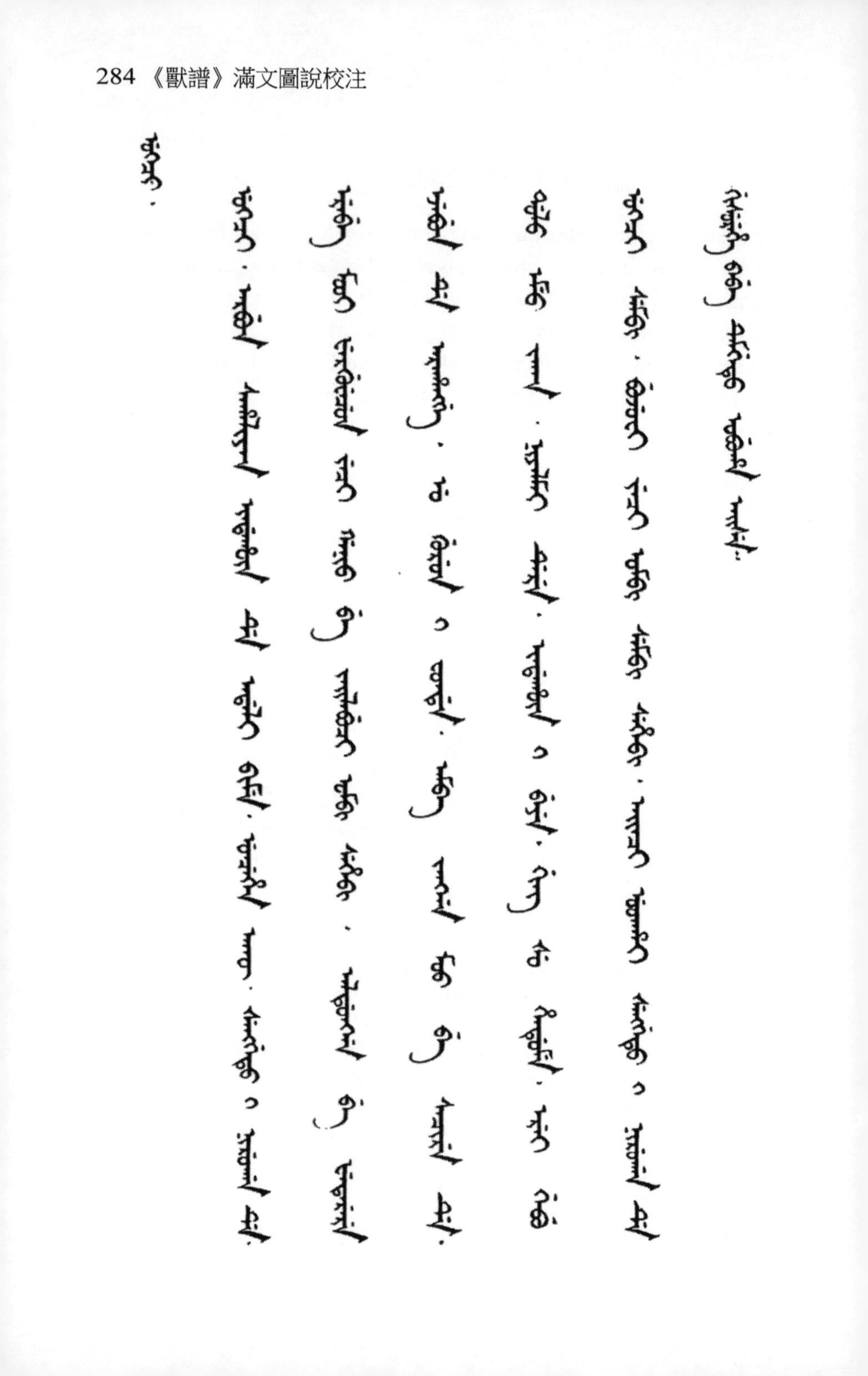

ukeci

ukeci, arbun sahaliyan indahūn de adali bime, uncehen akū, šenggetu i nirugan de, erebe mooi ferguwecun jeci ganio be jailabuci ombi sehebi. aldungga be feterere ejebun de arahangge, u gurun i fonde, amba jangga moo be sacire de, dolo emu jaka, niyalmai dere, indahūn i beye, ging šu hendume, erei gebu ukeci sembi, bujufi jeci ombi sembi sehebi. ainci uthai šenggetu i nirugan de gisurehe babe temgetu obuha aise.

彭侯

彭侯，狀似黑狗而無尾。《白澤圖》云：木之精也，食之辟邪[50]。《搜神記》載：吳時伐大樟，樹中有物，人面，狗身。敬叔曰：此名彭侯，可烹食之，豈據《白澤圖》之說耶？

彭侯

彭侯，状似黑狗而无尾。《白泽图》云：木之精也，食之辟邪。《搜神记》载：吴时伐大樟，树中有物，人面，狗身。敬叔曰：此名彭侯，可烹食之，岂据《白泽图》之说耶？

---

[50] 木之精也，食之辟邪，滿文讀作“erebe mooi ferguwecun jeci ganio be jailabuci ombi”，意即「此為木之精靈，食之可避怪異」。

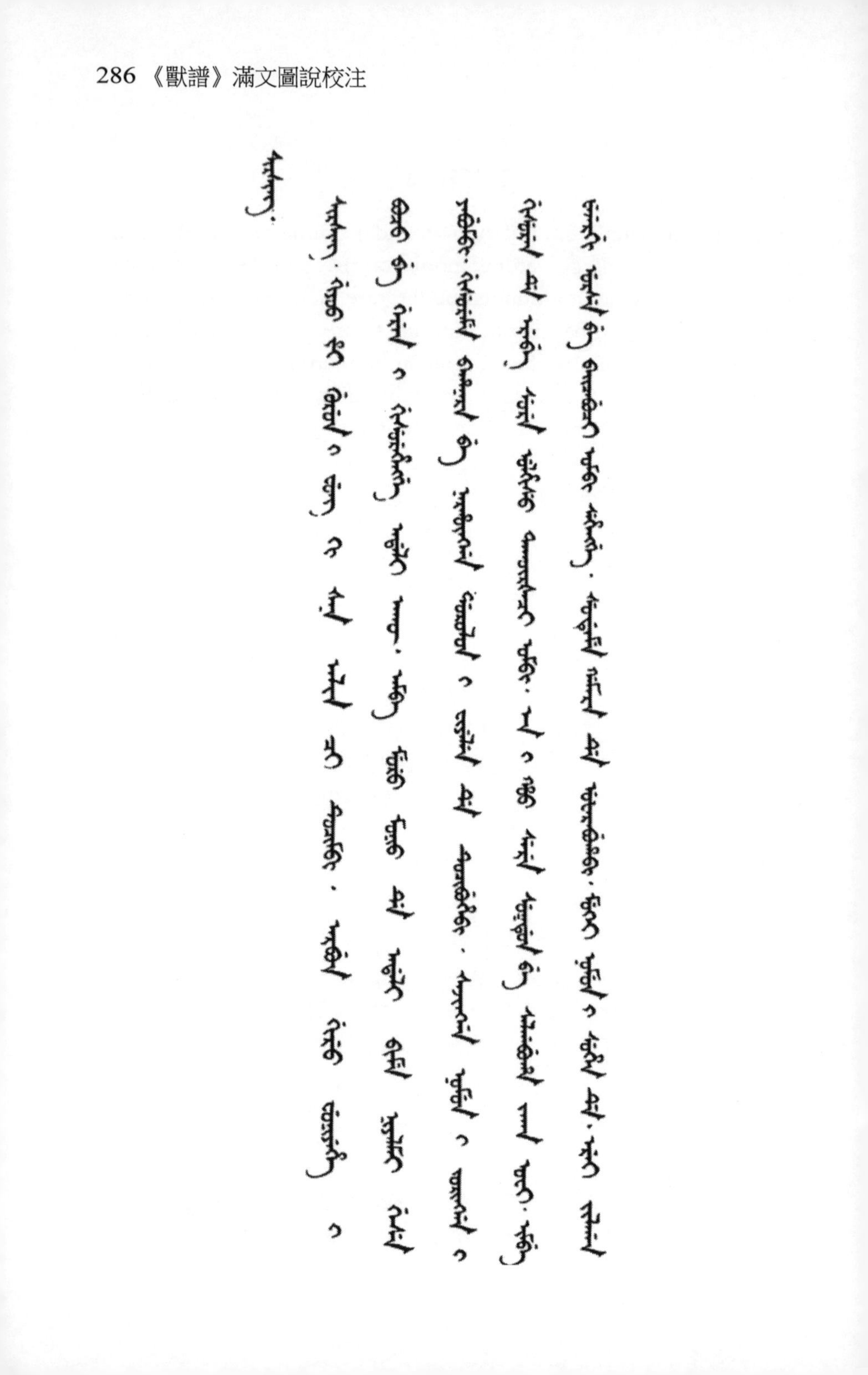

[illegible]

[illegible]

[illegible]

[illegible]

[illegible]

[illegible]

[illegible]

sirsing

sirsing, giyoo jy gurun i fung ki ša n̠ alin ci tucimbi. arbun giru funiyehe i boco be geren i gisurehengge adali akū, amba muru monio de adali bime niyalmai gese yabumbi, gisureme bahanara be narhūngga dorolon i fiyelen de tucibuhebi. šajingga nomun i joringga i gisuren de, erebe sure ulhisu takūršaci ombi. a i hoo sere sukdun be salgabuha jaka ofi, imbe fejergi urse be baicabuci ombi sehengge, šudeme gamara de ufarabuhabi. mukei nomun i suhen de, erei jilgan

---

猩猩

猩猩，出交阯封谿山中。形狀毛色，諸說互異，大率似猴而人行耳[51]，能言，見於《曲禮》。《春秋說題辭》謂其矜精可使陽烈之類以檢下，其失也鑿[52]。《水經注》

猩猩

猩猩，出交址封溪山中。形状毛色，诸说互异，大率似猴而人行耳，能言，见于《曲礼》。《春秋说题辞》谓其矜精可使阳烈之类以检下，其失也凿。《水经注》

---

[51] 人行，滿文讀作"niyalmai gese yabumbi"，意即「像人行走」。

[52] 其失也鑿，滿文讀作"šudeme gamara de ufarabuhabi"，意即「其失在穿鑿」。

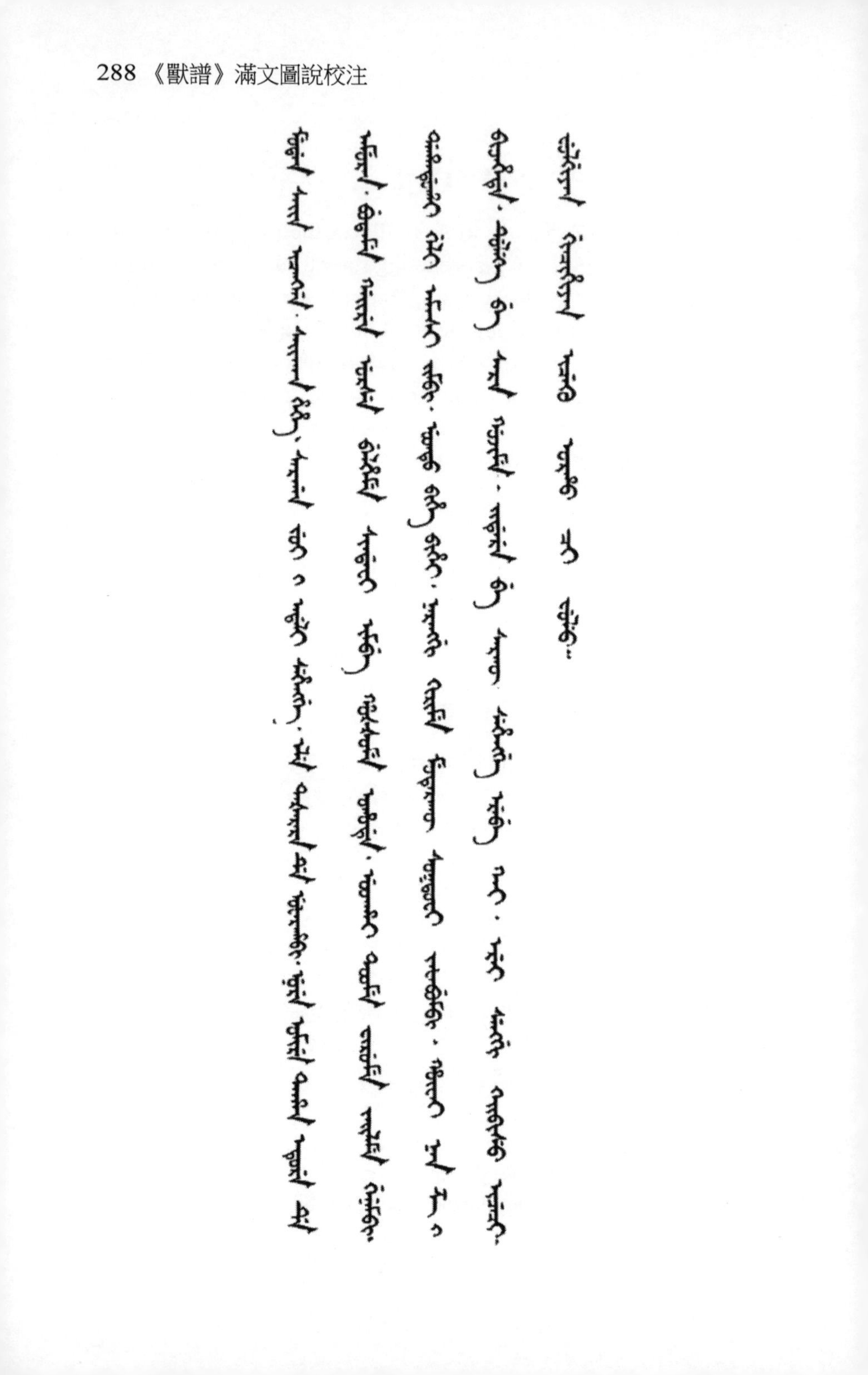

[illegible]

[illegible]

[illegible]

[illegible]

[illegible]

mudan sain icangga, saikan hehe, sargan jui i adali sehengge, ele tašarara de ufarahabi, nure omire tahan eture de amuran, butame gaire urse belheme sindafi imbe hoššome ohode, uthai toome firume jailame genembi. dahanduhai geli amasi jimbi, uttu bihe bihei, naranggi kirime muterakū soktofi jafabumbi. hūwai nan dz i bithede, duleke be sara gojime, jidere be sarkū sehengge erebe kai. erei senggi keibisu iceci, fulgiyan gincihiyan iceku orho ci fulu.

謂音聲麗妙，如婦人好女，更失之誣矣。好飲酒著屐，掩取者設以為誘，輒詬詈走去，已復返，如是者再，卒不能忍，醉而就擒。《淮南子》所謂知往而不知來者，此也。血染罽[53]，紅潤勝於絳茜。

谓音声丽妙，如妇人好女，更失之诬矣。好饮酒着屐，掩取者设以为诱，辄诟詈走去，已复返，如是者再，卒不能忍，醉而就擒。《淮南子》所谓知往而不知来者，此也。血染罽，红润胜于绛茜。

---

[53] 血染罽，滿文讀作“erei senggi keibisu iceci”，意即「若以此血塗染絨毯」。

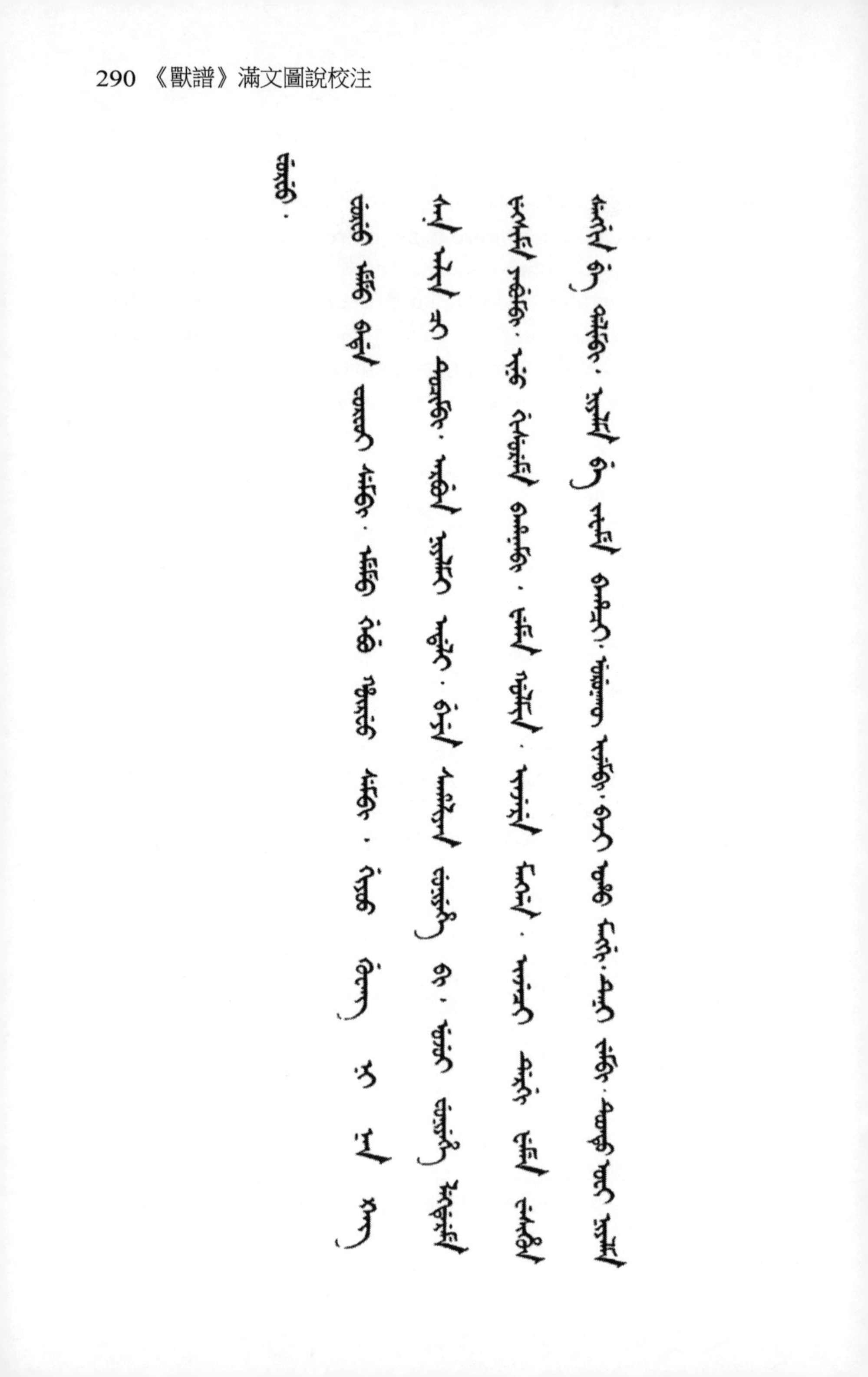

[illegible]

[illegible]

[illegible]

[illegible]

[illegible]

furfu

furfu, ememu bade forfoi sembi, ememu gebu hūrfu sembi, giyoo guwang ni nan k'ang šan̲ alin ci tucimbi. arbun niyalmai adali, beye sahaliyan funiyehe bi. ujui funiyehe lekdereme feksime yabumbi, inu gisureme bahanambi. femen golmin injere mangga, injeci dergi femen wesihun šenggin be dalimbi. niyalma be jafame bahaci, urunakū injembi, baji oho manggi, teni jembi, tuttu ofi niyalma

狒狒

狒狒，一作𥝢𥝢，或名梟羊，出交廣南康山中。狀如人，身黑有毛，被髮迅走[54]，亦能言，長脣善笑，笑則脣上掩額[55]。攫執人必笑，移時而後食之。人因以

狒狒

狒狒，一作𥝢𥝢，或名枭羊，出交广南康山中。状如人，身黑有毛，被发迅走，亦能言，长唇善笑，笑则唇上掩额。攫执人必笑，移时而后食之。人因以

54 被髮迅走，滿文讀作“ujui funiyehe lekdereme feksime yabumbi”，意即「披頭散髮奔馳」。

55 笑則脣上掩額，滿文讀作“injeci dergi femen wesihun šenggin be dalimbi”，意即「笑時則上脣向上遮掩前額」。

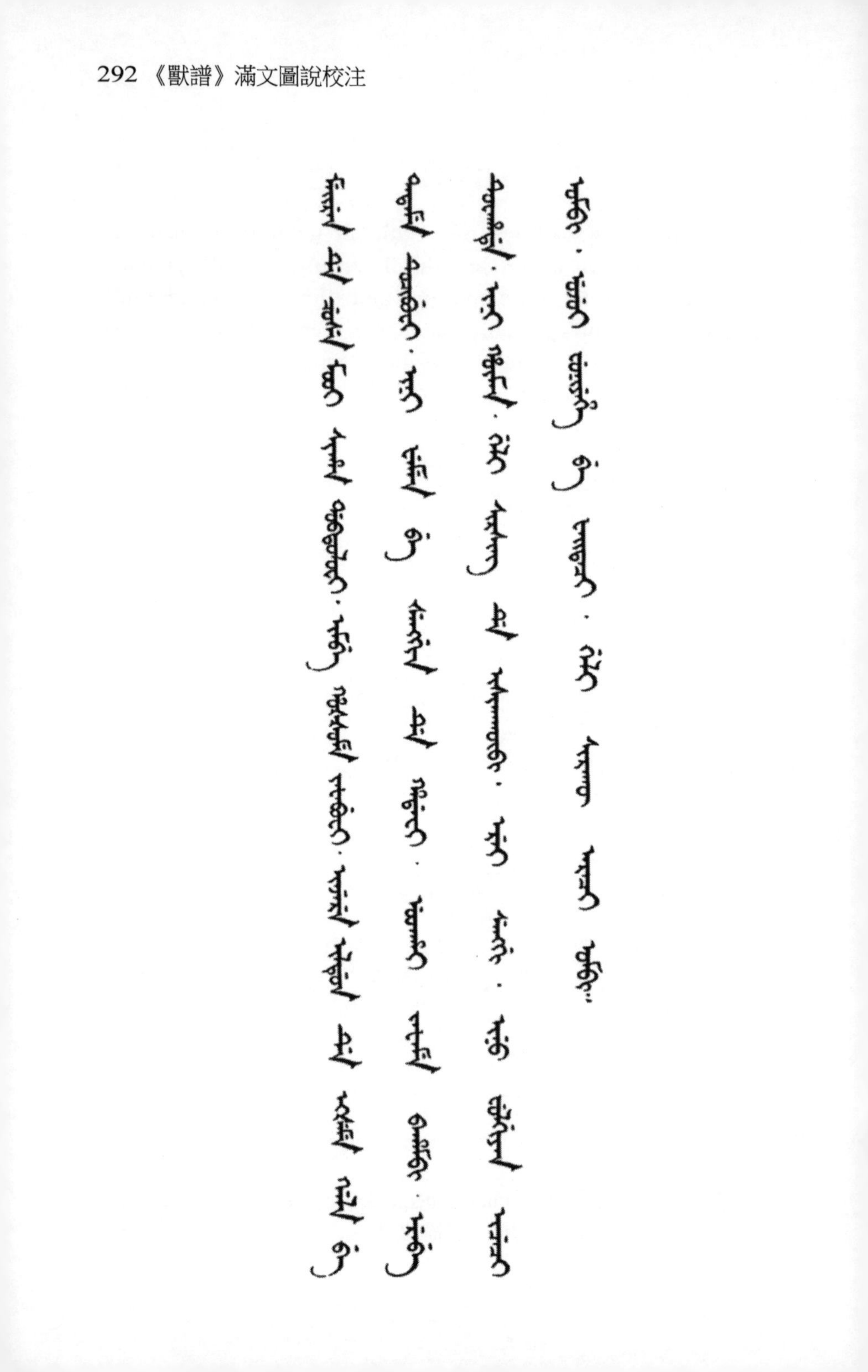

[illegible]
[illegible]
[illegible]
[illegible]

meiren de cuse mooi sihan dobtolofi, imbe hoššome jafabufi, injere ildun de ekšeme gala be tatame tucibufi ini femen be šenggin de hadafi, uthai jafame bahambi. erebe tuwahade, ini hūman geli sirsing de isinkakūbi. erei senggi, inu fulgiyan iceci ombi. ujui funiyehe be faitaci, geli sirakū araci ombi.

竹節貫臂，誘使執而笑，即抽手鑿其脣於額[56]，遂以成擒，其智更出猩猩下矣。血亦可染緋，截髮兼可為髢[57]。

竹节贯臂，诱使执而笑，即抽手凿其唇于额，遂以成擒，其智更出猩猩下矣。血亦可染绯，截发兼可为髢。

---

[56] 即抽手鑿其脣於額，滿文讀作"ekšeme gala be tatame tucibufi, ini femen be šenggin de hadafi"，意即「急忙抽出手，將其脣釘於前額上」。

[57] 截髮兼可為髢，滿文讀作"ujui funiyehe be faitaci, geli sirakū araci ombi"，意即「剪斷頭髮，也可製作假髮」。

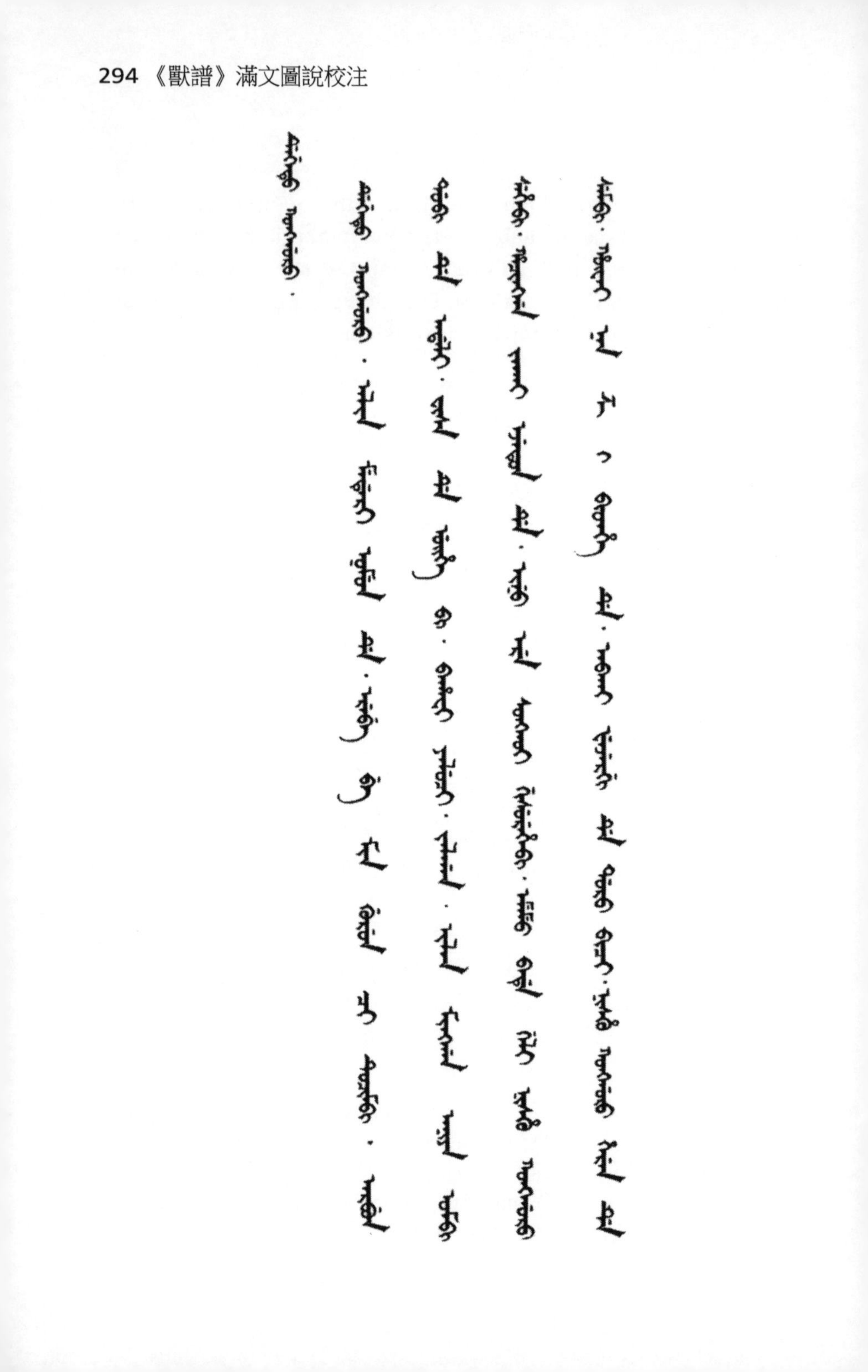

[illegible]

degetu konggoro

degetu konggoro, alin mederi nomun de, erebe be min gurun ci tucimbi. arbun dobi de adali, fisa de uihe bi, bahafi yaluci, jalgan ilan minggan aniya ombi sehebi. hacingga jakai ejetun de, inu ere songkoi gisurehebi. ememu bade geli nishu konggoro sembi. hūwai nan dz i bithe de, abkai fejergi de doro bici, nishu konggoro heren de

---

乘黃

乘黃[58]，《山海經》謂出白民之國，狀如狐，背有角，乘之壽三千歲。《博物志》亦云然。一作飛黃[59]，《淮南子》云：天下有道，飛黃

乘黃

乘黄，《山海经》谓出白民之国，状如狐，背有角，乘之寿三千岁。《博物志》亦云然。一作飞黄，《淮南子》云：天下有道，飞黄

---

[58]乘黃，滿文讀作"degetu konggoro"，係蒙文"degedü qongγor"借詞，意即「上等黃色毛」。

[59]飛黃，滿文讀作"nishu konggoro"，句中"nishu"為蒙文"niskü"借詞，意即「飛翔」。

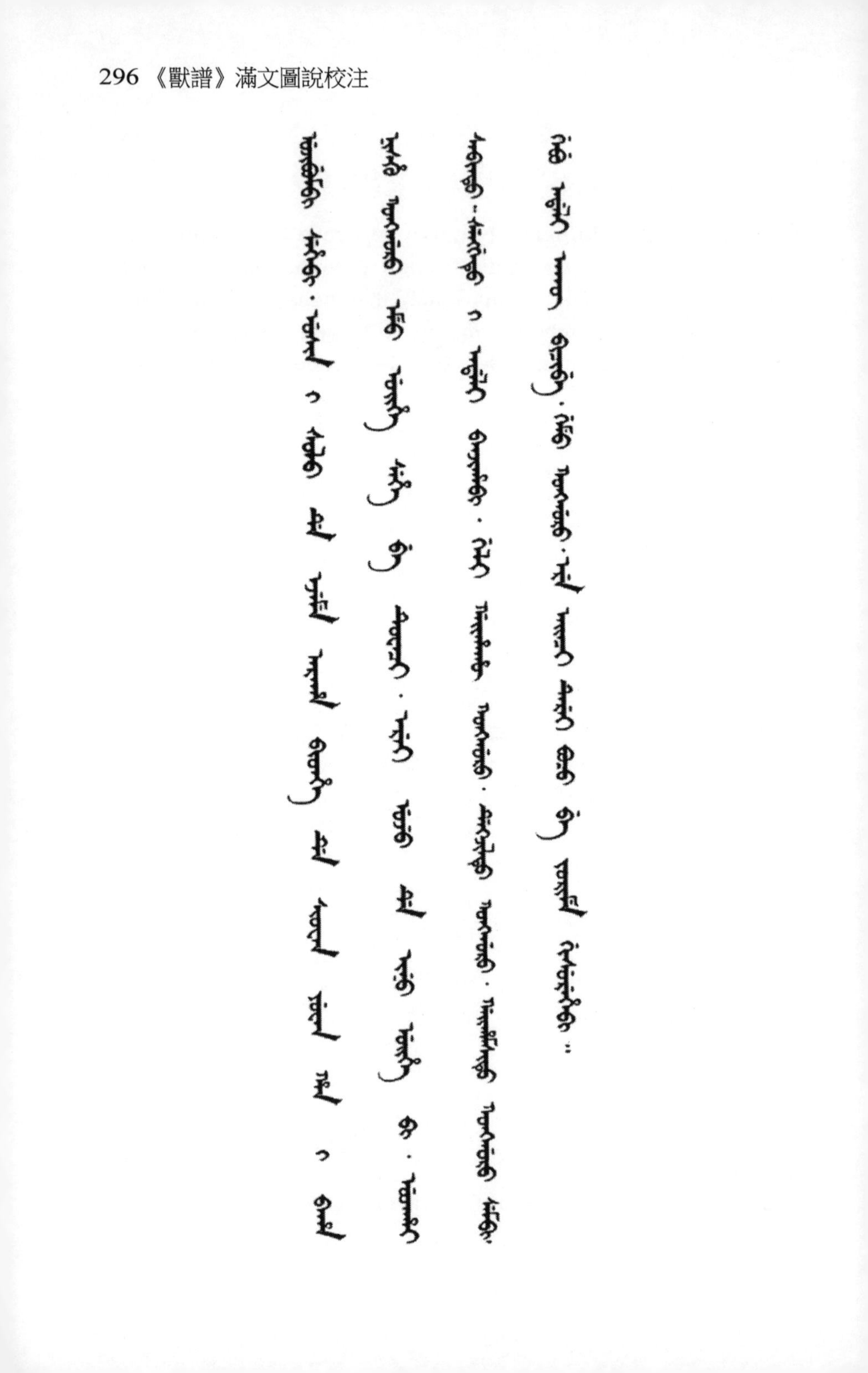

[illegible] [illegible] ᡳ [illegible] [illegible] [illegible] [illegible] [illegible] ᡳ [illegible]

[illegible] [illegible] [illegible] [illegible] [illegible] [illegible] [illegible] [illegible] [illegible]

[illegible] ᠉ [illegible] ᡳ [illegible] [illegible] ᠈ [illegible] [illegible] [illegible] ᠈ [illegible] ᠈ [illegible] [illegible] ᠈ [illegible] [illegible]

[illegible] [illegible] [illegible] ᠈ [illegible] [illegible] ᠈ [illegible] [illegible] [illegible] [illegible] [illegible] ᠉

ujibumbi sehebi. usin i šolo de ejeme araha bithe de, siowan yuwan han i baha nishu konggoro emu uihe sehe be tuwaci, erei uju de inu uihe bi. uthai sabintu, šenggetu i adali banjihabi. geli gaihahū konggoro, dekjiltu konggoro, gaihamsitu konggoro sembi. gebu adali akū bicibe, gemu konggoro, ere ainci terei boco be jorime gisurehebi.

服皁[60]。《輟耕錄》謂：軒轅獲飛黃而獨角。是其首亦有角，如麟豸矣。又作蝔黃[61]、騰黃[62]、神黃[63]，名不同而皆以黃稱，稱其色也。

服皁。《辍耕录》谓：轩辕获飞黄而独角。是其首亦有角，如麟豸矣。又作蝔黄、腾黄、神黄，名不同而皆以黄称，称其色也。

[60] 服皁，滿文讀作"heren de ujibumbi"，意即「寄養於馬廄」。

[61] 蝔黃，滿文讀作"gaihahū konggoro"，句中"gaihahū"係蒙文"γaiqaqu"借詞，意即「驚奇」。

[62] 騰黃，滿文讀作"dekjiltu konggoro"，句中"dekjiltu"係蒙文"degǰiltü"借詞，意即「興旺的」。

[63] 神黃，滿文讀作"gaihamsitu konggoro"，句中"gaihamsitu"係蒙文"γaiqamsiγtu"借詞，意即「奇妙的」。

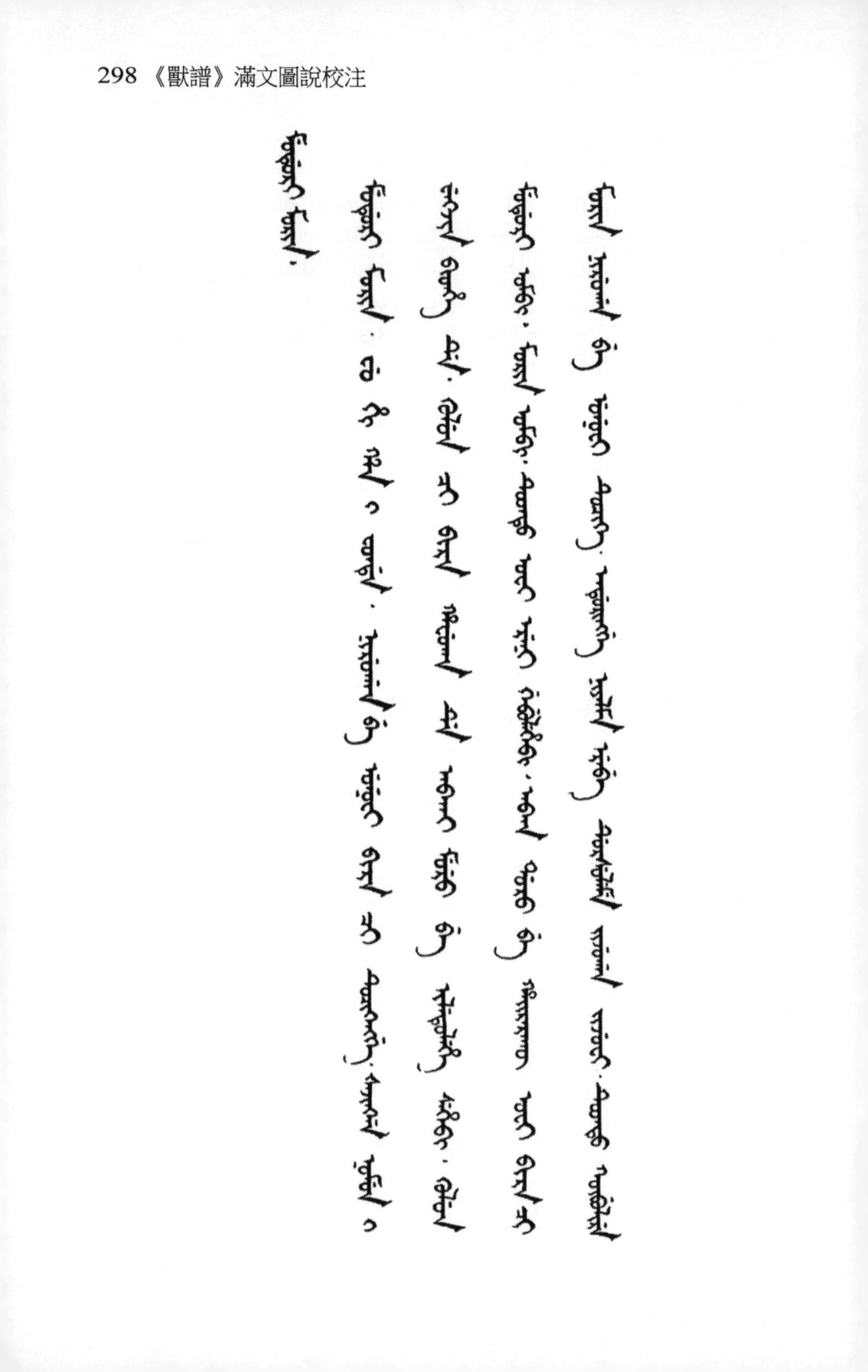

[illegible]

[illegible]

[illegible]

[illegible]

[illegible]

muduri morin

muduri morin, fu hi han i fonde, nirugan be unufi bira ci tucikengge, šajingga nomun i wekjin bithe de, kulun ci bira hafuka de abkai muru be iletulehe sehebi. kulun muduri ombi, morin ombi. tuttu ofi ereni gebulehebi. abka doro be hairarakū ofi bira ci morin nirugan be unufi tucike, enduringge niyalma erebe dursuleme jijugan jijufi, tuttu kūbulire.

龍馬

龍馬，伏羲時負圖而出於河者也。《春秋緯》云：河以通乾出天苞[64]。乾為龍，為馬，此名所由昉歟[65]！天不愛道，河出馬圖[66]。聖人則之以畫卦

龙馬

龙马，伏羲时负图而出于河者也。《春秋纬》云：河以通乾出天苞。乾为龙，为马，此名所由昉欤！天不爱道，河出马图。圣人则之以画卦，

---

[64] 天苞，滿文讀作“abkai muru”，意即「天體」。

[65] 此名所由昉歟，滿文讀作“tuttu ofi ereni gebulehebi”，意即「故以此命名」。

[66] 河出馬圖，滿文讀作“biraci morin nirugan be unufi tucike”，意即「自河負馬圖而出」。

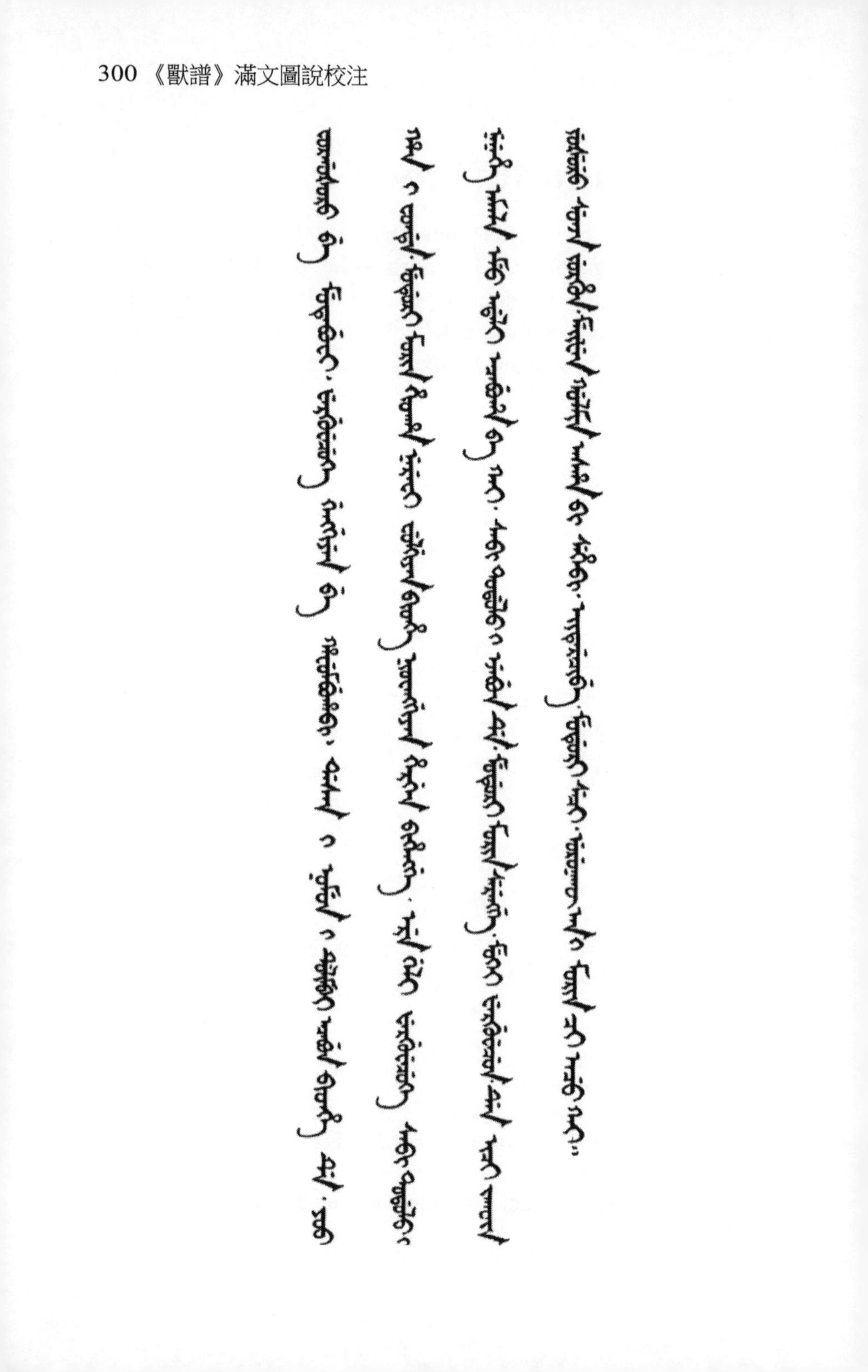

forgošoro be mutebufi, ferguwecuke genggiyen be hafumbuhabi. dasan i nomun i dulimbai acabun bithe de, yoo han i fonde, muduri morin hitha nerefi fulgiyan bithe niowanggiyan hergen bihengge, ere geli ferguwecuke sabi todolo i nenehe amala emu adali acabuha ba kai. sabi todolo i ejebun de, muduri morin serengge, mukei ferguwecun, den ici jakūn jušuru sunja jurhun, meifen golmin asha bi sehebi. eiterecibe muduri seci, urunakū an i morin ci encu kai.

所以成變化，而通神明。《尚書・中候》言：帝堯時龍馬銜甲[67]，赤文綠字[68]；則又瑞應之徵，先後同揆耳。《符瑞志》云：龍馬者，河水之精，高八尺五寸，長頸有翼。既曰龍，異凡馬矣。

所以成变化而通神明。《尚书．中候》言：帝尧时龙马衔甲，赤文绿字；则又瑞应之征，先后同揆耳。《符瑞志》云：龙马者，河水之精，高八尺五寸，长颈有翼。既曰龙，异凡马矣。

[67] 龍馬銜甲，滿文讀作“muduri morin hitha nerefi”，意即「龍馬披甲葉」。
[68] 赤文綠字，滿文讀作“fulgiyan bithe niowanggiyan hergen”，意即「赤書綠字」。

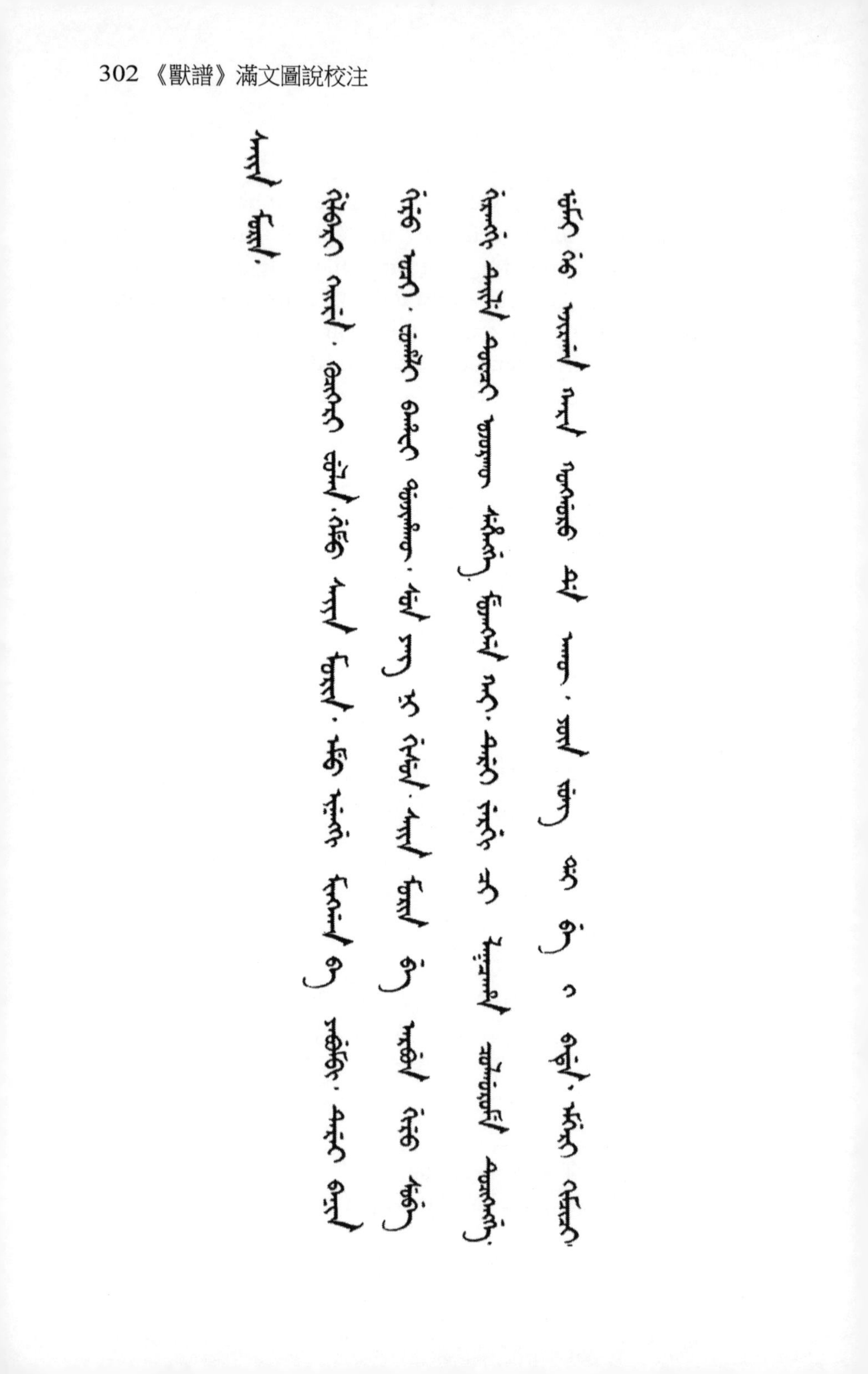

sain morin

gilbari keire, kucikeri fulan, gemu sain morin, emu inenggi minggan ba yabumbi. terei banin giru oci, fuhali bahafi donjihakū. sun yang ni gisun, sain morin be arbun giru sube giranggi teile tuwaci ojorakū sehengge mujangga kai. terei jergi ci lakcaha colgorome tucikengge, umai geo ajirgan kara konggoro de akū, yūn jung dai be i bade, emgeri kimcici,

良馬

騄騮、綠耳，皆良馬也，行一日而千里，其相則未聞。信如孫陽之言，良馬不可以形容筋骨相耶！夫倜儻權奇，必有出於牝牡驪黃外者，雲中、代北，一顧

良馬

騄騮、綠耳，皆良馬也，行一日而千里，其相則未聞。信如孫陽之言，良馬不可以形容筋骨相耶！夫倜儻權奇，必有出於牝牡驪黃外者，雲中、代北，一顧

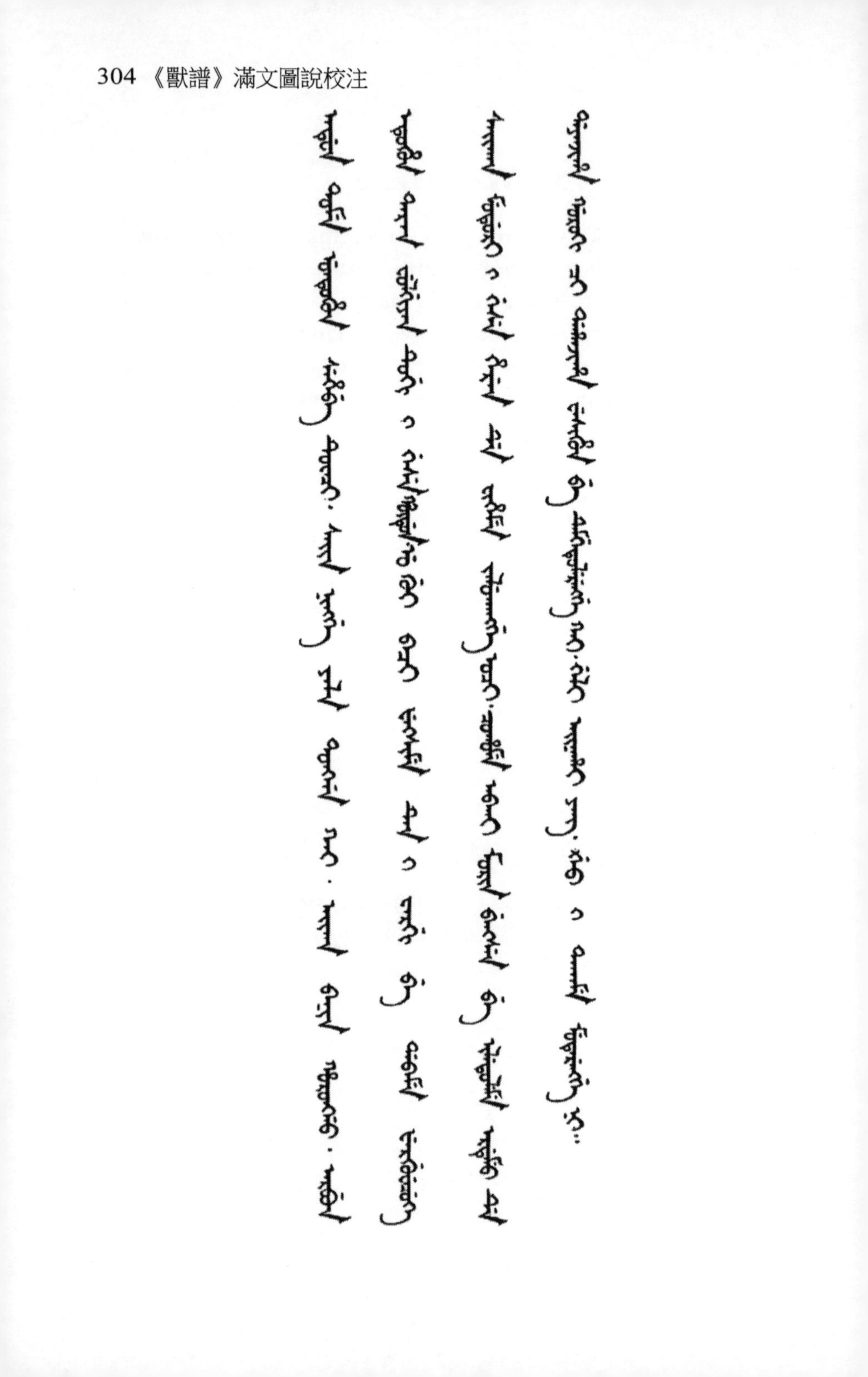

[illegible]

[illegible]

[illegible]

[illegible]

adun tome untuhun sehebe tuwaci, sain ningge yala tongga kai. aika banin horonggo, arbun etuhun taran fulgiyan tugi i gese hūdun, u gui baci feksime ten i wargi be dabame, ferguwecuke saikan muduri i gese heren de fiheme jalukangge oci, cohome abkai morin bengsen be iletuleme, erdemu de dayanjiha goroki ci dahanjiha wesihun be temgetulerengge kai. geli ainahai yang, g'ao i takame muterengge ni.

空群，其為良亦僅耳。若夫雄姿傑態，汗赭籥雲，騰渥洼而踰西極，龍媒沛艾，充仞星閑，是天驥呈材，所以彰歸德徠遠之盛，又豈陽、皋所能窺測哉？

空群，其为良亦仅耳。若夫雄姿杰态，汗赭籥云，腾渥洼而踰西极，龙媒沛艾，充仞星闲，是天骥呈材，所以彰归德徕远之盛，又岂阳、皋所能窥测哉？